beck**sche**
reihe

bsr

Von Aristoteles, dem «Gründervater» der Politikwissenschaft, über die Denker des Mittelalters bis hin zu den Theoretikern im 20. Jahrhundert stellen die «Klassiker der Politikwissenschaft» Leben, Werk und Wirkung der großen Politikwissenschaftler dar. Ausgewiesene Sachkenner eröffnen mit diesen Portraits einen vorzüglichen Einblick in die internationale Geschichte und die wichtigsten theoretischen Konzepte der Politikwissenschaft.

Die Herausgeber:
Wilhelm Bleek ist Professor für Politikwissenschaft an der Ruhr-Universität Bochum. Veröffentlichungen u. a.: (Hg.) *Friedrich Christoph Dahlmann: Die Politik* (1996); *Geschichte der Politikwissenschaft in Deutschland* (2001, C. H. Beck).
Hans J. Lietzmann ist Professor für Politikwissenschaft an der Bergischen Universität in Wuppertal. Veröffentlichungen u. a.: *Politikwissenschaft im «Zeitalter der Diktaturen». Die Entwicklung der Totalitarismustheorie Carl Joachim Friedrichs* (1999); (Hg.) *Moderne Politik* (1999).

Wilhelm Bleek/Hans J. Lietzmann (Hrsg.)

Klassiker
der Politikwissenschaft

Von Aristoteles bis David Easton

Verlag C. H. Beck

Originalausgabe

© Verlag C. H. Beck, München 2005
Satz, Druck und Bindung: Druckerei C. H. Beck, Nördlingen
Umschlagentwurf: + malsy, Bremen
Umschlagabbildungen: Aristoteles © Ullstein Bilderdienst,
Hannah Arendt © Süddeutscher Verlag, David Easton
© University of California
Printed in Germany
ISBN 3 406 52794 9

www.beck.de

Inhalt

Wilhelm Bleek/Hans J. Lietzmann

Einleitung

I.

Die Politikwissenschaft ist eine klassische Disziplin, in der Klassikern als überzeitlichen Autoritäten zu fast allen Zeiten eine große Bedeutung zugemessen wurde. Das Fach geht wie die «Politik» als sein zentraler Begriff und Gegenstand auf die griechische Antike zurück: auf deren Verfaßtheit in der stadtstaatlichen Polis als einer guten Ordnung. So ist es nicht verwunderlich, daß bis heute die politischen Lehren der großen griechischen und später römischen Philosophen wie Platon, Aristoteles und Cicero das Fundament politischen Denkens darstellen. Als im europäischen Hochmittelalter eine neue institutionelle Form der akademischen Reflexion in Gestalt der Universitäten etabliert wurde, schloß sie ganz selbstverständlich auch die «Lehre von der Politik» mit ein. Allerdings wurde ihr im aristotelisch geprägten Kanon der Bildungsfächer in den propädeutischen Artistenfakultäten und auch in den von Theologen und Juristen dominierten Ausbildungsgängen der höheren Fakultäten keine eigenständige Stellung zugebilligt: sie war Teil der praktischen Philosophie und des kanonischen, d. h. des kirchlichen Rechts. Im Mittelpunkt der von den scholastischen Kirchenlehrern wie Thomas von Aquin formulierten mittelalterlichen Politiklehre standen daher Fragen einer guten Ordnung der politischen Gemeinschaft und einer gerechten Herrschaft.

Zu einem selbständigen Universitätsfach wurde die Wissenschaft von der Politik erst in der Reformation und infolge des mit ihr einhergehenden Säkularisierungsprozesses. Der Reformator Philipp Melanchthon erneuerte nicht nur das deutsche Universitätswesen, sondern verankerte auch die Lehren von Aristoteles als Grundlage des Politikstudiums. Vor allem an den zahlreichen im Heiligen Römischen Reich Deutscher Nation während des 16. und 17. Jahrhunderts neugegründeten protestantischen Landesuniversitäten erhielt die Politikwissenschaft einen festen Platz im Bildungsstudium von Adel und Bürgertum. Einflußreich, wenn auch ziemlich umstritten waren die Auffassungen des italienischen Fürstenberaters Niccolò Machiavelli und des englischen Staatsdenkers Thomas Hobbes, die beide das Primat religiöser Doktrin und kirchlichen Politikverständnisses in Frage stellten und die Eigenständigkeit von Politik und weltlicher Herrschaft postulierten.

Im Zuge der Herausbildung territorialstaatlicher Tätigkeitsbereiche und ihrer praktischen Organisationsbedürfnisse trat neben die klassische (eher normative) Lehre von der Politik eine Vielzahl von (eher empirischen) politischen Disziplinen, die der Ausbildung und den Handlungserfordernissen der Beamtenschaft dienten. Zu diesen gehörte z. B. die ältere Policeywissenschaft als das Fach von der Organisation und den Inhalten der inneren Verwaltung; aber auch die Kameralwissenschaft als die Lehre von den fürstlichen Finanzen; die Ökonomik sowohl als Haus- wie auch als Staatswirtschaftslehre; die ältere Statistik als beschreibend-historische Lehre von den Zuständen der Staaten sowie ein ganzer Kranz von technologischen Fächern wie die Landwirtschaftslehre, die Forstwissenschaft, der Bergbau u. v. a. m. Für die Vielzahl dieser politischen Wissenschaften wurde als Oberbegriff zunächst das Etikett der «Kameralwissenschaften» im Plural benutzt. Die vom preußischen König Friedrich Wilhelm I. zu Beginn des 18. Jahrhunderts eingeführte Universitätsausbildung der Verwaltungsbeamten in diesen Fächern trug den Namen eines «Kameralstudiums». Erst ab der Mitte des 18. Jahrhunderts bürgerte sich dann der Begriff der «Staatswissenschaften» ein.

Aus diesen politischen Wissenschaften gingen im Verlauf des späten 18. und frühen 19. Jahrhunderts eigenständige Universitätsfächer wie die Nationalökonomie, das Öffentliche Recht, die Statistik und die Geschichtswissenschaft hervor. Sie alle zeichnen sich bis heute durch ein besonderes Augenmerk für die Aspekte des Politischen aus und haben teilweise das Erbe der älteren Politiklehre übernommen. Klassiker dieser Disziplinen, zu denen seit dem Ende des 19. Jahrhunderts auch die Soziologie gehört, haben ebenfalls die Politikwissenschaft beeinflußt: Genannt seien nur Adam Smith als der Begründer der modernen Volkswirtschaftslehre, Lorenz von Stein als der Promotor des Sozialstaates und natürlich Max Weber als der Inspirator aller modernen Sozialwissenschaften.

Das Kernfach der «Politik» selbst erlebte während der ersten Hälfte des 19. Jahrhunderts in Deutschland unter der Herrschaft des idealistischen Bildungsprinzips in Gestalt einer liberal-bürgerlichen Staats- und Verfassungslehre nochmals eine Spätblüte. Ihre Fachvertreter wie Friedrich Christoph Dahlmann und Robert von Mohl lehrten als «politische Professoren» nicht nur an den vormärzlichen Universitäten über die Politik, sie suchten ihre reformerischen Vorstellungen auch in der staatsbürgerlichen Praxis umzusetzen. Ihre Mitarbeit in der deutschen verfassungsgebenden Nationalversammlung brachte 1848/49 den Höhepunkt, aber auch die Wendemarke im öffentlichen Ansehen und in der politischen Bedeutung der Lehre der Politik in Deutschland.

In der zweiten Hälfte des 19. Jahrhunderts hingegen verschwand die Politikwissenschaft weitgehend aus dem akademischen Fächerkanon der deutschen Universitäten. Dieser Untergang der älteren Politik- und Staatslehre in Deutschland ist nicht nur auf den Siegeszug des szientistischen Wissenschaftsideals – reine Wissenschaften haben sich demzufolge durch einen eigenen Gegenstand und vor allem eine autonome Methode auszuzeichnen – zurückzuführen, sondern spiegelte auch die Wandlungen in der Politischen Kultur der Deutschen wider: Politik galt nun als Aufgabe von genialen Staatsmännern, kompetenten Verwaltungsbeamten und hartnäckigen Interessenvertretern, aber nicht mehr als legitimer Gegenstand einer eigenen Universitätsdisziplin. Doch gingen die klassischen Lehren des politischen Denkens in Deutschland nicht gänzlich unter; vielmehr «überwinterten» sie in den Nachbar- und Nachfolgefächern, insbesondere der Geschichtswissenschaft und der juristischen Allgemeinen Staatslehre.

Daneben aber beeinflußte die ältere deutsche Politiklehre den Aufbau und die Entwicklung des Faches im Ausland. Vor allem die Gründung der Political Science in den USA in der zweiten Hälfte des 19. Jahrhunderts ist auf den Einfluß deutscher Emigranten und das Studium von jungen Amerikanern an den deutschen Universitäten zurückzuführen. Diese amerikanische Politikwissenschaft, in der gleichermaßen die klassischen Ideen der älteren europäischen Politiklehre bewahrt und moderne Methoden der empirischen Sozialforschung entwickelt wurden, lernten in den dreißiger Jahren des 20. Jahrhunderts zahlreiche, vom nationalsozialistischen Regime vertriebene, deutsche Wissenschaftler kennen und schätzen.

Als nach dem Ende des Hitlerregimes die Siegermächte, an erster Stelle die Amerikaner, im Westen Deutschlands nicht nur eine demokratische Ordnung durchsetzten, sondern zu deren Unterstützung auch den Universitäten die Politikwissenschaft nahelegten, rekrutierten sich zahlreiche Gründungsväter dieses bundesdeutschen Faches aus in den USA an der Political Science geschulten Emigranten, die nun die Rückkehr wagten. Sie verstanden das in Deutschland wiedereingeführte Fach als eine «Demokratiewissenschaft», welche die normativen Grundlagen und die empirische Wirklichkeit der bundesdeutschen Politik als einer «westlichen Demokratie» lehren und erforschen sollte. Die beharrenden Kräfte an den westdeutschen Universitäten sperrten sich gegen diese Einführung eines vermeintlich neuen, in Wirklichkeit aber ganz alten Faches, indem sie behaupteten, dieses sei neumodisch; es sei traditionslos, «es sei undeutsch», weil amerikanisch, und zudem überflüssig, weil es ja bereits von so etablierten Disziplinen wie der Staatsrechtswissenschaft und der Geschichtswissenschaft abgedeckt werde. Auch um diesen konservativen Vorbehalten zu begegnen, wiesen die Gründungsväter der bundesdeutschen Politikwissenschaft entschieden auf die ehrwürdige Tradition der Politikwissenschaft in Deutschland hin. Sie stellten auch die anerkannten Klassiker des politischen Denkens heraus und machten deren Werke in den fünfziger und frühen sechziger Jahren zum festen Bestandteil des politikwissenschaftlichen Studiums.

Diese zentrale Bedeutung der Klassiker der alten Lehre von der Politik für die Lehre und Erforschung moderner Herrschaftsordnungen wurde ab der Mitte der sechziger Jahre zunehmend in Frage gestellt. Nicht nur die altertümlichen Verhältnisse, in denen die klassischen Staatsdenker ihre Konzeptionen aufgestellt hatten, und ihre antiquierte Sprache entfremdeten sie vielen Trägern des politischen und wissenschaftlichen Fortschritts in dieser Zeit; auch registrierten sie unter den Anhängern einer ideengeschichtlichen und klassischen Fundierung des Faches manche besonders konservativen und systemaffirmativen Ordinarien. Als klassische Überlieferungen wurden von den Anhängern der Studentenbewegung am ehesten noch politökonomische Lehren wie die von Karl Marx und Friedrich Engels oder Grundlegungen einer radikalen Demokratie wie jene von Jean-Jacques Rousseau akzeptiert. Und auch nachdem diese von beiden Seiten hysterisch aufgeladene Auseinandersetzung im Fach zu Beginn der achtziger Jahre langsam abklang, gewannen die Klassiker der Politikwissenschaft noch nicht ihre frühere Bedeutung zurück. Denn nun orientierten sich die Anhänger einer «modernen Sozialwissenschaft» unter dem Einfluß des amerikanische Behaviorismus sowohl bei der Theoriebildung, aber noch mehr bei der Wahl der Methoden, Verfahren und Arbeitstechniken am Vorbild der Naturwissenschaften; sie waren mehr an der exakten Analyse der Gegenwart und der prognostischen Abschätzung künftiger Entwicklung interessiert als an den eher als Ballast empfundenen Traditionen des Faches und seiner Klassiker.

Doch inzwischen hat sich – zumal in der amerikanischen Politikwissenschaft – die Erkenntnis durchgesetzt, daß auch die Theorien und Methoden der modernen, sozialwissenschaftlich orientierten Politikwissenschaft auf den überlieferten Konzepten der Klassiker des Faches aufbauen und von ihnen profitieren können. Hinzu kommt, daß inzwischen zahlreiche Initiatoren der Politikwissenschaft als einer analytisch-empirischen Sozialwissenschaft in den Rang von modernen Klassikern des Faches aufgerückt sind. Die Politikwissenschaft in ihrer Gesamtheit, wenn auch noch nicht alle ihre Fachvertreter, haben erkannt, daß sie auf den Schultern von klassischen Geistesgrößen stehen und was sie diesen verdanken. So trägt die Beschäftigung mit der Geschichte des Faches und der Blick auf seine Klassiker zum Selbstverständnis der Politikwissenschaft bei: Sie ist notwendiger Teil ihrer Identität.

II.

Der Begriff der «Klassiker» hat sich im Deutschen in der zweiten Hälfte des 18. Jahrhunderts eingebürgert und meinte zunächst die antiken Urheber herausragender, erstklassiger Werke in den bildenden und schriftstellerischen Künsten der griechischen und römischen Blütezeit. Deren Bildhauern, Dichtern und Philosophen wurde ein Grad der Meisterschaft zuerkannt, welcher sie zur Erschaffung von ganz außergewöhnlichen, vollkommenen Werken befähigte. Als klassische Werke in einem umfassenden Sinn werden deshalb alle jene Schöpfungen geachtet, die von zeitübergreifender unvergänglicher Wirkung sind.

In den Wissenschaften gelten als Klassiker jene Autoren und Autorinnen, deren Überlegungen nicht nur in ihrer eigenen Epoche herausragten, sondern auch in der Folgezeit, bis heute und vermutlich auf absehbare Zeit von prägender Bedeutung sind und Maßstäbe setzen. Inhalt dieser in den Wissenschaften als klassisch angesehenen Überlieferungen sind nicht nur bleibende Theorien und Begriffssetzungen, sondern auch die dauerhafte Formulierung von zentralen Problemen und deren Lösungen, insbesondere auch im methodischen Bereich. Wissenschaftliche Klassiker sind dabei oft die großen Entdecker in ihrem Fach; sie zeichnen sich durch Einfallsreichtum und Originalität aus und gehen neue Wege. Doch auch die innovative Synthese bereits bestehender Erkenntnisse kann als klassische Leistung gewürdigt werden.

Bei der Auszeichnung von Denkern als Klassikern und ihren intellektuellen Produkten als klassischen Werken kommt es vor allem auf deren Wirkung an: Es gibt keine geborenen Klassiker und keine per se klassischen Werke. Zum Klassiker wird ein Denker auch in der Politikwissenschaft erst durch die Aufmerksamkeit, durch die Anerkennung und durch die Rezeption, die er und seine Überlegungen erfahren – weniger zu Lebzeiten als vor allem in der nachfolgenden Diskussion des Faches. Daher garantiert auch die Rolle des Gründers einer wissenschaftlichen Schule keine längerfristige Anerkennung als Klassiker des Faches, sondern steht ihr sogar oft im Weg.

Unter Schulen werden in der Wissenschaftsgeschichte Arbeits- und Förderungsgemeinschaften von akademischen Lehrern und Schülern verstanden, in denen ein dominierender älterer Gelehrter jüngere Wissenschaftler um sich schart und auf ein wissenschaftliches Programm ausrichtet, das durch die nachfolgende Generation weitergetragen werden soll. Akademische Schulen haben insbesondere in den Gründungsjahrzehnten der bundesdeutschen Politikwissenschaft eine erhebliche Rolle bei der (Wieder-) Etablierung und Expansion des Faches gespielt, sind inzwischen aber in ihrer Bedeutung durch komplexere und umfassendere Zusammenhänge wie die *scientific communities* (Thomas Kuhn) oder die wissenschaftlichen Netzwerke abgelöst worden. Beim Blick auf heute unbestrittene Klassiker der Politikwissenschaft fällt auf, daß zahlreiche von ihnen, auch wenn sie Hochschullehrer waren, keine Schülergemeinschaft um sich versammelt haben; das trifft beispielsweise auf Max Weber, Ernst Fraenkel und Karl W. Deutsch zu. Andere, in ihrer Zeit einflußreiche und als «schul»bildend höchst angesehene Politikwissenschaftler wie Arnold Bergstraesser oder Wolfgang Abendroth sind mit ihrem wissenschaftlichen Werk und ihren inhaltlichen Orientierungen weitgehend in Vergessenheit geraten; sie mögen das Studium der Klassiker propagiert haben, sind aber selbst nicht in diesen Rang aufgestiegen. Erst der Einfluß auf einen größeren Teil, wenn nicht auf die Gesamtheit der Fachöffentlichkeit und vor allem die (Nach-) Wirkung über zahlreiche Generationen macht einen prominenten politischen Denker und Politikwissenschaftler zu einem Klassiker des Faches. Solche Wirkungsgeschichte(n) resümieren in dem vorliegenden Band die abschließenden dritten Teile der Beiträge anhand der ausgewählten Klassiker; dabei geht es im Fall der Politikwissenschaft nicht nur um die Ausstrahlungen der Klassiker auf die wissenschaftliche Diskussion der Folgezeiten, sondern auch um ihren Einfluß auf die politische Praxis und die allgemeine Öffentlichkeit.

Im Mittelpunkt der nachfolgenden Studien zu Klassikern der Politikwissenschaft steht aber die Darstellung ihres Werkes. Dabei geht es im Hinblick auf Autoren, denen der Rang von Klassikern zugesprochen wird, weniger um Detailaussagen und einzelne Veröffentlichungen, als vielmehr um die Darstellung der großen Linien und die Würdigung ihres Gesamtwerkes. Doch auch bei Klassikern kann man schnell in den Fehler verfallen, den Entwicklungsaspekt in ihrem Werk zu übersehen: Auch sie mußten erst zu dem werden, was sie sind. Und meist ist es erst der Nachwelt möglich, die Aussagen eines Denkers und Wissenschaftlers auf einen klassischen Kern zu reduzieren; dabei spiegelt der Aspekt, unter dem die

Überlegungen in den klassischen Kanon aufgenommen werden, nicht immer die ursprüngliche Intention des Autors wider.

Bei der Darstellung der Grundaussagen eines Klassikers interessieren deshalb auch Einflüsse von Vorläufern sowie Auseinandersetzungen mit zeitgenössischen Konkurrenten. Selbst der souveränste politische Denker und eigenständigste Politikwissenschaftler nimmt Stellung zu anderen Autoren, positioniert sich in der öffentlichen und akademischen Debatte. Insofern hängt es auch immer von dem fachlichen und gesellschaftlichen Kontext ab, ob eine Überlegung oder eine Person die Anerkennung als Klassiker erfährt. Der Prüfstein für die klassische Qualität eines Autors und seiner Aussagen besteht allerdings darin, ob sie auch unter geänderten historischen Bedingungen ihre Gültigkeit behalten. Dieser Anspruch auf Überzeitlichkeit steht damit zwar in gewisser Weise der Erklärung eines Werkes aus seinen besonderen historischen Entstehungsbedingungen entgegen. Aber dennoch ist zum Verständnis der Klassiker der Politikwissenschaft der einleitende Hinweis auf ihr Leben, nicht nur auf ihre persönliche Biographie, sondern vor allem auf den politischen und sozialen Entstehungskontext ihres Werkes, von Bedeutung. Spiegelt sich doch gerade in der Wahl der zentralen Themen und Begriffe von klassischen politikwissenschaftlichen Werken die spezifische Zeiterfahrung der Autoren wider: zum Beispiel ihr Erleben von Bürgerkrieg und Revolution, von Emigration und Widerstand. Aber auch weniger dramatische Erfahrungen wie eigene politikberatende und politikpraktische Tätigkeit schlagen sich in den Überlegungen und Veröffentlichungen der meisten hier vorgestellten Klassiker der Politikwissenschaft nieder. Wie in kaum einem anderen Fach drängt es die Wissenschaftler der Politik zur Erprobung und Umsetzung ihrer intellektuellen Einsichten in der Praxis – wobei der Erfolg aufgrund der unterschiedlichen Erwartungsstrukturen und Rahmenbedingungen der Bereiche von politischer Praxis und politikwissenschaftlicher Theorie oft ausbleibt.

III.

Als Klassiker der Politikwissenschaft werden herkömmlich vor allem jene großen politischen Denker verstanden, die seit der Antike bahnbrechende Theorien zum begrifflichen und inhaltlichen Verständnis von Politik vorgelegt haben. Der Reigen dieser Klassiker des politischen Denkens setzt meist mit Platon und Aristoteles in der Antike ein und führt über Augustinus und Thomas von Aquin zu Niccolò Machiavelli und Thomas Hobbes als den frühneuzeitlichen Klassikern, die einen paradigmatischen, ja revolutionären Wandel im politischen Denken einleiteten.

Er setzt sich fort mit Montesquieu und Jean-Jacques Rousseau als den Repräsentanten der Aufklärungszeit und verzweigt sich im 19. Jahrhundert in so gegensätzlichen Denkern wie Wilhelm von Humboldt, Alexis de Tocqueville und Karl Marx. Am Anfang des 20. Jahrhunderts steht unwidersprochen Max Weber, der für die Klassikerlisten zahlreicher Sozialwissenschaften in Anspruch genommen wird. Doch bei der Würdigung späterer politischer Denker bröckelt der Klassikerkonsens ab, zu sehr waren und sind sie in die politischen Konflikte ihrer Zeit verstrickt: Schon an Carl Schmitt scheiden sich die Geister, ganz zu schweigen von den sogenannten Klassikern des Marxismus-Leninismus einschließlich Maos und Ho Tschi Mins, deren Gedankengebäude nach dem weitgehenden Untergang des Realkommunismus in der öffentlichen Wahrnehmung und Wertschätzung abgestiegen ist.

Die meisten der Klassiker des politischen Denkens waren keine unmittelbaren Repräsentanten des Faches Politikwissenschaft, sondern lebten (in Abwandlung einer bekannten Formulierung Max Webers) höchstens *für*, aber nicht *von* der Lehre und Erforschung der Politik. Aus dem Kreis dieser Klassiker des politischen Denkens sollen auch in diesem Band Geistesgrößen wie Aristoteles, Machiavelli und Tocqueville gewürdigt werden. Manche andere wie Hobbes, Rousseau und Karl Marx hätten es genauso verdient, berücksichtigt zu werden. Sie wurden aber draußen vorgelassen, weniger weil ihre Beiträge keine Wertschätzung verdienten, sondern eher, weil sich zu ihrem klassischen Werk bereits Vielfältiges findet. Vor allem aber um Platz zu machen für eine zweite Klassikergruppe, welche die deutsche Politikwissenschaft bisher auf eigentümliche Weise vernachlässigt hat: Es handelt sich um jene Repräsentanten der Politikwissenschaft, die das Fach nicht nur zu ihren Lebzeiten mit großem Einfluß an Hochschulen gelehrt und erforscht haben, sondern im Rahmen dieser Lehrtätigkeit bis heute zentrale Paradigmen schufen. Es gehört zu den fatalen Auswirkungen einer im letzten Drittel des 19. Jahrhunderts beginnenden und sich bis weit ins 20. Jahrhundert fortsetzenden Unterbrechung der Lehre von der Politik an den deutschen Universitäten, daß sich die bundesdeutsche Politikwissenschaft nicht nur der älteren deutschen Politikwissenschaft, sondern auch ihrer Klassiker kaum mehr bewußt ist – im Gegensatz zu ihren Gründungsvätern wie Carl Joachim Friedrich, Otto-Heinrich von der Gablentz und Dolf Sternberger, die immer wieder und mit Nachdruck auf die Arbeiten von Althusius, Conring, Möser, Dahlmann, Mohl, Lorenz von Stein und vieler anderer deutscher Staatslehrer hingewiesen haben. Es entspricht unserer Auffassung von einer längeren Traditionsgeschichte der Politikwissenschaft in Deutschland, wenn wir bewußt auch eine Auswahl dieser Repräsentanten der älteren deutschen Politiklehre berücksichtigt haben – auch und gerade, weil es sich bei ihnen oft um noch zu entdeckende Klassiker handelt.

Für die Zuweisung des Klassikerrangs an Wissenschaftler scheint vielfach zu gelten, was nach leidvollen Erfahrungen mit der jüngsten Geschichte auch für die Praxis von Straßenbenennungen in deutschen Groß- und Kleinstädten gilt: Lediglich Verstorbene sollen gewürdigt werden, deren Lebenswerk abgeschlossen ist und die den Test der positiven Erinnerungswürdigkeit auch nach Jahrzehnten noch bestehen. Wir sind hingegen der Auffassung, daß sich auch bei manchen noch lebenden oder gerade verstorbenen Politikwissenschaftlern schon jetzt mit einiger Gewißheit sagen läßt, daß sie zu den modernen Klassikern des Faches gehören. Diese Feststellung ist vielleicht in der Politikwissenschaft nicht so leicht wie in der Soziologie zu treffen, wo der erst vor kurzem verstorbene Niklas Luhmann und der noch lebende Jürgen Habermas ohne Zweifel schon zu ihren Lebzeiten zu den international anerkannten modernen Klassikern der Soziologie gehören. Doch auch in der Politikwissenschaft werden voraussehbar der heute noch lebende David Easton mit seiner grundlegenden Formulierung einer fachspezifischen Systemtheorie und Johan Galtung mit seinen innovativen Beiträgen zur Entwicklungs- und Friedensforschung auch in Jahrzehnten noch zu den internationalen Klassikern des Fachs gezählt werden.

Klassiker der Politikwissenschaft zeichnet nicht zuletzt aus, daß es sich bei ihnen um international anerkannte Wissenschaftler(innen) handelt. Zwar sind wir im Gegensatz zu manchen Enthusiasten einer weltweit einheitlichen, globalen Politikwissenschaft der Meinung, daß sich nicht nur in der Lehre, sondern auch in der Forschung des Faches immer noch prägnante, regional und national unterschiedliche Prioritätensetzungen und Denkstile erhalten haben. Doch wenn man auch nicht im strikten Wortsinne von einer «deutschen Politikwissenschaft» – höchstens von einer «Politikwissenschaft in Deutschland» – sprechen kann, so erschiene es doch noch unvergleichlich fragwürdiger, von «deutschen Klassikern» des Faches zu sprechen.

Die Anerkennungswürdigkeit als klassisch verdient das Werk eines Wissenschafters nicht nur aufgrund seiner kontinuierlichen Respektierung über Generationen, sondern auch dank seiner Wahrnehmung über die Grenzen des eigenen Landes hinaus. Bei den antiken und mittelalterlichen Denkern war das infolge der Einheit der europäischen Welt fast selbstverständlich gegeben. Doch auch die Gelehrten, die während der

Neuzeit in den sich entwickelnden und abschottenden Territorial- und Nationalstaaten lebten, wirkten in internationalen Kommunikations- und Wahrnehmungszusammenhängen: z. B. ist Friedrich Christoph Dahlmann noch heute in Dänemark und Schweden bekannter als in seinem Heimatland.

In den Jahrzehnten seit dem Zweiten Weltkrieg zeichnet sich zudem mehr und mehr eine Dominanz nicht nur der amerikanischen Political Science im Weltverband der internationalen Politikwissenschaft, sondern auch eine Vorherrschaft amerikanischer Gelehrter in jener globalen «Champions League» des Faches ab, die in *Rankings* und Zitationsanalysen ihren Ausdruck sucht. Doch vor einer vordergründigen – positiv oder negativ gemeinten – Bewertung dieser Erscheinung als «Amerikanisierung» des internationalen Faches sollte der Blick auf die Inhalte wie auch das Leben dieser modernen Klassiker bewahren: Bei ihnen handelt es sich vielfach um Gelehrte, die aus Deutschland und Mitteleuropa durch das Hitlerregime vertrieben wurden und die diese spezifischen Lebenserfahrungen, aber auch deutsche Fachüberlieferungen in ihr nicht nur amerikanisches, sondern internationales Wirkungsfeld eingebracht haben. Gerade die politikwissenschaftlichen Teildisziplinen der Internationalen Beziehungen (genannt seien Hans Morgenthau, aber auch Henry Kissinger und Zbigniew Brzezinski) oder der Vergleichenden Politikwissenschaft (beispielhaft Carl Joachim Friedrich und Karl W. Deutsch) verdanken diesen Emigranten als Trägern eines transatlantischen Kulturaustausches sehr viel.

Es ist schon angedeutet worden, daß es keinen objektiven und überzeitlichen, sozusagen klassischen Klassikerkanon gibt. Jede Zeit, jede Kultur und jedes Fach sucht – und findet – immer wieder aufs Neue ihre Klassiker, entsprechend ihren je eigenen Herausforderungen und Wertsetzungen. So offen wie der Klassiker-Begriff ist, so wenig abgeschlossen sind die Debatten darüber, welche Personen und welche Werke diese Auszeichnung verdienen. Klassikerdebatten sind daher kein Zeichen des bröckelnden professionellen Konsenses oder gar Grund zur Verunsicherung; sie sind vielmehr als Ausdruck der andauernden Identitätsfindung von Kulturen und Fachdisziplinen und deshalb als rundum ertragreiche und notwendige Erscheinungen zu sehen. Ein solches pluralistisches und prozeßhaftes Verständnis von Klassikerzuschreibungen, das bewußt auch der Auswahl der politikwissenschaftlichen Klassiker für den vorliegenden Band zugrunde liegt, beruht auf unserem Grundverständnis der Bedeutung von Klassikern: Die Kenntnis ihres Werkes dient nicht der Kanonisierung von Säulenheiligen des politischen Denkens, sondern der

Anregung der je eigenen politikwissenschaftlichen Bemühungen in For-
schung, Lehre und insbesondere auch Studium. Die in diesem Band vor-
gestellten Klassiker der Politikwissenschaft sollen zum individuellen
Nachdenken und gemeinschaftlichen Diskurs im Fach anregen. In der
Vielfalt der von ihnen vertretenen Theorien, Begriffe, Methoden und
Fragestellungen repräsentiert sich zugleich dann auch die Einheit des
gemeinsamen Nachdenkens über Politik als einen Bereich grundlegender
Ordnung, harter Auseinandersetzung und mühsamen Kompromisses.
Der eigentliche Erfolg nicht nur der Klassiker der Politikwissenschaft,
sondern auch dieses Bandes mißt sich deshalb an unserer Bereitschaft,
sich mit dem Werk dieser Klassiker im Original und in ihrer Originalität
auseinanderzusetzen – und sich dabei als Forscher, Lehrender und Stu-
dierender der Politikwissenschaft selbst zu finden.

Literatur

Almond, G. A., Political Science. The History of the Discipline, in: Goodin, R.
   E./Klingemann, H.-D. (Hg.), A New Handbook of Political Science, Oxford
   1996, S. 50–96.
Ballestrem, K. G./Ottmann, H. (Hg.), Politische Philosophie des 20. Jahrhunderts,
   München 1990.
Bergstraesser, A./Oberndörfer, D. (Hg.), Klassiker der Staatsphilosophie. Ausge-
   wählte Texte, Stuttgart 1962.
Bleek, W./Lietzmann, H. J. (Hg.), Schulen der deutschen Politikwissenschaft,
   Opladen 1999.
Bleek, W., Geschichte der Politikwissenschaft in Deutschland, München 2001.
Fetscher, I./Münkler, H. (Hg.), Pipers Handbuch der Politischen Ideen, 5 Bde.,
   München 1985–1993.
Lieber, H.-J. (Hg.), Politische Theorien von der Antike bis zur Gegenwart, Mün-
   chen, Bonn 2. Aufl. 1993.
Lietzmann, H. J. (Hg.), Moderne Politik. Politikverständnisse im 20. Jahrhundert,
   Opladen 2001.
Lietzmann, H. J./Bleek, W. (Hg.), Politikwissenschaft. Geschichte und Entwick-
   lung in Deutschland und Europa, München, Wien 1996.
Lietzmann, H. J./Nitschke, P. (Hg.), Klassische Politik. Politikverständnisse von
   der Antike bis ins 19. Jahrhundert, Opladen 2000.
Maier, H./Rausch, H./Denzer, H. (Hg.), Klassiker des politischen Denkens, 2 Bde.,
   München 1968; 6. überarb. und erw. Auflage, München 1986.
Oberndörfer, D./Rosenzweig, B. (Hg.), Klassische Staatsphilosophie. Texte und
   Einführungen. Von Platon bis Rousseau, München 2000.

Wolfgang Leidhold

Aristoteles (384–322 v. Chr.)

I. Leben

Aristoteles gilt seit der Antike als der bedeutendste Theoretiker der Politik. Selbst seine Gegner, wie etwa Thomas Hobbes, nutzen sein geistiges Erbe, indem sie sich seiner Begriffe bedienen. Von Aristoteles stammen sowohl der Name der Politischen Wissenschaft wie auch ihr systematisches Konzept. Er begründet sie als die umfassende Wissenschaft vom Menschen und Bürger in gemeinschaftlicher Existenz; zugleich verstand er sie als Leitwissenschaft für das menschliche Leben, da sie allen anderen Wissenschaften zur Orientierung dienen sollte. Im Mittelalter hieß Aristoteles sowohl in der christlichen wie in der islamischen Welt einfach «der Philosoph». So ist Aristoteles über die zivilisatorischen und religiösen Grenzen hinweg nicht allein ein Klassiker der Politikwissenschaft, sondern *der* Klassiker des abendländischen Denkens.

Aristoteles wurde im Jahre 384 v. Chr. in Stageira (auf der Chalkidike in Nordgriechenland) geboren. Mit etwa 17 Jahren trat er der Akademie Platons in Athen bei, wurde sein berühmtester Schüler und hegte wohl die Hoffnung, einmal die Leitung der Akademie zu übernehmen. Doch nach Platons Tod wurde Speusipp gewählt. Daraufhin ging Aristoteles im Jahre 347 nach Kleinasien an den Hof des Hermias, mit dem ihn bald eine enge Freundschaft verband. Später kehrte er nach Athen zurück und gründete dort 335/334 seine eigene Schule, deren Mitglieder als «Peripatetiker» bekannt wurden. Man nannte sie so nach der Säulenhalle, dem «perípatos», der als Versammlungsort diente.

Die freien griechischen Städte gerieten indes immer stärker unter die Herrschaft der Makedonen, ein Prozeß, der von Philipp begonnen und von seinem Sohn Alexander vollendet wurde. Aristoteles stand zwischen beiden Kulturen. So übernahm er zwar 342 die Erziehung Alexanders, dessen Reichsverweser Antipater sein Freund und zugleich Mäzen der Peripatetiker wurde, doch favorisierte er in seinen Schriften die Lebensform der unabhängigen, sich selbst regierenden Stadt. Indes brachte ihn die Nähe zu den Makedonen in eine prekäre Lage. Nach dem Tod Alexanders des Großen im Jahre 323 revoltierten die griechischen Städte und verfolgten alle, die im Ruf einer pro-makedonischen Gesinnung standen. Das ging auch gegen Aristoteles. Er flüchtete nach Euboia auf das Gut seiner Mutter. In einer Anspielung auf den Tod des Sokrates sagte er dazu, er wolle den Athenern nicht Gelegenheit geben, sich zum zweiten Mal an der Philosophie zu versündigen. Doch schon ein Jahr später, im Jahre 322, verstarb er an einem Magenleiden.

Der Niedergang der freien griechischen Stadt kennzeichnete also seine Zeit. Diese Lebensform florierte seit dem 7. Jahrhundert. Hier entwickelte sich der Archetypus des «politischen Lebens». Wir bemerken das Epochale dieser Wende daran, daß wir bis heute die griechischen Begriffe gebrauchen, die sich von der «pólis» und ihrem Bürger (polítes) ableiten. Das politische Leben setzte nach griechischem Verständnis drei Dinge voraus: die Artikulation der Bürger, ihre Partizipation am öffentlichen Leben und die verfassungsmäßige Repräsentation. Die *Artikulation* der Bürger bedeutete, daß sie wußten, wie sie leben wollten, und sich dazu äußern konnten. Die kritische Prüfung dieses Wissens hatte insbesondere Sokrates durchgeführt, wenn er etwa die Frage nach der Gerechtigkeit oder nach der politischen Kompetenz der Bürger stellte. *Partizipation* bedeutete Teilnahme am öffentlichen Leben, von Versammlung und Amt bis zu Festspiel und Theater. Das durften zumeist alle, die mit ihrem Geld und Leben das Geschick der Stadt trugen, d. h. die Bürger. Die Partizipation prägte auch die *Repräsentation*. Sie war nicht mehr persönliche Pfründe oder Beute, sondern ein Amt. Die Ämter wurden, meist jährlich wechselnd, durch Wahl oder Los besetzt. Partizipation und Repräsentation wurden durch die Verfassung geregelt. Wer in der Stadt herrschen sollte, entschied sich nicht durch Gewalt, Zufall oder Herkunft, sondern durch den politischen Prozeß selbst.

Der Kampf um Herrschaft und Verfassungsform sorgte freilich für Konflikte und Turbulenzen. Aus solchen Erfahrungen entstand das antike Modell des Verfassungskreislaufes, das bis in die Neuzeit theoretisches Gemeingut blieb. Damit wurde die Frage zentral, wie sich denn die politische Lebensform festigen ließe und warum man überhaupt daran festhielt. Seit Hesiod und Solon tauchte das Problem durchgängig auf und wird bei den Sophisten, bei Platon und bei Aristoteles zu einem Hauptthema. Schließlich führte Aristoteles den Ausdruck «politiké epistéme», d. h. «Politische Wissenschaft», ein. Dabei erfand er nicht nur die Politische Wissenschaft als eigenständige Disziplin, sondern entwickelte auch erstmals ein Konzept, das die verschiedenen Aspekte des politischen Lebens in einen systematischen Zusammenhang brachte.

2. Werk

Diese aristotelische Politische Wissenschaft findet sich in seinen Schriften zur *Ethik* und *Politik*. Die *Politik* betrachtet das Zusammenleben in der Stadt, der Text trägt den Titel «Politiká», zu deutsch: von den Dingen der Polis. In der *Ethik* steht der Mensch im Zentrum. Hier gibt es drei Fassungen: die sog. «Große Ethik», die «Eudemische Ethik» und die «Nikomachische Ethik», wobei letztere zumeist herangezogen wird. Die in diesen Texten eingestreuten Bemerkungen zur Methode und die analytischen Begriffe verweisen hingegen immer wieder auf die *Metaphysik*. Die Analyse des Zusammenhanges von Teil und Ganzem, also von Mensch und Stadt etwa, ist dabei ein wichtiges Moment.[1] Dieser Zusammenhang kann als Struktur oder als Prozeß betrachtet werden. Unter dem Gesichtspunkt der Prozeßtheorie geht es um Entstehen und Vergehen, Entwicklung und Vollendung des Menschen und seiner Gemeinschaften. In der *Politik* heißt es: «Das wird klar werden, wenn wir das Gesagte nach der schon vorgeführten Methode überprüfen [...] Wir wollen uns ansehen, wie die Dinge sich vom Ursprung her entwickeln – das dürfte hier, wie in den anderen Fällen, für die Untersuchung am besten sein».[2]

Den Prozeß selbst nennt Aristoteles, mit einem von ihm geprägten Wort, das «Ins-Werk-Setzen» (enérgeia). Daher kommt unser Fremdwort «Energie»; das lateinische Gegenstück heißt «Aktualisierung». Die Strukturtheorie betrachtet den Zusammenhang der Komponenten, d. h. ihre Ordnung. Aristoteles' Hauptbegriff für die Ordnung ist «eîdos», d. h. Form, Idee oder Wesen. Die *Form* bildet zusammen mit dem *Stoff*, der *Bewegungsursache* und dem *Ziel* die vier Hauptursachen oder *Prinzipien* und damit den Kern der Struktur- und Prozeßtheorie.[3] Diese wendet Aristoteles dann auf das empirische Material an, das er in seine Schriften immer wieder einfließen läßt. Er selbst hat solche Stoffe eifrig gesammelt; erhalten ist uns davon etwa eine Studie zur Verfassung Athens.[4]

Die einleitenden Worte des ersten Buches der *Politik* thematisieren zunächst das Gut oder Ziel, welches die Stadt aktualisiert: «Da [...] jede Gemeinschaft um eines bestimmten Gutes willen zusammen ist [...], so ist klar, daß zwar alle Gemeinschaften auf irgendein Gut zielen, am meisten aber und auf das alle übrigen beherrschende Gut jene, die alle beherrscht und die anderen umfaßt – und dies ist die sogenannte *pólis* und die politische Gemeinschaft».[5]

Der Text beginnt also mit einer lapidaren These: Die Polis oder Stadt ist jene Gemeinschaft, die auf das umfassendste Gut zielt. Sie umfaßt die anderen Gemeinschaften, die man in einer Stadt auch antrifft, Haus und Hof, soziale Vereinigungen und so fort. Danach hebt Aristoteles die entscheidende Bedeutung der Form hervor: «Die nun meinen, daß zwischen dem Leiter eines Freistaates (politeía) oder eines Königreiches (basileía), einem Hausvater (oîkos) und einem Herrn (despoteía) kein wesentlicher Unterschied bestehe, haben unrecht. Sie glauben nämlich, diese verschiedenen Inhaber bestimmter Gewalten unterschieden sich je nach der großen oder kleinen Zahl, aber nicht der Art (eîdos) nach [...], da ja zwischen einem großen Haus und einem kleinen Staate kein Unterschied sei».[6]

Aristoteles betont hier den prinzipiellen und nicht bloß quantitativen Unterschied zwischen einem Königreich, einer Despotie und der Leitung eines Hauses einerseits und dem politischen Regieren in einer Stadt andererseits. Der quantitative Unterschied bezieht sich auf das zweitrangige Merkmal des Stoffes, nämlich sein Mehr oder Weniger. Denn die Anzahl der Herrschenden oder die Größe des beherrschten Ganzen (Haus, Freistaat oder Königreich) kann ja variieren, ohne daß die Form sich ändert: Wir können uns eine Aristokratie mit zehn oder hundert herrschenden Aristokraten vorstellen.

Aristoteles rückt die «pólis» durch die Kluft des Formunterschiedes von der «basileía» ab. Er denkt dabei nicht an eine Monarchie, sondern an das Königtum der archaischen Zeiten, in denen es noch nicht die Stadt als Lebensform gab, sondern nur Siedlungen mit einer Burg als Zentrum.[7] Er rückt sie auch ab von der Hausverwaltung, der «Ökonomie» also, und von der Herrschaft über Unfreie und Sklaven, der sogenannten Despotie. Populäres Beispiel der Despotie bildete damals das Perserreich.[8] Darum weist er auch schon im ersten Kapitel des ersten Buches des öfteren darauf hin, daß die Barbaren noch auf einer Vorstufe der unfreien Unterordnung unter dem Regiert-Werden stehen, «da nämlich von Natur der Barbar und der Sklave dasselbe» sei.[9] Die besondere Form von Herrschaft in der Polis ergibt sich also durch ihre Differenz zur ökonomischen Macht und zur Herrschaft über Unfreie. Die Ökonomie beschränkt sich auf die Verwaltung des Lebensnotwendigen. Die Herrschaft über Unfreie kümmert sich nicht um die Verwirklichung der Lebensziele der Beherrschten. Die politische Lebensform ist folglich jene, die über das bloß Notwendige hinaus geht und dabei auch das Wohl der Bürger im Sinn hat.

Aristoteles führt, um den Gedanken zu vertiefen, die Entwicklung der Stadt aus ersten Anfängen vor. Als erstes verbinden sich jene Elemente, die aus biologischer oder sonstwie natürlicher Notwendigkeit ohne einander gar nicht existieren können: Mann und Frau, Eltern und Kinder, Herr und Knecht. Hier verbinden sich die Elemente aus Notwendigkeit und es entsteht das Haus, der «oîkos». Als zweites bildet sich durch die Verbindung mehrerer Häuser als Vorform der Stadt die «komé», das Dorf. Hier geht das Leben durch Vorsorge und Arbeitsteilung schon über das «augenblickliche Bedürfnis» hinaus. Es entwickelt sich die vorpolitische Herrschaftsform des Königtums, der «basileía». Deren Ordnung wird vermittelt über Verwandtschaft und andere persönliche Beziehungen, also nicht über allgemeine Gesetze. Das ist eben noch nicht politisch, nicht «*pólis*-mäßig». Schließlich wächst aus der Verbindung mehrerer Dörfer die Stadt hervor, welche die vollendete Gemeinschaft (koinonía téleios) bildet. Ihre voll ausgebildete Form wird durch zwei Merkmale bestimmt: «sie hat, wie man sagt, die Grenze der Autarkie erreicht» und «zuerst ist sie um des Lebens willen entstanden, doch um des guten Lebens willen besteht sie fort».[10] Erst die Stadt ermöglicht ihren Bürgern ein Leben jenseits des Notwendigen. Der Beweggrund zur Entwicklung steckt demnach in der menschlichen Natur, insofern der Mensch eben ein Lebewesen ist, das sich über die bloße Notwendigkeit hinaus entwickeln kann. Diese Entwicklungsfähigkeit meint sowohl die persönlichen Qualitäten, wie etwa Fähigkeiten und Bildung, als auch die Lebensqualität, etwa die Fülle kultureller Angebote. Der «natürliche» Beweggrund zur politischen Lebensform ist also das menschliche Potential.

Da die Stadt aus der Aktualisierung von Potentialen hervorgeht, ist sie in der Natur der Elemente schon angelegt, die ohne einander nicht sein können und die zusammenleben müssen, wollen sie sich ein wirklich gutes Leben ermöglichen. Die Entwicklung zur Stadt ist also kein «Naturtrieb» wie der Hunger, sondern ein Prozeß der zunehmenden Entfaltung von Bedingungen, die ein gutes Leben ermöglichen: «Von daher zeigt sich, daß es die Polis von Natur gibt und daß der Mensch von Natur ein politisches Lebewesen ist».[11] Aristoteles behauptet damit nicht, daß Menschen sich von Natur aus für Politik interessieren oder einen Trieb zum Zusammenleben besitzen, sondern daß die Stadt und das Bürgerleben dem Menschen die beste Lebensform bieten. Mithin werden Menschen, wenn sie frei entscheiden können und ihre Vernunft gebrauchen, die politische Lebensform als die beste Möglichkeit wählen.

Im dritten Buch der *Politik* betrachtet Aristoteles jene Struktur näher, die den Bürger (polítes) als den Stoff und die Verfassung (táxis oder politeía) als die Form ansieht. Der Bürger wird definiert «durch das [Merkmal] der Teilnahme an dem Gerichte und der Regierung».[12] Das heißt, für den Begriff des Bürgers ist die Partizipation entscheidend. Darum gibt es eben auch Formen des Zusammenlebens, die, wie die «basileía», nicht politisch, aber die für archaische Zeiten oder das persische Großkönigtum typisch sind. Wer in einer Stadt das Recht zur Teilnahme am Gericht und an der Regierung hat, hängt von der Verfassung ab. Die Verfassungen aber sind «der Form nach untereinander verschieden».[13] Darum stellt Aristoteles fest: «und so muß auch der Bürger in jeder Verfassung ein anderer sein. Daher findet sich der Bürger, wie wir ihn definiert haben, vornehmlich in der Demokratie, in den anderen Verfassungen kann er sich zwar finden, braucht es aber nicht».[14] Es kann also sein, daß es Gemeinschaften gibt, in denen Menschen leben, die keine Bürger sind. Der Stoff der Polis ändert sich in Abhängigkeit von ihrer Form, und zwar bis zum Verschwinden des Bürgers als partizipierendem Teil — denn in der Tyrannis gibt es keine politische Partizipation.[15]

Die Form der Polis kann verschieden ausfallen und mehr oder weniger gut gelungen sein. Wenn zu beurteilen ist, wie die Form gestaltet und ob sie gut gelungen ist, muß man nach Aristoteles die Frage stellen, welchem Ziel oder Gut die Polis dient. Sie ist zwar die umfassende Gemeinschaft, doch das Ganze ist um seiner Teile willen da, nicht umgekehrt. Das Ganze ist als autarke Gemeinschaft die Bedingung eines geglückten oder guten Lebens. Die Frage, was denn ein geglücktes Leben sei, ist die Leitfrage der aristotelischen Ethik. Da der Mensch sein Leben nicht isoliert verwirklichen kann, findet sich in der Ethik immer auch der Blick auf die Gemeinschaft. Es handelt sich eben nicht um eine «Privat-Ethik». Insgesamt finden wir folgendes Konzept: (1) der Stoff, um den es in der Ethik geht, ist der einzelne Mensch; (2) die Form, zu der sich der Stoff entwickelt, ist die «Tugend» (areté); (3) der Anfang der Bewegung kann zweierlei sein: entweder der einzelne Mensch selbst oder seine Erziehung; (4) das Ziel schließlich, um dessentwillen all dies unternommen wird, ist die «eudaimonía», die Glückseligkeit oder das Lebensglück.

Die *Nikomachische Ethik* beginnt mit diesem Ziel: «Jede Kunst und jede Lehre, ebenso jede Handlung und jeder Entschluß scheint irgendein Gut zu erstreben. Darum hat man mit Recht das Gute als dasjenige bezeichnet, wonach alles strebt».[16] Das Gute ist immer jenes Ziel, in dem sich eine Sache — hier der Mensch und Bürger — ihrer Natur nach voll entfaltet hat, in dem sie ihre Bestform erreicht. Ziel, Bestform und Natur des Menschen heißen griechisch «areté». Diese «Tugend» umfaßt mehr als das moralisch Gute oder das Sittliche, denn sie schließt die Bedingungen und Komponenten eines gelungenen Lebens ein.[17]

Um das zu beweisen, fragt Aristoteles, was die besondere «Energie» beim Menschen ist. Einige Ziele werden um eines anderen willen angestrebt — beispielsweise das Geld, um sich etwas kaufen zu können. Sie sind nützlich. Das Nützliche ist definiert als Mittel zu einem anderen Gut oder Zweck. Doch es können nicht alle Güter nur mittelbar gut sein, sonst ginge es ins Unbegrenzte, man könnte dann niemals bestimmen, wozu etwas letzten Endes gut ist. Dann wäre der Zusammenhang der Güter unbestimmt. Das Beste, das «summum bonum», verweist nicht mehr auf ein Weiteres, sondern genügt sich selbst. Es ist das Selbstgenügsame oder Autarke. Die Wissenschaft, die sich damit befaßt, ist selbst die umfassendste, was den Menschen angeht — es ist die Politische Wissenschaft.[18]

Das Beste ist nun, ganz allgemein gesprochen, das Lebensglück oder die Glückseligkeit, griechisch: die «eudaimonía». Das bedeutet: ein rundum glücklich gefügtes oder gelungenes Leben. Was dies nun sei, darüber gibt es, so Aristoteles, verschiedene Auffassungen. Dies nimmt er ganz empirisch aus dem Leben seiner Zeit auf. Er unterscheidet drei Haupttypen: (1) das Streben nach Lust, Macht und Reichtum, (2) die tätige Lebensform, in der man nach Ehre strebt, sowie (3) die betrachtende (Aristoteles sagt: «theoretische») Lebensform, der es um die Philosophie und die Wahrheit geht. Anhand des Kriteriums der Autarkie oder Selbstgenügsamkeit zeigt Aristoteles dann, daß letzthin nur die dritte Form diese Selbstgenügsamkeit bietet.[19]

Gelungen ist nun ein Leben, in dem die Besonderheit des Menschen zur Entfaltung kommt. Dies ist die vernunftbegabte Psyche. Die menschliche Seele stellt Aristoteles dreigeteilt dar. Es gibt einen vegetativen Teil, den wir mit den Pflanzen und Tieren gemeinsam haben: Er richtet sich auf Nahrung und Stoffwechsel, Fortpflanzung und Wahrnehmung. Sodann gibt es einen begehrenden und leidenschaftsförmigen Teil, der sich von der biologischen Basis dadurch unterscheidet, daß er durch Erziehung lernen kann, der Vernunft zu gehorchen. Und es gibt schließlich den regierenden Teil, die Vernunft, also den rationalen Seelenteil. Das eigentümlich Menschliche kann nur hier, am höchsten Punkt der Hierarchie, liegen. Die Aktualisierung der Vernunft versteht sich aber nicht von selbst, sie muß entwickelt werden. Wenn die Aktualisierung der Vernunft gelingt, dann erreicht der Mensch seine Bestform. Andere Möglichkeiten — wie Sport oder Reichtum — dienen lediglich dazu, das Hauptziel zu ermöglichen.[20]

Nach dem regierenden und dem regierbaren Seelenteil unterscheidet Aristoteles die dianoëtischen und die ethischen Tugenden. Die ethischen

Tugenden zielen auf die Formgebung unserer Leidenschaften und Begierden, so daß sie lobenswert und gut werden. Es geht um Tapferkeit und Besonnenheit, um Freigebigkeit und Großherzigkeit sowie um die Gerechtigkeit. Diese Potentiale werden durch «éthos», d. h. dadurch geformt, daß der Mensch in Denken und Handeln darin heimisch wird – denn Ethos bedeutet den gewohnten Ort oder das Angeeignete. Es geht um die Formung einer praktischen Haltung, des Habitus. Erzogen werden muß freilich auch der rationale Teil. Dabei handelt es sich um die Ausbildung der dianoëtischen Tugenden, das heißt um die Bestformen unseres Denkvermögens. Die gängigen Stichworte lauten: Wissenschaft, Kunstfertigkeit, Klugheit und Weisheit. In ihrer Aktualisierung kann der Mensch seine Glückseligkeit finden: ein kontemplatives Leben, mit dem keineswegs ein weltabgewandtes Gelehrtentum, sondern eine Existenzform gemeint ist, die sich der Wahrhaftigkeit, dem Wissen und der Meditation des Göttlichen widmet.

Im zweiten Buch der *Politik* betrachtet Aristoteles die Spannung zwischen der Einheit des Ganzen und der Verschiedenheit der Bürger. Eine Frage lautet daher: Was überhaupt ist diese Einheit der Polis? Ist es der Raum, also das «Territorium des Staates»? Oder der gemeinsame Besitz, eine Art Kommunismus? Was aber machen wir mit der Verschiedenheit der Bürger, die nicht nur oberflächlich, sondern der Form nach (éx eídei) verschieden sind? Diese Verschiedenheit ergibt sich aus den verschiedenen Lebensentwürfen, je nachdem welche Tugenden und Ziele die Menschen verwirklichen wollen: Lust, Macht und Reichtum, Ehre und Wahrheit. Aristoteles ist Realist und rechnet mit allen Varianten. Sollen wir die Differenzen, etwa durch «staatliche Maßnahmen», einebnen? Das hatte Platon in seiner *Politeía* vorgeschlagen, doch Aristoteles lehnt es rundweg ab.[21] Seine Antwort ist einigermaßen überraschend: Die Einheit basiert vielmehr auf der Freundschaft der Bürger untereinander: «Wir meinen nämlich, daß die Freundschaft das größte Gut für eine Stadt ist..».[22]

Die Hausgemeinschaft entsteht um des Überlebens willen, das Dorf wegen der Vorteile aus der Arbeitsteilung. Zur Stadt kommt es nicht mehr aus Notwendigkeit, sondern aus Freundschaft, als freier Zusammenschluß: frei zwar, jedoch nicht ohne Grund. Der Grund liegt darin, daß man gewisse Vorstellungen darüber teilt, wie die eigene Gemeinschaft geordnet sein soll: «die Sprache dagegen dient dazu, das Nützliche und Schädliche mitzuteilen und so auch das Gerechte und Ungerechte. Dies ist nämlich im Gegensatz zu den anderen Lebewesen dem Menschen eigentümlich, daß er allein die Wahrnehmung des Guten und Schlechten, des Gerechten und Ungerechten und so weiter besitzt. Die Gemeinschaft in diesen Dingen schafft das Haus und die Stadt».[23]

Die Partizipation des Bürgers an seiner Stadt besitzt daher zwei Dimensionen: die Partizipation am politischen Leben und die Partizipation an gemeinsamen Grundideen. Erst diese Art der Bürger-Freundschaft macht das gemeinsame politische Leben möglich. Die Bürger mögen also in ihren Lebensentwürfen verschieden sein, in ihren politischen Grundüberzeugungen müssen sie jedoch übereinstimmen, sonst zerfällt die Einheit. Diesen Menschentyp skizziert Aristoteles als den «spoudaîos», als gebildeten, klugen und rechtschaffenen Menschen, der es versteht, in allen Dingen das richtige Augenmaß walten zu lassen.[24] Dieser Ehrenmann (wie man vielleicht übersetzen könnte) ist ein Mensch, der weiß, warum er Bürger einer Stadt ist und was dort vor sich geht.

Die freundschaftliche Assoziation ist der formende, strukturelle Kern der guten Ordnung. Gut ist eine Verfassungsform für Aristoteles dann, wenn die Stadt um der Bürger willen da ist und nicht der Bereicherung eines Einzelnen (Tyrannis) oder einer Clique (Oligarchie) dient. Während z. B. der Monarch seinen Untertanen überwiegend Gutes tut und darin dem Vater und seiner Liebe zu den Kindern entspricht, kennt der Tyrann nur seinen eigenen Nutzen und damit auch keine Freundschaft gegenüber den nur noch Unterjochten. Auch die Gerechtigkeit ist in beiden Fällen eine ganz andere: umfassend unter dem rechten König – reduziert und gebeugt unter der entarteten Herrschaftsform der Tyrannis.[25] Mit dem «Gemeinwohl» ist eben dies gemeint: daß das allen für ihr gutes Leben Zuträgliche (gr. koinòn symphéron, lat. summum bonum) das Hauptziel des politischen Lebens ist. Das ist Gerechtigkeit in umfassendem Sinn. Die Verfassungsordnung dient als Verkehrsordnung des gemeinsamen Lebens und ihre Qualität ist daran zu messen, ob und wie sie das Ziel einer freundschaftlichen Assoziation zum gemeinsamen Nutzen erreicht. Die Kritik der Verfassungsformen beginnt im dritten Buch und erstreckt sich bis in das sechste. Dabei arbeitet Aristoteles vier Problemfelder durch: die Typologie der Verfassungsformen, die Frage nach der besten Verfassung, die Abhängigkeit ihrer Beantwortung vom real sich findenden, vorherrschenden Menschentyp sowie die Bedingungen, unter denen die jeweiligen Typen dauerhaft sind.

Der Begriff der Verfassung wird bestimmt als die Ordnung (táxis) der Ämter. Die verschiedenen Arten dieser Ordnung sind unterteilt in drei gute und drei schlechte Varianten. Das Kriterium für ihre Klassifikation ist zum einen die Machtverteilung: herrschen einer, mehrere oder alle? Zum anderen geht es um den Nutzen, der dabei verfolgt wird, also um die Gerechtigkeit für alle, wenige oder keinen.[26] Im Prinzip erscheint zunächst die Monarchie als beste Verfassung, denn sie bezweckt auf die einfachste und klarste Weise das Gute für alle.[27] Unter realen Bedingungen erscheint jedoch die denkbar beste nicht zugleich auch als die bestmögliche Verfassung. Aristoteles führt hierzu eine empirische Überprüfung der seinerzeit existierenden demokratischen, aristokratischen und oligarchischen Verfassungen sowie der Tyrannis durch. Dabei betrachtet er die je vorherrschenden Menschentypen, die sozialen und ökonomischen Strukturen, insbesondere auch die Bedeutung des Mittelstandes. Im Ergebnis empfiehlt er die Mischverfassung als jene Form, welche die besten Chancen auf dauerhaften Bestand hat. Denn hierbei sind all die verschiedenen Menschentypen und Klassen an der Herrschaft beteiligt, welche sich realistischer Weise in den griechischen Gesellschaften der Zeit finden.[28]

3. Wirkung

Für Hegel war der Denker Aristoteles «ein Mann, dem keine Zeit ein Gleiches an die Seite zu stellen hat».[29] Zusammen mit Platon bildet er nicht nur den Höhepunkt der griechischen Philosophie, sondern er ist auch der wirkungsreichste Klassiker unserer Denkgeschichte.

Was allerdings heißt «Wirkung» im Denken? Die unmittelbare praktische Wirkung von Aristoteles war zunächst gering. Zwar war er Lehrer von Alexander dem Großen, doch sein eigenes Ziel, dem politischen Leben der Polis eine Zukunft zu weisen, hat er nicht erreicht: Die Krise der Polis war final. Das Werk von Aristoteles hat freilich weiter existiert und allmählich seine Leser gefunden. Die aristotelische Akademie, der Peripatos, existierte bis in das 3. Jahrhundert nach Christus. Die aristotelischen Schriften blieben lange unzugänglich; erst Andronikos von Rhodos besorgte zwischen 60 und 50 v. Chr. eine Neuausgabe; von «Wirkung» kann soweit zunächst kaum die Rede sein. Über Syrien gelangte das erhaltene Œuvre etwa seit dem 8. und 9. Jahrhundert zu den Persern und Arabern. Von hier und aus Byzanz kamen die Schriften des Aristoteles im 13. Jahrhundert in den Westen Europas und wurden ins Latein übersetzt.

Damit begann im hohen Mittelalter eine große Aristoteles-Renaissance und bald galt Aristoteles als «der Philosoph» schlechthin. Die Neuzeit rezipierte ihn wieder uneinheitlich: Während etwa Kant den originalen Aristoteles nicht kannte, war Hegel mit ihm gut vertraut. Freilich blieb die politische Philosophie des Aristoteles oft am Rande. Obschon die *Politik* seit dem 1. Jahrhundert v. Chr. im Osten zugänglich war, traf sie weder im Hellenismus noch bei den Römern auf Interesse. Nur der Briefwechsel zwischen Themistios (ca. 317–388) und Kaiser Julian belegt als große Ausnahme eine Bekanntschaft mit der Schrift.[30] Erst durch die Araber und die Aristoteles-Renaissance im 13. Jahrhundert wird die *Politik* bekannt. Daß sie Allgemeingut geworden war, davon zeugen die Schriften von Albertus Magnus und Thomas von Aquin, von Dante, Marsilius von Padua, Aegidius Romanus und Johannes von Paris.[31] Volkssprachliche Übersetzungen folgten (zuerst um 1360/1370 Nikolaus von Oresme; dann um 1430 Leonardo Bruni).

Während sich die frühe Neuzeit seit Hobbes und Pufendorff eher an den antiken Historikern und römischen Vorbildern orientierte, wird mit Hegel und der Entwicklung der klassischen Philologie Aristoteles erneut wiederentdeckt.[32] Gegen Ende des 18. Jahrhunderts wurde die *Politik* in Englisch, Französisch und Deutsch zugänglich.[33] Das 20. Jahrhundert vertiefte diese Auseinandersetzung. Für die Politische Wissenschaft sind dabei Hannah Arendt, Leo Strauss und Eric Voegelin maßgeblich. In das Umfeld der modernen Aristoteles-Rezeption gehört sowohl die praktische Philosophie bei Hans-Georg Gadamer, Joachim Ritter und Dolf Sternberger als auch die Kontroverse zwischen Kommunitaristen und Liberalen, etwa bei Alasdair MacIntyre und Martha Craven Nussbaum.[34]

Worin beruht die breitere Wirkung der aristotelischen Politikwissenschaft und Philosophie, die über Anhänger in einem strikten Sinn weit hinausreicht? Derart wirken kann nur, wer dem Denken Maßstäbe setzt, die schwer zu überbieten sind. Am Vergleich mit Aristoteles kann ein jeder ermessen, wie weit er in seiner Denkentwicklung gediehen ist. Das betrifft zunächst die Frage, ob die Theorie fragmentarisch bleibt oder aber ein integrales Ganzes darstellt. Solch ein integrales Ganzes liefert Aristoteles dadurch, daß sein Denken auf allen Gebieten von einer ausgereiften Gesamtkonzeption getragen wird. Diese findet sich einerseits in seiner Metaphysik, also in der Wissenschaft von den ersten Prinzipien, andererseits in der von Aristoteles entwickelten und selbst souverän gehandhabten Logik, also der Wissenschaft vom schlüssigen Argument.

Ein integrales Ganzes bildet aber auch die Behandlung des Stoffes, wie sie sich etwa in der Politischen Wissenschaft von Aristoteles zeigt. Im Gegensatz zur modernen Beschränkung des Politischen auf den Horizont des «politischen Systems» umfaßt sein Ansatz ebenso die philosophische Anthropologie wie die Ethik, die Theorie der Prinzipien politischer Ordnung und ihrer Institutionalisierung, deren Analyse bis zu einer Theorie der zivilisatorischen Krisen entfaltet wird. In Anthropologie und Ethik geht es um die Probleme des Lebensentwurfes, die Aristoteles nicht nur in ihrer persönlichen Dimension (als Ethik im engeren Sinn), sondern auch in ihrer sozialen und politischen Richtung analysiert. Hier behandelt er die Beziehungen der Bürger untereinander ebenso wie das Problem des Menschentypus, der in der Lage ist, das politische Leben zu tragen. In seiner Untersuchung der politischen Ordnungsformen ist Aristoteles daher weniger an der Systematik der Verfassungen als an ihrer Dynamik und an den sie treibenden Kräften interessiert.

Insgesamt zielt die Politische Wissenschaft dieses Klassikers des abendländischen Denkens nicht auf ein instrumentelles Wissen zum Zweck der Machtausübung, sondern auf die Orientierung des Denkens und Handelns durch einen kritisch geklärten Begriff des Politischen. Freilich denkt Aristoteles hier öfters im Rahmen des städtischen Kleinstaates der griechischen Antike, etwa wenn er die Möglichkeit des politischen Lebens auf die Größe von Stadtstaaten beschränkt. Seine Aktualität kann daher kaum in einer Sammlung probater politischer Rezepte gesehen werden, sondern entspringt der Rationalität seines Gesamtkonzeptes und der paradigmatischen Durcharbeitung eines umfassenden Spektrums politischer Probleme.

Literatur

1. Werke

Aristoteles, Nikomachische Ethik, übers. von F. Dirlmeier, Stuttgart 1979 u. ö.; übers. von G. Bien, Philosoph. Bibliothek Bd. 5, Hamburg 1985; übers. von F. Dirlmeier, in: Aristoteles Werke, Bd. 6, Darmstadt 1979; übers. von O. Gigon, München 1973 u. ö.; übers. von P. Gohlke, in: Aristoteles, Die Lehrschriften, Paderborn 1966.

Aristoteles, Politik, übers. von E. Rolfes, Hamburg 1981, Philosophische Bibliothek Bd. 7; übers. von O. Gigon, Zürich 1955, 2. Aufl. 1971, Bibl. der Alten Welt, und München 1973 u. ö.

Aristoteles, Die Verfassung der Athener, übers. von P. Gohlke, Paderborn 1958, Die Lehrschriften Abt. VII, Bd. 5; als «Der Staat der Athener» übers. von P. Dams, Stuttgart 1978.

Aristoteles, Metaphysik, übers. von F. F. Schwarz, Stuttgart 1984; übers. von P. Gohlke, Paderborn 1961.

2. Biographie

Zemb, J.-M, Aristoteles in Selbstzeugnissen und Bilddokumenten, Reinbek 1961 u. ö.

3. Darstellungen

Barker, E., Political Thought of Platon and Aristotle, London 1906.

Bien, G., Die Grundlegung der politischen Philosophie bei Aristoteles, Freiburg, München 1973.

Düring, I., Aristoteles. Darstellung und Interpretation seines Denkens, Heidelberg 1966 (Bibl. der klass. Altertumswissenschaften, NF, Reihe 1).

Jaeger, W., Aristoteles. Grundlegung einer Geschichte seiner Entwicklung, Berlin 1923 (2. Aufl. 1955).

Kamp, A., Die politische Philosophie des Aristoteles und ihre metaphysischen Grundlagen, Freiburg, München 1985.

Ritter, J., Metaphysik und Politik. Studien zu Aristoteles und Hegel, Frankfurt a. M. 1969 u. ö.

Strauss, L., The City and Man, Chicago 1977.

Ross, D., Aristotle, London 6. Aufl. 1995.

Voegelin, E., Plato and Aristotle, Baton Rouge 1957 (Order and History, Vol. 3) (dt. Ordnung und Geschichte, Bd. 7, Aristoteles, München 2001).

Anmerkungen

1 Aristoteles, Politik, I 1, 1252 a 18 ff.

2 Politik, I 1, 1252 a 16–25.

3 Vgl. Metaphysik, bes. die Bücher VII, VIII und XII.

4 Vgl. Aristoteles, Die Verfassung der Athener, Paderborn 1958, Die Lehrschriften Abt. VII, Bd. 5; auch als «Der Staat der Athener», Stuttgart 1978.

5 Politik, I 1, 1252 a 1–7.

6 Aristoteles, Politik, I 1, 1252 a 7 ff. Zürich 1955, 2. Aufl. 1971, Bibl. der Alten Welt, auch bei dtv, München 1973 u. ö., hier: S. 47 (Hervorhebungen v. Verf.). – Eine Übersetzung mit «Form» statt «Art» für *eîdos* wäre hier passender.

7 Das wird deutlich aus Politik, I 2, 1252 b 15–28, wo Aristoteles das Königtum als Herrschaftsform der archaischen Lebens- und Siedlungsformen einstuft.

8 So schon Herodot, vgl. seine Historien, III.. Buch, 80 ff.

9 Politik, I 1, 1252 b 5 ff. Vgl. auch Politik, III 14, 1285 a 16 ff.

10 Politik, I 2, 1252 b 29 ff. (Hervorhebungen v. Verf.).

11 Politik, I 2, 1252 b 31–1253 a 20.

12 Politik, III 1, 1274 a 22 f.

13 Politik, III 1, 1275 a 37.

14 Politik, III 1, 1275 b 3–6.

15 Politik, III 1, 1275 b 7 ff.

16 NE (d. h. Nikomachische Ethik), I 1, 1094 a 1.

17 NE, I 6 ff.

18 NE, I 1, 1094 a 18 ff.

19 NE, I 3–5.

20 NE, I 6–8.

21 Politik, II 2.

22 Politik, II 4, 1262 b 6 ff.

23 Politik, I 2, 1253 a 15.

24 Vgl. Politik, IV 11, 1295 a 25 ff., V 1, 1301 b 40–1302 a 15.

25 Vgl. NE, VIII 11–14.

26 Politik, III 6–13.

27 Politik, III 14–18.

28 Politik, IV 1–16.

29 Hegel, W. F, Vorlesungen über die Geschichte der Philosophie, I. Teil, 1. Abschn., III. Kapitel, B. (H. Glockner, Sämtliche Werke, Bd. 18, S. 298).

30 Kaiser Julian, Lettera a Temistio, 260 c–263 d, in: Giuliano Imperatore, Alla Madre degli Dei e altri discorsi, introduzione di J. Fontaine, testo critico a cura dii C. Prato, traduzione e commento di A. Marcone, Mailand 1987; Themistios: 26. Rede, 325 B-C, in: Temistio, Discorsi, a cura di R. Maisano, Turin 1995. Für reiche Hinweise zur Rezeption der «Politik» danke ich Andreas Kamp.

31 Flüeler, Ch., Die Rezeption der «Politica» des Aristoteles an der Pariser Artistenfakultät im 13. und 14. Jahrhundert, in: Das Publikum politischer Theorie im 14. Jahrhundert, hg. von J. Miethke unter Mitarbeit von A. Bühler, München 1992, S. 127–138; Dod, B. G., Aristoteles Latinus, in: Kretzmann, N./Kenny, A./Pinborg, J. (Eds.), The Cambridge History of Later Medieval Philosophy, Cambridge 1982, S. 45–79; Dunbabin, J., The reception and interpretation of Aristotle's «Politics», in: ebd., S. 723–737.

32 Düring, I., Von Aristoteles bis Leibniz. Einige Hauptlinien in der Geschichte des Aristotelismus, in: Moraux, P. (Hg.), Aristoteles in der neueren Forschung, Darmstadt 1969, S. 250–313; Minio-Paluello, L., Die aristotelische Tradition in der Geistesgeschichte, in: ebd., S. 314–338; Riedel, M., Aristotelismus und Humanismus – Zur frühneuzeitlichen Rezeption der aristotelischen Politik, in: ders., Metaphysik und Metapolitik – Studien zu Aristoteles und zur politischen Sprache der neuzeitlichen Philosophie, Frankfurt/M. 1975, S. 109–128.

33 Riedel, M., Aristoteles-Tradition und Französische Revolution – Zur ersten deutschen Übersetzung der «Politik» durch Johann Georg Schlosser, in: ebd. (vorangehende Anm.), S. 129–168.

34 Hinweise bei: Gutschker, Th., Aristotelische Diskurse, Aristoteles in der politischen Philosophie des 20. Jahrhunderts, Stuttgart, Weimar 2002.

Politiktheorie im Mittelalter:
Thomas von Aquin, Marsilius von Padua,
Lupold von Bebenburg

1. Politische Theorie als Grundform der Politikwissenschaft

Die sozialen Voraussetzungen und methodischen Grundlagen allen politischen Denkens wurden im späten Mittelalter dadurch grundlegend neu bestimmt, daß sich die europäischen Universitäten herausbildeten. Zwar hat es zu jener Zeit die Politikwissenschaft als Fach mit eigenständigen Fragestellungen und eigenem Lehrpersonal noch nicht gegeben; doch auch im Mittelalter stoßen wir immer wieder auf ein Nachdenken über politische Fragen, auf Überlegungen zur politischen und sozialen Verfassung des eigenen Lebens. Dichter konnten nicht ohne Rücksicht auf die gesellschaftliche Wirklichkeit ihre Texte schreiben; Recht und Gesetz boten Gelegenheit zur Reflexion von Gerechtigkeit und Unrecht; die Selbstdarstellung der Herrschaft in repräsentativen Akten (wie einer Königskrönung, einer Herrscherabsetzung, einem Friedensschluß, einer Lehnshuldigung oder einer Reichsversammlung) mußte bedacht und angemessen vorbereitet werden. In solchen Zusammenhängen finden sich auch Reflexionen, die wir ohne Bedenken «politische Theorie» nennen können. Auf einer vom Tagesgeschehen abgewandten Ebene werden auch im Mittelalter politische Verhältnisse oder Entscheidungen überdacht und im Rahmen von langen Texten oder kurzen Aufrufen erörtert.

Alle spätmittelalterlichen Theoretiker der Politik sind an den Universitäten und Hochschulen ihrer Zeit ausgebildet, jedoch gehörten sie dort verschiedenen Fakultäten an und benutzen deren unterschiedliche wissenschaftliche Methoden und Grundtexte. Diese jeweiligen «Leitwissenschaften», an die sich die einzelnen Traktate anlehnten, sind heute noch ohne große Schwierigkeiten zu ermitteln. Es ist rasch zu erkennen, ob ein Jurist, ein Theologe oder ein philosophisch an einer *Artes*-Fakultät Ausgebildeter das Wort führt. Ein Jurist gab seine Antworten mit dem juristischen Rüstzeug und in der Sprache seiner normativen Quellen, wie er es an den Universitäten bei der exegetischen Bemühung um die Gesetzessammlungen seiner Wissenschaften gelernt hatte. Ein Theologe konnte Bibel und Kirchenväter nicht beiseite lassen, wenn er sich zu Worte meldete. Und ein Vertreter der *Artes*-Fakultät – der Fakultät der «artes liberales», der sieben «freien Künste», die später zur «philosophischen» Fakultät wurde – entfernte sich nicht von seinen Schultexten. Gleichwohl hatten sie alle sich der «exoterischen» Erwartung nichtuniversitärer «Laien» zu stellen, die wissen wollten, was in konkreten Konfliktlagen von der Warte der sehr verschieden entwickelten Theorien her, jedoch unter dem Wahrheitsanspruch, den man den Wissenschaften entgegenzubringen gewohnt war, zu sagen war.[1] Die Einheit der mittelalterlichen politischen Theorie erklärt sich also nicht zuletzt aus den Fragen, die aus der Wirklichkeit der Zeit an die Vertreter der Wissenschaft, d. h. die Theoretiker, gestellt wurden. Ihre Einheit ist Ergebnis der gemeinsamen Aufgabe, mit der sich alle Teilnehmer der Debatte konfrontiert sahen, ob sie nun wissenschaftlich verläßliche Antwort auf Wahrheitsfragen zu geben hatten, auf Zweifel an der Legitimation bestimmter Zustände oder Entscheidungen reagierten oder die Suche nach den «richtigen» praktischen Verhältnissen aus ihrer spezifischen Sicht befördern wollten.

Exemplarisch für die politische Theorie des Mittelalters sollen mit Thomas von Aquin, Marsilius von Padua und Lupold von Bebenburg drei Autoren herausgegriffen werden, von denen zumindest die zwei erstgenannten in neueren Handbüchern und Sammelbänden noch als «Klassiker» der politischen Theorie erscheinen. Diese drei mittelalterlichen Theoretiker der Politik sind Gelehrte, die an der Universität promoviert waren und dort auch unterrichtet hatten. Alle drei haben an Herrscherhöfen oder Prälatenkurien, also außerhalb der Hörsäle und für ein universitätsexternes Publikum ihre Traktate geschrieben. Allesamt haben sie bis in die Neuzeit hinein den Intellektuellen politische Orientierung vermittelt.

2. Thomas von Aquin

Thomas von Aquin wurde um 1225 in Unteritalien geboren als Sohn der Grafen von Aquino, die in der unruhigen Geschichte des Königreichs Sizilien während und nach der Herrschaft des letzten Stauferkaisers Friedrichs II. eine durchaus wechselvolle Rolle spielten. Der hochadlige Sproß jedoch suchte seine Karriere nicht am feudalen Königshof Neapels und auch nicht in den hohen Rängen der kirchlichen Amtshierarchie seiner Heimat. Thomas war vielmehr ein gelehrter Theologe und blieb das bis zu seinem Ende: Er starb 1274 auf dem Wege zum Konzil von Lyon, wohin ihn der Papst eingeladen hatte. Noch in seiner Jugend, während der Studienzeit an der Universität Neapel, hatte Thomas sich gegen den erbitterten Widerstand seiner engeren Familie dem damals noch jungen Bettelorden der Dominikaner angeschlossen, ein deutlicher Kontrast zu seiner hocharistokratischen Herkunft. Sein Leben verbrachte er an den Hochschulen von Neapel, Paris und Köln sowie an der päpstlichen Kurie in Viterbo, ein Leben mit Büchern und Texten, ganz der theoretischen Arbeit gewidmet.

Mit Fragen der politischen Theorie hat sich Thomas nicht von Beginn an ausdrücklich beschäftigt, wenngleich in einzelnen Schriften Themen von politischer Relevanz behandelt werden mochten und in der großen *Summa Theologiae* ein eigener berühmter Abschnitt der Untersuchung des Gesetzesbegriffs gilt.[2] Erst kurz vor seinem Tode (bzw. kurz vor einer späten Lebenskrise, die ihn 1272 oder 1273 alle Arbeiten abbrechen ließ) begann der Aquinate mit einem dem König von Zypern gewidmeten Traktat, der (wie es im Widmungsvorwort ausdrücklich heißt) «Eurer Königlichen Majestät würdig, aber auch meinem Stande und der Pflicht meines Berufes angemessen» sein sollte.[3] Der Text erhielt ursprünglich den Titel «Königliche Herrschaft» (*De regno*). Damit allein schon verdeutlichte Thomas, daß er an die damals weit verbreitete Gattung politiktheoretischer Überlegungen, an die sogenannten «Fürstenspiegel» anknüpfen wollte, in denen den regierenden Ständen ein ethischer Spiegel des richtigen Verhaltens vorgehalten wird. In den zahlreichen nach Thomas' Tod veranstalteten Gesamtausgaben seiner Werke erhält der Traktat dann auch folgerichtig den üblichen Titel eines Fürstenspiegels: *Über die Herrschaft der Fürsten (De regimine principum)*.[4]

Thomas wollte nicht wie seine Vorgänger als Verfasser von Fürstenspiegeln eine Kompilation von Zitaten anhäufen, sondern er wollte eine «wissenschaftliche Analyse» des königlichen Amtes vorlegen und zuallererst aus solcher analytisch wissenschaftlich gewonnenen Erkenntnis vernünftiges Verhalten ableiten. Die richtigen Methoden wissenschaftlichen Vorgehens glaubte man zu seiner Zeit zu kennen. Seit mehr als einem Jahrhundert hatten sich die Hohen Schulen mit den Schriften des griechischen Philosophen Aristoteles auseinandergesetzt; Texten, die in mehreren Schüben zunächst aus dem Arabischen, dann auch aus dem Griechischen in die lateinische Sprache übersetzt worden waren.[5] Die Schriften zur praktischen Philosophie waren bei dieser Adaption und Rezeption um 1270, als Thomas sich an die Arbeit an *De regno* gemacht haben muß, gerade erst im westlichen Europa angelangt. Der gelehrte englische Bischof von Lincoln Robert Grosseteste (†1253) hatte eine vollständige

Übersetzung der *Nikomachischen Ethik* erst etwa 1246/7 vollendet. Die aristotelische *Politik* war sogar erst gegen 1265 von dem Dominikaner Wilhelm von Moerbeke (†1286) zugänglich gemacht worden.

Thomas hatte zur aristotelischen *Ethik* schon bald nach ihrem Erscheinen auf der Bühne einen scholastischen Kommentar geschrieben. Er hat auch einen Kommentar zur *Politik* des griechischen Philosophen auszuarbeiten begonnen (der jedoch mit Buch III, Kapitel 6, abbricht). Aber dabei ging es vor allem um eine Auslegung der Gedanken des Aristoteles, nicht um eine eigene konstruktive Theorie. Mit seinem Fürstenspiegel beabsichtigte Thomas offenbar etwas anderes: Er wollte die Gedanken und Begriffe des Aristoteles dazu benutzen, die Situation seiner Gegenwart zu analysieren. Er wollte «was mit dem Ursprung königlicher Herrschaft und [...] was mit dem Beruf eines Königs verbunden ist, geleitet vom Gebot der Heiligen Schrift, der Erkenntnis der Philosophen und dem Beispiel berühmter Fürsten, mit aller Sorgfalt entwickeln».[6] Das heißt, auf wissenschaftlicher Grundlage sollte hier eine Theorie königlicher Herrschaft vorgelegt werden, aus der das vernunftgemäße und damit sittlich erforderte Verhalten sowohl eines Königs als auch das seiner Untertanen einsichtig werden könnte. Thomas machte sich bei diesem Vorhaben die aristotelische Theorie zunutze, die er freilich durch andere Materialien ergänzte und umwandelte, um sie damit, bewußt oder unbewußt, an die neue Aufgabe anzupassen.

Am deutlichsten weicht Thomas von Aristoteles dort ab, wo er auf die Kirche und ihr Verhältnis zur königlichen Herrschaft zu sprechen kommt. Das war für Aristoteles noch kein Thema gewesen, da die Polisreligion zur Polisverfassung gehörte und keine eigenständige Institution benötigte. Thomas löst diese Aufgabe durch eine komplexe Theorie aristotelisch vorgestellter letzter Zwecke des Menschen und seiner gesellschaftlichen Verfassungen, die er in eine deutliche hierarchische Ordnung fügt: der Mensch und seine Gesellschaft haben zunächst das Ziel der Selbsterhaltung; dann sollen beide leben (*vivere*) und sich am Leben erhalten; dazu soll sie ein König anleiten. Darüber hinaus aber muß ein Mensch sich selbst und muß ein König sein Volk dazu bringen, «nach den richtigen Gründsätzen» und «gut, d.h. gemäß der Tugend zu leben» (*bene, vivere secundum virtutem*).[7] Wie Aristoteles sagt auch Thomas, daß der König mit seinen Untertanen zu einer vernunftgemäßen Sittlichkeit gelangen solle. Dorthin zu führen, würde als Aufgabe völlig genügen, wenn der Mensch nicht zu noch Höherem bestimmt wäre, nämlich zur «höchsten Seligkeit, die er sich in der Schau Gottes [...] erhofft». Anleitung dazu jedoch kann kein König vermitteln, hat Gott selbst dafür doch «die Diener der Kirche Christi» bestimmt,[8] die im Papst ihre Spitze haben.

Thomas verwendet einige Mühe darauf auszuloten, wie sich Papst und König zueinander verhalten. Er legt allergrößten Wert darauf, daß der König allein und für sich für die Lebenserhaltung und das Tugendleben seiner Untertanen zuständig ist und daß Kirche und Papst nur das zu bestimmen haben, was zur ewigen Gottesschau führt. Mit keinem Wort erwähnt er einen möglichen Konflikt zwischen beiden Instanzen. Er setzt voraus, daß beide stets ihrer Aufgabe treu bleiben und sich keiner Grenzüberschreitung unberechtigter Ansprüche schuldig machen. Darum kann Thomas schließlich überschwenglich schreiben, «dem höchsten Priester, dem Nachfolger Petri, dem irdischen Stellvertreter Christi, dem Papst zu Rom... [müssen] alle Könige des christlichen Volkes untergeben sein, wie dem Herren Jesus Christus selbst».[9]

Das klingt nach einer «papalistischen» Übersteigerung, nach einem Weltherrschaftsanspruch des Papstes, den Thomas hier scheinbar begründet. Bereits unmittelbare Schüler und Nachfolger des Thomas haben das alles auch «papalistisch» (miß-) verstanden, so etwa Tolomeo von Lucca.[10] Es ist aber darauf hinzuweisen, daß der unzweifelhaft «praktische Papalist» Thomas sehr sorgfältig versucht hat, beide Sphären penibel voneinander getrennt zu halten und dem Papst wie dem König eine prinzipiell unabhängige Leitungsaufgabe zuzuschreiben. Das mag einer Entscheidungsfindung bei realen Konflikten nur einen schwachen Rückhalt geboten haben. Allerdings wird der französische Dominikanertheologe Johannes Quidort nur eine knappe Generation später die Unabhängigkeit, Selbständigkeit und Gleichursprünglichkeit der Herrschaft des französischen Königs Philipps des Schönen im Streit mit Papst Bonifaz VIII. auf der Basis dieser thomasischen Vorgaben sehr effizient verteidigen.[11]

Daß Thomas unmittelbar an Aristoteles anknüpfte und ihn für seine Zwecke nutzte, hatte durchschlagenden Erfolg. Aegidius Romanus (ca. 1243–1316), ein Pariser Theologe aus dem Augustinereremitenorden, der selber noch bei Thomas gelernt haben dürfte, griff nach einem knappen Jahrzehnt (gegen 1279) die Idee des Aquinaten auf, einen «aristotelischen» Fürstenspiegel zu schreiben. Sein Text ist der unstrittige «Bestseller» mittelalterlicher Politiktheorie geworden: über 350 Handschriften und zahlreiche Drucke sind heute noch in den Bibliotheken der Welt zu finden.[12] Mit dem wachsenden Anspruch des kirchlichen Hauptes, des Papstes, auf die oberste Lenkung der Christenheit freilich, wie er vor allem im Pontifikat Papst Bonifaz' VIII. (1294–1303) deutlich wurde, stellte sich der politischen Theorie ein neues Thema,[13] das im Rahmen eines Fürstenspiegels nicht leicht zu bearbeiten war. In Zukunft haben die immer deutlicheren Konflikte zwischen der päpstlichen Amtskirche und den werdenden Staaten Europas für eine theoretisch erhebliche und in die Zukunft weisende politische Literatur gesorgt. Bis ins 15. Jahrhundert hinein entstehen politische Traktate nachhaltiger Wirkung fast ausschließlich als Begleitmusik zu solchen Konflikten zwischen «Staat und Kirche». Erst im Großen Abendländischen Schisma (1378–1417) sollten sie in dieser Auslöserfunktion von dem Problem der evident scheinenden Reformbedürftigkeit der Kirche und der Kirchenspaltung abgelöst werden.

3. Marsilius von Padua

Nachhaltig gewirkt hat vor allem ein Buch des Marsilius von Padua, das heute noch in viele europäische Kultursprachen übersetzt greifbar ist.[14] Der um 1290 in der damals noch selbständigen oberitalienischen Kommune Padua geborene Sohn eines Notars stammt aus der administrativen Elite, der wohlhabenden «bürgerlichen» Oberschicht seiner Stadt. Er konnte sich offenbar auf Kosten seiner Familie ein Studium leisten und wählte dazu nicht das Brotstudium der Juristen, das seinem Vater und seinem Bruder eine Karriere eröffnet hat, sondern wandte sich dem Studium der *Artes* und der Medizin zu. Marsilius hat wohl die Anfangsgründe der «freien Künste» in seiner Heimatstadt kennengelernt, wechselte aber früh schon an die Universität Paris, den damals vielleicht wichtigsten Ort theoretischer Anstrengungen. In Paris wurde Marsilius zum Magister der *Artes* promoviert und erreichte damit die Promotion in der Philosophie, gab auch dort den entsprechenden Unterricht. Von Dezember 1312 bis März 1313 wurde er, auch das ein Zeichen für eine ansehnliche materielle Versorgung, für eine Amtsperiode zum Rektor der Studentenuniversität bestellt. In deren Auftrag hat er später mehrmals die päpstliche Kurie in Avignon aufgesucht. Er zeigte sich auch zeitgemäß darum bemüht, auf dem dortigen kirchlichen Pfründenmarkt seine Versorgung zu sichern.[15] Erfolg hatte er damit offensichtlich nicht. Nach einigen uns nicht ganz deutlichen Versuchen, in der praktischen Politik oberitalienischer Kommunen Fuß zu fassen, finden wir ihn wieder, nach Paris zurückgekehrt, beim Studium der Medizin und der Theologie; diese schloß er zwar nicht mit einer weiteren Graduierung ab, aber es ermöglichte ihm, in München als Leibarzt des Kaisers Ludwig des Bayern zu wirken. Im Sommer 1324 ist jener Traktat abgeschlossen worden, der seinen Namen bis heute erstrahlen läßt:

Defensor pacis («Verteidiger des Friedens»). Diese Schrift werden wir gleich näher in den Blick nehmen.

Marsilius blieb danach noch ganze zwei Jahre – offenbar ungestört und ungefährdet – in Paris, hielt Vorlesungen an der *Artes*fakultät und studierte bei den Theologen und in der Medizin. Noch Ende 1325 mietete er zusammen mit seinem Freund, dem aus dem heutigen Belgien stammenden Johannes Jandun († ca. 1328), ein Haus. Doch 1326 hat er gemeinsam mit Jandun ganz plötzlich, überstürzt und unter Hinterlassung erheblicher Schulden Paris verlassen. Zu dieser Zeit wurde dort gegen die beiden Universitätslehrer ein Inquisitionsverfahren angestrengt wegen Verdachts der Ketzerei. Etwa ein Jahr später, am 23. Oktober 1327 wurden in Avignon fünf «Irrtümer» dieser Schrift durch Papst Johannes XXII. als häretisch verurteilt und die beiden angeblichen Verfasser, Marsilius und Jandun,[16] wurden als Erzketzer und Teufelssöhne verdammt; kein Katholik sollte ihre Schrift lesen oder verbreiten.

Am Ende des Sommers 1326 bereits waren Marsilius und Jandun in Nürnberg auf den deutschen Herrscher Ludwig den Bayern getroffen, als dieser sich gerade gegen seinen Gegenkönig, den Habsburger Friedrich von Österreich, hatte durchsetzen können. Marsilius und Jandun blieben an dessen Hof bis ans Ende ihres Lebens. Sie gelangten dort zu einigem, wenngleich durchaus wechselhaften Einfluß. Bis an ihr Lebensende genossen sie den prekären Schutz des Herrschers, der sie allen Bemühungen der päpstlichen Kurie zum Trotz niemals wirklich fallen ließ. Im April 1343 spricht ein päpstliches Schreiben von Marsilius als einem Verstorbenen. Sein Grab in München ist heute nicht mehr aufzufinden.

Mit seinem *Defensor pacis*, einer voluminösen gelehrten Schrift, wollte Marsilius die Krise seiner Zeit heilen. Das Buch, so verkündet es schon der Titel, will den Frieden, ein gedeihliches Zusammenleben aller, wiederherstellen. Marsilius erklärt ausdrücklich, daß Aristoteles bereits die wichtigsten Grundlagen einer politischen Theorie gelegt habe. Natürlich benutzt der Paduaner neben der *Politik* des Aristoteles, die er ohne Unterlaß zitiert, auch die anderen an den Universitäten üblichen Texte, vor allem die seit alters im Unterricht gebräuchlichen Texte Ciceros und der Kirchenväter (Augustin, Boethius, Cassiodor) sowie auch die Sammlungen des Kirchenrechts. Er kann sich aber an entscheidender Stelle konzentriert auf Aristoteles beschränken, wenn er erklärt: «Die elementaren Ursachen [von Zwietracht und Streit und von der Krankheit des Gemeinwesens] sind zwar sehr zahlreich, und viele sind miteinander verbunden. Wie sie unter gewöhnlichen Umständen entstehen können, hat sie bereits der große Philosoph [Aristoteles] fast alle in seiner politischen

Theorie (*in civili sciencia*) beschrieben. Jedoch gibt es außerdem eine ganz einzigartige und tief verborgene Ursache, an welcher das Römische Reich seit langem gelitten hat und beständig weiter leidet».[17] Diese «einzigartige» Ursache des Haders seiner Zeit,[18] die Marsilius in seinem Buch näher erläutern will, konnte, das weiß Marsilius sehr wohl, Aristoteles noch gar nicht kennen, da sie erst Jahrhunderte nach der Lebenszeit des Griechen ihren Anfang nahm. Mit dieser historisierenden Isolierung der Fehlerquelle spricht der Pariser Gelehrte die Menschwerdung Gottes in Christus an.[19] Nicht etwa zweifelt er an der christlichen Offenbarung, jedoch legen seine Zeitgenossen seiner Meinung nach die Heilige Schrift falsch aus. Marsilius rekonstruiert im ersten Hauptteil seines Buches daher die aristotelische Staatslehre. Das war ein schwieriges Unterfangen, allein schon angesichts der verwickelten Entstehungsgeschichte der aristotelischen *Politik*, die erst von einer modernen Philologie einer Klärung näher gebracht worden ist. Marsilius geht nicht philologisch rekonstruierend vor, er konstruiert mit aristotelischen Begriffen gewissermaßen von neuem den Staat und sein Funktionieren.

Die Kernthese des Marsilius ist, daß die Gesetze das wichtigste Steuerungsmittel einer politisch verfaßten (freiheitlichen) Gesellschaft sind, Gesetze, die freilich nichts anderes als ein äußeres Verhalten vorschreiben können. Um das effizient tun zu können, sanktionieren sie die Befolgung der Vorschriften, indem sie Befolgung belohnen, Mißachtung aber bestrafen, und das innerweltlich, nicht erst nach dem Tode. Damit sind alle Drohungen und Vorschriften der Kirche, über die erst nach dem Tode oder im Jenseits abgerechnet wird, zwar nicht mit einem Schlage gleich völlig entwertet, denn die Drohung mit dem Jüngsten Gericht bleibt ja bestehen, doch werden sie im Leben des Staates unbeachtlich: Die Kirche ist damit aus der vordersten Linie staatlicher Aktivitäten eliminiert.

Wenn aber Gesetze Kernbestand staatlicher Hoheit und Wirksamkeit sind, so wird die Frage unausweichlich, was ihre Verbindlichkeit und Geltung begründet, wer die Kompetenz zu Erlaß und Durchsetzung hat und auf welche Weise sie wirksam werden. Marsilius beruft sich auch hier auf eine Definition des Aristoteles, freilich nicht aus der *Politik*, sondern aus der *Ethik*: «Das Gesetz hat zwingende Gewalt: es ist ein Ordnungsprinzip, das auf sittlicher Einsicht und Vernunft beruht».[20] Für Marsilius aber wird aus einer nicht näher bestimmten Verbindlichkeit eines Textes infolge seiner Vernünftigkeit nun die Geltung kraft autoritativer Weisung. Für ihn entfaltet ein Gesetz seine zwingende Macht (*potencia coactiva*), weil hinter ihm eine zum Zwang berechtigte Kompetenz steht (*potestas coactiva*). Es ist sicherlich kein Zufall, daß im ganzen

Defensor pacis wohl immer wieder, ja bis zum Überdruß von «Zwangsgewalt» (*potestas coactiva*) die Rede ist, daß aber nur hier, im Aristoteles-Zitat, von der «zwingenden Macht» gesprochen wird. Zwangsgewalt, d. h. die Kompetenz zu Zwangsgeboten, leitet Marsilius sorgfältig aus der Kompetenz des Gesetzgebers ab. Ein Gesetz ist das und nur das, was der dazu befugte Gesetzgeber mit zwingender Kompetenz angeordnet hat. Nicht das Gute, Wahre oder Schöne, nicht Gottes Wille oder menschliche Klugheit machen ein Gesetz zum Gesetz, sondern allein der formell korrekte Erlaß einer Norm durch das dazu kompetente Organ der Gesellschaft.

Es ist deshalb von zentraler Bedeutung, wen Marsilius als eigentlich zuständigen kompetenten Gesetzgeber bestimmt. Aristoteles hatte noch geschwankt, ob die teilweise mythischen Gründungsgesetzgeber der großen Griechenstädte wie Lykurg in Sparta oder Solon in Athen oder ob die Volksversammlungen den Vorzug verdienten. Marsilius schreibt ganz eindeutig: «Wir aber wollen sagen, wie es der Wahrheit und dem Ratschlag (!) des Aristoteles (in Politik III.10–11 [1281 a/b]) entspricht: Gesetzgeber bzw. (wirk-) ursächlicher erster und eigentlicher Ursprung eines Gesetzes ist das Volk, d. h. die Gesamtheit der Bürger oder ihr wichtigerer Teil, die durch Entscheidung oder Willenserklärung in einer gemeinen Versammlung aller Bürger durch ausdrücklichen Wortlaut für das Zusammenleben der Menschen etwas vorschreiben oder bestimmen, was zu geschehen oder zu unterbleiben habe, unter Auferlegung einer irdischen Buße oder Strafe».[21]

Ein ganzes Buch wäre nötig, um auch nur in Umrissen den kühnen Konsequenzen des Paduaners weiter nachzugehen. Er hat zum ersten Male nicht allein die staatliche Verfassung gegenüber übersteigerten kirchlichen Ansprüchen mit Hilfe eines formalisierten, ja mechanisierten und damit auch auf mittelalterliche Probleme besser zugeschnittenen Aristoteles in ihrer Selbständigkeit begründet, sondern er hat den kirchlichen Weltherrschaftsanspruch durch eine Konstruktion der «staatlichen» Gesetzgebung aufgehoben. Auch in der Kirche kann, so sagt er, nur gelten, was der Gesetzgeber, in diesem Falle der «gläubige Gesetzgeber» (*legislator fidelis*) ausdrücklich als Gesetz beschlossen hat.[22] Damit jedoch drohte die «Kirche» ganz im «Staat» zu verschwinden, bevor dieser sich noch in der Frühen Neuzeit voll hatte ausprägen können. In dem Entwurf des Marsilius bleibt jedenfalls die Gefahr einer klerikalen kirchlichen Übermächtigung der politisch verfaßten Gesellschaft und damit einer totalitären Ideologisierung des Politischen wirksam gebannt, weil nicht mehr göttliches Recht oder heiliges Amt, tiefere oder höhere Einsicht in die Wahrheit, sondern allein die kompetenten Verfassungsorgane (welche im *Defensor pacis* bereits deutlich die Zeichen einer «modernen», rein numerischen Majorität der Gesamtheit tragen können) über die Geltung staatlicher Zwangsgewalt entscheiden. Ungelöst freilich blieb auch bei Marsilius die Frage, wie mit dem unterlegenen Rest der legislatorischen Körperschaft umgegangen werden soll; doch hat auf dieses Problem auch noch Rousseau keine einleuchtende Antwort zu geben gewußt.

Marsilius war mit der Verteidigung des inneren Friedens im Staate der Wirklichkeit seiner Zeit weit enteilt. Seine Theorie wurde nirgendwo verwirklicht. Nirgendwo ist das auch nur im Ansatz versucht worden. Zur Zeit, als der *Defensor Pacis* die ersten Druckausgaben erlebte, in der Epoche der Glaubensspaltung,[23] hat man ebenfalls keinen noch so zurückhaltenden Anlauf dazu unternommen. Das ist kein Zufall. Politische Theorien haben jedoch nicht den eigentlichen Zweck, utopische Ziele vorzugeben, deren Entwürfen dann die Praxis hinterherhechlen müßte. Marsilius wollte analytisch die Überanstrengung des Politischen eindämmen, wie sie das beginnende 14. Jahrhundert hatte erleben müssen. Damit wollte er freie Bahn für mögliche reale Entscheidungen schaffen.

4. Lupold von Bebenburg

Ein letzter Blick soll einem Zeitgenossen des Marsilius gelten. Der Konflikt zwischen den Päpsten in Avignon und dem deutschen Herrscher Ludwig dem Bayern hatte dazu geführt, daß in Deutschland der Anspruch der Päpste auf anfängliche und ständige Kontrolle kaiserlichen Wirkens auch anderen Ortes als am Kaiserhof diskutiert wurde. Das mußte auch geschehen, wenn der deutsche Herrscher nicht in völliger Isolation der Kurie gegenübertreten wollte. In dieser Zeit suchte ein Klerikerjurist eine theoretische, diesmal aber keine aristotelische, sondern eine juristisch-kanonistische Begründung dafür, den Papst aus der deutschen Herrschaftsübung definitiv auszuschalten.

Dieser Autor, Lupold von Bebenburg, stammte aus mittelfränkischem Niederadel.[24] Um die Jahrhundertwende geboren, ist uns von ihm zunächst vor allem die Reihenfolge der ihm übertragenen kirchlichen Pfründeneinkünfte bekannt. Ein seit 1316 von ihm besetztes Domkanonikat in Würzburg ermöglichte ihm ein langjähriges Studium in Bologna, das er – gegen adlige Gewohnheiten – mit einer Promotion zum Doktor des Kirchenrechts abschloß. Nach Deutschland (um 1325) zurückgekehrt, gewann Lupold außer seiner Würzburger Pfründe bald weitere Einkünfte an den Domkapiteln von Mainz und Bamberg sowie in

Erfurt, Bingen und anderwärts. Er wird auch in kirchlichen und weltlichen Verwaltungsgeschäften sichtbar. 1332 (mit Unterbrechungen) bis 1352 ist er dann als «Offizial» des Würzburger Bischofs und als Richter am kirchlichen Gericht «an der roten Tür» nachweisbar.

Damit war Lupold in besonderem Maße für die kirchliche Gerichtspraxis in Würzburg persönlich verantwortlich. Er hatte auch als wohl versiertester Jurist der Diözese bei Vermögensverwaltung, Statutengesetzgebung, Schlichtung von Streitigkeiten, ja bei Lehruntersuchungen wegen Ketzereiverdachts ein gewichtiges Wort mitzusprechen. Auch bei herausragenden politischen Entscheidungen ist sein Einfluß in Würzburg, Mainz und Trier sowie auf der Ebene der Reichspolitik nachzuweisen: so bei der Neuwahl mehrerer Würzburger Bischöfe, bei den Beziehungen zu König und Kaiser oder bei Verhandlungen deutscher Prälaten mit der Kurie. Wie andere deutsche Kirchenmänner unterlag auch Lupold für Jahre und Jahrzehnte vorwiegend aus politischen Gründen dem päpstlichen Bann, ohne daß das den Domherren an der Teilnahme an Gottesdiensten und wohl auch am Sakramentsempfang hindern mußte. Erst spät (1351) konnte Lupold seinen Frieden mit der Kurie machen. Am 12. Januar 1353 wählte ihn das Bamberger Domkapitel zum Nachfolger des nur drei Wochen zuvor verstorbenen dortigen Bischofs. Bald darauf erhob Papst Innozenz VI. den sofort nach Avignon gereisten Kandidaten durch päpstliche Provision endgültig zum Oberhirten von Bamberg, wo er bis an sein Lebensende (†18. Oktober 1363) amtieren sollte.

In die Politik des Würzburger Domstifts hatte er sich in den dreißiger Jahren offenbar besonders aktiv eingemischt. Einfluß scheint er gewonnen zu haben, als sich die deutschen Kurfürsten 1338 dazu entschlossen, die mit dem Papst strittigen Fragen der Rechtswirkung einer deutschen Königswahl von sich aus, gestützt auf das Reichsgewohnheitsrecht zu beantworten, indem sie sich in Rhens (bei Koblenz) zu einem «Kurverein» zusammenschlossen und ihre Rechtsüberzeugungen schriftlich niederlegten. Diese «Rhenser Erklärung» ist zwar weniger als zwei Jahrzehnte später durch ein Reichsgesetz Karls IV. überholt und aufgehoben worden. Die «Goldene Bulle» von 1356 aber, die ohne die in Rhens formulierten Grundsätze gedanklich gar nicht möglich gewesen wäre, hat dann als «Reichsgrundgesetz» die Herrschaftssukzession bis zum Ende des Alten Reiches (1806) abschließend geregelt.

Es ist nicht deutlich, wie stark Lupold persönlich auf die Formulierungen der Rhenser Erklärung eingewirkt hat, fest steht jedoch, daß er wenig später einen umfangreichen Traktat verfaßte, der zentral an den Formulierungen dieser Erklärung entlang «Über die Rechte des Römischen Reiches» (*De iuribus regni et imperii Romanorum*) handelte.[25] Lupold spricht bereits in dieser Überschrift die Kernpunkte des erbitterten Kampfes Ludwigs des Bayern mit der Kurie an, ging es doch vor allem um die Frage, ob ein von den Kurfürsten zum König gewählter Fürst seine Regierungsgewalt im Reich aus der Wahl selbst erhalte oder ob er erst dann Herrschaftsrechte ausüben dürfe, wenn die Wahl der Kurfürsten vom Papst geprüft und «approbiert» (d. h. bestätigt) worden war.

Die Rhenser Erklärung und Lupolds Traktat, der spätestens Ende 1339, also gut ein Jahr später, abgeschlossen war, wendeten sich mit aller Energie gegen die päpstlichen Ansprüche. Es ist bezeichnend, wie die Kurfürsten das begründet haben. Sie haben sich, freilich allein deklaratorisch, auf uralte unvordenkliche Rechtsgewohnheiten des Reiches berufen. Das tut Lupold wie selbstverständlich auch immer wieder; doch will er über dieses «positivistische» Argument hinaus die prinzipielle Angemessenheit und die grundsätzliche Legitimität dieser deutschen Rechtsübung einsichtig machen. Dafür benutzt er die allgemeinen Vorstellungen der Kanonisten über die Legitimität einer Königsherrschaft, um dann diese Rechtsfigur auch auf das römisch-deutsche Reich des Mittelalters anzuwenden und sodann historisch die bisher stets unbestrittene Übung solch allgemeinen Rechts aus der deutschen Geschichte seit Karl dem Großen nachzuweisen.

Die Kanonisten hatten seit dem 12. Jahrhundert unermüdlich daran gearbeitet, jedem König Westeuropas eine vom römisch-deutschen Kaiser unabhängige, selbständige und eigenverantwortliche Stellung in der weltlichen Politik zuzuweisen. Mit dem Argument «(Jeder) König ist Kaiser in seinem Königreich» (*rex imperator in regno suo*) war früh eine Faustformel dafür gefunden worden. Lupold will nun mit seinem Traktat beweisen, daß das uneingeschränkt auch für den deutschen Herrscher gelte. Auch dieser sei in seinem Regierungshandeln von nichts und niemandem als von einem «Oberen» (d. h. einem Vorgesetzten) abhängig, auch vom Papst nicht. Das war, so meint er, nach Ausweis aller Chroniken und Geschichtszeugnisse seit der Zeit der Frankenkönige nicht anders. Die entscheidende Neuerung in seinen juristischen Bemühungen um eine haltbare Theorie des Kaisertums war es, daß er letzten Endes darauf verzichtete, die hohen Ansprüche des römischen Kaisers auf die Oberhoheit eines Weltkaisers über alle anderen Herrscher Europas festzuhalten, wenn er diesem auch einige nur konkurrierend gültige allgemeine Ehrenvorrechte einräumte, von deren Anwendung er aber zugleich abrät.[26]

Klar wird hier wie auch sonst, daß es Lupold nicht auf diesen (gleichwohl traditionalistisch und abgeschwächt festgehaltenen) Ehrenvorrang des deutschen Kaisers ankommt, sondern daß er auf eine Gleichbehandlung des römischen Kaisers mit den anderen Königen Europas setzt. Der Kaiser sollte endlich (so könnte man es mit der alten Formel ausdrücken, die Lupold aber so nicht gebraucht hat) unbeschadet und ungehindert als König im Kaiserreich wirken und regieren dürfen, ohne vom Papst abhängig zu sein: *Imperator rex in imperio suo*! Mit aller Energie will damit Lupold das von den Kanonisten entwickelte juristische Theorem der gleichberechtigten Selbständigkeit nationaler Königreiche auch für den Kaiser in Anspruch nehmen, und zwar gerade gegenüber Papst und Kurie. Damit drängt er die universalen Ansprüche des Kaisertums zurück, wenngleich er sie nicht gänzlich verneint, um sich ganz auf das Ziel «staatlicher» Autonomie und Souveränität des deutschen Herrschers zu konzentrieren.

5. Wirkung

Die mittelalterliche Politiktheorie wollte nicht «Politikwissenschaft» sein. Sie stellt auch keine eigenständige wissenschaftliche Disziplin dar. Jedoch haben die Typen von theoretischen Entwürfen, die hier skizziert wurden, unterschiedlich intensiv, aber doch deutlich darauf gezielt, die Selbständigkeit der Politik gedanklich zu begründen und das Eigenrecht des Politischen gegenüber fremden – im 14. Jahrhundert hieß das vor allem gegenüber kirchlichen – Ansprüchen festzuhalten. Zwei dieser Entwürfe, Thomas und Marsilius, haben sich auf die erst seit den sechziger Jahren des 13. Jahrhunderts vollständig in lateinischer Sprache vorliegende *Politik* des Aristoteles gestützt; der dritte, Lupold, arbeitet mit den Methoden und Texten der Rechtswissenschaft und der historischen Überlieferung, indem er die ihm in seiner Wirkungsstätte Würzburg greifbaren Rechtstexte und die ihm zur Hand liegenden Weltchroniken heranzieht. Alle drei Autoren erreichen dabei eine tragfähige und nachhaltig wirksame Begründung der Selbständigkeit der «weltlichen» Herrschaftsordnung gegenüber den Einsprüchen der Kirche, die seit dem Ende des Hochmittelalters von Kurie und Theologie, von kirchlicher Rechtswissenschaft und päpstlicher Politik immer wieder formuliert worden waren. Diese politischen Theoretiker waren allesamt daran beteiligt, jenen Prozeß vorzubereiten und mitzutragen, den man die «Säkularisierung» der Politik in der Moderne nennt.

Die antiken Traditionen waren dabei gewiß unentbehrlich. Ohne Aristoteles wären weder der Theologe Thomas noch der Philosoph Marsilius zu ihren Theorien gelangt, und auch Lupold hätte hilflos den kurialen Prätentionen nachgeben müssen, hätte er nicht die Arbeit der Kanonisten aus den beiden Jahrhunderten zuvor im Rücken gehabt, die aus der Rechtsüberlieferung der Kirche, in die die Kirchenväter eingegangen waren, und aus den Vorgaben des Römischen Rechts und dem lokalen Rechtsherkommen ein geschlossenes juristisches System geformt hatten. Gleichwohl waren die spätmittelalterlichen Theorien nicht einfache Duplikate oder Ummünzungen der antiken Traditionen. Das Mittelalter setzte neu an. Die Moderne hat die antike Tradition zunächst ausschließlich in deren mittelalterlicher Umarbeitung kennengelernt. Die Theoriegeschichte beweist darüber hinaus, daß das Nachdenken über Politik auch im Mittelalter komplexe Problemlagen zu durchdringen und dabei Vorstellungen zu initiieren vermochte, die Wirkungen weit über ihre Zeit hinaus haben sollten.

Literatur

1. Allgemeines

Lexikon des Mittelalters, Bd. 1–9, München [usw.] 1980–1998.
Burns, J. H. (Ed.), The Cambridge History of Medieval Political Thought, c.350–c.1450, Cambridge 1988.
Black, A., Political Thought in Europe, 1250–1450, Cambridge 1992.
Fetscher, I./Münkler, H. (Hg.), Pipers Handbuch der politischen Ideen, Bd. 2: Mittelalter, München 1993.
Canning, J., A History of Medieval Political Thought, 300–1450, London 1996.
Coleman, J., A History of Political Thought, vol. 2: From the Middle Ages to the Renaissance, Oxford 2000.
Beestermöller, G./Justenhoven, H.-G. (Hg.), Friedensethik im Spätmittelalter. Theologie im Ringen um die gottgegebene Ordnung (Beiträge zur Friedensethik, 30), Stuttgart 1999.
Miethke, J., De potestate papae. Die päpstliche Amtskompetenz im Widerstreit der politischen Theorie von Thomas von Aquin bis Wilhelm von Ockham (Spätmittelalter und Reformation, Neue Reihe 16), Tübingen 2000.

2. Thomas von Aquin
a. Werke

Thomas von Aquin, De regno ad regem Cypri, ed. by H. F. Dondaine, in: Sancti Thomae de Aquino Opera omnia iussu Leonis XIII pontificis maximi edita, tomus XLII, Roma 1979, S. 417–471 [Text S. 449 ff.].
Thomas von Aquin, Über die Herrschaft der Fürsten, übers. von Friedrich Schreyvogl, Nachwort von Ulrich Matz ([Reclams] Universalbibliothek, 9326), Stuttgart 1971 [u. ö.].

Thomas von Aquin [und Tolomeo von Lucca], De regimine principum ad regem Cypri, ed. by Joseph Mathis, Editio II revisa, Turin 1948 [Reprint 1971].

Thomas von Aquin, On the Government of Rulers [De regimine principum] by Ptolemy of Lucca, with portions attributed to Thomas Aquinas, transl. and introd. by J. M. Blythe, Philadelphia/PA 1997.

b. Darstellungen

Eschmann, I. Th., Introduction, in: S. Thomas Aquinas, On Kingship. To the King of Cyprus, transl. by G. Phelan, Introduction and Notes by I. Th. Eschmann, Toronto 1949.

Torrell, J.-P., Magister Thomas, Leben und Werk des Thomas von Aquino, Freiburg i. B.-Basel-Wien 1995.

Finnis, J., Aquinas, Moral, Political, and Legal Theory (Founders of Modern Political Thought), Oxford 1998.

Miethke, J., Der Tyrannenmord im späteren Mittelalter, in: Beestermöller, G./ Justenhoven, H.-G. (Hg.), Friedensethik im Spätmittelalter, Stuttgart 1999, S. 24–48.

3. Marsilius von Padua
a. Werke

Marsilius von Padua, Defensor pacis, ed. by Richard Scholz (MGH, Fontes iuris germanici antiqui 7), Hannover 1932–1933; [danach] hg. u. übers. von Horst Kusch u. Walter Kunzmann (Leipziger Übersetzungen und Abhandlungen zum Mittelalter, A.2, I–II), (Ost-)Berlin 1958.

b. Darstellungen

Gewirth, A. J., Marsilius of Padua, The Defender of Peace, vol. 1: Marsilius of Padua and Medieval Political Philosophy (Records of Civilization, 46/1), New York 1951.

Miethke, J., Marsilius von Padua, Die politische Theorie eines lateinischen Aristotelikers des 14. Jahrhunderts, in: Boockmann, H./Moeller, B./Stackmann, K. (Hg.), Lebenslehren und Weltentwürfe im Übergang vom Mittelalter zur Neuzeit, Politik – Bildung – Naturkunde – Theologie (Abhandlungen der Akademie der Wissenschaften zu Göttingen, Philologisch-historische Klasse, III 179), Göttingen 1989, S. 52–76.

Nederman, C. J., Community and Consent, The Secular Political Theory of Marsiglio of Padua's «Defensor Pacis», Lanham, Md./London 1995.

Wieland, G., Das Friedenskonzept des Marsilius von Padua, in: Beestermöller, G./Justenhoven, H.-G. (Hg.), Friedensethik im Spätmittelalter, Stuttgart 1999, S. 79–94.

Piaia, G., Marsilio e dintorni, Contributi alla storia delle idee (Miscellanea erudita, 61), Padova 1999.

Bertelloni, F., Marsilius of Padua, in: Gracia, J. J. E./Noone, T. B. (Eds.), A Companion to Philosophy in the Middle Ages, (Blackwell companions to Philosophy), Oxford-Malden 2003, S. 413–420.

4. Lupold von Bebenburg
a. Werke

Lupold von Bebenburg, De iuribus regni et imperii Romanorum, in: Miethke, J./Flüeler, Ch. (Hg.), Politische Schriften des Lupold von Bebenburg (Monumenta Germaniae Historica, Staatsschriften des späteren Mittelalters, 4), Hannover 2004, S. 233–409 [eine doppelsprachige lateinisch-deutsche Ausgabe ist für den Insel-Verlag in Vorbereitung].

b. Darstellungen

Meyer, H., Lupold von Bebenburg, Studien zu seinen Schriften. Ein Beitrag zur Geschichte der staatsrechtlichen und kirchenpolitischen Ideen und der Publizistik im 14. Jahrhundert (Studien und Darstellungen aus dem Gebiete der Geschichte, 7, 1–2), Freiburg i. B. 1909.

Krüger, S., Lupold von Bebenburg, in: Pfeiffer, G. (Hg.), Fränkische Lebensbilder, N. F. 4, Neustadt a. d. Aisch 1971, S. 49–86.

Walther, H. G., Imperiales Königtum, Konziliarismus und Volkssouveränität. Studien zu den Grenzen des mittelalterlichen Souveränitätsgedankens, München 1976.

Barisch, G., Lupold von Bebenburg. Zum Verhältnis von politischer Praxis, politischer Theorie und angewandter Politik, in: Bericht des Historischen Vereins Bamberg 113 (1978), S. 219–432.

Miethke, J., Einleitung, in: Miethke, J./Flüeler, Ch. (Hg.), Politische Schriften des Lupold von Bebenburg (Monumenta Germaniae Historica, Staatsschriften des späteren Mittelalters, 4), Hannover 2004, S. 1–148.

Anmerkungen

1 Gedankenreich dazu Imbach, R., Laien in der Philosophie des Mittelalters, Hinweise und Anregungen zu einem vernachlässigten Thema (Bochumer Studien zur Philosophie, 14), Amsterdam 1989, besonders S. 143–164.

2 Summa Theologiae II.1 qu. 90–97; dazu etwa P. Mikat, Gesetz und Staat nach Thomas von Aquin unter besonderer Berücksichtigung der Lehre vom Gesetz in der «Summa Theologiae», [¹1979], jetzt in: Mikat, P., Geschichte, Recht, Religion, Politik, hg. von D. Giesen und D. Ruthe, Paderborn 1984, Bd. 2, S. 489–516.

3 De regno, Prooemium, übers. von F. Schreyvogl, S. 3.

4 Die kritische Forschung hat seit dem Beginn des 20. Jahrhunderts zweifelsfrei ermittelt, daß der Text nur zu einem Bruchteil von Thomas selber stammt; die Fortsetzung (ab der Mitte von Kapitel II.8) ist lange nach dem Tode des Aquinaten (gegen 1302/1303) von seinem Schüler Tolomeo von Lucca nach eigenen Gesichtspunkten hinzugefügt worden, von dem wohl auch die neue Überschrift herrührt. Die kritische Ausgabe von H. F. Dondaine (1979) hat das noch einmal befestigt.

5 Knappe Übersicht über den «Aristoteles latinus» durch B. D. Dod in: The Cambridge History of Later Medieval Philosophy, ed. by N. Kretzman/ A. Kenny/J. Pinborg/E. Stump, Cambridge-London 1982, S. 43–79. Zur «Politik» besonders Flüeler, Ch., Rezeption und Interpretation der aristotelischen «Politica» im späten Mittelalter (Bochumer Studien zur Philosophie, 19/1–2), Amsterdam-Philadelphia 1992.

6 De regno, Prooemium (S. 3).

7 De regno II.3 [=I.14] (S. 53 f.).

8 De regn II.3 [=I.14] (S. 52 f.).

9 De regn II.3 [=I.14] (S. 55).

10 Tolomeus de Lucca, OP, *Determinatio compendiosa de iurisdictione imperii,* hg. von M. Krammer, (MGH Fontes iuris germanici antiqui in usum scholarum [1]), Hannover-Leipzig 1909.

11 Bleienstein, F., Johannes Quidort von Paris: Über königliche und päpstliche Gewalt (De regia potestate et papali). Textkritische Edition mit deutscher Übersetzung (Frankfurter Studien zur Wissenschaft von der Politik, 4), Stuttgart 1969.

12 Eine Untersuchung eines Teils von ihnen lieferte Briggs, C. F., Giles of Rome's *«De regimine principum».* Reading and Writing Politics at Court and University, c. 1275-c. 1525 (Cambridge Studies in Paleography and Codicology, 7), Cambridge 1999.

13 Ausführlich dazu Miethke, J., De potestate papae.

14 Übersetzungen ins Englische, Französische, Italienische (zweimal), ins Spanische (zweimal) und Portugiesische liegen vor. Die deutsche Übersetzung (vgl. das Literaturverzeichnis) ist längst vergriffen, Bemühungen um einen Nachdruck hatten bisher keinen Erfolg.

15 Dazu zuletzt W. J. Courtenay, University Masters and Political Power: The Parisian Years of Marsilus of Padua, in: Theoretische Reflexion in der Welt des späten Mittelalters, hg. von M. Kaufhold, (Studies in Medieval and Reformation Traditions 103), Leiden-Boston 2004, S. 209–223.

16 Es ist in der Forschung umstritten, ob Jandun an der Abfassung des *Defensor pacis* mitgewirkt hat. Die Mehrheit der Fachleute neigt zu einer negativen Antwort.

17 Defensor pacis I.1.3 (S. 19).

18 Defensor pacis I.1.7 (S. 25).

19 Defensor pacis I.1.3 (S. 19).

20 Aristoteles, Nikomachische Ethik X.10 (1180 a 21–2), hier zitiert nach der Übersetzung von F. Dirlmeier (Aristoteles' Werke in deutscher Übersetzung, hg. von E. Grumach, 6), [Ost-]Berlin 1960, S. 238.

21 Defensor pacis I.12.3 (S. 119).

22 Vgl. vor allem Defensor pacis II.17.15; II.20.3 (S. 675 f.; 721).

23 Dazu vor allem Piaia, G., Marsilio da Padova nella riforma e nella contro-riforma. Fortuna e interpretazione. Padua 1977 und S. Simonetta, Dal Difensore della Pace al Leviatano. Marsilio da Padova nel Seicento in-

glese, Mailand 2000. Zu den Bezugnahmen Martin Luthers auf Marsilius: Heckel, J., Marsilius von Padua und Martin Luther, ein Vergleich ihrer Rechts- und Soziallehre, [^{1}1958], auch in: Heckel, J., Das blinde und undeutliche Wort «Kirche», hg. von S. Grundmann, Köln-Graz 1964, S. 49–110.

24 Alle Daten des Lebensabrisses sind nachgewiesen in der Einleitung von J. Miethke zu Lupold, De iuribus, ed. by Miethke/Flüeler, S. 1–61. Dort S. 61–148 auch zur Interpretation.

25 In 10 Frühdrucken verbreitet, kritische Ausgabe jetzt in: Miethke/Flüeler, S. 233–409.

26 Lupold, De iuribus, c. 7 und c. 11 (S. 302, bzw. S. 338 u. 340).

Niccolò Machiavelli (1469–1527)

1. Leben

Niccolò Machiavellis Schriften sind als Knotenpunkt einer Auffassung von Politik zu verstehen, die nicht aus der Perspektive eines politischen Systems, sondern aus dem Blickwinkel von politischen Akteuren geschrieben wurden. Daß dem so ist, dürfte nicht zuletzt in der Biographie dieses Denkers an der Schwelle vom Mittelalter zur Frühen Neuzeit begründet sein.

Über Machiavellis Jugend ist wenig bekannt.[1] Sein Vater Bernardo, ein der städtischen Mittelschicht angehörender Jurist mit ausgeprägten humanistischen Interessen, legte großen Wert darauf, daß der Sohn das Lateinische nicht nur lesen, sondern auch stilistisch einwandfrei schreiben konnte. Niccolò scheint die Erwartungen seines Vaters in hohem Maße erfüllt zu haben, denn als nach dem Sturz des radikalen Dominikanermönchs und Bußpredigers Girolamo Savonarola im Frühsommer 1498 der Posten des Sekretärs der 2. Kanzlei vakant war, wurde Machiavelli in dieses Amt berufen und wenige Wochen danach zusätzlich mit den Aufgaben eines Sekretärs des Rats der Zehn betraut. Innerhalb weniger Wochen war er damit zu einem der wichtigsten Beamten der Florentiner Politik aufgestiegen, wobei er für die innere Ordnung wie für die äußeren Beziehungen von Florenz zuständig war. Machiavelli wußte diese Aufgabenbündelung in einer labilen politischen Situation zu nutzen, in der sich die Anhänger des 1494 aus Florenz vertriebenen Herrschergeschlechts der Medici immer wieder bemerkbar machten und für die Rückkehr ihrer Patronsfamilie arbeiteten. Er gewann das Vertrauen Piero Soderinis, der in Florenz zum informellen Staatsoberhaupt avanciert war, und übte bald einen so großen politischen Einfluß in Florenz aus, daß man ihn als den eigentlichen Spiritus rector der Florentiner Republik von 1498 bis 1512 bezeichnen kann.

Machiavellis Sonderstellung in der politischen Verwaltung von Florenz zeigte sich in den ihm übertragenen Aufgaben. Die Rückeroberung des von Florenz abgefallenen Pisa sowie Gesandtschaften zu wichtigen Verbündeten, aber auch gefährlichen Gegnern der Republik sind besonders zu erwähnen. Zunächst hatte Florenz versucht, Pisa mit Hilfe von Söldnern und Truppen des Hauptverbündeten Frankreich zurückzuerobern. Aber die Söldner verweigerten den Sturmangriff, und auch die französischen Hilfstruppen agierten eher zögerlich. Die Republik mußte erhebliche Summen für das vor Pisa aufmarschierte Militär zahlen, doch der Erfolg blieb aus. Machiavellis tiefe Abneigung gegen Söldner, die er für feige und treulos hielt, ist in diesen Erfahrungen begründet. In seinen politischen Schriften hat Machiavelli gefordert, das in Italien verbreitete Condotta-System, die zeitweilige Indienstnahme von Soldaten unter einem Generalunternehmer des Krieges, einem Condottiere,[2] durch ein Milizsystem zu ersetzen, bei dem die Landeskinder zur Verteidigung des Territoriums verpflichtet waren. Das Milizsystem hatte freilich eine enge Bindung der Menschen an die politische Ordnung zur Voraussetzung, wie es sie eigentlich nur in Republiken gab. Machiavelli hat zwar auch Alleinherrschern die Einführung der Miliz vorgeschlagen, aber man kann in seinen Vorschlägen zur Militärverfassung eine starke republikanische Präferenz erkennen. Doch selbst eine Republik tat sich, wie Machiavelli in Florenz erfahren mußte, mit der Einführung der Miliz schwer: Die herrschende Oberschicht war nicht bereit, die städtischen Unterschichten bewaffnen zu lassen. Das hatte zur Folge, daß nur die ländlichen Bezirke der Florentiner Republik in ihrer Gänze zum Militärdienst herangezogen werden konnten, während in der Stadt selbst die Unterschichten nicht durften und die Mittelschichten nicht wollten. Dennoch gelang es der von Machiavelli aufgestellten Miliz, Pisa im Jahre 1509 nach längerer Belagerung zur Kapitulation zu zwingen. Machiavelli befand sich auf dem Höhepunkt seiner politischen Karriere.

Es war naheliegend, daß Machiavelli als oberster Beamter der Republik und enger Vertrauter des Staatsoberhaupts immer wieder auf Missionen geschickt wurde, bei denen es um Fragen des politischen Überlebens der Florentiner Republik ging. Diese Gesandtschaften, von denen vier an den französischen Königshof, eine zu Kaiser Maximilian, zwei zu Cesare Borgia sowie zwei an die päpstliche Kurie in Rom führten, haben Machiavellis Gesichtskreis erheblich erweitert. Der Verwaltungsleiter einer italienischen Mittelmacht begegnete hierbei Personen, an denen er seine politische Urteilskraft schulen konnte. Machiavelli hat im Gefolge dieser Begegnungen Wissen und Selbstbewußtsein gewonnen. Die regelmäßigen Berichte an die regierende Florentiner Signoria, die Machiavelli während der Gesandtschaften zu schreiben hatte, dazu der Abschlußbericht und die auf ihm fußenden Denkschriften, die in der Florentiner

Kanzlei abgelegt wurden, haben bereits während seiner politisch aktiven Zeit Machiavellis Interesse an der politischen Schriftstellerei geweckt. Vor allem die beiden Denkschriften über den politischen Zustand Deutschlands und den Frankreichs[3] sind unübersehbar nicht nur für die bürokratische Ablage geschrieben, sondern durch ihre schriftstellerische Eleganz und ihre pointierten Urteile an ein größeres Publikum adressiert, das Machiavelli für sich als Politikanalytiker einnehmen wollte.

Die für Machiavelli wichtigste Erfahrung während der Gesandtschaften war das Zusammentreffen mit Cesare Borgia. Der Sohn Papst Alexanders VI. hatte sich in der Romagna ein Herzogtum zusammenerobert, das in Florenz zunehmend als bedrohlich wahrgenommen wurde. Da man fürchtete, Cesare würde sich nun gegen Florenz wenden, beauftragte die Signoria Machiavelli, dessen Absichten herauszubekommen. Der florentinische Gesandte traf im Lager Cesares ein, als dieser sich in einer überaus prekären Situation befand: Seine Unterführer rebellierten gegen ihn, mächtige stadtrömische Adelsfamilien unterstützten den Putsch, und Cesare verfügte nicht über die Kräfte, um den Aufstand militärisch niederzuschlagen. Machiavelli berichtete aber nach Florenz, der Herzog werde schon bald wieder obenauf sein. Tatsächlich hat Cesare, wie von Machiavelli vermutet, seine Obristen in eine Falle gelockt und umbringen lassen. Gleichzeitig ließ er in Rom wichtige Mittelsmänner der Putschisten ermorden. Im *Principe* hat Machiavelli Cesares Agieren als ein Musterbeispiel dafür beschrieben, wie man sich durch Täuschung, Wortbruch und Mord aus einer prekären Situation zu befreien vermag. Nicht zuletzt diese Passagen sind dafür verantwortlich, daß Machiavelli über Jahrhunderte als ein Lehrer des Bösen und ein Verderber der Politik wahrgenommen worden ist.

Das Ende von Machiavellis politischer Karriere kam 1512, als die knapp zwanzig Jahre zuvor aus Florenz vertriebenen Medici sich anschickten, mit Hilfe spanischer Waffen zurückzukehren. Das Einzige, was die Republik dem entgegenzusetzen hatte, war die von Machiavelli aufgebaute Miliz, die aber bei der Verteidigung von Prato gegen die kampferprobten spanischen Berufssoldaten versagte. Machiavelli wurde seiner Ämter enthoben; kurz darauf geriet er in den Verdacht, an einer Verschwörung gegen die Medici beteiligt gewesen zu sein, wurde gefoltert und eingekerkert. Nach der Wahl von Giovanni de'Medici zum Papst (Leo X.) wurde er im Rahmen einer allgemeinen Amnestie freigelassen, durfte sich aber nicht mehr in Florenz aufhalten. Machiavelli begab sich auf sein Landgut in Sant'Andrea nahe der Kleinstadt San Casciano, das zum väterlichen Erbe gehörte. Die Anklage wegen Verschwörung, die Haft und die Folter dürften dazu beigetragen haben, daß sich in den *Discorsi* die längste und ausführlichste Abhandlung über Verschwörungen findet, die es in der politischen Ideengeschichte gibt.[4] Machiavelli hat unter der erzwungenen Politikabstinenz gelitten – das verbindet ihn mit einer Reihe politischer Klassiker, die auf ähnliche Weise aus dem politischen Betrieb herausgedrängt worden sind. Thukydides ist der bekannteste unter ihnen, und gerade zwischen ihm und Machiavelli gibt es eine Fülle von Übereinstimmungen und Ähnlichkeiten des politischen Denkens.[5] Infolge des Verlusts seiner Bezüge als politischer Beamter der Republik mußte Machiavelli sich nun um die Bewirtschaftung des Landgutes kümmern, was ihm aber wenig Befriedigung verschaffte.

Aber Machiavelli hatte einen Ausgleich für die Unbilden des Tages, denn am Abend zog er sich in sein Arbeitszimmer zurück, las in den Werken der antiken Historiker und Philosophen, machte sich Notizen und reflektierte seine eigenen Erfahrungen im Lichte ihrer Theorien. In einem vielzitierten Brief an Vettori vom 10. Dezember 1513 beschrieb er diese Seite seines Lebens: «Ist es Abend geworden, gehe ich nach Hause und kehre in mein Arbeitszimmer ein. An der Schwelle werfe ich das schmutzige, schmierige Alltagsgewand ab, ziehe mir eine königliche Hoftracht an und betrete passend gekleidet die Hallen der Großen des Altertums. Ich werde von ihnen liebevoll aufgenommen und hier nehme ich die Nahrung zu mir, die allein mir angemessen ist und für die ich geboren bin. Hier darf ich ohne Scheu mit ihnen reden, sie nach den Beweggründen ihres Handelns fragen, und menschenwürdig antworten sie mir. Vier Stunden lang werde ich dessen nicht müde, vergesse allen Kummer, fürchte die Armut nicht mehr und fürchte mich nicht vor dem Tod, so ganz fühle ich mich unter sie versetzt».[6]

In diesen Konstellationen sind die politischen Schriften Machiavellis entstanden, jedenfalls der *Principe* und die *Discorsi*. Die Spannung zwischen der Sichtweise der antiken Autoren und der Politikwahrnehmung des einfachen Volkes, dem Machiavelli im dörflichen Exil begegnet, ist in die Überlegungen beider Werke eingegangen. Spätere Schriften, wie die *Istorie Fiorentine* oder die *Vita di Castruccio Castracani*, sind zum Teil wieder in Florenz geschrieben worden, ebenso wie die Komödien, mit denen sich Machiavelli einen Namen als Dichter gemacht hat. Sie orientierten sich am Vorbild des Plautus, und mit *Mandragola* schrieb er eine Komödie, die durchaus originär und selbständig ist. Unter seinen Zeitgenossen war Machiavelli eher als Literat und Dichter denn als politischer Theoretiker bekannt.

Anfang der 1520er Jahre besserte sich Machiavellis Lage allmählich. Er bekam von Kardinal Giulio de'Medici den Auftrag, eine Geschichte von Florenz zu schreiben, und wurde gelegentlich für politische Aufträge eingesetzt. Wie seine «Denkschrift über die Reform des Staates von Florenz» von 1520/21 zeigt,[7] hatte er sich jedoch keineswegs mit der politischen Dominanz der Medici und ihrer Anhänger abgefunden, sondern sann über Mittel und Wege nach, wie die politische Ordnung von Florenz wieder republikanisiert werden könne. Die Gelegenheit dazu schien 1527 gekommen zu sein, als die Medici außenpolitisch auf die falsche Karte gesetzt hatten und mit dem Vormarsch deutscher Landsknechte in Richtung Rom fluchtartig Florenz verlassen mußten. Dort wurde die in den mittleren Schichten verankerte Republik wiedererrichtet.[8] Machiavelli hoffte, in seine alten Ämter wiedereingesetzt zu werden, doch bei der Kandidatur für das Amt des Verteidigungskommissars unterlag er deutlich seinem Gegenkandidaten, dem Bildhauer und Architekten Michelangelo Buonarotti.[9] Enttäuscht und verbittert ist er wenige Wochen später am 21. Juni 1527 gestorben. Die Geschichte seines Ruhmes wie seiner Verfemung begann erst nach seinem Tode.

2. Werk

Machiavellis bekannteste Schrift ist das kleine Büchlein *Il Principe/Der Fürst*, das er zwischen Juli und Dezember 1513 geschrieben und zu dem er zwischen 1515 und 1516 noch das 26. Kapitel, den «Aufruf, in Italien die Macht zu ergreifen und es von den Barbaren zu befreien», hinzugefügt hat.[10] Zur Niederschrift des *Principe* hat Machiavelli die Arbeit an den *Discorsi*, mit der er wohl unmittelbar nach seiner Ankunft in Sant'Andrea begonnen hatte, beim 18. Kapitel des I. Buches unterbrochen. Diese Verschränkung beider Schriften ineinander ist insofern von Bedeutung, als sie nicht, wie in der Forschung zeitweilig angenommen, für zwei zeitlich getrennte Phasen in Machiavellis politischem Denken stehen. Die *Discorsi sopra la prima deca di Tito Livio/Abhandlungen über die ersten zehn Bücher des Titus Livius*, die streckenweise einen umfassenden Kommentar zur Geschichte des republikanischen Rom darstellen,[11] werden gerne als Ausdruck des republikanisch denkenden Autors genommen, während der *Principe* als ein Text gilt, in dem Machiavelli Ratschläge für die Errichtung einer Alleinherrschaft und die rücksichtslose Ausschaltung aller Konkurrenten gegeben hat. Der Schlüssel für das Verhältnis von Republik und Alleinherrschaft im Denken Machiavellis findet sich in den *Discorsi*: «Deshalb muß ein weiser Gesetzgeber, der die Absicht hat, nicht sich, sondern dem Allgemeinwohl, nicht seiner Nachkommenschaft, sondern dem gemeinsamen Vaterland zu dienen, danach streben, die uneingeschränkte Macht zu bekommen. [...] Er muß jedoch so klug und charaktervoll sein, daß er die unumschränkte Macht, die er an sich gerissen hat, nicht auf einen anderen vererbt. Da die Menschen mehr zum Bösen als zum Guten neigen, könnte sein Nachfolger die Macht, die dieser zum Guten gebraucht hat, zu ehrgeizigen Zwecken mißbrauchen».[12]

Machiavelli hat gegen die zeitweilige Machtausübung durch einen an Fähigkeiten überragenden Einzelnen, einen «uomo virtuoso», also nichts einzuwenden, aber er ist strikt dagegen, die zeitlich wie aufgabenmäßig begrenzte Alleinherrschaft in eine Erbmonarchie zu verwandeln. Unverkennbar sind seine Vorstellungen von der Bewältigung tiefgreifender Krisen durch die Machtausübung herausragender Einzelner vom Modell der altrömischen Diktatur inspiriert, wenngleich er auf deren strikte Regelungen verzichtet hat. In seiner Sicht ist die Machtübertragung an einen Einzelnen eine Form der Krisenbewältigung in Situationen, in denen die bestehenden Institutionen überlastet sind, wohingegen die republikanische Regierungsform die beste Ordnung für den politischen Normalzustand darstelle.

Gleich zu Beginn des *Principe* bedient sich Machiavelli der für sein Denken charakteristischen Methode: Ein Problem wird in der Form entwickelt und durchgearbeitet, indem es immer weiter in kontrastierende Begriffe oder Handlungsoptionen aufgespalten wird. Im *Principe* werden so Reichweite und Geltungsgrad der Überlegungen festgelegt (Kapitel I–VII): Staaten sind entweder als Alleinherrschaft oder als Republik verfaßt. Mit Republiken will sich Machiavelli hier nicht weiter beschäftigen, sondern nur mit Alleinherrschaften. Diese wiederum sind zu unterscheiden in ererbte und neu erworbene; die ererbten sollen Machiavelli nicht weiter interessieren, sondern nur die neu erworbenen. Auch sie wiederum sind zu unterscheiden in solche, die durch die Tüchtigkeit (virtù) eines Herrschers erworben wurden, und solche, bei denen glückliche Umstände (fortuna) ausschlaggebend waren. Und letztere sind das Thema, mit dem sich Machiavelli im *Principe* beschäftigt. Auch wenn es in späteren Kapiteln gelegentlich den Anschein hat, als habe er diese thematische Eingrenzung des zu behandelnden Gegenstandsbereichs vergessen und gebe grundsätzliche Hinweise für jeden Politiker – die zu Beginn des Buches gemachten Einschränkungen gelten für den ganzen Text. Machiavelli war freilich der Auffassung, daß die Überlegungen des *Principe* für viele Politiker von Bedeutung seien, weil sie eher durch Glück als durch eigene Tüchtigkeit an die Macht gekommen seien. Was sie durch

Glück gewonnen hätten, müßten sie nun durch eigene Tüchtigkeit befestigen und bewahren.

In seinen zentralen Passagen liest sich der *Principe* wie eine Absage an die klassischen Fürstenspiegel, in deren Mittelpunkt die Verpflichtung des Herrschers auf die vier Kardinaltugenden Weisheit, Gerechtigkeit, Mut und Besonnenheit stand.[13] Ein Herrscher, so Machiavellis Ratschlag, müsse diese Tugenden nicht wirklich besitzen, aber er solle darauf achten, daß er in deren Ruf stehe, weil ihm dies die Anhänglichkeit des Volkes erhalte. Wenig ratsam sei es jedoch, sich diese Tugenden in der Weise anzueignen, daß man gar nicht anders könne, als weise, gerecht, mutig und besonnen zu sein. Wer dies sei, könne von seinen Feinden leicht durchschaut und zu Fall gebracht werden. Nicht nur im *Principe*, sondern auch in den *Discorsi* denkt Machiavelli Politik nicht vom politischen Routinebetrieb, sondern von Krisensituationen und Risikoentscheidungen her. Insofern ist die mit «fortuna» bezeichnete Situation der Unüberschaubarkeit für ihn die Grundsituation des politisch Handelnden. Die freilich tritt in ererbten Alleinherrschaften weniger scharf hervor als in solchen, die durch Glück gewonnen wurden. Insgesamt war Machiavelli der Auffassung, daß Republiken institutionelle Vorkehrungen gegen die Übermacht der «fortuna» seien.[14]

Die *Discorsi* sind als ein Kommentar zur Geschichte der römischen Republik angelegt, und über längere Strecken folgen sie dem Bericht, den Titus Livius in den ersten zehn Büchern seiner *Römischen Geschichte* gegeben hat. Immer wieder entfernt sich Machiavelli aber von der römischen Geschichte und zieht Beispiele aus der italienischen Geschichte seiner Zeit heran. Gerade darin wird die Intention seines Geschichtskommentars erkennbar: Er liest und durchforscht die Geschichte der römischen Republik als eine Art großes Lehrbuch für die richtige Einrichtung von Republiken, für das, was bei ihrer Gründung zu beachten ist, für die Art und Weise, wie sie zu reformieren sind, wie die Menschen in guter Gesinnung und Rechtschaffenheit gehalten werden können, welche Gefahren einer republikanischen Ordnung drohen und wie man ihnen zu begegnen habe. Die *Discorsi* können als der Grundkurs verstanden werden, den Machiavelli jedem republikanischen Politiker erteilen will, damit er seine Aufgaben gut und verantwortungsvoll bewältigen kann.

Unterschiedliche Herausforderungen verlangen verschiedene Antworten – diese Grundmaxime hindert den überzeugten Republikaner Machiavelli daran, zu einem Dogmatiker des Republikanismus zu werden. Machiavelli denkt Politik nicht von der bevorzugten Ordnung her, sondern von den Herausforderungen, denen sich ein Gemeinwesen gegenübersieht. Erfolg ist in seinen Augen nichts anderes als das Zusammen-passen von historischen Umständen, Verfassungsordnung und politi-schem Personal. Tüchtigkeit, virtù, ist dementsprechend eine Mischung aus fachlicher Kompetenz und mentaler Disposition, die den jeweiligen Zeitumständen (qualità dei tempi) angemessen ist. Damit wird auch klar, warum Machiavelli trotz seines gelegentlichen Liebäugelns mit dem überragenden Einzelnen die Republik für die beste Verfassung hält: Sie ist die Ordnung, die gegenüber wechselnden Herausforderungen flexibel reagieren kann, indem sie die mit bestimmten Aufgaben betrauten Per-sonen einfach auswechselt. Dies ist bei einer Alleinherrschaft nicht mög-lich. Machiavelli erläutert dies am Beispiel der Auseinandersetzung Roms mit dem punischen Feldherrn Hannibal: Das vorsichtige und zurück-haltende Agieren des Fabius Maximus war richtig, so lange Rom mili-tärische Rückschläge verkraften mußte, aber nachdem es wieder zu Kräf-ten gekommen war, war es genauso richtig, auf Scipios kühnen Plan zu setzen und den Krieg offensiv nach Afrika zu tragen. «Das ist auch der Grund, warum eine Republik eine längere Lebensdauer und länger Glück hat als eine Alleinherrschaft. Die Republik kann sich bei der ver-schiedenen Veranlagung ihrer Bürger besser den verschiedenen Zeitver-hältnissen anpassen als ein Alleinherrscher. Denn ein Mensch, der an eine bestimmte Art zu handeln gewöhnt ist, verändert sich, wie gesagt, nie und muß, wenn die veränderten Zeitverhältnisse zu seinen Methoden nicht mehr passen, notwendig scheitern».[15]

Die Verhaltenslehren, die Machiavelli dem Alleinherrscher in den Ka-piteln 15 bis 19 des *Principe* gegeben hat, sind das Funktionsäquivalent zur erhöhten Personalflexibilität in der Republik: Der Herrscher muß durch die Flexibilität seines Charakters wettmachen, was der politischen Ordnung an Varianz fehlt. Ebenso anstößig wie diese grundlegende Ab-sage an die Kardinaltugenden war Machiavellis funktionalistische Be-trachtung der Religion, die er als ein Stabilisierungsmittel der politischen Ordnung in die Pflicht nimmt: Die Pflege des religiösen Kultes mache ein Volk groß, seine Verächtlichmachung sei die Ursache des Niedergangs. Auch Furcht vor dem Machthaber könne die fehlende Religion nicht er-setzen, denn Machthaber hätten nur ein kurzes Leben, während religiöse Bindungen, wenn sie entsprechend gepflegt würden, die Jahrhunderte überdauerten: «Die Häupter eines Freistaats oder eines Königreichs müs-sen daher die Grundlagen der Religion, zu der sich ihre Völker bekennen, bewahren; dann wird es ihnen leicht fallen, ihren Staat voll Gottesfurcht und damit gut und einträchtig zu erhalten. Sie müssen alles, was für die Religion spricht, unterstützen und fördern, auch wenn sie es für falsch halten. Sie müssen dies umso mehr tun, je klüger sie sind und je klarer sie natürliche Dinge durchschauen.»[16]

Neben *Principe* und *Discorsi* sind aus Machiavellis Werk noch die *Historie Fiorentine*, seine Darstellung der Florentiner Geschichte von der Völkerwanderung bis zum Tod des Lorenzo de'Medici, sowie die *Arte della guerra*, die Kriegskunst, zu erwähnen. In letzterer hat Machiavelli in der Art eines humanistischen Dialogs seine Vorstellungen von einer grundlegenden Reform des Kriegswesens in Italien entwickelt. Seine Vorschläge zielen darauf ab, zur römischen Heeresorganisation und Militärverfassung zurückzukehren, die Machiavelli als nach wie vor vorbildlich angesehen hat. Technologische Neuentwicklungen haben ihn dabei nicht weiter irritiert, und dementsprechend hat er die Bedeutung der Artillerie für das Kriegsgeschehen der frühen Neuzeit übersehen. Die *Arte della Guerra* ist für Machiavellis Politikvorstellung insofern aufschlußreich, als sie Militär und Krieg für die Bewahrung bzw. Rückgewinnung der «virtù» eines ganzen Volks zu nutzen sucht. Interessanter sind freilich die *Istorie Fiorentine*, da in ihnen Machiavellis politische Vorstellungen anhand der Geschichte seiner Heimatstadt dargelegt werden. Die Leitfrage der gesamten Darstellung lautet: Warum ist Florenz, wiewohl die Voraussetzungen dafür günstig waren, kein neues Rom geworden?

3. Wirkung

Einige Jahre nach Machiavellis Tod beginnt die Debatte über sein Werk und die darin enthaltenen Ratschläge, die bis heute andauert. Von der Gegenreformation werden seine Bücher auf den Index gesetzt, aber auch die Reformierten gehen zu ihm auf Distanz, glauben sie doch, daß der *Principe* das Drehbuch für den Ablauf der Bartholomäusnacht, die Ermordung der Pariser Hugenotten, abgegeben habe.[17] Dennoch wird Machiavelli, zumeist verdeckt, zum Dreh- und Angelpunkt der Staatsraisonliteratur, des Arkanismus (der Lehre von den Geheimnissen) und der Lehre von der «prudentia politica» (Staatsklugheitslehre). In der Regel empören sich die Autoren in der Einleitung ihrer Schriften über Machiavellis Ratschläge, um sie dann in abgeschwächter und verklausulierter Form selbst zu erteilen. Daneben gibt es jedoch auch eine republikanische Machiavellirezeption, die vor allem in England zu finden und von dort in die neue Welt gelangt ist. In ihr ist Machiavelli weniger der Machtpragmatiker, als der er in Europa wahrgenommen wird, sondern eher derjenige, der für die Gründung und Erhaltung einer Republik wichtige Ratschläge gegeben hat.[18] Die moralisch grundierte Abwendung von Machiavelli, die in Europa während der Aufklärung stattgefunden hat,

hat es in Amerika dementsprechend nicht gegeben. Man kann sagen, daß es zur Entwicklung zweier radikal verschiedener Machiavellibilder gekommen ist, die bis heute fortbesteht und für Dissens und Mißverständnisse sorgt.

Ein weiteres Bild Machiavellis entsteht, als ihn Max Weber in seiner Vorlesung «Politik als Beruf» zum Gewährsmann der Verantwortungsethik macht, die er scharf gegen die Gesinnungsethik konturiert. Daneben entwirft der Historiker Friedrich Meinecke ein Portrait Machiavellis, das ihn zu einem Vertreter heroischer Tragik macht: einen, der weiß, daß Politik ein Sicheinlassen mit dämonischen Mächten ist, und der dies dennoch tut. Diese Sicht sollte sich bald dramatisch bestätigen, denn Machiavelli wurde zum intellektuellen Bindeglied zwischen einer ganzen Generation jüngerer Sozialwissenschaftler und dem Faschismus, in Italien wie Deutschland. Hans Freyers Machiavelli-Buch ist der sicherlich brillanteste Ausdruck dessen, und René Königs scharfe Abrechnung mit Machiavelli, den er im Anschluß an Alfred von Martin als politischen Romantiker bezeichnet, ist wesentlich eine Auseinandersetzung mit dem Machiavellibild von Freyer und anderen.[19] Gleichzeitig hat Antonio Gramsci Machiavellis Figur des *principe* als Beschreibung der Kommunistischen Partei verstanden und von daher deren Macht- und Erziehungsaufgaben beschrieben. Erst allmählich wurde Machiavelli nach dem Zweiten Weltkrieg als Theoretiker der Republik wiederentdeckt.

Das Scheitern als praktischer Politiker hat Machiavelli zum politischen Theoretiker gemacht, doch der Wille zum eingreifenden Handeln hat ihn auch in der Lebensphase auferlegter Abstinenz von der praktischen Politik nicht verlassen. Es ist diese grundsätzliche Orientierung an der Durchsetzung von Zielen und dem erfolgreichen Agieren in Konkurrenz mit anderen, die Machiavellis Schriften in jüngster Zeit zu einer Fundgrube für Berufsberater und Erfolgsratgeber hat werden lassen.[20]

Ein politischer Klassiker ist Machiavelli wahrscheinlich schon deswegen, weil alle nach ihm gekommenen politischen Klassiker sich auf ihn bezogen haben, zustimmend die einen, ablehnend die anderen. Gleichzeitig ist die Beschäftigung mit seinen Schriften durch periodisch wiederkehrende Renaissancen gekennzeichnet, was ein sicheres Indiz für einen politischen Klassiker ist. Es zeigt an, daß unterschiedliche Herausforderungen zu verschiedenen Zeiten immer wieder neue Antworten und Anregungen bei Machiavelli gefunden haben. Sein Werk hat sich nicht in einer ein- für allemal gültigen Interpretation erschöpft, woraufhin es zur Seite gelegt und vergessen werden konnte, vielmehr hat es immer wieder aufs Neue herausgefordert und Anregungen geliefert.

Literatur

1. Werke

Machiavelli, N., Opere, ed. by M. Bonfantini, Mailand/Neapel 2. Aufl. 1963.

Machiavelli, N., Gesammelte Schriften, hg. von H. Floerke, 5 Bde., München 1925.

Machiavelli, N., Politische Schriften, hg. von H. Münkler, Frankfurt/M. 1990 u. ö.

Machiavelli, N., Der Fürst – Il Principe, hg. von R. Zorn, Stuttgart 4. Aufl. 1972.

Machiavelli, N., Discorsi. Gedanken über Politik und Staatsführung, hg. von R. Zorn, Stuttgart 1966.

Machiavelli, N., Geschichte von Florenz. Mit einem Nachwort von K. Kluxen, Zürich 1986.

Hausmann, F., Zwischen Landgut und Piazza. Der Alltag von Florenz in Machiavellis Briefen, Berlin 1987.

Die Briefe des Florentinischen Kanzlers und Geschichtsschreibers Niccolò di Bernardo dei Machiavelli an seine Freunde, übers. von H. Leo, Berlin 1826.

Machiavelli, N., Das Leben Castruccio Castracanis aus Lucca, hg. von D. Hoeges, München 1998.

2. Biographie

Barincou E., Niccolò Machiavelli mit Selbstzeugnissen und Bilddokumenten, Reinbek b. Hamburg 2. Auflage 1985.

Gil, Chr., Machiavelli. Eine Biographie, Solothurn – Düsseldorf 1994.

Mittermeier, K., Machiavelli, Gernsbach 1980.

Viroli, M., Das Lächeln des Niccolò. Machiavelli und seine Zeit, Zürich – München 2000.

3. Darstellungen

Bock, G./Skinner, Qu./Viroli, M. (Eds.), Machiavelli and Republicanism, Cambridge u. a. 1990.

Buck, A., Machiavelli, Darmstadt 1985.

Faul, E., Der moderne Machiavellismus, Köln/Berlin 1961.

Hoeges, D., Niccolò Machiavelli. Die Macht und der Schein, München 2000.

Meinecke, F., Die Idee der Staatsraison in der neueren Geschichte, München 1924.

Münkler, H., Machiavelli, Frankfurt/M. 2004.

Münkler, H. und M., Lexikon der Renaissance, München 2000.

Münkler, H./Voigt, R./Walkenhaus, R. (Hg.), Die Demaskierung der Macht. Niccolò Machiavellis Staats- und Politikverständnis, Baden-Baden 2004.

Pocock, G. A., The Machiavellian Moment. Florentine Political Thought and the Atlantic Republican Tradition, Princeton 1975.

Sasso, G., Niccolò Machiavelli. Geschichte seines politischen Denkens, Stuttgart 1965.

Skinner, Q., The Foundations of Modern Political Theory, Bd. 1, Cambridge 1978.

Taureck, B. H., Machiavelli-ABC, Leipzig 2002.

Anmerkungen

1 Dementsprechend beginnen die soliden Machiavelli-Biographien allesamt erst mit der Berufung des Neunundzwanzigjährigen in die Ämter der politischen Verwaltung. Alles, was sich an Aussagen über Machiavellis Leben davor findet, ist Spekulation.

2 Dazu Trease, G., Die Condottieri. Söldnerführer, Glücksritter und Fürsten der Renaissance, München 1974, sowie Hale, J. R., War and Society in Renaissance Europa (1450–1620), London 1985.

3 Beiden Denkschriften sind auszugsweise abgedruckt in: Machiavelli, Politische Schriften, S. 364–369 und 370–374.

4 Machiavelli, Discorsi, Buch III, Kap. 6, S. 285–309.

5 Reinhardt, K., Thukydides und Machiavelli; in: ders., Die Krise des Helden, München 1962.

6 Hausmann, F., Zwischen Landgut und Piazza. Der Alltag von Florenz in Machiavellis Briefen, S. 84.

7 Abgedruckt in Machiavelli, Politische Schriften, S. 347–357.

8 Dazu Stephens, J. N., The Fall of the Florentine Republic 1512–1530, Oxford 1983, S. 203 ff.

9 Dazu Verspohl, F.-J., Michelangelo und Machiavelli, Bern – Wien 2001.

10 Zum Forschungsstand über die Entstehung des *Principe* vgl. Buck, A., Machiavelli, S. 58 ff., sowie Sasso, G., Machiavelli e gli Antichi, Mailand/Neapel 1988, Bd. 2, S. 197 ff.

11 Zur Entstehungsgeschichte der Discorsi zwischen 1513 und 1519 vgl. Buck, Machiavelli, S. 78 ff. Die Diskussionen in den ‹Orti Oricellari›, einem Treffpunkt republikanischer Intellektueller, scheinen viel zur Ausformung der darin enthaltenen Gedanken beigetragen zu haben.

12 Machiavelli, Discorsi, Buch I, Kap. 9, S. 36 f.

13 Zu diesem Aspekt insbesondere Skinner, Machiavelli zur Einführung, S. 63 ff.

14 Diesem Thema ist das 1. Kapitel des II. Buchs der Discorsi gewidmet.

15 Machiavelli, Discorsi, Buch III, Kap. 9, S. 314 f.

16 Machiavelli, Discorsi, Buch I, Kap. 12, S. 47.

17 Hierzu und zum folgenden H. Münkler, Staatsraison und politische Klugheitslehre; in: Pipers Handbuch der politischen Ideen, hg. von I. Fetscher und H. Münkler, Bd. 3, München 1985, S. 23–72; sowie Münkler, H., Im Namen des Staates. Die Begründung der Staatsraison in der Frühen Neuzeit, Frankfurt/M. 1987.

18 Dazu Pocock, The Machiavellian Moment, sowie Bock u. a., Machiavelli and Republicanism.

19 Freyer, H., Machiavelli (1938), Weinheim 1986; König, R., Niccolò
   Machiavelli. Zur Krisenanalyse einer Zeitenwende (1941), München –
   Wien 1979; Martin, A. von, Soziologie der Renaissance (1932), München
   1974.
20 Vgl. etwa Jay, A., Management und Machiavelli. Von der Kunst, oben zu
   bleiben, Düsseldorf – Wien 1993.

Thomas O. Hüglin

Johannes Althusius (1557–1638)

I. Leben

Johannes Althusius gehört mit seiner symbiotischen Gemeinschaftslehre
zu den ganz Großen im europäischen politischen Denken der frühen
Neuzeit. Er steht als Mittler zwischen dem klassischen aristotelischen
Denken der vormodernen Zeit und der postsouveränen Staatsdiskussion
der Gegenwart. Damit erklärt sich aber auch, warum dieser Klassiker in
den dazwischen liegenden Jahrhunderten weitgehend in Vergessenheit
geriet: Seine politische Theorie horizontaler Vergemeinschaftung paßte
nur schlecht in ein Zeitalter nicht hinterfragter Staatlichkeit. Erst die zunehmende Infragestellung dieses etatistischen Denkens im Zeichen von
Europäisierung und Globalisierung erlaubt es, den zeitlosen Kern seines
Werkes angemessen zu würdigen.

Althusius wurde 1557 (oder 1563) in Diedenhausen im Nordhessischen
geboren. Er war bäuerlicher Herkunft und sein ursprünglicher Familien-
name war Althaus. Nach Studienaufenthalten in Köln und Genf promovierte er 1586 in Basel zum Doktor der Rechte. Noch im selben Jahr
folgte er dem Ruf an die Hohe Schule in Herborn. Dort schrieb er sein
berühmtes Lehrbuch der Politik, die *Politica Methodice Digesta*, welche
1603 in erster Auflage auch in Herborn erschien. Ein Jahr später ging er
als Syndikus, als oberster Stadtbeamter nach Emden und blieb dort bis
zu seinem Tod im Jahre 1638. Die stark erweiterte und zumeist zitierte
dritte Auflage der *Politica* erschien 1614. Ein umfangreiches Lehrbuch
der Jurisprudenz, *Dicaeologicae Libri Tres*, folgte 1617.

Der Lebensweg von Althusius war aufs engste mit dem Schicksal der
reformierten Kirche in Deutschland und Europa verbunden. Vor allem
in Genf hatte er führende Vertreter des politischen Calvinismus kennengelernt. Sein Landesherr in Herborn war Johann VI. von Nassau-Dil-
lenburg, ein Bruder Wilhelms von Oranien. Die Hohe Schule war eine
reformierte Ausbildungsstätte. Im Zentrum des Lehrplans stand die sogenannte Bundes- oder Föderaltheologie. Deren Grundlage war der alt-
testamentarische Doppelbund zwischen Gott, dem Volk Israel und seinen
Herrschern: Weil sich am Berg Sinai Gott nicht nur an die Herrschenden,

sondern auch direkt an das Volk gewendet hatte, waren auch beide, Volk und Herrscher, für die Einhaltung der Bundesgebote verantwortlich. Hieraus, so hatte es schon in den anonymen *Vindiciae contra tyrannos* von 1579 geheißen, erwuchs nicht nur eine gegenseitige Verpflichtung («mutua obligatio») zwischen Volk und Herrscher, sondern auch ein Widerstandsrecht gegen den herrscherlichen Bruch des vertraglichen Bundes. Althusius übernahm nicht nur den Bundesgedanken als einen Kernpunkt seiner politischen Theorie, sondern er erweiterte ihn systematisch zu einer Lehre der «konsozialen Vergemeinschaftung». Zweifellos stand hinter diesen theologischen Auslegungen die politische Absicht, das Überleben des reformierten Glaubens in einer nachreformatorischen Welt religiöser Konflikte abzusichern.

Schon in Herborn legte sich der streitbare Professor gelegentlich mit seinen Kollegen an, indem er die Eigenständigkeit der Politischen Wissenschaft gegen Philosophen, Juristen und Theologen verteidigte. Denen schrieb er ins Stammbuch, daß die von ihnen aufgeworfenen Fragen der Ethik, Rechtsauslegung und Frömmigkeit für die Lehre von der Politik «überflüssig und nicht zur Sache gehörig» seien.[1]

Die Übernahme des Syndikusamtes im ostfriesischen Emden im Jahr 1604, ein Jahr nach dem Erscheinen der *Politica*, war für den Politik- und Rechtsgelehrten ein beruflicher (und finanzieller) Aufstieg: Jetzt konnte Althusius seine politiktheoretischen Vorstellungen in der Praxis umsetzen, nicht nur nach innen in der Verwaltung der blühenden Stadt, sondern auch nach außen in der diplomatischen und selbst kriegerischen Verteidigung und Erweiterung ihrer Rechte. Die reformierte Hafenstadt war zu Beginn des 17. Jahrhunderts eines der führenden Handelszentren Europas. Vor allem aber galt sie als das ‹Genf des Nordens›. In den benachbarten Niederlanden tobte der Freiheitskampf gegen die spanische Unterdrückung. Eine große Gemeinde niederländischer Reformierter hatte in Emden Zuflucht und einen neuen geistigen und geistlichen Mittelpunkt gefunden.

Der ostfriesische Landesherr aber war Lutheraner. Ihm stand nicht nur zu, die Konfession der Stadt gemäß der im Augsburger Religionsfrieden von 1555 festgelegten Formel des «cuius regio eius religio» zu bestimmen, er wollte auch ein uneingeschränktes Besteuerungsrecht über seine reichen städtischen Untertanen. Schon vor Althusius' Ankunft war es im Jahre 1595 zur offenen Auseinandersetzung gekommen: Die Stadt ersetzte den landesherrlichen Magistrat eigenmächtig mit einem autonom konstituierten Stadtrat, schuf das Amt des Syndikus als obersten Sachwalter der Amtsgeschäfte, begab sich in den militärischen Schutz einer in

die Stadt verlegten niederländischen Garnison und trotzte dem Landesherrn sowohl die Konfessionsfreiheit als auch weitgehende Steuer- und
Verwaltungsautonomien ab.

Dies war die Situation, welche Althusius bei seinem Amtsantritt in
Emden vorfand. Als Syndikus verfocht er nun bis zum Ende seines langen
Lebens die Interessen der Stadt nach außen und scheute dabei auch den
Konflikt mit der eigenen Stadtbürgerschaft nicht. Mehrfach setzte Althusius die Emdener Soldaten zu Aktionen gegen den Landesherrn ein. Noch
1627 gelang es ihm, den vom Landesherrn geforderten Huldigungseid
der Stadt von einer einseitigen Unterwerfungsverpflichtung in ein gegen-
seitiges Vertragsverhältnis umzuwandeln.[2]

2. Werk

Althusius hat im wesentlichen zwei Hauptwerke hinterlassen, die 1614
in entscheidender dritter Auflage erschienene *Politica Methodice Digesta*
und die 1617 in erster Auflage erschienenen *Dicaeologicae Libri Tres*.
Im ersten Satz der *Politica*, nach dem Vorwort, entwickelte er noch ganz
aristotelisch den Begriff der Politik aus dem Prinzip der Symbiose («symbiosis») als der Lehre vom natürlichen und geselligen Zusammenleben der Menschen: «Politik ist die Kunst, die Menschen zusammenzu-
schließen, damit sie untereinander ein gesellschaftliches Leben begründen, pflegen und erhalten. Deshalb wird sie Lehre vom symbiotischen
Leben genannt».[3]

In den *Dicaeologicae*, einer Umarbeitung seiner ursprünglichen Dissertation von 1586, wandte er dann den Begriff der Symbiose auf die
Rechtslehre an. Schon deshalb kann sich die Würdigung des Werkes von
Althusius als Klassiker der Politikwissenschaft ganz auf die *Politica* beziehen.

Bereits der längliche Gesamttitel der *Politica* macht die Absicht des
Autors und seines Werkes deutlich: *Politik, methodisch dargestellt und
an geistlichen und weltlichen Beispielen erläutert.* Man muß dabei vor
allem den Anspruch auf methodische Allgemeingültigkeit ernst nehmen.
Die zahlreichen Beispiele aus der Bibel, der Geschichte und der Gegenwart des Reiches zeugen von universaler Gelehrsamkeit, dienen aber nur
der Erläuterung. Sie sollen den Leser anleiten, die theoretische Grundlegung von der gelebten Praxis her zu verstehen, dürfen aber nicht als –
gar widersprüchliche – Einblendungen in diese Theorie mißverstanden
werden.

Zentrale These dieser Theorie von der Politik ist die Zusammensetzung des universalen Gemeinwesens aus vielen kleineren und größeren

symbiotischen Teilgemeinschaften. Der Aufbau dieses Gemeinwesens vollzieht sich von unten nach oben: Aus Dörfern und Städten gehen Provinzen hervor, und aus diesen bildet sich wiederum das Gemeinwesen. Prinzipiell kommt jede größere Gemeinschaft durch Übereinkunft der kleineren Gemeinschaften zustande, deren Repräsentanten zusammen mit einem in der Regel gewählten Magistrat die Regierungs- und Verwaltungsgeschäfte besorgen. Noch am Ende seines Buches verweist Althusius darauf, auch schon in Erwiderung auf erste Kritiken, daß vor allem das Reichsrecht nicht immer mit dem von ihm behaupteten Aufbau des Gemeinwesens übereinstimme. Aber er insistiert sogleich, daß dies die Allgemeingültigkeit seiner Lehre nicht beeinträchtige, weil diese nicht von verschiedenen Arten des Gemeinwesens handele, sondern von den Mitteln ihrer grundsätzlichen Einrichtung und Erhaltung. Diese aber seien immer dieselben.

Die methodische Absicht von Althusius ist vor allem in der Auseinandersetzung mit Jean Bodin erkennbar. Dieser französische Staatstheoretiker (1530–1596) hatte die Souveränität als absolutes Herrschaftsrecht zum obersten politischen Prinzip erhoben und daraus dann Stellung und Rechte der Glieder eines Gemeinwesens abgeleitet.[4] Im Ergebnis, so könnte man vorausgreifend sagen, läuft Bodins Argumentation – insofern schon ganz modern – auf die Begründung eines dezentralisierten Einheitsstaates hinaus.

Althusius folgt Bodin zwar in der Bestimmung der Souveränität als ureigenster Kategorie der Politik, will aber nun deren Grundlage und Zuordnung gerade umgekehrt aus dem Prozeß der Gemeinschaftsbildung herleiten. Und weil eben die kleineren Gemeinschaften eher da waren und ihnen demzufolge Vorrang vor den größeren gebührt, kommt Althusius zu dem radikal gegen Bodin gewendeten Schluß, daß das Recht an der Souveränität nur dem politisch organisierten Volkskörper insgesamt zukommen kann.

Im Ergebnis, so könnte man wiederum vorausgreifend sagen, läuft das nicht weniger modern auf die Begründung einer Föderation teil-autonomer Gebietskörperschaften hinaus. Diese geben an die nächsthöhere Ebene immer nur so viel an Souveränität ab, wie sie einvernehmlich für notwendig und nützlich erachten. Es entsteht so eine Kette von Gemeinschaftsverhältnissen, welche das Fundamentalgesetz des Gemeinwesens insgesamt ausmachen.

Dies sind die Eckpfeiler der althusischen Lehre: Erstens ist die Politik als ein Prozeß der Gemeinschaftsbildung zu verstehen und zweitens ergibt sich das Wesen der Souveränität erst aus diesem Prozeß. Während die erste Herborner Auflage der *Politica* noch ganz im Zeichen einer souveränitätsrechtlichen Bestimmung der Politik steht, rückt ab der zweiten Auflage immer mehr der Begriff der Symbiosis in den Mittelpunkt und wird zum bestimmenden Grundelement der Abhandlung. Aus dem Herrschaftsrecht (ius maiestatis) wird Gemeinschaftsrecht (ius symbioticum) und dieses Gemeinschaftsrecht wird zur Grundlage der Politik.

Dies war offensichtlich eine erst in Emden mögliche Wendung, wo Althusius immer mehr mit einer politischen Wirklichkeit konfrontiert wurde, die sich in ihrer Komplexität nur schwer in einer rein herrschaftsrechtlichen Bestimmung der Politik fassen ließ. Wollte er nämlich insbesondere die Interessen der Stadt vor dem herrschaftlichen Zugriff des Landesherrn schützen – ganz zu schweigen von seiner Rechtfertigung des Abfalls der Niederlande von Spanien –, ohne dabei aber so weit zu gehen, eine völlig außer Frage stehende Verlagerung absoluter Herrschaftsrechte *in toto* vom Landesherrn auf die Stadt zu behaupten, blieb nur der Rekurs auf ein gemeinschaftsrechtlich verankertes Autonomierecht im Gefüge einer Pluralität von kleineren und größeren solchen Gemeinschaften.

Als Lehre von der Symbiosis ist Politik also nach Althusius die Kunst der menschlichen Gemeinschaftsbildung. Der eigentliche Gegenstand der Politik, so fährt er gleich im zweiten Abschnitt seines Werkes fort, ist «die Lebensgemeinschaft (consociatio), in der die Symbioten sich in einem ausdrücklichen oder stillschweigenden Vertrag (pactum) untereinander zur wechselseitigen Teilhabe an all dem verpflichten, was zum Zusammenleben notwendig und nützlich ist».[5] Das Wesentliche der konsozialen Gemeinschaftlichkeit bestehe im gegenseitigen Austausch (communicatio) von Gütern, Dienstleistungen und Rechten.[6] Dabei legt Althusius auf die Bestimmung des Gemeinschaftsrechts (ius symbioticum) besonderen Wert: Es zielt auf die Einrichtung und Erhaltung gemeinschaftlicher Autarkie, Gesetzlichkeit und Ordnung. Es umfaßt diesbezüglich zwei Funktionen: die Lenkung und Leitung (gubernatio) des gemeinschaftlichen Lebens und die rechtmäßige Verfaßtheit des Austauschs von Gütern und Dienstleistungen. Damit ist auf den ersten drei Druckseiten der *Politica* schon das Wichtigste gesagt.

Althusius hat demzufolge eine wesentlich weniger pessimistische Auffassung vom Menschen als etwa der ihm ein halbes Jahrhundert später nachfolgende Thomas Hobbes. Mit direktem Verweis auf Aristoteles hält Althusius den Menschen für ein von Natur aus gemeinschaftsbildendes Wesen. Allerdings wird sich diese gesellige Natur des Menschen nur im Rahmen einer entsprechenden Gemeinschaftsordnung entfalten können. Und das ist für ihn die Kunst der Politik.

Selbstverständlich gehören für Althusius zur Politik auch Befehl und Gehorsam. Aber es ist eben gerade das Eigentümliche des althusischen Politikverständnisses, daß sich Politik nicht allein auf die vertikale Zuordnung von Herrschaft und Unterordnung beschränkt, sondern auch den Prozeß horizontaler Gemeinschaftlichkeit mit einbezieht. Und mehr noch: Sinn der Politik ist geradezu, möglichst viele Aufgaben gemeinschaftlicher Selbstregulierung zu überlassen und so das notwendige Ausmaß an obrigkeitlicher Autorität beschränkt zu halten. «Je geringer aber die Gewalt derer ist, die herrschen», schreibt Althusius in seinem Kapitel über das Herrschaftsmandat des obersten Magistraten im Gemeinwesen, «umso dauerhafter und beständiger ist die Herrschaft».[7] Diese Einsicht hat er von der reformierten Kirchenverfassung gelernt: Schon in den Akten der Synode der Niederländischen Kirchen 1571 in Emden hatte es geheißen, den Synoden solle zur Entscheidung nur vorgelegt werden, was von den Einzelkirchen nicht selbst entschieden werden könne; und dies träfe immer dann zu, wenn eine Angelegenheit alle Kirchen gleichermaßen anginge.[8] Hier kann man den frühneuzeitlichen Ursprung des Prinzips der Subsidiarität erkennen, wonach die übergeordnete Gemeinschaft nur dann tätig werden soll, aber auch zur Hilfe verpflichtet ist, wenn die untergeordnete Ebene der Unterstützung bedarf. Bei Althusius ist das Subsidiaritätsprinzip noch nicht explizit ausformuliert. Es ergibt sich aber nicht nur aus seiner Bestimmung des Politischen als einem Prozeß stufenförmiger Vergemeinschaftung von unten nach oben, sondern auch aus seiner eigentlichen Lehre von den Gemeinschaften. Denn diese bestimmen in der Regel jeweils selbst, was sie für ein frommes und gerechtes Leben als notwendig und nützlich erachten. Und erst hieraus ergeben sich Begrenzungen dieser Selbstbestimmung einzelner Gemeinschaften im jeweiligen Gemeinschaftsverband.

Althusius bezeichnet die Gemeinschaft als Konsoziation (consociatio). Alle Gemeinschaften, von der ehelichen und privaten Gemeinschaft bis hin zum universalen Gemeinwesen, sind als «consociationes» generisch gleich, d. h. sie alle werden nach denselben symbiotischen Prinzipien des Austausches von Gütern, Dienstleistungen und Rechten eingerichtet, erhalten und regiert. Damit sind sie auch alle Gegenstand der Politik. Althusius kennt noch nicht die moderne Unterscheidung von Staat und Gesellschaft sowie die darin unterlegte Gleichsetzung von politisch und öffentlich. Je nach ihrem Vereinigungszweck unterscheidet er sehr wohl private Gemeinschaften mit begrenzten Zielsetzungen von den öffentlichen, welche dem Gemeinwohl dienen. Aber beide sind dennoch politisch in dem Sinne, daß sie auf dieselben Grundregeln des Gemeinschaftslebens verpflichtet sind.

Das heißt konkret, daß es sich auch bei Ehe und Familie um ein im Prinzip politisches Gemeinschaftsverhältnis handelt. Damit unterscheidet sich die althusische Grundlegung des Politischen sowohl von der aristotelischen wie von der modern Politiktradition. Aristoteles hatte ja zwischen «polis» und «oikos» unterschieden und dabei die privat-häusliche Sphäre ausdrücklich vom politischen Prinzip des «regieren-und-regiert-werden» ausgeschlossen. Schon bei Bodin kommt indessen die Sichtweise zum Vorschein, welche dann über Hobbes und Locke zur modernen Staatlichkeit schlechthin führt: die Scheidung von politischer Herrschaftsverfassung und privater Gesellschaftlichkeit.

Gemeinschaften kommen nach Althusius durch einen ausdrücklichen oder stillschweigenden Vertrag (pactum) zustande. Dies könnte nahelegen, ihn zu den frühen Vertretern der Lehre vom Gesellschaftsvertrag zu rechnen. Diese Vermutung ist aber in mehrfacher Hinsicht irreführend.

Die moderne Kategorie des Gesellschaftsvertrages zielt auf die fiktive Überwindung eines von menschlicher Vereinzelung gekennzeichneten Naturzustandes. Bei Hobbes dient dieser Vertrag pessimistisch begründet der Überwindung des Krieges aller gegen alle. Bei Rousseau wird er optimistisch zum Ausdruck des Gemeinwillens: Zwar sind die Menschen von Natur aus frei, aber in ihrer Vereinzelung unfähig zur Bewahrung dieser Freiheit. Auch Althusius beschreibt einen solchen Naturzustand, allerdings nur, um auf den ebenso natürlichen Drang der Menschen zur Vergemeinschaftung hinzuweisen. Vielleicht mit Ausnahme der Ehe sind die Gemeinschaften, von denen er handelt, also gewissermaßen schon vorhanden. Gegenstand seiner Vertragslehre ist daher die konkrete Regelung sowohl der inneren Gemeinschaftsverhältnisse (gegenseitige Kommunikation) als auch des Verhältnisses dieser Gemeinschaften untereinander (Stufenaufbau).

Des weiteren zielt die moderne Konstruktion des Gesellschaftsvertrags in erster Linie auf Sicherheit durch Herrschaftsbegründung. Sowohl bei Hobbes als auch bei Rousseau fallen Gesellschafts- und Herrschaftsvertrag zusammen. Bei Hobbes entäußern sich die Menschen ihrer natürlichen Herrschaftsgewalt und erhalten im Gegenzug die Garantie bürgerlicher Freiheit und Sicherheit. Bei Rousseau wird der Gemeinwille zum Herrschaftswillen. Bei Althusius hingegen bleiben Gemeinschafts- und Herrschaftsvertrag getrennt. Sicherheit und Frieden entstehen in erster

Linie aus dem gesellschaftlichen Zusammenschluß selbst. Erst nachfolgend kommt es zur mandatischen, auftragsgebundenen Begründung von Regierungsgewalt.

Und schließlich gründet Althusius das universale Gemeinwesen nicht auf einen allgemeinen und von Individuen abgeschlossenen Gesellschaftsvertrag. Es entsteht vielmehr durch den Abschluß einer Vielzahl von Verträgen, welche von einer Vielfalt von Gemeinschaften auf verschiedenen Ebenen eingegangen werden.

Das alles heißt aber nicht, daß man im althusischen «pactum» nicht dennoch die Begründung einer Sozialvertragslehre sehen kann. Nur handelt es sich eben nicht um einen allgemeinen und zwischen Individuen abgeschlossenen Gesellschaftsvertrag, sondern eher um eine Art Föderationsvertrag, in dem sich eine Vielzahl von kleineren und größeren Gemeinschaften zu einem Gemeinwesen zusammenschließen. Und weil eben der wesentliche Sinn der Politik in der einvernehmlichen Begründung von Gemeinschaftlichkeit liegt und diese Begründung einer jeden Gemeinschaft gleichermaßen zusteht, kann es gar keine von dieser Gemeinschaftlichkeit abgehobene Herrschafts- oder Staatssouveränität geben. Das Eigentum an der Souveränität kommt daher allen Gemeinschaften gemeinsam zu. Es gehört, wie Althusius unermüdlich immer wieder festhält, dem gemeinschaftlich organisierten Volkskörper insgesamt.

Es gibt bei Althusius keine Faktizität der reinen Politik oder des Staates. Politik und Staat sind allein über den Gemeinschaftsprozeß vermittelt. Dieser besteht aus der gegenseitigen Kommunikation von Gütern, Dienstleistungen und Rechten. Herrschaftliches Handeln ist als Teil der Rechtskommunikation aller Gemeinschaftlichkeit nachgeordnet. Es handelt sich gewissermaßen überhaupt nicht um Herrschaft, sondern um den Prozeß des Regierens, *gubernatio*. Dieser Prozeß ist durch drei ganz traditionelle Prinzipien bestimmt: Ratsprinzip, Mandatsprinzip und Konsensprinzip.

In jeder Gemeinschaft gibt es in Analogie zu Stadtrat, Land- und Reichstagen eine Versammlung, in welcher ihre Mitglieder vertreten sind. Diese Vertreter sind die Repräsentanten der jeweils engeren Gemeinschaften. Es sitzen also in den städtischen Versammlungen oder Senaten die Vertreter von Gilden und berufsständischen Kollegien, in denjenigen der Provinzen die Vertreter von Städten und Dörfern und in der universalen Versammlung des Gemeinwesens die Vertreter von Städten und Provinzen. Es ist für Althusius natürlich völlig klar, daß es sich bei diesen Vertretern in der zeitgenössischen Reichspraxis um Land- und

Reichsstände handelt und mithin um Vertreter von traditionellen und dynastischen Eigeninteressen. Dennoch will er sie prinzipiell als Sachwalter der jeweiligen Gemeinschaftsinteressen verstehen.

Es ergibt sich also das Bild einer aufsteigenden Kette indirekter Repräsentationsverhältnisse. Wie noch heute im deutschen Bundesrat oder auch im europäischen Ministerrat kommen bei Althusius nicht Einzelinteressen, sondern bereits aggregierte Gemeinschafts- oder Regierungsinteressen zur Vertretung. Man könnte sagen, daß es sich bei der althusischen Konstruktion um eine Art Rats- oder Zweitkammerföderalismus handelt. Aus modern-demokratischer Sicht fehlt natürlich die parlamentarische Erstkammer. Aber immerhin bemüht sich Althusius, dennoch die Interessen aller mitzuberücksichtigen. Das gilt insbesondere auch für den eigens und mehrfach erwähnten Bauernstand und allgemein für alle ständischen und gebietskörperschaftlichen Interessen, welche durch ihre Vielseitigkeit zu einem guten und nützlichen Gemeinschaftsleben beitragen.

Die eigentlichen Amtsgeschäfte in jeder Gemeinschaft obliegen einem in der Regel gewählten Präfekten oder Magistraten. Dieser ist auf ein mandatisches Auftragsverhältnis verpflichtet und kann sich in keinem Fall über den mehrheitlichen oder einvernehmlichen Willen des Rates oder der Versammlung hinwegsetzen. Für den eigentlichen Prozeß des Regierens sieht Althusius eine Kombination von Mehrheitsverfahren und Konsensprinzip vor. Hier kommt noch einmal ganz deutlich die Verankerung seiner Politik im reformierten Subsidiaritätsgedanken zum Ausdruck: Nur was alle Mitglieder einer Gemeinschaft in gleicher und allgemeiner Weise angeht, kann von der Mehrheit der Anwesenden entschieden werden. Einstimmigkeit ist hingegen erforderlich, wenn es sich um Angelegenheiten handelt, welche die Mitglieder in ihren Partikularinteressen als Einzelne betreffen.[9] Dazu zählt Althusius insbesondere die Religionsangelegenheiten. Es kommt natürlich nicht von ungefähr, daß er diese Prinzipien der Entscheidungsfindung besonders deutlich im später eingefügten Kapitel über die Provinz darstellt. Sinngemäße Bestimmungen gelten aber für das Entscheidungsverfahren auf allen Gemeinschaftsstufen.

Die Herstellung von Einvernehmlichkeit ist das Grundprinzip organisierter Gemeinschaftlichkeit. Dazu gehört in erster Linie auch ein umfängliches soziales Solidaritätsgebot, wie es schon in der Charakterisierung von Politik als einem Prozeß der gegenseitigen Teilhabe an Gütern und Dienstleistungen zum Ausdruck kommt. Es gibt bei Althusius kein einseitiges Aufkündigen von Solidarität. Sein Föderalismus ist Konkordanz- und nicht Konkurrenzföderalismus: Das heißt, er zielt auf gegenseitige Übereinstimmung und nicht auf Wettbewerb.

Es gibt bei Althusius natürlich auch noch keine allgemeinen Wahlen und somit auch keine modern-demokratischen Mittel des legitimen Regierungswechsels. Ebenfalls unbekannt ist noch die Idee einer unabhängigen Verfassungsgerichtsbarkeit. Daher wird das traditionelle Instrument des Widerstandsrechts gegen tyrannischen Machtmißbrauch zum logischen Schlußstein der *Politica*.[10] Ein solcher Machtmißbrauch liegt vor, wenn der oberste Magistrat den Fundamentalgesetzen des Gemeinwesens auf signifikante und andauernde Weise zuwiderhandelt, also vor allem gegen die in den Gemeinschaftsverträgen niedergelegten Autonomierechte verstößt.

Die Anwendung des Widerstandsrechts im Gemeinwesen obliegt den sogenannten Ephoren, einem im wesentlichen mit den reichsständischen Vertretern identischen Gremium, welches zusammen mit dem obersten Magistraten die Regierung des Gemeinwesens darstellt und diesen sowohl ins Amt wählt als auch gemeinschaftlich zu überstimmen in der Lage ist. Daneben erörtert Althusius aber mit Blick sowohl auf Emden als auch auf die Niederlande rechtliche Möglichkeiten von Widerstand und Sezession partikularer Gemeinschaften.

Obgleich Althusius vor allem den Widerstand religiöser Minderheiten gegen obrigkeitliche Willkür im Auge hat, geht es ihm in erster Linie nicht um Aufstand, sondern um formalrechtliche Amtsenthebung. Die will er in der Tat nicht dem Gutdünken einzelner oder auch einem – wie immer manifesten – Gemeinwillen überlassen, sondern in einem Prozeß verankern, welcher spontane populistische Umstürze gerade verhindern soll.[11] Diese Überlegung hat wohl auch in einem individualisierten Zeitalter Bedeutung. Die althusische Konstruktion des Widerstandsrechts gleicht hier dem amerikanischen Prozeß der präsidentiellen Amtsenthebung (impeachment). Auch hier hat nicht der individuell zusammengesetzte Gemeinwille das letzte Wort, sondern der – ursprünglich aus den Legislaturen der Teilstaaten rekrutierte – Senat.

Insgesamt wird man Althusius nicht gerecht, wenn man seine Theorie nur als vormodernen Entwurf versteht, welchem die moderne Zuordnung von Staat und Gesellschaft noch fehlt. Der große Wurf der althusischen Politik wird vielmehr erst dann einsichtig, wenn man sie als geradezu bewußte und geplante Alternative zu dieser modernen Politikkonstruktion begreift. Sein Rang als Klassiker liegt eben gerade darin, daß er der von Bodin und Hobbes auf den Weg gebrachten neuzeitlichen Idee der Staatssouveränität die Alternative einer föderalen

Gemeinschaftsordnung entgegengestellt hat. So gesehen könnte Althusius zu einem entscheidenden Klassiker in einer postsouveränen Welt werden.

3. Wirkung

Die *Politica* des Althusius hat fünf Auflagen erlebt; die letzte erschien noch sechzehn Jahre nach seinem Tod, 1654, in Herborn. Man kann sagen, daß sie eine Art zeitgenössischer Bestseller war. Althusius wurde in Schottland ebenso gelesen wie in den Niederlanden und im Reich, aber eine nachhaltige Wirkung hat er wohl nirgends hinterlassen. Die Erklärung ist recht einfach: Im Zeitalter des Absolutismus wurde er rasch zum gefährlichen Fürstenstürmer abgestempelt, in der darauffolgenden Epoche des Liberalismus hingegen stand seine Gemeinschaftslehre dem Siegeszug des individualisierten Freiheitsbegriffs entgegen.

Das heißt allerdings nicht, daß seine Lehre gänzlich unbeachtet geblieben wäre. Die Verfechter ständischer Eigenrechte beriefen sich in zahllosen Disputationen und Dissertationen noch lange auf ihn. Rousseau hat ihn wenigstens am Rande erwähnt. Und in der praktischen Politik blieb die Tradition der von ihm verfochtenen Gemeinschaftskonstruktion des Politischen in genau denjenigen politischen Systemen lebendig, aus denen er selbst gelernt hatte. Die Schweiz und die Niederlande sollten schließlich sogar einmal Untersuchungsgegenstand einer bewußt an die althusische Terminologie angelehnten neuen politischen Theorie der «consociational democracy» werden.[12] Auch im Reich blieben althusische Momente des Politischen erhalten und lassen sich über die Bismarcksche Verfassungskonstruktion bis hin zum modernen deutschen Bundesrat nachverfolgen.

Eine faszinierende, wenn auch letztlich wohl unbeantwortbare Frage ist die nach der Wirkung, welche die althusische Lehre auf Nordamerika ausgeübt haben mag. Die zweite Auflage der *Politica* war ja 1610 in Arnhem und Groningen erschienen, und auch von der dritten Auflage gab es eine etwas spätere Arnhemer Ausgabe. In den Niederlanden aber hatte sich gerade zu jener Zeit das Gros der aus England vertriebenen Puritaner aufgehalten, die schon bald und mit erheblicher finanzieller Unterstützung des Hauses von Oranien als sogenannte «pilgrim fathers» in die Neue Welt aufbrechen würden. Und in einem der ersten politischen Dokumente dieser Neuen Welt, der *New England Confederation* von 1643, heißt es, man wolle sich zum Zwecke des gegenseitigen Beistandes zu einer «Cosociation» (sic) zusammenschließen. Aber auch wenn man wohl annehmen darf, daß der reformierte Bundesgedanke in Neuengland mindestens anfänglich eine Rolle gespielt hat, so kann daraus noch nicht geschlossen werden, ein Exemplar der *Politica* sei auf der «Mayflower» mitgereist.

Die *Politica* wurde also weiter gelesen und blieb vor allem in der europäischen Politiktradition durchaus in einigen wesentlichen Elementen gegenwärtig. Doch ihr Autor selbst wurde ins Abseits gedrängt. Auch die ‹Wiederentdeckung› der althusischen Politik durch den deutschen Genossenschaftsrechtler Otto von Gierke im späten 19. Jahrhundert hat dem Herborner Rechts- und Politikprofessor nicht zu einer echten Renaissance verhelfen können. Das hat wiederum nicht zuletzt der Triumph des simplizistischen Freund-Feind-Denkens in der Politik des frühen 20. Jahrhunderts verhindert. Selbst ein so dezidierter Gegner dieses Denkens wie Hermann Heller mochte sich kritisch nur mit Gierke auseinandersetzen, aber nicht mit dem Autor der *Politica*. So blieb Heller die erstaunliche Affinität der althusischen Lehre mit seiner eigenen Vorstellung vom Staat als plural organisierter Wirkungseinheit verschlossen.[13]

Gierkes Anregungen wurden hingegen positiver von britischen Staatspluralisten wie Harold Laski rezipiert. Sie beeinflußten auch das Denken der sogenannten Austro-Marxisten Karl Renner und Otto Bauer in ihrer Suche nach einer pluralistischen Antwort auf den multinationalen Zerfall der Habsburger Donaumonarchie. Es war aber erst der deutsche Emigrant Carl Joachim Friedrich, der sich ganz entschieden Althusius zuwandte. 1932 brachte er eine, wenn auch gekürzte, Ausgabe der dritten Auflage der *Politica* in der Klassikerreihe der Harvard University heraus.[14] Seine lebenslange Auffassung von der Politik als einem Prozeß der Gemeinschaftsbildung war ganz von Althusius durchdrungen.

Dennoch blieb Althusius auch in Nordamerika Außenseiter. In einer individualistisch verankerten politischen Kultur wurde seine gemeinschaftliche Politikabsicht zudem oft mißinterpretiert und pauschal der liberalen Politiktradition zugerechnet. Aus «consociation» wurde dann vorschnell «association». Wo hingegen die althusische Lehre bewußt als Gegenpol eines überzogen individualisierten Liberalismusverständnisses ins Feld geführt wurde, wurde der jeweilige Autor selbst zum Außenseiter. Dieses Schicksal blieb auch noch dem bedeutendsten neueren Vertreter des amerikanischen Föderalismusdenkens, Daniel J. Elazar, nicht erspart.[15]

Insgesamt jedoch hat das Interesse an Althusius nach den beiden etatistischen Weltkriegskatastrophen des 20. Jahrhunderts allmählich zugenommen. Davon zeugen schon die neueren Übersetzungen des lateinischen Textes ins Englische, Spanische [16] und endlich auch ins Deutsche. Eine italienische Übersetzung ist in Vorbereitung. Vor allem in Deutschland hat sich mit der 1959 gegründeten Johannes-Althusius-Gesellschaft ein Kern der internationalen Althusiusforschung gebildet. Die Veröffentlichungen ihrer Mitglieder haben dazu beigetragen, Althusius als festen Bestandteil der deutschen und europäischen Politiktradition zu etablieren. Dabei ist bislang vorrangig um seine historische Bedeutung und Einordnung gerungen worden. Nur selten hat man die Relevanz seiner politischen Theorie für Gegenwart und Zukunft herausgestellt, obwohl doch derartige Würdigungen in Bezug auf den Klassikerkanon des politischen Denkens von Platon bis Marx stets zur Zunft gehört haben.

Dies mag sich nun ändern. Konkreter Anlaß ist die Suche der Europäischen Union nach einem neuen Leitbild. Schon bei der Verankerung des Subsidiaritätsprinzips im Maastrichter Vertrag von 1993 verwies das Forschungsteam um den damaligen Kommissionspräsidenten Jacques Delors auf Emden und Althusius als frühe Fund- und Belegstellen.[17] Und im Zusammenhang mit dem 2003 erstmals vorgelegten Verfassungsentwurf für die Union ließ der Vizepräsident des Verfassungskonvents, Giuliano Amato, keinen Zweifel daran, wer hier modellhaft Pate gestanden hatte: Inspiriert vom politischen Denken des Althusius sei jede exklusive Zuordnung von Souveränität prinzipiell ausgeschlossen, so führte er aus. Gemeinschaftsgrundlage sei vielmehr die vertraglich geregelte und jeweils sinnvolle Verteilung der öffentlichen Gewalt auf alle Beteiligten.[18]

Ob sich im europäischen Zusammenhang endlich eine Art Althusius-Renaissance entwickeln wird, bleibt abzuwarten. Auch in Bezug auf die viel beschworene Globalisierungsproblematik könnte sich das Interesse an Althusius verstärken. Bislang galt ja zumeist Immanuel Kants Gedanke einer kosmopolitischen Rechtsordnung unter souveränen Staaten als ideengeschichtlicher Ansatz für eine internationale Friedensordnung. Die Welt der Globalisierung gleicht aber eher einer neumittelalterlichen Unordnung, in der sich staatliche Souveränität immer mehr verflüchtigt. Da läge es nahe, sich wieder mit Althusius als einem politischen Denker auseinanderzusetzen, dem es schon zu Beginn der staatlichen Moderne möglich war, mit seiner Theorie des gemeinschaftlichen Regierens einen Alternativvorschlag zur organisierten Ordnung der Unordnung zu formulieren.

Literatur

1. Werke

Althusius, J., Politica Methodice Digesta atque exemplis sacris et profanis, 1. Auflage Herborn 1603; 2. Auflage Groningen/Arnhem 1610; 3. Auflage Herborn 1614; Arnhem 1617; 4. Auflage Herborn 1617; 5. Auflage Herborn 1654.

Althusius, J., Politica Methodice Digesta, Neudruck der 3. Auflage von 1614, Aalen 1981.

Althusius, J., Politik. Übersetzung der 3. Auflage von H. Janssen, hg. von D. Wyduckel, Berlin 2003.

Althusius, J., Dicaeologica Libri Tres, 1. Auflage Herborn 1617; 2. Auflage Frankfurt 1649.

Althusius, J., Dicaeologica Libri Tres, Neudruck 2. Auflage 1617, Aalen 1967.

2. Bibliographie

Scupin, H.-U./Scheuner, U. (Hg.), Althusius-Bibliographie. Bibliographie zur politischen Ideengeschichte und Staatslehre, zum Staatsrecht und zur Verfassungsgeschichte des 16.–18. Jahrhunderts, 2 Bde., Berlin 1973.

Werke des Althusius, in: Althusius, Politik. Übersetzung der 3. Auflage, Berlin 2003, S. LXIX-LXXIII.

3. Darstellungen

Blickle, P./Hüglin, Th./Wyduckel, D. (Hg.), Subsidiarität als rechtliches und politisches Gestaltungsprinzip in Kirche, Staat und Gesellschaft, Berlin 2002.

Bonfatti, E./Duso, G./Scattola, M. (Hg.), Politische Begriffe und historisches Umfeld in der Politica methodice digesta des Althusius, Wiesbaden 2002.

Dahm, K-H./Krawietz, W./Wyduckel, D. (Hg.), Politische Theorie des Johannes Althusius, Berlin 1988.

Duso, G./Krawietz, W./Wyduckel, D. (Hg.), Konsens und Konsoziation in der politischen Theorie des frühen Föderalismus, Berlin 1997.

Gierke, O. von, Johannes Althusius und die Entwicklung der naturrechtlichen Staatstheorien, 7. unveränderte Ausgabe, Aalen 1981.

Hüglin, Th. O., Sozietaler Föderalismus. Die politische Theorie des Johannes Althusius, Berlin 1991.

Hueglin, Th., Early Modern Concepts for a Late Modern World: Althusius on Community and Federalism, Waterloo 1999.

Winters, P. J., Die «Politik» des Johannes Althusius und ihre zeitgenössischen Quellen, Freiburg/Br. 1963.

Anmerkungen

1 Vorwort zur ersten Auflage, Praefatio 1603, in: Althusius, J., Politik, Berlin 2003, S. 18. Alle weiteren Zitate folgen dieser neuen deutschen Übersetzung.

2 Über das Leben des Althusius gibt es immer noch wenig gesicherte Kenntnis. Zur Emdener Zeit siehe jedoch H. Antholz, Die politische Wirksamkeit des Johannes Althusius in Emden, Aurich 1955. Eine biographische Übersicht bietet D. Wyduckel, Einleitung, in: Althusius, J., Politik, S. VIII–XV.

3 Althusius, Politik, Kap. I, § 1 (S. 24).

4 Bodin, J., De republica libri sex, Frankfurt 1586 (frz. 1576).

5 Politik, Kap. I. § 2 (S. 24).

6 Politik, Kap. I. § 4 (S. 25).

7 Politik, Kap. XIX. § 9 (S. 197).

8 Die Akten der Synode der Niederländischen Kirchen zu Emden vom 4.–13. Oktober 1571, Neukirchen-Vluyn 1971.

9 Siehe Politik, Kap. VIII. § 70 (S. 107).

10 Vgl. Althusius, Politik, Kap. XXXVIII: Die Tyrannis und ihre Gegenmittel (S. 384–417).

11 Ganz ähnlich war im frühen 19. Jahrhundert die Motivation des Widerstandsrechts bei Friedrich Christoph Dahlmann.

12 Siehe McRae, K. D. (Ed.), Consociational Democracy, Toronto 1974.

13 Siehe Heller, H., Staatslehre, Leiden 1934.

14 Friedrich, C. J. (Ed.), Politica Methodice Digesta of Johannes Althusius, Cambridge 1932.

15 Siehe Elazar, D. J., Althusius' Grand Design for a Federal Commonwealth, in: Althusius, J., Politica, hg. und übers. von F. S. Carney, Indianapolis 1955, S. xxxv-xlvi.

16 Althusius, J., La Politica, Madrid 1990.

17 Siehe K. E., The Principle of Subsidiarity: From Johannes Althusius to Jacques Delors, The Hokkaido Law Review XLIV: 6 (1994), S. 553–652.

18 Siehe Amato, G., Plenary Speech, in: Blindenbacher, R./Koller, A. (Eds.), Federalism in a Changing World, Montreal 2003, S. 577–581.

Wilhelm Bleek

Friedrich Christoph Dahlmann (1785–1860)

I. Leben

Friedrich Christoph Dahlmann ist der Nachwelt mehr durch sein politisches Leben als durch sein wissenschaftliches Werk bekannt. Doch verdient es dieser «politische Professor» des deutschen Vormärz, im Hinblick auf die von ihm verkörperte Wechselwirkung zwischen akademischer Lehre und politischer Erfahrung in der Erinnerung bewahrt zu werden.

Dahlmann wurde am 13. Mai 1785 in Wismar geboren, das in der Kette der traditionsreichen Hansestädte an der Ostsee zwischen Lübeck und Rostock liegt und damals noch unter schwedischer Herrschaft stand. Der Beruf seines Vaters als Syndikus und Bürgermeister vermittelte ihm ein lebenslanges Gespür für die politische Bedeutung des historisch überlieferten Rechts. Im Gegensatz zu seinen Brüdern und Vorfahren auch mütterlicherseits studierte Dahlmann aber nicht Jurisprudenz, sondern seinen Neigungen entsprechend klassische Philologie in Kopenhagen und Halle und wurde in diesem Fach 1810 an der Universität Wittenberg promoviert. Im Jahr 1812 erhielt er an der Universität Kiel eine außerordentliche Professur für Geschichte, ohne je eine Vorlesung in diesem Fach gehört zu haben, was aber nicht so ungewöhnlich war, wenn man um die Bedeutung des Studiums und insbesondere der Quelleninterpretation der Antike für die sich entfaltende Geschichtswissenschaft und auch die klassische, aristotelische Lehre der Politik weiß.

1815 machte die «fortwährende Deputation der schleswig-holsteinischen Prälaten und Ritterschaft» den jungen Kieler Professor zu ihrem Sekretär. In diesem Amt setzte sich Dahlmann nicht nur für die Erhaltung der hergebrachten Privilegien, sondern mehr noch für deren Fortentwicklung zu einer zeitgemäßen staatsbürgerlichen Verfassung, für die staatsrechtliche Einheit der beiden Herzogtümer sowie für deren gemeinsame Einbeziehung in den deutschen Nationalverband ein. In der Auseinandersetzung mit den absolutistischen und zentralistischen Tendenzen in Dänemark, dessen König in Personalunion auch Herzog von Schleswig und Holstein war, griff Dahlmann auf historische Rechte als Fundamente und Instrumente der politischen Ordnung zurück.

Im Herbst 1829, nachdem er sich bei der dänischen Staatsbürokratie so unbeliebt gemacht hatte, daß die versprochene Beförderung zum Ordinarius ausblieb, nahm Dahlmann einen Ruf an die Universität Göttingen an. An der hannoverschen Landesuniversität übernahm er einen Lehrstuhl mit der Verpflichtung, in der Tradition der Göttinger Staatswissenschaften[1] über «Politik, Kameral-, Finanz- und Polizeiwissenschaft und Nationalökonomie, sowie über deutsche Geschichte» zu lesen. Dahlmann wurde bald darauf Vertreter der Universität in der zweiten hannoverschen Kammer und war 1833 an der Ausarbeitung eines neuen hannoverschen Staatsgrundgesetzes beteiligt. Anschließend konzentrierte er sich darauf, seine akademischen Vorlesungen über *Die Politik* auszuarbeiten, die im Herbst 1835 in erster Auflage erschienen. Diese Veröffentlichung ist sein politikwissenschaftliches Hauptwerk.

Dahlmanns Hoffnungen auf ein friedliches Gelehrtendasein zerstoben schon zwei Jahre später mit dem Verfassungsstreich des neuen hannoverschen Königs. Als am 1. November 1837 König Ernst August einseitig das Staatsgrundgesetz von 1833 aufhob und alle Staatsdiener vom Eid auf diese Verfassung entpflichtete, legten am 18. November sieben Göttinger Professoren unter Führung Dahlmanns in einem Schreiben an das Universitätskuratorium Einspruch ein. Nachdem die Protestation in der Öffentlichkeit bekannt geworden war, folgte die königliche Strafmaßnahme auf dem Fuß: Alle sieben Professoren wurden aus ihren Ämtern entlassen und Dahlmann zusammen mit Jacob Grimm und dem Literaturhistoriker Gervinus als angebliche Rädelsführer auch des Landes verwiesen.

Der mutige Protest der Göttinger Sieben gegen den Verfassungsbruch der Obrigkeit und deren willkürliche Reaktion erregten in ganz Deutschland ungeheures Aufsehen; Vereine zur Unterstützung der stellungslosen Hochschullehrer wurden organisiert und die sieben Professoren stiegen in den Rang von Heroen der bürgerlichen Öffentlichkeit auf. Nachdem in Preußen 1840 Friedrich Wilhelm IV. den Thron übernommen hatte, konnte Dahlmann im Herbst 1842 einen Lehrstuhl für Staatswissenschaften und deutsche Geschichte an der Universität Bonn übernehmen. Im Mittelpunkt seiner Vorlesungstätigkeit standen auch weiterhin seine Vorträge über *Die Politik*. Doch auch die Kollegs über die *Geschichte der englischen Revolution* und die *Geschichte der Französischen Revolution* erfreuten sich auf Grund ihrer aktuellen Bezüge großen studentischen Interesses. An der Rheinischen Hochschule unterrichtete Dahlmann nicht nur zahlreiche künftige Gelehrte und Staatsdiener, sondern auch Prinzen und spätere Monarchen wie den preußischen Thronfolger Friedrich, der

1888 für 99 Tage deutscher Kaiser wurde und dessen liberale Grundauf-
fassungen auf Dahlmann als seinen akademischen Lehrer zurückgingen.

Die vormärzliche Popularität Friedrich Christoph Dahlmanns ließ es
als selbstverständlich erscheinen, daß er nach dem Ausbruch der Revolution in Deutschland im März 1848 in die verfassunggebende deutsche
Nationalversammlung gewählt wurde und in deren Beratungen in der
Frankfurter Paulskirche eine führende Stellung einnahm.[2] Als Mitglied
der erbkaiserlichen und später kleindeutschen Casino-Partei, welche die
rechte Mitte der Nationalversammlung verkörperte, prägte Dahlmann
vor allem die Arbeit des Verfassungsausschusses und vertrat in großen
Plenarreden seine in der *Politik* entwickelte Verfassungskonzeption einer
konstitutionellen Monarchie, die gleichermaßen die Freiheitsrechte der
einzelnen Bürger wie den Ordnungsgedanken der staatlichen Gemeinschaft sichern sollte.

Dem fast 65 jährigen Politiklehrer und Historiker blieb 1848/49 die
bittere Erfahrung des Scheiterns seiner Reformhoffnungen nicht erspart.
Zum Höhe-, aber auch Wendepunkt im öffentlichen Ansehen wurde für
ihn die erneute Auseinandersetzung mit der schleswig-holsteinischen
Frage. Anfang September 1848 erreichte er den Vollzugsaufschub des
von Preußen mit Dänemark abgeschlossenen Malmöer Waffenstillstan-
des durch die Nationalversammlung, weil er darin einen Verrat an der
gerechten Sache der Schleswig-Holsteiner und eine Unterwerfung unter
das Vetorecht der europäischen Großmächte gegen die deutsche Einigung sah. Nach dem anschließenden Rücktritt der Reichsregierung sah
es so aus, als ob der Bonner Professor selbst an deren Spitze treten
würde. Doch dann wurde er auf den Boden der Realitäten zurückgeholt,
innen- wie außenpolitisch war der Beschluß nicht zu halten. Endgültig
begraben mußte die liberal-bürgerliche Mehrheit der deutschen Nationalversammlung ihre Hoffnungen, als im Mai 1849 König Friedrich
Wilhelm IV. von Preußen die ihm von einer Deputation der Nationalversammlung unter Teilnahme Dahlmanns angetragene deutsche Kaiser-
krone abgelehnt hatte.

Zurück an der Bonner Universität verlagerte sich in den fünfziger Jahren Dahlmanns Engagement und das Interesse seiner Studenten immer
mehr auf Vorlesungen über neuzeitliche Geschichte. Doch las er weiterhin in jedem Wintersemester über *Die Politik*. Zu Beginn seiner dreiund-
zwanzigsten Vorlesung über diesen Gegenstand erklärte er, einen Monat
vor seinem Tod am 5. Dezember 1860: «Ich darf es, glaube ich, ohne
Überhebung sagen, meine politischen Überzeugungen sind durch viele
Lebensproben durchgegangen und ich habe deren Einwirkungen nicht

verschmäht, allein ich fand immer wieder an diesen Überzeugungen einen Halt und eine Stütze».[3]

2. Werk

Friedrich Christoph Dahlmanns politikwissenschaftliche Lehren und politikpraktische Überzeugungen basieren auf seinem aristotelischen Grundverständnis von Politik. Nicht nur hat er seinem politikwissenschaftlichen Hauptwerk den klassischen Titel *Die Politik* gegeben. Auch deren Einleitung gipfelt in einem Bekenntnis zu Aristoteles und dessen Grundlegung der politischen Gemeinschaft: «Der Staat ist uranfänglich. Die Urfamilie ist Urstaat; jede Familie, unabhängig dargestellt, ist Staat. ‹Der Mensch ist von Natur ein Staatswesen› (Aristoteles)».[4] Dahlmann steht damit am Ende der spätaristotelischen Tradition der älteren Politiklehre in Deutschland.[5]

Auch im Untertitel des Buches brachte Dahlmann seine aristotelische Politikkonzeption zum Ausdruck: *Die Politik, auf den Grund und das Maaß der gegebenen Zustände zurückgeführt.* Der Begriff «Maaß» verweist auf die normative Orientierung als das erste Charakteristikum der Politiklehre dieses Klassikers der Politikwissenschaft im 19. Jahrhundert: Damit ist nicht in einem modernen, sozialwissenschaftlichen Verständnis eine quantitative Dimension der Politik gemeint, sondern in der klassischen Tradition die Idee einer maßvollen, einer gemäßigten Verfassung des Gemeinwesens. Derjenige Staat ist, darin folgt Dahlmann in vollem Umfang Aristoteles, in «guter Verfassung», in welchem die monarchischen, aristokratischen und demokratischen Elemente sich gegenseitig mäßigen, die Konstitution sowohl die Obrigkeit als auch die Staatsbürger in ihren Rechten sowie Pflichten bindet und nur im Konsens beider aufgestellt und geändert werden kann.

Auch das zweite dem Œuvre Dahlmanns zugrundeliegende zentrale Axiom von der geschichtlichen Bedingtheit und Erklärbarkeit aller Politik ist bereits im Untertitel seines politikwissenschaftlichen Hauptwerkes angelegt. Mit dem Hinweis auf die «gegebenen Zustände» als Gegenstand seiner Überlegungen setzte sich Dahlmann von den naturrechtlichen Vertragskonstruktionen der frühen Neuzeit ab, wie sie noch in der ersten Hälfte des 19. Jahrhunderts z. B. durch Carl von Rotteck als Wortführer des südwestdeutschen Liberalismus vertreten wurden. Die Lehre der Politik hatte nach Dahlmanns Auffassung nicht von abstrakten Wunschvorstellungen, sondern von vorfindbaren Wirklichkeiten auszugehen. Der «Grund», d. h. die Verursachung der «gegebenen Zustände», war für Dahlmann an erster Stelle ein historischer: «Da die Menschheit kein anderes Daseyn hat als dieses, welches im steten Entwickelungs-kampfe, räumlich und zeitlich begriffen, in unserer Geschichte vorliegt, so entbehrt eine Darstellung des Staates, welche sich der historischen Grundlagen entäußert, aller ernsten Belehrung und gehört den Phanta-siespielen an».[6] Nach dem Diktum dieses Geschichts- und Politiklehrers «drängt alle Behandlung von Staatssachen im Leben und in der Lehre zur Historie hin, und durch sie auf eine Gegenwart».[6] Durch seine Lebens-erfahrungen war Dahlmann nicht nur zum Pionier der geschichtlichen Argumentation in der praktischen Politik, sondern auch zum Vater der historischen Betrachtungsweise in der akademischen Lehre von der Poli-tik geworden.

Allerdings wandte sich Dahlmann gegen die Tendenz von konservati-ven Mitgliedern der Historischen Schule wie Leopold von Ranke und Friedrich Carl von Savigny sowie von restaurativen Anhängern der poli-tischen Romantik wie Adam Müller und Friedrich Schlegel, die Politik ganz in der Geschichte aufgehen zu lassen und die Wiederherstellung der Vergangenheit als oberstes Ziel anzusehen. Besonders prägnant formu-lierte Dahlmann diesen Vorbehalt in seiner Bonner Antrittsvorlesung im November 1842: «Niemand möchte weniger als ich der Ansicht derer zugezählt werden, welche den Satz aufstellen: diese Einrichtung ist gut, denn sie ist historisch».[8] Geschichtlichkeit war für Dahlmann ein Grund-tatbestand des politischen Lebens, aber kein Argument, mit welchem die politische Entwicklung eingefroren oder gar rückgängig gemacht werden sollte. In diesem Sinne faßte er in seiner *Politik* das Kapitel über die Systematik der Staatswissenschaft folgendermaßen zusammen: «Der Politik bleibt die würdige Aufgabe, mit einem durch die Vergleichung der Zeitalter gestärkten Blicke die nothwendigen Neubildungen von den Neuerungen zu unterscheiden, welche unersättlich seys der Muthwille seys der Unmuth ersinnt».[9] Mit diesem Programm steht Dahlmann in der Tradition der historisch vergleichenden Politikwissenschaft, die schon in den antiken Politiklehren angelegt war und im 18. Jahrhundert vor allem von Montesquieu verkörpert wurde, aber auch im 20. Jahrhundert mit seinen dramatischen Systemwechseln zumal in Deutschland zu großer Bedeutung gelangte.

Gemäß seiner historisch fundierten Konzeption einer «guten Verfas-sung» setzte Dahlmann trotz seiner enttäuschenden Erfahrungen mit Monarchen das erbliche Königtum an dessen Spitze.[10] Sein Vorbild einer konstitutionellen Monarchie war, abgesehen von Referenzen zu einer eher mythischen germanischen Vorzeit, das englische Verfassungsmodell, auf dessen Einzelheiten und Autoren er sich immer wieder berief. Doch bezog sich Dahlmann nicht auf die englische Verfassungswirklichkeit seiner Zeit. Diese war im frühen 19. Jahrhundert längst von der parlamentarischen Regierungsweise geprägt, in welcher die Regierung aus der Mehrheit des Unterhauses hervorging und von ihr gestützt wurde. Er rezipierte vielmehr unter dem Lektüreeinfluß von William Blackstone und J. L. de Lolme das englische Verfassungssystem aus der Zeit vor dem amerikanischen Unabhängigkeitskrieg von 1776–1783, das mit der Dominanz des Staatsoberhauptes über die Exekutive und der Unvereinbarkeit von Parlamentsmandat und Regierungsamt bis heute in republikanischer Form das präsidentielle Regierungssystem der USA prägt, in Großbritannien aber gegen Ende des 18. Jahrhunderts in einem stillen Verfassungswandel radikal zugunsten eines parlamentarischen Regierungssystems verändert wurde.

Das Gegengewicht zum starken Königtum war in Dahlmanns Politikkonzeption, bei aller seiner Wertschätzung der Aristokratie, das gebildete Bürgertum, als dessen Wortführer sich im deutschen Vormärz und während der Märzrevolution die politischen Professoren verstanden. Dahlmann allerdings sprach nicht vom «Bürgertum», sondern bezeichnete dieses als den «Mittelstand», meinte damit weniger einen historischen Bezug auf die alte Ständegesellschaft als vielmehr eine Aussage über den Ort des Bürgertums in der Mitte von Gesellschaft und Staat seiner Zeit. Der Mittelstand als «Kern der Bevölkerung» hatte für die «gemessene Fortbildung» des Gemeinwesens zu sorgen, «in ihm ruht gegenwärtig der Schwerpunkt des Staates, der ganze Körper folgt seiner Bewegung»[11]. Dieser gesellschaftlichen und politischen Mitte des Volkes wollte Dahlmann mit seiner Lehre der *Politik* Hilfestellung und Wegweisung geben.

Die Macht des bürgerlichen Mittelstandes beruhte nach Dahlmann auf dessen Fähigkeit zur Bildung und Einsicht in die Wissenschaft – Werte, die auch von den Monarchen und Aristokraten anzuerkennen und die dem «Pöbel» als viertem Stand zu vermitteln waren. Diese bildungsbürgerlichen Talente wirkten auf die politische Herrschaft über die Öffentlichkeit ein. Die öffentliche Meinung wurde in der ersten Hälfte des 19. Jahrhunderts von den bürgerlichen Theoretikern zu einer Gewalt erhoben, die über allen anderen politischen Gewalten stand und auf diese einen wegweisenden und mäßigenden Einfluß ausübte. Es ist bezeichnend, daß Dahlmann 1835 in seiner *Politik* «Nation» nicht auf die Gemeinsamkeit von Kultur, Sprache, Geschichte oder Herrschaft zurückführte, sondern den Begriff lediglich im Zusammenhang mit der öffentlichen Meinung gebrauchte: «Wo der Geist der Nation einen hohen

Schwung nimmt, da allein ist öffentliche Meinung, und diese ist dann eine Macht, ununterbrochen und mehr aus der Tiefe wirkend als alle politischen Institutionen».[12] Die öffentliche Meinung war für Dahlmann wie die übrigen Repräsentanten des gemäßigten Bildungsbürgertums jene Kraft, welche die Staatsorgane in die Schranken verfassungsmäßigen Handelns weisen und bei Konflikten zwischen ihnen einen Konsens herbeiführen konnte.[13]

Bei allem bildungsbürgerlichen Optimismus in die Einsicht und Vernunft der Träger der Staatsgewalt rechnete Dahlmann aber doch damit, daß die Obrigkeit sich möglicherweise nicht an den Geist des Sittengesetzes und die Normen der Verfassung halten würde. Nach seinen bitteren Erfahrungen im hannoverschen Verfassungskonflikt rechtfertigte er Anfang 1838 die Protestation der Göttinger Sieben gegen den König mit den Worten: «Ich kämpfe für den unsterblichen König, für den gesetzmäßigen Willen der Regierung, wenn ich mit den Waffen des Gesetzes das bekämpfe, was in der Verleitung des Augenblicks der sterbliche König im Widerspruch mit den bestehenden Gesetzen beginnt».[14] Doch bereits zwei Jahre vor dieser persönlichen Widerstandsprobe hatte sich Dahlmann in einem langen Kapitel seiner *Politik* mit dem «Rechte des Widerstandes» auseinandergesetzt.[15] Er wandte sich wie Immanuel Kant gegen ein allgemeines Widerstandsrecht, weil dieses leicht die Mechanismen des Rechtsstaates an die Seite schieben und die gesetzte Verfassungsordnung untergraben könne. Doch auf der anderen Seite könne das Volk nicht gezwungen werden, jedem verfassungswidrigen Befehl zu folgen, denn sonst würde jeder Unterschied zwischen faktischer und rechtmäßiger Regierung aufgehoben. Daher kam Dahlmann zu dem Schluß: «Politische Erfahrung räth, gewisse Wege des erlaubten Widerstandes freiwillig zu eröffnen, damit die zerstörenden durch Warnung bei Zeiten, um so sicherer verschlossen bleiben».[16] Das verfassungsmäßige Widerstandsrecht sollte sich daher «auf gewisse Weigerungen, ein Verneinen des Gehorsams in gewissen Fällen, ein Nicht-Thun ohne alle aggressive Zuthat» beschränken. Die unterste Stufe eines solchen verfassungsmäßigen Notwehrrechtes der Staatsbürger gegen verfassungswidriges Verhalten der Regierung war das Instrument der – strafrechtlichen – Ministeranklage durch die Volksvertretungen. Darüber hinaus sollten die Untertanen das Recht zur Steuerverweigerung haben, wenn die Steuergesetze und -verordnungen nicht verfassungsgemäß mit Zustimmung der Ständevertretung zustande gekommen waren. 1847 fügte Dahlmann nach den Erfahrungen mit dem Verfassungsstreich des hannoverschen Königs von 1837 in der zweiten Auflage der *Politik* einen Passus ein über «das

Recht der Unterthanen, nach welchem auch die Gerichtshöfe sich zu halten angewiesen sind, die Regierung eines Fürsten, welcher die Bestätigung der Landesverfassung verweigert, als noch nicht angetreten zu betrachten».[17]

Dahlmann stand mit dieser Lehre von einem passiven Widerstandsrecht der Untertanen, das sich gegen tyrannische und auf ihre Weise revolutionäre Aktionen der monarchischen Obrigkeit richtete, in der von den Monarchen und Johannes Althusius geprägten altständischen Tradition des Widerstandsrechtes, nahm aber auch Elemente der Begründung des Widerstandsrechtes im neuzeitlichen Vertragsdenken auf, wie sie auf klassische Weise John Locke in seiner Zweiten Abhandlung über die Regierung formuliert hatte. Der gläubige Lutheraner und überzeugte Monarchist sah das Widerstandsrecht weniger als ein gegen den Staat und den Fürsten gerichtetes politisches Recht des Staatsbürgers, sondern als eine sittliche Pflicht der Persönlichkeit zur Erhaltung der Vorstellung vom «guten Staat» in einer «guten Verfassung». Dahlmann stand damit am Ende der älteren Tradition des Widerstandsrechtes, welche diesem eine im Wortsinne konservative, nämlich bewahrende Funktion zumaß. Nach ihm hat in der politischen Ideengeschichte Deutschlands das Widerstandsrecht ein Jahrhundert lang keine Rolle gespielt, ist erst durch die Erfahrungen der nationalsozialistischen Tyrannis wiederentdeckt worden.

Mit Vorstellungen eines aktiven und gewaltsamen Widerstandes hatte Dahlmann nichts gemein: Auf keinen Fall sollte das Widerstandsrecht eine Revolution legitimieren, vielmehr diese verhindern. Diese von Edmund Burkes *Betrachtungen über die Revolution in Frankreich* (1790) inspirierte entschiedene Entgegensetzung von bewahrendem Widerstandsrecht und umstürzlerischer Revolution machte Dahlmann bereits im Widerstands-Kapitel seiner *Politik* überdeutlich: «Auch die aufs Beste ausgehende Revolution ist eine schwere Krise, die Gewissen verwirrend, die innere Sicherheit unterbrechend» und schlage leicht von einer politischen Revolution gegen Herrscher und Dynastie «zu einem Umsturze der ganzen gesellschaftlichen Ordnung um».[18] Mehr noch als die absolutistische Bedenkenlosigkeit von reaktionären Monarchen und deren restaurativ eingestellten Handlangern, der sich die Göttinger Sieben mit Bekenntnistreue entgegengestellt hatten, fürchtete das vormärzliche Besitz- und Bildungsbürgertum im Gefolge des Schreckbildes der Französischen Revolution den Terror der Herrschaft des «Bildungs- und Vermögenslosen Pöbel»[19]. Mit der Demokratietheorie Jean-Jacques Rousseaus, aber auch mit den Vertragstheorien der frühen Neuzeit konnte der historische und organisch eingestellte Dahlmann nichts anfangen, sah in ihnen einen gefährlichen ersten Schritt zur Anarchie.[20] Ihm wie den meisten Vordenkern des nord- und ostdeutschen Bürgertums war daran gelegen, durch eine gemäßigte Reform die umfassende Revolution zu verhindern.

Im Titel seines politikwissenschaftlichen Hauptwerkes sprach Friedrich Christoph Dahlmann in klassischer, aristotelischer Tradition von der *Politik*, doch im Inhalt dominiert der moderne Begriff des «Staats». Schon beim ersten Blick in das Buch wird deutlich, daß für ihn «Politik» und «Staat» identisch sind:[21] So steht bereits die Einleitung mit ihren 18 Abschnitten, in denen er in thesenhafter Form seine Politikkonzeption entfaltet, unter der Überschrift: «Wie der Staat zu der Menschheit stehe». Das heißt nun aber gerade nicht, daß Dahlmann seiner Politikkonzeption den modernen neuzeitlichen Begriff vom Staat als einer Herrschaftsorganisation zugrundelegt. Vielmehr ist für diesen deutschen Spätaristoteliker des 19. Jahrhunderts nicht «Politik» mit «Staat» identisch, sondern ist umgekehrt «Staat» als «politisches Gemeinwesen» im antiken Sinne zu verstehen.

Diese klassische Politikkonzeption reichert Dahlmann unter dem Einfluß der zeitgenössischen Romantik und historischen Schule, ohne deren politische Schlußfolgerungen zu übernehmen, durch Elemente der organischen Staatslehre, aber auch der christlichen Zwei-Reiche-Lehre in der Tradition von Augustinus und Luther an, und kommt so zu einer merkwürdig antiquierten und zugleich modernen Konzeption der politischen Ordnung: «Denn der Staat ist nicht bloß etwas Gemeinsames unter den Menschen, nicht bloß etwas Unabhängiges, er ist zugleich etwas Zusammengewachsenes, eine leiblich und geistig geeinigte Persönlichkeit».[22]

Dahlmann geht somit in Anknüpfung an antike Denktraditionen von einem Verständnis des Staates als einer politischen Gemeinschaft aus, das noch nicht auf einer Entgegensetzung von Staat und Gesellschaft beruht, wie sie für die politische Theorie seit Hegel dominant wurde. Er verschränkt vielmehr in seiner Konzeption des «guten Staates» auf eine altertümlich erscheinende Weise, wie sie mit dem Paradigma der Zivilgesellschaft *(civil society)* heute wieder aktuell geworden ist, den politischen Herrschaftsverband und die staatsbürgerliche Gesellschaft. Im Mittelpunkt seines Politikverständnisses steht damit nicht, um die neudeutsche Fachsprache aufzunehmen, *politics* als der prozedurale oder *policy* als der inhaltliche, sondern *polity* als der institutionelle, ordnungsbezogene Aspekt des Politischen.

Die Wissenschaft von der *Politik* beinhaltet für Dahlmann an erster Stelle eine Lehre von der «guten Verfassung».[23] Doch unter Verfassung versteht er dabei weniger, wie heute vorherrschend, in einem formalen Sinne das geschriebene Verfassungsgesetz, sondern in einem materialen Verständnis den geordneten Zustand eines politischen Gemeinwesens. Im Mittelpunkt des Denkens dieses spätaristotelischen Politiklehrers steht, um es mit den von Carl Schmitt aufgestellten Kategorien auszudrücken, nicht die Legalität, sondern die Legitimität der politischen Ordnung.

Unter allen politischen Denkern der Neuzeit stand Dahlmann am nächsten Montesquieu mit seiner Idee der Mäßigung von Macht durch Gewaltenteilung und seinem Verständnis für die Bedeutung von Geschichte und politischer Sitte für die Stabilität einer freiheitlichen Verfassung. Doch der größte Philosoph und Politikerlehrer war für ihn Aristoteles. So wundert nicht, daß Dahlmann seine Skizze der antiken Staatslehre mit der Feststellung abschloß: «Nehmen wir Alles zusammen, Aristoteles bietet uns einen urbaren Boden der Politik dar, den wir wohl fortbauen mögen».[24]

3. Wirkung

Dieselben Gründe, die zu Dahlmanns großer öffentlicher und akademischer Popularität im deutschen Vormärz beitrugen, bewirkten später, daß sein politisches Ansehen verblaßte und sein wissenschaftliches Werk vielfach in Vergessenheit geriet. An erster Stelle ist seine Identifizierung mit der bürgerlichen Verfassungsbewegung zu nennen. In den Augen des wilhelminischen Bürgertums und seiner Wortführer, zu denen auch Dahlmanns eigener Schüler Heinrich von Treitschke gehörte, wurde er zur Personifikation des unpolitischen, weil die «Realpolitik» (August Ludwig von Rochau, 1852) ignorierenden deutschen Professors, dessen Gesinnungstreue man zwar bewunderte, der aber zum Verständnis und Selbstverständnis des deutschen Machtstaates wenig beizutragen hatte.

Auf akademischer Ebene wirkte Dahlmanns Werk zwar in seinen Schülern fort, insbesondere bei den politischen Historikern Johann Gustav Droysen, Heinrich von Sybel und Heinrich von Treitschke, die alle auch über «Politik» lasen. Auch der Verfassungshistoriker Georg Waitz und der Nationalökonom Wilhelm Roscher publizierten nach dem Vorbild ihres Lehrers ebenfalls «Politiken». Doch der weitgehende Untergang des Universitätsfaches Politik in Deutschland um die Wende vom 19. zum 20. Jahrhundert ließ auch die Erinnerung an Dahlmann als einen Repräsentanten der Spätblüte der älteren Fachtradition verblassen. Auch nach 1945, als in der Bundesrepublik die Politikwissenschaft durch deutsche Rückkehrer aus der amerikanischen Emigration wiederbegründet wurde, erinnerte man sich meist nur unter Historikern an Dahlmann – als einen Historiker und kaum als Politikwissenschaftler.[25]

Zu dieser langjährigen Ignorierung des Politiklehrers Dahlmann zumal in der bundesdeutschen Politikwissenschaft trug sicherlich auch die altertümliche Gestalt seiner akademischen Sprache und Inhalte bei. Seine politikwissenschaftlichen Aussagen erscheinen heute in vielen Einzelheiten hoffnungslos überholt, beruhen sie doch auf den Prinzipien einer konstitutionellen Monarchie, die zu den Antiquitäten der deutschen Verfassungsgeschichte gehört. Dahlmanns Politikkonzeption ist mehr dem politischen Freiheitsbegriff der älteren Ständegesellschaft des 18. Jahrhunderts als dem Demokratieprinzip der industriellen Massengesellschaft des 20. Jahrhunderts zugewandt, wie das bei Alexis de Tocqueville der Fall ist, der sein klassisches Werk *Über die Demokratie in Amerika* im gleichen Jahr wie Dahlmann seine *Politik* veröffentlichte. Doch auch die Lehren zahlreicher seiner staatswissenschaftlichen Zeitgenossen in Deutschland wirken aktueller, wenn man z. B. an die Bedeutung Robert von Mohls für die Theorie des sozialen Rechtstaates und des parlamentarischen Regierungssystems und den Einfluß Lorenz von Steins auf die Konzeption des Sozial- und Verwaltungsstaates denkt. Man hat versucht, Dahlmann als sogenannten Altliberalen für die Vorgeschichte der freiheitlichen Parteiströmungen in Deutschland in Anspruch zu nehmen, doch hat sich der bürgerliche Honoratior Dahlmann nicht nur entschieden gegen die Einvernahme durch politische Parteien und «Sekten» verwahrt, sondern steht auch mit seinen politischen Auffassungen zwischen Konservatismus und Liberalismus als ideengeschichtlichen Grundströmungen des 19. Jahrhunderts.

Die Politikkonzeption Friedrich Christoph Dahlmanns enthält auch heute noch Aussagen von überzeitlicher Gültigkeit, die in den letzten Jahrzehnten in der deutschen Politikwissenschaft wiederentdeckt worden sind. Bezeichnender Weise war es Karl Dietrich Bracher, der 1960 in seinem Gedenkvortrag an seinem Bonner Vorgänger dessen Einsicht in die Geschichtlichkeit der politischen Gegenwart hervorgehoben hat: Ist doch Bracher, ein moderner Klassiker des bundesdeutschen Faches, mit seinen frühen Arbeiten zur Auflösung der Weimarer Republik und zur Machtergreifung der nationalsozialistischen Diktatur zum Nestor der deutschen Zeitgeschichtsforschung geworden, die in der Bundesrepublik zunächst mehr in der Politikwissenschaft als von der Geschichtswissenschaft gefördert worden ist.

In den letzten Jahren zeichnet sich ab, daß die deutsche Politikwissenschaft, nachdem sie in den achtziger und frühen neunziger Jahren ganz auf das unhistorische Profil einer modernen Sozialwissenschaft gesetzt hat, den Schatz historischer Untersuchungsfälle und die historische Vorgehensweise als eine neben anderen Methoden wiederentdeckt. In der bundesdeutschen Politikwissenschaft einschließlich ihrer Teildisziplin der Politischen Ideengeschichte hat sich die Einsicht durchgesetzt, daß Dahlmann aus fachgeschichtlicher Sicht eine wichtige Figur in der Spätblüte der älteren Lehre der Politik repräsentiert und damit auch als Scharnier zur Fortsetzung der Fachtradition in der jüngeren Phase der Disziplin gewürdigt werden muß. Aus inhaltlicher Sicht kann die heutige Politikwissenschaft, zumal die politische Institutionenlehre, durchaus an die durch Dahlmann vermittelte klassische Einsicht der Zusammensetzung und dadurch bewirkten Mäßigung von politischen Ordnungen anknüpfen. Auch ist, trotz aller entgegengesetzten szientistischen Strömungen, die Forderung Dahlmanns nach einer Verknüpfung von realistischer Analyse der «gegebenen Zustände» mit der Bewahrung normativer Grundannahmen in der Politikwissenschaft nicht überholt.

Vor allem aber ist das von Friedrich Christoph Dahlmann verkörperte Vorbild einer Verknüpfung, wenn nicht Einheit von akademischer Politikwissenschaft und praktischer Politik auch heute noch höchst aktuell. Dahlmann selbst war in seiner Persönlichkeit eher zurückhaltend gegenüber der Involvierung im politischen Alltag, bevorzugte das Leben eines produktiven Gelehrten. Doch wenn die von ihm als recht und richtig erkannten Grundwerte in Gefahr gerieten, dann scheute er nicht vor der Übernahme politischer Verantwortung zurück, selbst wenn damit ein hohes persönliches Risiko verbunden war. Heutige Politikwissenschaftler können von diesem «politischen Professor» des deutschen Vormärz lernen, daß Politikwissenschaft auch praktische Verantwortung für das Gemeinwesen und seine gerechte Ordnung beinhaltet.

Literatur

1. Werke

Dahlmann, F. C., Die Politik auf den Grund und das Maaß der gegebenen Zustände zurückgeführt, Göttingen ¹1835, Leipzig ²1847.

Dahlmann, F. C., Die Politik, hg. von O. Westphal, Berlin 1924.

Dahlmann, F. C., Die Politik, hg. von M. Riedel, Frankfurt a. M. 1968.

Dahlmann, F. C., Die Politik auf den Grund und das Maß der gegebenen Zustände zurückgeführt, hg. von W. Bleek (= Bibliothek des Deutschen Staatsdenkens, Bd. 7), Frankfurt a. M. 1997.

Dahlmann, F. C., Erster Vortrag an der rheinischen Hochschule. 28. November 1842, Bonn 1842.

Dahlmann, F. C., Geschichte der englischen Revolution, Leipzig 1844.
Dahlmann, F. C., Geschichte der französischen Revolution bis zur Stiftung der Republik, Leipzig 1845.
Dahlmann, F. C., Kleine Reden und Schriften, hg. von C. Varrentrapp, Stuttgart 1886.

2. Biographie

Scheel, O., Der junge Dahlmann, Breslau 1926.
Springer, A., Friedrich Christoph Dahlmann, 2 Bde., Leipzig 1870 und 1872.

3. Darstellungen

Bleek, W., Friedrich Christoph Dahlmanns Politikkonzeption, in: Lietzmann, H. J./Nitschke, P. (Hg.), Klassische Politik. Politikverständnisse von der Antike bis ins 19. Jahrhundert, Opladen 2000, S. 201–215.
Bleek, W., Friedrich Christoph Dahlmann (1785–1860), in: Heidenreich, B. (Hg.), Politische Theorien des 19. Jahrhunderts, Berlin 2002, S. 329–341.
Bracher, K. D., Über das Verhältnis von Politik und Geschichte. Gedenkrede Friedrich Christoph Dahlmann, Bonn 1961; auch in: ders., Das deutsche Dilemma. Leidenswege der politischen Emanzipation, München 1971, S. 41–63.
Bürklin, W./Kaltefleiter, W. (Hg.), Freiheit verpflichtet. Gedanken zum 200. Geburtstag von Friedrich Christoph Dahlmann, Kiel 1985.
Riedel, M., Nachwort, in: Dahlmann, F. C., Die Politik, hg. von M. Riedel, Frankfurt a. M. 1968, S. 7–31, wiederabgedruckt als: Riedel, M., Politik und Geschichte. F. C. Dahlmann und der Ausgang der Aristoteles-Tradition, in: ders., Metaphysik und Metapolitik. Studien zu Aristoteles und zur politischen Sprache der neuzeitlichen Philosophie, Frankfurt a. M. 1975, S. 307–329.

Anmerkungen

1 Vgl. Rassem, M. H./Wölky, G., Zur Göttinger Schule der Staatswissenschaften bis zu den Freiheitskriegen, in: Bleek, W. /Lietzmann, H. J. (Hg.), Schulen der deutschen Politikwissenschaft, Opladen 1999, S. 79–104 und Bleek, W., Deutsche Staatswissenschaften im 19. Jahrhundert, in: Holtmann, E. (Hg.), Staatsentwicklung und Policyforschung, Wiesbaden 2004, S. 41–67.
2 Vgl. Bleek, W., Die Politik-Professoren in der Paulskirche, in: Kocka, J./Puhle, H.-J./Tenfelde, K. (Hg.), Von der Arbeiterbewegung zum modernen Sozialstaat. Festschrift für Gerhard A. Ritter zum 65. Geburtstag, München u. a. 1994, S. 276–299.
3 Deutsche Staatsbibliothek Preußischer Kulturbesitz. Berlin, Handschriftenabteilung, Nachlaß F. C. Dahlmann. Mappe 380/1. Bl. 4 r.
4 Dahlmann: Die Politik, Nr. 3.

5 Darauf weist besonders nachdrücklich hin: Riedel, M., Nachwort, in: Dahlmann, F. C., Die Politik, hg. von M. Riedel, Frankfurt a. M. 1968, S. 7–31, wiederabgedruckt als: Riedel, M., Politik und Geschichte. F. C. Dahlmann und der Ausgang der Aristoteles-Tradition, in: ders., Metaphysik und Metapolitik. Studien zu Aristoteles und zur politischen Sprache der neuzeitlichen Philosophie, Frankfurt a. M. 1975, S. 307–329.

6 Dahlmann, Die Politik, Nr. 12.

7 Ebda., Nr. 15.

8 Dahlmann, F. C., Erster Vortrag an der rheinischen Hochschule. 28. November 1842, Bonn 1842, S. 10.

9 Dahlmann, Die Politik, Nr. 237.

10 Vgl. das 5. Kapitel «Von der Staats-Regierung in der Form des Königthums» in: Dahlmann, Die Politik, Nr. 100–137.

11 Ebda., Nr. 237.

12 Ebda., Nr. 259. Vgl. Anderson, B., Die Erfindung der Nation. Zur Karriere eines folgenreiches Konzepts, Frankfurt a. M. 2. Aufl. 1993.

13 Vgl. die klassische Arbeit von Habermas, J., Strukturwandel der Öffentlichkeit. Untersuchungen zu einer Kategorie der bürgerlichen Gesellschaft, Neuwied, Berlin 1962.

14 Dahlmann, Zur Verständigung, Basel 1838, S. 30, auch in: Dahlmann's Kleine Schriften und Reden, S. 262.

15 Dahlmann, Die Politik, Nr. 200–207.

16 Ebda, Nr. 203.

17 Dahlmann, Die Politik, 2. Aufl. Leipzig 1847, Nr. 203.

18 Dahlmann, Die Politik, Nr. 206.

19 Ebda., Nr. 237.

20 Ebda., Nr. 2 und 233.

21 Wie für Dahlmann die Begriffe «Politik» und «Staat» identisch sind, so ist für ihn die Lehre von der Politik mit der Staatswissenschaft synonym.

22 Dahlmann, Die Politik, Nr. 6.

23 Dahlmann hat sein erstmals 1835 erschienenes Werk schon auf dem Titel als I. Band einer umfassenderen «Politik» mit den Untertitel «Staatsverfassung. Volksbildung» ausgewiesen und in der Einleitung (Nr. 17) die Staatsverwaltung sowie die Staatengesellschaft als weitere Teile der Lehre vom Staate genannt. Obwohl Dahlmann diese Gegenstandsbereiche in seinen Vorlesungen über «Politik» ausweislich seiner Vorlesungsmanuskripte und der Nachschriften von Hörern behandelt hat, ist er doch nicht dazu gekommen, sie in Fortsetzungsbänden der «Politik» zu veröffentlichen. So blieb es bei dem ersten Band der «Politik» als einer materialen, historisch begründeten Staatsverfassungslehre.

24 Dahlmann, Die Politik, Nr. 220.

25 z. B. Heimpel, H., Zwei Historiker – Friedrich Christoph Dahlmann. Jacob Burkhardt, Göttingen 1962, S. 7–20.

Manfred G. Schmidt

Alexis de Tocqueville (1805–1859)

1. Leben

Die politische Entwicklung in Europa und Amerika erfordert «une science politique nouvelle», eine neue Politische Wissenschaft, so schreibt Alexis de Tocqueville in der Einleitung zu seinem 1835 veröffentlichten ersten Band von *De la Démocratie en Amérique*. Zur Entwicklung der Politischen Wissenschaft trug Tocqueville selbst Maßgebliches bei, und zwar nicht zuletzt mit seiner Amerika-Schrift. Tocqueville war aber nicht nur «politischer Denker»,[1] «Politikwissenschaftler»[2], «Historiker»[3] und «Sozialphilosoph»,[4] sondern auch «Politiker»[5] oder Staatsmann. Beobachtung von Politik und Beteiligung an der Politik standen für ihn in engem Zusammenhang – und deshalb können seine schriftstellerischen Werke auch als Orientierungshilfen für die politische Karriere und als Produkte des Nachdenkens über diese Laufbahn und ihr politisches Umfeld gewertet werden.

Charles Alexis Henri Clérel de Tocqueville wurde 1805 als dritter Sohn einer normannischen Aristokratenfamilie geboren. Ihm war ein Weg zwischen der niedergehenden aristokratischen Welt und der aufsteigenden demokratischen Gesellschaft bestimmt. Tocquevilles Großeltern und Eltern waren in das Räderwerk der Französischen Revolution geraten. Sein Urgroßvater mütterlicherseits, Chrétien Malesherbes, ein liberaler Aristokrat und Verteidiger im Schauprozeß gegen Ludwig XVI., war ein Jahr nach der Enthauptung des Königs ebenfalls guillotiniert worden – und zuvor hatte er noch der Hinrichtung seiner Tochter beiwohnen müssen. Auch Tocquevilles Eltern hatten unter der Französischen Revolution schwer gelitten. Nur Robespierres Sturz hatte sie, die schon inhaftiert waren, vor der Exekution bewahrt. Doch nicht nur die Revolution und ihre Nachwirkungen, sondern auch die Wiedereinsetzung der Monarchie formten Tocquevilles Leben. Als Jugendlicher wurde er Zeuge des Falles von Napoléon Bonaparte (1814) und erlebte die Rehabilitierung seiner Familie im nachnapoleonischen Frankreich. Die Geschichte und die Gegenwart des – politisch nach wie vor unruhigen – nachrevolutionären Frankreichs schlugen Tocqueville auch weiterhin in ihren Bann und fügten sich zu zwei schicksalsmächtigen Trends: zum Niedergang der aristokratischen Welt, den Tocqueville als unwiderruflich wertete, und zum Aufstieg einer neuen Gesellschaftsordnung, die im Zeichen der Gleichheit stand. «Égalité des conditions» – Vormarsch der «Gleichheit der gesellschaftlichen Bedingungen», so benannte Tocqueville den sozialen und politischen Wandel, der sich nach seiner Sicht in Frankreich abzeichnete, aber noch deutlicher in England zum Vorschein kam und vor allem Amerika von Grund auf prägte.[6] Mit «Gleichheit der gesellschaftlichen Bedingungen» war vor allem die Gleichheit eines jeden gemeint, ohne Ansehen von Geburt, Standes- oder Klassenzugehörigkeit, und die gleichen politischen Teilhaberechte für die vielen, nicht nur für die wenigen, wie im vorrevolutionären Frankreich.

Das Studium der Jurisprudenz in Paris (1823–1826) sowie Verbindungen väterlicherseits ebneten Tocqueville den Weg in den Justizdienst. Daß Tocqueville den Vormarsch der «égalité des conditions» als unaufhaltsam begriff und sich auf ihn einstellte, erleichterte ihm die Einbindung in Staat und Gesellschaft des nachrevolutionären Frankreichs. Die politische Entwicklung in Frankreich aber brachte für Tocqueville neue Risiken, auch wenn er nach der Juli-Revolution von 1830 einen Eid auf den neuen Herrscher schwor, auf den «Bürgerkönig» Louis-Philipp von Orléans (im Amt von 1830 bis 1848), den Tocqueville in seinen *Erinnerungen* als Inbegriff der Herrschaft der «Mittelklasse», des aufstrebenden Bürgertums, wertete. Tocquevilles Lage blieb dennoch prekär, nicht zuletzt aufgrund der engen Verbindungen seiner Familie mit den aus dem Amt getriebenen Bourbonenkönigen. Das war der politische Hintergrund der Amerika-Reise, die Tocqueville zusammen mit Gustave de Beaumont, seinem «alter ego», arrangierte. Diese Reise erfolgte im Auftrag des französischen Innenministeriums und sollte der politisch wenig heiklen Erkundung des amerikanischen Strafvollzugs dienen, dem der Ruf vorauseilte, er sei im Vergleich zu Frankreichs deplorablem Strafvollzug effizienter und bei der Resozialisierung effektiver. Das bleibende Ergebnis des Amerika-Besuchs, der vom April 1831 bis zum Februar 1832 währte, war allerdings nicht der Bericht über den Strafvollzug in den Vereinigten Staaten, sondern die Einlösung von Tocquevilles Plan, die Gesellschaft der Vereinigten Staaten von Amerika und die dortige Demokratie zu analysieren, um besser gewappnet zu sein für den Vormarsch der Gleichheit in Frankreich. Realisiert wurde dieser Plan durch die Veröffentlichung des ersten Bandes von Tocquevilles Schrift *De la Démocratie en Amérique* im Jahre 1835 und des zweiten Bandes fünf Jahre später.

Tocqueville war nicht nur Beobachter der Gesellschaft und der Politik. Ihn drängte es auch nach einer politischen Laufbahn als Staatsmann. Auch hierzu diente seine schriftstellerische Tätigkeit: sie sollte den politischen Betrieb und die wichtigsten politisch-weltanschaulichen Strömungen vor allem in Frankreich und Amerika erkunden. Die politische Karriere aber wurde für Tocqueville weniger ertragreich als die schriftstellerische, die ihm schon mit dem ersten Band der Amerika-Schrift national und international Ruhm einbrachte. Seine politische Laufbahn war weniger spektakulär und blieb auf rund dreizehn Jahre begrenzt. 1839 wurde Tocqueville zum Abgeordneten seines heimatlichen Valognes in das Parlament gewählt. In seinem Wahlkreis genoß er hohe Anerkennung. Mehrmals wurde er wiedergewählt. In der Deputiertenkammer allerdings blieb ihm der steile Aufstieg verwehrt. Das tagtägliche opportunistische Geben und Nehmen in der Politik waren nicht seine Sache. Sein angegriffener Gesundheitszustand und seine nur mäßige Rednerkunst qualifizierten ihn ebenfalls nicht zum politischen Führer. Und so blieb auch Tocquevilles prophetische Ansprache, die wenige Wochen vor der Februar-Revolution 1848 den Umschwung voraussagte, ungehört.

Die Februar-Revolution von 1848 veränderte die politische Lage grundlegend. Nun drängten die unteren Klassen nach oben, unter ihnen auch die Arbeiterschaft, und verlangten nach Weiterführung und Ausbau staatlicher Wohlfahrtspolitik, nach sozialer Demokratie. Doch soziale Demokratie verkörperte für den «aristokratischen Liberalismus»[7] Tocquevilles eine Gefahr, die noch größer war als die zunehmende Staatsintervention und Freiheitseinschränkungen, die sich unter dem Bürgerkönig seit 1830 breitgemacht hatten. Mit liberaler Demokratie konnte sich Tocqueville arrangieren, aber nicht mit sozialer Demokratie. Soziale Demokratie bedeutet für Tocqueville Marsch in einen die Freiheit erstickenden staatlichen Wohlfahrtsdespotismus.

Andererseits verbesserte die Februar-Revolution Tocquevilles politische Position als Vertreter seines Wahlkreises. Zudem wurde er mit seinem Freund Beaumont für das Komitee nominiert, das die Verfassung der Zweiten Republik entwarf, und wurde alsbald Vizepräsident der Nationalversammlung. Vorübergehend diente Tocqueville auch als Außenminister – vom Juni bis Oktober 1849 – bis er, wie die anderen Minister, vom Präsidenten Louis Napoléon Bonaparte entlassen wurde. Zwei Jahre später endete die politische Laufbahn Tocquevilles. Er opponierte gegen Louis Napoléons Staatsstreich vom 2. Dezember 1851, wurde dafür sogar kurzzeitig inhaftiert und verlor schließlich alle politischen Ämter, weil er den Eid auf das neue Regime, das er bis zu seinem Lebensende vehement ablehnte, verweigerte.

Nun zog Tocqueville sich ins Privatleben zurück. Der intellektuelle Ertrag dieses Rückzugs sind seine Arbeiten an dem groß angelegten Vorhaben der Erforschung des alten Staates und der Revolution. 1856 veröffentlichte Tocqueville ein Buch dieses Titels zum Thema, das Frankreichs politische Regime vor und nach 1789 beobachtet, deutet und kritisch bewertet. Die geplante Vertiefung seiner Studien zur Französischen Revolution aber blieb Tocqueville verwehrt. Sein labiler Gesundheitszustand verschlechterte sich weiter und führte am 16. April 1859 den Tod herbei.

2. Werk

Zwei Bücher ragen aus Tocquevilles umfangreichem schriftstellerischen Werk heraus: *L'Ancien Régime et la Révolution* (1856) und *De la Démocratie en Amérique* (1835 und 1840). Tocquevilles Amerika-Schrift ist in zwei Bücher gegliedert. Der Bauplan für diese Abhandlung sah ursprünglich eine in drei Schritten erfolgende Erkundung der Demokratie in Amerika vor. Zunächst sollte die politische Gesellschaft Amerikas untersucht werden, sodann seine bürgerliche Gesellschaft und anschließend die religiöse Gesellschaft.[8] In Wirklichkeit analysiert Tocqueville alle drei Ebenen nicht nur getrennt voneinander, sondern auch hinsichtlich ihrer Wechselbeziehungen und zudem unter Berücksichtigung äußerer Bedingungen, wie der politisch-geographischen Lage und der Außenpolitik. Der erste Band der Amerika-Schrift rückt die politische Gesellschaft ins Zentrum. In ihm erörtert Tocqueville vor allem die politischen Institutionen und die politische Funktionsweise der Vereinigten Staaten von Amerika, also des Staates, in dem die «Gleichheit der gesellschaftlichen Bedingungen» schon besonders weit vorangeschritten war. Dabei gilt seine Aufmerksamkeit vor allem der Art und Weise, wie die Macht des Volkes sich in der Demokratie äußert, welches ihr inneres Band und welches ihre Zukunft ist, einschließlich der Frage nach den besonderen Stärken und Schwächen der Demokratie.

Der zweite Band der Demokratieschrift wird aus einer anderen Perspektive geschrieben. Nun kommt auch die Erkundung der bürgerlichen Gesellschaft und der religiösen Gesellschaft in der Demokratie stärker zum Zuge als zuvor. Der zweite Band der Demokratieschrift soll den Einfluß der Demokratie auf das geistige Leben nachzeichnen und die Wirkung der Demokratie auf das Gefühlsleben der Amerikaner erfassen (wozu nach Tocquevilles Auffassung unter anderem der weit verbreitete

Individualismus und das Wohlstandsstreben gehören) und auf die eigentlichen Sitten, die das Leben in Staat und Gesellschaft prägen. In diesem Teil des Werkes entfaltet Tocqueville, der ansonsten vor allem auf Strukturen, Funktionen und Interessen Bezug nimmt, einen kulturalistischen Ansatz, der durch die Erörterung von Sitten und Bräuchen den Grundlagen der politischen Kultur Amerikas nachspürt. Im vierten Teil des zweiten Bandes erörtert Tocqueville die Rückwirkungen des demokratischen Denkens und Fühlens auf die politische Gesellschaft. Gefährdung der Demokratie durch Despotismus – so lautet seine Diagnose.

Nicht nur die Vereinigten Staaten von Amerika stehen im Zentrum des zweiten Bandes der Demokratie-Schrift, sondern auch andere Länder, vor allem Frankreich und England. Und häufiger als im ersten Band neigt Tocqueville im zweiten Band zu allgemeinen, teilweise zuspitzenden, streckenweise geradezu idealtypisierenden Beobachtungen und grundsätzlichen Bewertungen der Demokratie. All dies hat nicht wenige Leser irritiert: zuviel Philosophieren sahen manche hier am Werk.[9]

Das war nicht ganz falsch. Denn mit der Abhandlung über Amerikas Demokratie strebt Tocqueville auch nach einer sozialphilosophischen Deutung des sozialen und politischen Wandels. Auf den Eigennutzen zielende Selbstaufklärung kommt dabei nicht zu kurz. Der junge Tocqueville will die Demokratie in Amerika genau erkunden, um mit dem Vormarsch der gesellschaftlichen Gleichheit in Europa und insbesondere in Frankreich als Politiker besser zurechtzukommen. Aber er hat auch die gesamtgesellschaftliche Wohlfahrtsfunktion der Demokratie im Blick. Denn von den Stärken *und* Schwächen, von den Wohltaten *und* den Gefährdungen der Demokratie soll seine Amerika-Schrift berichten, so erläutert er in einem Brief, «um die Demokratie zu lehren, sich selbst kennen zu lernen, indem sie sich bemüht, sich selbst zu lenken und im Zaum zu halten».[10] Tocqueville gründet seine Diagnose auf die Überzeugung, daß die Gleichheit unaufhaltsam sei. Die neue demokratische Gesellschaftsordnung könne, wie insbesondere Amerika zeige, große Wohltaten hervorbringen. Tatkraft, Betriebsamkeit, Neuerungsbereitschaft, Wohlstandsmehrung zwar nicht für alle, aber doch für die meisten, und beträchtliche Fehlerkorrektur stehen auf der Habenseite. Allerdings erzeugt die Demokratie auch neue Gefahren. Überließe man sie dem freien Wachstum, nähmen ihre Schwächen überhand: zu ihnen gehören für Tocqueville die überhastet geschmiedeten Gesetze, die Wahl von mittelmäßigen Führern, der kurze Zeittakt der Demokratie, ihre Überforderung durch Vorhaben, die lange Vorausplanung und Durchhaltevermögen erfordern, die Herausbildung dauerhafter tyrannischer

Mehrheiten und am Ende ein Despotismus auf Basis tyrannischer Mehrheiten oder auf der Basis eines paternalistischen autoritären Versorgungs- oder Wohlfahrtsstaates.

Der Vormarsch der Gleichheit konfrontiert die Bürger und die Politik mit der Wahl zwischen freiheitlicher und despotischer Demokratie. Die besten Mittel gegen die despotische Wandlung der Demokratie, so lehrt der amerikanische Fall für Tocqueville, sind die Gründung und Pflege leistungsfähiger Bürgervereine, die Pressefreiheit, die Dezentralisierung der Verwaltung, durch Wahlen bestimmte lokale Gremien und ein intaktes freiheitsorientiertes religiöses Bewußtsein. Eine intakte Zivilgesellschaft, so würde man mit heutzutage modischem Vokabular sagen, schützt in Amerika die Demokratie vor ihrer Anfälligkeit für Despotismus.

Tocqueville kennt die politische und gesellschaftliche Entwicklung in Amerika, Frankreich, England und im übrigen auch in anderen Ländern, wie Deutschland, aus eigener Anschauung und aus Berichten über diese Staaten. Vor allem Amerika, Frankreich und England verkörpern für ihn höchst unterschiedliche Wege beim Vormarsch der neuen Gesellschaftsordnung. Amerika ist von seinen Ursprüngen her demokratisch, und dort wird die Balance zwischen Gleichheitsstreben und Freiheitsstreben im wesentlichen gehalten, so Tocqueville. England wertet Tocqueville als Beispiel eines längeren, friedlichen Übergangs von der aristokratischen zur demokratischen Gesellschaft. Frankreich hingegen geht auf einem unstetigen, instabilen Weg zur Demokratie, der von gewalttätigen Auseinandersetzungen gesäumt und vom Oszillieren zwischen Anarchie der Revolution und Neigung zu despotischer Herrschaft geprägt wird.

Tocquevilles Amerika-Schrift basiert auf umfassender Informationssammlung und -auswertung. Auswertung von Dokumenten, Analysen (wie den *Federalist Papers*), Gesprächen und Experteninterviews sowie Anfertigung und Auswertung umfangreicher Reisenotizen sind die wichtigsten Informationsquellen. Ihre Überprüfung, Verdichtung und Verknüpfung mit verallgemeinernden Deutungen, unter ihnen Deutungen, die Tocqueville schon lange vor seiner Amerikareise entwickelt hatte, machen die Amerika-Schrift zu weit mehr als nur einem gehobenen Reisebericht. Die Schrift zeugt von genauer Beobachtungsgabe ihres Verfassers, zudem großer Befähigung zu dichter Beschreibung und Erklärung einerseits und zu imaginativer Verallgemeinerung andererseits. Allerdings wäre die Amerika-Schrift Tocquevilles als streng wissenschaftliche Abhandlung falsch gedeutet. Vielmehr handelt es sich bei dieser Schrift – wie auch bei Tocquevilles zweitem Hauptwerk *L'Ancien Régime et la Révolution* – um eine erlesene Komposition aus geschichtswissenschaftlich geschultem Einfühlungsvermögen, empirischer Erforschung neuer Entwicklungen, kunstvoller Balancierung von Fakten und Ideen und geschulter politischer Überredungsgabe.[11]

Tocqueville knüpft bei dieser Komposition am Werk anderer Schulen und Denkgebäude an. Die These vom Niedergang der aristokratischen Welt und die vom Vordringen der Gleichheit sind nicht neu. Die französischen *doctrinaires* haben sie zuvor schon vertreten, unter ihnen der zunächst von Tocqueville bewunderte, später scharf kritisierte Historiker und Staatsmann F. Guizot.[12] Wie Guizot analysiert Tocqueville nicht Ereignisse, sondern Strukturen und Prozesse einer Zivilisation. Dies und Tocquevilles Herausarbeitung von Funktionszusammenhängen zwischen Gesellschaft und politischen Institutionen haben ältere Vorläufer, unter ihnen insbesondere Montesquieu. Geschult an Werken wie Montesquieus *Vom Geist der Gesetze* (1748) geht Tocqueville interdisziplinär vor: Er kombiniert die Beobachtung der Politik, der Gesellschaft und der Geographie. Zudem beleuchtet er die Makroebene der Gesellschaft und ihre Mikro- und Mesoebene. Somit analysiert er Gesellschaft als ein Mehrebenensystem. Sodann fallen Differenzen und Parallelen zum Historischen Materialismus auf. Im Unterschied zur marxistischen Politischen Ökonomie sieht Tocqueville nicht in der Wirtschaft die vorrangige Bewegungskraft und den primären Erklärungsfaktor des sozialen Wandels. Die Hauptkräfte liegen vielmehr in der Gesellschaft und der Politik. Aber ähnlich wie der Historische Materialismus argumentiert Tocqueville mit umfassenden Bewegungstendenzen, und zwar in innovativer Weiterentwicklung von Montesquieu, der die Wirkung von Prinzipien auf Strukturen und Funktionen der Politik nachzeichnet. Von überragender Bedeutung sind nach Tocqueville der Vormarsch der «égalité des conditions» und die hochgradige Zentralisierung, die mit der Gleichheit einhergehen kann und im vor- und nachrevolutionären Frankreich einhergeht. Die Bewegungstendenzen prägen die Akteure, sie definieren deren Möglichkeitsraum und strukturieren deren Handlungsoptionen vor, doch sie determinieren nicht das individuelle Tun und Lassen. Die Menschen machen ihre Geschichte nicht unter selbst gewählten, sondern unter vorgefundenen Bedingungen, so heißt es später bei Marx. Bei Tocqueville lautet die hiermit verwandte Schlüsselthese: «Die Vorsehung ... zieht um jeden Menschen einen Schicksalskreis, dem er nicht entrinnen kann; aber innerhalb dieser weiten Grenzen ist der Mensch mächtig und frei; so auch die Völker».[13]

Nach Theorieschulen zu urteilen oszilliert Tocquevilles Werk in der Regel zwischen einer institutionen- und interessenorientierten Betrach-

tung und einer kulturwissenschaftlichen Perspektive, wobei beide ent-
wicklungsgeschichtlich geöffnet und sensibel sind für die Freiheitsgrade
des Individuums und somit auch für die Verantwortlichkeit des Einzelnen. Zugleich erörtert Tocqueville Spannungen zwischen System und
Lebenswelt: Die Demokratie ist durch hochgradige Zentralisierung
gekennzeichnet. Doch die birgt den Despotismus in sich. Mehr noch:
Die Zentralisierung in der Demokratie hält Tocqueville für besonders
despotieanfällig, weil dem zentralisierten, in seinem Zuständigkeitsbereich wesentlich erweiterten Staat nur noch «der vereinzelte und macht-
lose Mensch»[14] gegenübersteht, im Unterschied zu den älteren Regimen,
in denen der private Lebenskreis noch weitgehend außerhalb des Zu-
griffs der Politik und der Bürokratie lag.[15] Der Vormarsch der Gleichheit und die Zentralisierung haben, so lautet Tocquevilles Diagnose,
die Gesellschaft atomisiert und damit den Einzelnen gelähmt, sofern
dieser nicht Schutz bei den Bürgervereinen und bei freiheitsverträglicher
Religion findet – ein fundamentaler Unterschied zu Max Webers Diagnose der amerikanischen Kultur, der gerade im weltbeherrschenden
Individualismus eine Barriere gegen Despotie sieht.[16] In der Despotiean-
fälligkeit der Demokratie tritt die Gefährdung der Freiheit durch die
Gleichheit besonders stark zutage. Und Freiheit bedeutet für den aristokratischen Liberalismus von Tocqueville nach wie vor den kostbarsten
Wert.

Das Zusammenspiel von historisch fundierter Analyse von Strukturen
und Funktionsweisen einerseits und von kulturellen Variablen andererseits spielt auch im zweiten Hauptwerk von Tocqueville eine bedeutende
Rolle, in der Schrift *L'Ancien Régime et la Révolution* (1856). Dort
analysiert Tocqueville die Geschichte Frankreichs vom Sturz des Absolutismus über die Französische Revolution bis zu seiner Gegenwart.
Struktur- und Funktionszusammenhänge, Prinzipien, Ideen und Kollek-
tivakteure in der Gesellschaft und in der Politik sind in diesem Werk
die Hauptkräfte der Entwicklung – und nicht Personen und Ereignisse,
wie in der traditionellen Geschichtsschreibung. Im Unterschied aber
zur marxistischen Geschichtsschreibung ist die bürgerliche Klasse kein
zentraler Akteur. Die Hauptspieler sind vielmehr die alte Monarchie und
nicht zuletzt die Intelligenz, die, hauptsächlich gesinnungsethisch ausgerichtet, die Sache der Revolution schürt. Tocqueville will zudem zeigen,
daß der Niedergang des französischen Adels und sein Rückzug aus der
Politik einerseits und die Zentralisierung sowie die Nivellierungspolitik
des französischen Absolutismus andererseits den Weg zur Revolution
schon vor 1789 geebnet haben. Zudem betont Tocqueville die Kontinui-

tät der Strukturen und der Funktionsweisen des gesellschaftlichen und des politischen Betriebes vor und nach der Revolution. Ein hohes Maß an Kontinuität kennzeichnet die Zentralisierung, die politischen Verhaltensweisen und die politischen Einstellungen im vor- und nachrevolutionären Frankreich. Darin liegt nach Tocqueville auch der Schlüssel für das Weiterwirken eines weithin despotischen Regimes vor und nach 1789 sowie dessen Akzeptanz in weiten Kreisen der Bevölkerung. Die Kontinuität der zentralisierten Herrschaft bedeutet Vorrang des Despotismus – und massive Beschädigung der Freiheit. All dies bringt in Frankreich vor und nach 1789 eine weitaus instabilere und freiheitsgefährdende Entwicklung hervor als der soziale und politische Wandel in England und vor allem in Amerika, wo liberalere Traditionen, stärkere Dezentralisierung und auch sonstige vergleichsweise freiheitsverträgliche Gegebenheiten den Weg zur nichtdespotischen Demokratie frei machen.

3. Wirkung

Vor allem der 1835 veröffentlichte erste Teil seiner Demokratieschrift machte Tocqueville alsbald vor allem in Europa und Amerika bekannt. Den Höchststand erreichte seine Reputation in der Dekade nach seinem Tod – zeitgleich und ursächlich verknüpft mit dem Vormarsch der Demokratie in Europa. Nach 1870 begann sein Einfluß zu sinken, und um die Wende zum 20. Jahrhundert herum wurden seine Werke weithin als mehr oder minder überholte Klassiker eingestuft. Zu abstrakt und unpassend schienen die Aussagen der Demokratieschrift zu sein – relativ zum Vormarsch der Industrialisierung, die nicht mehr Gleichheit, sondern scharfe Spannungen und Ungleichheit in Wirtschaft und Gesellschaft hervorbrachte. Das 20. Jahrhundert allerdings wurde zum Zeugen einer Tocqueville-Renaissance. Die Systemkonfrontation zwischen Demokratie und Totalitarismus weckte erneut das Interesse an Tocquevilles Erörterungen der Demokratie. Auch wurde Tocquevilles Analyse des sozialen Wandels zunehmend als leistungsfähige Alternative zum ökonomiezentrierten Untersuchungsprogramm des Marxismus und der Modernisierungstheorie älterer Art gewertet. Vor allem die Politikwissenschaft und die Soziologie haben Tocqueville als einen der ersten bedeutenden Theoretiker der modernen Massendemokratie gewürdigt. Auch der Vergleich mit anderen Demokratietheorien läßt Tocquevilles Beitrag in hellem Licht erscheinen.[17]

Allerdings sind auch die Schwächen des Werkes nicht zu übersehen. Bei Belegen und Nachweisen im Detail gibt sich Tocqueville – gegen den guten Rat von Freunden – höchst zurückhaltend und erschwert die

Nachprüfbarkeit und Spurensuche. Zudem halten viele Bewertungen und empirisch gemeinte Aussagen von Tocqueville der Überprüfung nicht oder nur teilweise stand. So überzeichnet er den Grad der Demokratie im Amerika des ersten Drittels des 19. Jahrhunderts. Zur Zeit von Tocqueville war Amerika eine Demokratie vor allem der männlichen, weißen Bevölkerung nord- und westeuropäischer Abstammung und somit die Demokratie einer Minorität von Amerikanern. Ohne demokratische Rechte blieben die Frauen und die Schwarzen, die 1830 knapp 20 Prozent der Bevölkerung stellten und von denen 86 Prozent Sklaven waren. Im Unterschied zu Tocqueville, der in der sozialen Gleichheit das zentrale Problem sah, weil sie die Freiheit gefährde, haben deshalb andere Beobachter das Problem in der sozialen Ungleichheit verortet, weil diese die politische Gleichheit in Frage stelle. Zweifellos überschätzt Tocqueville die Nivellierungskraft der neuen Gesellschaftsordnung. Und zweifellos übersieht er die tiefen Spaltungen in der Gesellschaft und der Wirtschaft der Demokratie. Zudem neigt er dazu, mit einem Prinzip – dem Vormarsch der Gleichheit – unzulässigerweise alles andere zu erklären. Überdies ist Tocquevilles Liberalismus eng: er ist sensibel und offen für die Zusammenführung von aristokratischer und liberaldemokratischer Staats- und Lebensform, aber kaum sensibel für andere liberale Verlangen. Für das Streben nach sozialer Demokratie beispielsweise hat Tocqueville überhaupt nichts übrig. Tocquevilles Liberalismus ist in der Tat «Aristocratic Liberalism».[18]

Doch die Unschärfen und Einseitigkeiten verblassen vor der eindrucksvollen Architektur von Tocquevilles Hauptwerken, vor ihrem Reichtum an empirischen und theoretischen Leistungen, vor ihrer Sprachmächtigkeit und vor der insgesamt bemerkenswerten Offenheit ihres Autors für neuere gesellschaftliche Entwicklungstendenzen. Und weil Tocqueville Politik und von Gesellschaft in der Regel differenziert und unter Berücksichtigung ihrer Wechselwirkungen und ihrer Geschichte betrachtet, gilt er zu Recht als Klassiker der sozialwissenschaftlichen Analyse politischer Regime und sozialen Wandels. Weil Tocqueville überdies den politischen Betrieb seiner Zeit sowohl normativ-analytisch bewertet als auch empirisch beschreibt und erklärt und dabei grundsätzlich alle drei Dimensionen des Politischen berücksichtigt – die institutionelle, die prozessuale und die entscheidungsinhaltliche – ist er tatsächlich auch ein Klassiker der Politikwissenschaft.

Literatur

1. Werke

Tocqueville, A. de, Œuvres complètes, hg. von J. P. Mayer, Paris 1951 ff.

Tocqueville, A. de, Bibliothèque de la Pléiade, hg. von A. Jardin, Paris 1991 ff.

Tocqueville, A. de, Über die Demokratie in Amerika, München 1976 (franz. 1835/40).

Tocqueville, A. de, Der alte Staat und die Revolution, München 1978 (franz. 1856).

Tocqueville, A. de, De la Démocratie en Amérique, hg. u. eingel. von F. Furet, 2 Bde. Paris 1981.

2. Biographie

Jardin, A., Alexis de Tocqueville. Leben und Werk, Frankfurt/M. – New York 1991 (franz. 1984).

Pisa, K., Alexis de Tocqueville: Prophet des Massenzeitalters. Eine Biographie, München 1986.

Tocqueville, A. de, Erinnerungen. Mit einer Einleitung von Carl J. Burckhardt, Stuttgart 1954.

3. Darstellungen

Craiutu, A./Jennings, J., The Third Democracy: Tocqueville's Views of America after 1840, in: American Political Science Review 98 (2004), S. 391–405.

Democracy in the World. Tocqueville Reconsidered (Journal of Democracy 11 (2000), Nr. 1).

Eisenstadt, A. S. (Ed.), Reconsidering Tocqueville's Democracy in America, New Brunswick – London 1988.

Eschenburg, T., Tocquevilles Wirkung in Deutschland, in: Tocqueville, A. de, Über die Demokratie in Amerika, München 1976, S. 879–932.

Furet, F., Préface, in: Tocqueville, A. de, De la Démocratie en Amérique, Paris 1981, S. 6–46.

Gannett, R. T. Jr., Tocqueville Unveiled. The Historian and His Sources for The Old Regime and the Revolution, Chicago, London 2003.

Gannett, R. T. Jr., Bowling Ninepins in Tocqueville's Township, in: American Political Science Review 97 (2003), Nr. 1, S. 1–16.

Hereth, M., Tocqueville zur Einführung, 2. Auflage Hamburg 2001.

Kahan, A. S., Aristocratic Liberalism. The Social and Political Thought of Jacob Burckhardt, John Stuart Mill, and Alexis de Tocqueville, New York 1992.

Kalberg, S., Tocqueville und Weber. Zu den soziologischen Ursprüngen der Staatsbürgerschaft – die politische Kultur der amerikanischen Demokratie, in: Soziale Welt 51 (2000), S. 67–86.

Koritansky, J. C., Alexis de Tocqueville, in: Lipset, S. M. (Ed.), The Encyclopedia of Democracy, Bd. IV, London, 1995, S. 1264–1268.

Lively, J., The Social and Political Thought of Alexis de Tocqueville, Oxford 1962.

Mill, J. St., M. de Tocqueville on Democracy in America, in: Williams, G. L. (Ed.), John Stuart Mill on Politics and Society, Glasgow 1985 (E. A. 1840), S. 186–247.

Mill, J. St., Autobiography, London 1989 (Erstausgabe 1873).

Offe, C., Selbstbetrachtung aus der Ferne. Tocqueville, Weber und Adorno in den Vereinigten Staaten, Frankfurt/M. 2004.

Pierson, G. W., Tocqueville in America, Baltimore – London 1996 (Erstausgabe 1938).

Pope, W., Alexis de Tocqueville. His Social and Political Theory, Beverly Hills u. a., 1986.

Richter, M., Comparative Political Analysis in Montesquieu and Tocqueville, in: Comparative Politics 1 (1969), Nr. 1, S. 129–160.

Schmidt, M. G., Demokratietheorien, Opladen, 3. Aufl. 2000.

Siedentop, L., Tocqueville, Oxford, 1994.

Smith, R. M., Beyond Tocqueville, Myrdal and Hertz: The Multiple Traditions in America, in: American Political Science Review 87 (1993), S. 549–566.

Welch, C. B., De Tocqueville, Oxford 2001.

Zunz, O./Kahan, A. S., Introduction, in: Zunz, O./Kahan, A.S (Eds.), The Tocqueville Reader. A Life in Letters and Politics, Oxford – Malden 2002, S. 1–32.

Anmerkungen

1 Koritansky, J. C., Alexis de Tocqueville, in: Lipset, S. M. (Ed.), Encyclopaedia of Democracy, Bd. IV, London 1995, S. 1264–1268, Zitat S. 1264.

2 The New Encyclopaedia Britannica, Bd. 11, 15. Auflage Chicago u. a. 1985, S. 815–816, Zitat S. 815 (Übersetzung des Verfassers).

3 Koritansky, Tocqueville, S. 1264.

4 Mill, J. St., Autobiography, London 1989 (1873), S. 149 (Übersetzung des Verfassers).

5 Mill, Autobiography, S. 149 (Übersetzung des Verfassers).

6 Tocqueville, A. de, Über die Demokratie in Amerika, München 1976, S. 5.

7 Kahan, A. S., Aristocratic Liberalism. The Social and Political Thought of Jacob Burckhardt, John Stuart Mill, and Alexis de Tocqueville, New York 1992. Zum Kern des aristokratischen Liberalismus gehört neben dem Streben nach Freiheit, Mündigkeit und Selbstverantwortlichkeit auch die Akzeptanz politischer Freiheit für die vielen einerseits und die Distanz zum materialistischen Gewinnstreben des Bürgertums andererseits.

8 Jardin, A., Alexis de Tocqueville. Leben und Werk, Frankfurt/M. – New York 1991, S. 177.

9 Ebd., S. 247–248.

10 Unveröffentlichter Brief, Archiv Tocqueville, Akte 5, zitiert nach Jardin, Tocqueville 1991, S. 249.

11 So die zugegebenermaßen freie Übersetzung der Worte eines Bewunderers der «historischen Methode» Tocquevilles (Gannett, R. T., Tocqueville Unveiled, Chicago – London 2003, S. 4 f.). Im Original heißen die Merkmale

«historical understanding, novel research, artistic balance of facts and ideals, and political persuasion».

12 Craiutu, A., Tocqueville and the Political Thought of the French Doctrinaires (Guizot, Royer-Collard, Rémusat), in: History of Political Thought 20 (1999), Nr. 3, S. 456–493.

13 Tocqueville zitiert nach Jardin, Tocqueville, 1991, S. 246.

14 Die Formulierung stammt von A. Jardin, Tocqueville, 1991, S. 243.

15 Jardin, Tocqueville, 1991, S. 243.

16 Kalberg, S., Tocqueville und Weber. Zu den soziologischen Ursprüngen der Staatsbürgerschaft – die politische Kultur der amerikanischen Demokratie, in: Soziale Welt 51 (2000), S. 67–86, Offe, C. Selbstbetrachtung aus der Ferne, Frankfurt/M. 2004.

17 Schmidt, M. G., Demokratietheorien, Opladen 3. Aufl. 2000. S. 127–147, 509–550.

18 Kahan, A. S., Aristocratic Liberalismus.

Eckart Pankoke

Lorenz von Stein (1815–1890)

I. Leben

Der aus dem Norden Deutschlands stammende und nach Österreich verschlagene Staatswissenschaftler Lorenz von Stein war der intellektuelle Wegbereiter des deutschen Sozialstaates und schlug die Brücke zwischen der älteren kameralistischen Policeywissenschaft und der modernen sozialwissenschaftlichen Verwaltungslehre. Er wurde am 15. November 1815 geboren – im selben Jahr wie Otto von Bismarck und drei Jahre vor Karl Marx – und verstand sich und seine Generation als «zwischen den Zeiten».[1]

Biographisch spiegelt Lorenz Steins (er wurde 1868 geadelt) bewegtes Leben die Spannungen und Bewegungen des europäischen Revolutionszeitalters. Er erblickte das Licht der Welt in Eckernförde im Herzogtum Schleswig, damals der dänischen Krone durch Personalunion verbunden. Durch seine – im herrschenden Standesdenken «unehrliche» – Geburt als Sohn des dänischen Offiziers und Freiherrn Lorentz Jacob von Wasmer und der Witwe Anna Stein wuchs er am Rand der Gesellschaft auf, angewiesen auf öffentliche Erziehung, Unterstützung und Anerkennung. Als Stipendiat des dänischen Königs studierte er an der Kieler Landesuniversität Staats- und Rechtswissenschaft, im Anschluß daran besuchte er 1837 die Universität Jena zu geschichtlichen und philosophischen Studien. Nach Steins erstem juristischen Staatsexamen 1839 und im folgenden Jahr der Promotion zum Doktor der Jurisprudenz in Kiel setzte er sich, versehen mit einem Reisestipendium des dänischen Königs, an der Berliner Universität mit der Hegelschen Rechtsphilosophie und ihrer junghegelianischen Schule auseinander, zu der er auch über seine Mitarbeit in den vormals *Hallischen* und später *Deutschen Jahrbüchern* Verbindung fand.

Danach ermöglichte ein erneutes Reisestipendium seines Königs einen längeren Aufenthalt in Paris. In der Hauptstadt der Revolution faszinieren Stein Ideologie und Organisation der «socialen Bewegungen». Sein Sozialismusreport von 1842, *Der Sozialismus und Kommunismus des heutigen Frankreichs,* wurde zwar gleich nach Erscheinen der Kollaboration mit den politisch und auch polizeilich herrschenden Mächten verdächtigt.[2] Doch ging es Stein dabei wohl weniger um geheimpolizeiliche Denunziation als um eine sozialwissenschaftliche Diagnose von Trends und Strukturen. Seine Warnung vor gesellschaftlicher Polarisierung verband sich mit der Empfehlung, im Sinne gesellschaftspolitischer und verwaltungsstaatlicher Gegensteuerung politisch aktiv zu werden.[3]

Nachdem Stein an der Universität Kiel 1843 habilitiert und 1846 zum außerordentlichen Professor der Staatswissenschaften und des öffentlichen Rechts ernannt worden war, verdiente er seinen Lebensunterhalt zunächst durch publizistisches Engagement in den politischen Diskursen des deutschen Vormärz. 1848 reist Stein im Auftrag der Frankfurter Nationalversammlung als «wissenschaftlicher Beobachter» der revolutionären Ereignisse erneut nach Paris. Als Augenzeuge der Pariser Februarrevolution erkannte er die epochale Wende in der Geschichte der sozialen Bewegung: den Umschlag von einer politischen Emanzipationsbewegung in den Bürgerkrieg der industriellen Klassen – und damit die «Trennung der socialen Republik von der demokratischen». Steins Eintreten für die Eingliederung Schleswig-Holsteins in einen deutschen Verfassungsstaat führte jedoch 1852 zu seiner Entlassung aus der noch dem dänischen König unterstehenden Kieler Universität. Nach dem – wohl auch politisch bedingten – Scheitern seiner Bewerbungen um eine Professur im preußischen Königsberg wie im bayerischen Würzburg wurde er 1855 auf den Wiener Lehrstuhl für Staatswissenschaft und Nationalökonomie berufen. Von nun an engagierte er sich in der politik- und staatswissenschaftlichen Begleitung der verfassungs- und verwaltungspolitischen Entwicklung. Steins wissenschaftliche Leistung wurde 1868 in Österreich durch die Erhebung in den erblichen Ritterstand gewürdigt. Obwohl er immer wieder zu *Gegenwart und Zukunft der Rechts- und Staatswissenschaften in Deutschland* (1876) Stellung nahm und seine internationale Resonanz bis in das sich modernisierende Japan reichte, konnte Lorenz von Stein bis zu seinem Tode – am 23. September 1890 in Weidlingen bei Wien – die politischen Entwicklungen der deutschen Reichsgründung und seiner Sozialgesetze nur noch aus der Ferne beobachten.

2. Werk

Der junge Lorenz Stein gewann schon früh öffentliche Aufmerksamkeit durch seine zeitgeschichtlichen, politik- und gesellschaftstheoretischen Analysen der «sozialen Bewegungen». Als Beobachter im «Labyrinth der Bewegung» erklärte er diese «Bewegung» zur Grundfigur zeitgeschichtlicher Dynamik. Steins zeitgeschichtliches Interesse für die Potentiale und Probleme der sozialen Bewegung verband sich mit einem praktischen Engagement für die politische Steuerung gesellschaftlicher Entwicklung durch eine «Verwaltung der sozialen Reform». Für seine spätere Theorie der sozialen und politischen Verwaltung richtungsweisend wurden seine Studien zur Systematik der Staatswissenschaften und deren Umsetzung in die Fachlichkeit der politisch-administrativen Eliten. Doch schon einen frühen Beleg für diese Verbindung von Politik, Verwaltung und Wissenschaft stellt die von Stein nach seiner Habilitation für Staatswissenschaften an der Universität Kiel 1844 vorgelegte Denkschrift *Zur Nothwendigkeit der staatswissenschaftlichen Vorbildung auf der Landeshochschule* dar. Darin forderte er eine neue «Wissenschaft und Lehre der Verwaltung».[4]

Steins höchst aktuelle und tiefsinnige Auseinandersetzung mit den sozialen Bewegungen des Sozialismus und Kommunismus fand ihren ersten publizistischen Niederschlag in seiner viel beachteten Studie von 1842: *Der Socialismus und Communismus des heutigen Frankreichs. Ein Beitrag zur Zeitgeschichte.* Im Brennpunkt seiner staats- und zunehmend gesellschaftswissenschaftlichen Interessen finden sich die Gedanken der frühsozialistischen Denker Saint-Simon, Fourier und Proudhon. Durch Vermittlung ihrer «sozialen Ideen» hat Stein neben Karl Marx richtungsweisend zur öffentlichen Auseinandersetzung mit der sozialen Bewegung in Deutschland beigetragen. Seine im Revolutionsjahr 1848 unter dem Titel *Die socialen Bewegungen der Gegenwart* präsentierte aktuelle Bilanz wurde schon während der Drucklegung, wie ein eilig formuliertes Nachwort registrierte, von der Turbulenz der sich überschlagenden Ereignisse überholt.[5] Den politikwissenschaftlichen Ertrag von Steins Beschäftigung mit den revolutionären Ereignissen in Frankreich, ihren frühsozialistischen Ideologen und den für Deutschland zu folgernden Lehren präsentiert seine 1850 erschienene dreibändige *Geschichte der sozialen Bewegung in Frankreich von 1789 bis auf unsere Tage.*[6]

Mit Karl Marx teilte Lorenz Stein das kritische Problembewußtsein von den sich verschärfenden Krisen der industriellen Klassenspaltung. Doch in ihren politischen Folgerungen aus dieser gesellschaftlichen Analyse gingen die beiden weit auseinander: Während Marx den Klassenstaat durch eine totale Revolution in die «große Assoziation» zu überführen suchte, erwartete Stein die Lösung der «sozialen Frage» von einem neuen Mandat des Staates zu «sozialer Reform». Dies würde gelingen, wenn sich eine neue «Selbständigkeit der Staatsgewalt» aus den Einseitigkeiten des herrschenden Kapitals, aber auch des beherrschten Proletariats zur sozialstaatlichen Souveränität befreien würde. Für die Zukunft der gesellschaftlichen und politischen Entwicklung in Deutschland war nach Steins Auffassung aus der *Geschichte der sozialen Bewegung in Frankreich* zu lernen: Im Kontrast zur cäsaristischen Diktatur Napoleons III. setzte er auf einen «deutschen Weg» der Institutionalisierung sozialstaatlicher Souveränität gegenüber den Interessen der Gesellschaft: «Mitten aus dem Kampfe der Gesellschaft tritt wieder die Staatsidee hervor, sich ablösend von der Herrschaft der einzelnen Gesellschaftsklassen, in sich selbst gegründet, durch sich selbst herrschend».[7]

Dabei galt es die «über den Interessen» stehende Objektivität der Wissenschaft auf die klassenübergreifende Souveränität sozialstaatlicher Gestaltung und Steuerung zu übertragen. Schon in Steins richtungweisender Frühschrift über den *Begriff der Arbeit* von 1844 heißt es: «So führt auch die Wissenschaft der Gesellschaft notwendig dahin, die [...] Veredelung der Gesellschaft zu einer selbständigen Aufgabe des Staates zu machen».[8] Als Staats- und Gesellschaftswissenschaftler suchte Stein seinen Standpunkt der Gesellschaftsbeobachtung und Politikberatung bewußt «über» den Bewegungen.

Einen entsprechend übergreifenden Standpunkt empfahl er auch für den modernen Sozialstaat. Das Verfassungsideal der konstitutionellen Monarchie war nun sozialstaatlich auszugestalten – im Sinne des Programms eines «Königtums der sozialen Reform» oder auch einer «sozialen Republik des gegenseitigen Interesses». Wenn er dabei den «Staat» als «Persönlichkeit» beschrieb, ging es ihm weniger um das «monarchische Prinzip» im Sinne Friedrich Julius Stahls als um die Konstruktion institutioneller Autonomie. Der Hegelianer Stein ging davon aus, daß der Staat als die Verkörperung der sittlichen Ideen dazu berufen sei, seine Unabhängigkeit zu bewahren, Garant der Freiheit gegenüber der gesellschaftlichen Unfreiheit zu sein und als Schlichter und Moderator in den gesellschaftlichen Konflikten zu wirken. Als eine «über» den Bewegungsparteien stehende Praxis forderte Stein die «Verwaltung der sozialen Reform». Später in seiner zehnbändigen *Verwaltungslehre* beschrieb Stein die Transformation der Staatsbürokratie in ein «System sozialer Verwaltung», das den «für seine gesellschaftliche Entwicklung arbeitenden Staat» verwirklichen sollte.[9]

Doch seine Erwartung eines deutschen Weges der Überführung «sozialer Bewegung» in einen «arbeitenden Staat» sah Stein zu seinen Lebzeiten zunehmend enttäuscht. Hinzu kam die bittere Erfahrung, daß sich an deutschen Universitäten für eine moderne gesellschaftswissenschaftliche Reflexion sozialer und politischer Praxis kein Klima bot. Stein gehörte neben Robert Mohl und Wilhelm Heinrich Riehl zu jenen deutschen Gelehrten, die um die Mitte des 19. Jahrhunderts in Konsequenz der offen-sichtlichen Trennung von Staat als Herrschaftsorganisation und Gesell-schaft als Verband wirtschaftender Individuen eine eigenständige Wis-senschaft von der Gesellschaft oder Gesellschaftswissenschaft, heute würden wir sagen: Soziologie, forderten. Doch damals wurde in Deutsch-land, im Gegensatz zu Frankreich, die Einführung der Wissenschaft von der Gesellschaft durch den Widerspruch der Staatsideologen, an der Spitze der borussische Historiker und Politiklehrer Heinrich von Treit-schke,[10] noch verhindert; sie gelang erst zu Beginn des 20. Jahrhunderts den Gründungsvätern der deutschen Soziologie um Ferdinand Tönnies, Georg Simmel und vor allem Max Weber.

Nach seiner Berufung auf den Wiener Lehrstuhl 1855 konzentrierte sich Steins wissenschaftliches Arbeiten vor allem auf die Pragmatik der *Verwaltungslehre*. Er knüpfte dabei an die traditionsreichen «Politischen Wissenschaften» des 17. und 18. Jahrhunderts, insbesondere an die Poli-cey- und Cameralwissenschaften als die «Gebrauchswissenschaften des frühneuzeitlichen Territorialstaates» (Hans Maier) an, suchte ihre aus-ufernde Vielfalt im Hegelschen Sinne aufzuheben, alle Gebiete der staat-lichen Verwaltungstätigkeit zu synthetisieren und auf den Begriff zu bringen.[11] Im Mittelpunkt standen für Stein dabei die Policy-Felder des «arbeitenden Staates» wie Bildungsverwaltung, Gesundheitswesen, Pflegschaftswesen, Verkehrswesen und wirtschaftliche Verwaltung in ihrer politischen Dynamik. Zudem würdigte Lorenz von Stein in einem eigenen Band über *Das Vereinswesen*[12] die durch Selbstverwaltung und Ehrenamt geprägten neuen Assoziations- und Organisationsformen bür-gerlicher Autonomie (wie Vereine, Stiftungen, Genossenschaften). Dabei entwickelte er das Selbstverwaltungsideal der bürgerlichen Moderne steuerungstheoretisch weiter. Die Aktivitäten im Wechselspiel von politi-scher Macht und gesellschaftlichen Kräften beschrieb er mit der für ihn zentralen Kategorie der «Arbeit»; entsprechend konnte er «die Verwal-tung als arbeitenden Staat» definieren.[13]

Für Lorenz von Stein war das Verhältnis von Staat und Gesellschaft neu zu bestimmen: «So nun scheiden sich die Gesellschaft und der Staat. Die Gesellschaft ist derjenige Organismus unter den Menschen, der durch das Interesse erzeugt wird, dessen Zweck die höchste Entwicklung des Einzelnen ist, dessen Auflösung aber dadurch erfolgt, daß in ihm jedes Sonderinteresse sich das Interesse aller Anderen mit allen Mitteln unter-wirft. Der Staat dagegen ist als selbständige Persönlichkeit von dem Wil-len und den Interessen der einzelnen unabhängig und da er die Einheit aller in seiner Persönlichkeit umfaßt, so ist es klar, daß die Interessen jedes Einzelnen, mithin auch die Interessen desjenigen, der durch den Gegensatz der anderen Interessen bedroht ist, zugleich die Seinigen sind».[14]

Die personalistische Konstruktion des modernen Sozialstaats durch Stein ist also nicht zu reduzieren auf ein «monarchisches Prinzip», wenngleich seine Formel vom «Königtum der sozialen Reform» solche Lesarten nahelegt. Der Begriff des «Königtums» ist aber nicht auf die Person eines Monarchen zu beziehen, sondern meint die institutionelle Führung. Diese beansprucht Lorenz von Stein für die soziale Selbstbestimmtheit und die politische Selbststeuerung im Wechselspiel von «arbeitendem Staat» und «aktiver Gesellschaft».

3. Wirkung

Steins zeitgeschichtliche Beschreibungen des revolutionären Frankreich trugen entscheidend dazu bei, die sozialen und politischen Ideen der «sozialen Bewegungen» auch nach Deutschland zu vermitteln. Für Stein sollte Deutschland auf dem Wege staatlicher und gesellschaftlicher Modernisierung aus den in Westeuropa weiter entwickelten Problemen und Potentialen «lernen» können. So wurde er ein Vorläufer und Inspirator jener Nationalökonomen wie Johann Karl Rodbertus, Hermann Wagener, Adolph Wagner und Gustav Schmoller, die 1872 den «Verein für Socialpolitik» gründeten und in der Tradition von Lorenz von Steins «Königtum der sozialen Reform» für das wirtschafts- und sozialpolitische Engagement der Wissenschaft und des Staates eintraten und für die sich der zunächst pejorativ gemeinte Begriff der «Kathedersozialisten» einbürgerte.[15] Wir wissen, daß über Hermann Wagener 1864 der soeben zum preußischen Ministerpräsidenten ernannte Otto von Bismarck mit Steins Konzeption des sozialen Königtums vertraut wurde.[16] So haben Steins Gedanken auf die sozialpolitischen Reformen eingewirkt, mit denen zwei Jahrzehnte später das Deutsche Reich unter seinem Kanzler Bismarck der aufsteigenden Sozialdemokratie den Wind aus den Segeln nehmen wollte; doch ging die Einführung der Sozialversicherung mit ihren drei Säulen der Krankenversicherung, der Unfallversicherung und der Altersversicherung (und nach Bismarcks Abtritt der Arbeitslosenversicherung) längst nicht so weit wie Lorenz von Steins sozialreformerischer Vorschlag, der der arbeitenden Klasse sogar den Besitz von Kapital ermöglichen wollte.

Ferne Auswirkung fanden Steins gesellschaftstheoretische Analysen bei der politischen Modernisierung in Japan. Im Sinne der «Öffnung» dieses Landes – auch gefördert durch eine österreichisch-japanische Bündnispolitik – «pilgerten» viele japanische Politiker, Diplomaten und

Wissenschaftler um 1880 nach Wien, um dort zu lernen. Zu den «Schülern» Steins zählt auch der Vater der japanischen Verfassung und spätere Premierminister Hirobumi Ito. Das besondere Interesse der japanischen Reformelite richtete sich auf Lorenz von Steins Konzept eines konstitutionellen «Königtums der sozialen Reform». So wurden Steins Werke, wie auch dessen Kommentar des japanischen Verfassungsentwurfes, in Japan übersetzt und diskutiert.[17]

In Deutschland entwickelte sich aus dem Denken Lorenz von Steins immer wieder die Aktualität kritischer Impulse. So bei Carl Schmitt, der 1940 Steins Aufsatz von 1852 zur *Preußischen Verfassungsfrage* neu publik machte – wohl weniger als Anbiederung an den totalen Staat des Nationalsozialismus, eher als Rückbezug auf Steins Kritik der «zentralistischen und cäsaristischen Scheinerfolge Napoleons III», um den sich in Frankreich formierenden «Widerstandes gegen Cäsarismus und Zentralismus» zu verstehen.[18]

Auch in seinen wissenschaftlichen Prämissen und Perspektiven blieb Stein «zwischen den Zeiten»: Seine kritische Distanz zu den Ideologien des Revolutionszeitalters und dessen sozialen Bewegungen verband sich noch mit hegelianisch geprägtem Idealismus. Dies trennt ihn von späteren «Entzauberungen» durch einen modernen Positivismus und methodischen Rationalismus, in dessen Paradigmen spätere Sozial- und Politikwissenschaftler die «Objektivität» ihrer Wissenschaft postulierten. Für Stein galt es vielmehr, «die Vermittlung aufrecht zu erhalten zwischen einer philosophischen Vergangenheit, der er selbst nicht mehr angehörte, und einer Zukunft, die er nicht mehr erlebte. Diese einsame Brückenstellung hat er, im Bewußtsein der Einsamkeit, tapfer gehalten».[19]

Umstritten bleibt gewiß Steins Anspruch auf das praktische Mandat des Wissenschaftlers, aus der gesellschaftswissenschaftlichen Beobachtung sozialer Bewegung deren Beherrschung durch soziale Verwaltung abzuleiten und so zwischen Staat und Gesellschaft, Gegenwart und Zukunft den ‹Mittler› zu stellen. Gegen alle Versuchung, sich der Zukunft durch Projektion und Prognose bemächtigen zu wollen, hat allerdings Stein selbst den Aufklärungsanspruch der Wissenschaft dahingehend abgeklärt, daß Zukunft nicht vorzuschreiben und zu beherrschen sei, sondern der Beruf der Wissenschaft in der Beschränkung liege, nur das gegenwärtig Erfahrbare erklären zu können und daraus dann die Erwartungen an die Zukunft offen zu lassen. Vielmehr wäre die Politik gefordert, die Gestaltung der Zukunft selbst entscheiden, planen und verantworten zu müssen.

Während Max Weber die Kommunikationssysteme von *Wissenschaft als Beruf* und *Politik als Beruf* strikt getrennt sah, wollte Lorenz von Stein die Wirksamkeit des «*arbeitenden Staates*» auf die praktische Relevanz politischer Wissenschaft gründen. In seinem 1876 erschienenen Beitrag zu *Gegenwart und Zukunft der Rechts- und Staatswissenschaften* zielte Stein auf die Institutionalisierung des öffentlichen Handelns in Politik und Verwaltung, Verein und Verband als «Beruf». Kriterium der höheren beruflichen Bildung war dabei die Kompetenz wissenschaftlicher Selbstbeobachtung und Selbststeuerung. Im Horizont einer gesellschaftswissenschaftlich aufgeklärten *Verwaltungslehre* war die politische Beobachtung der unterschiedlichen gesellschaftlichen Interessen und ihrer Bewegung «zu einem System [zu] machen».[20]

Die im Bewußtsein gesellschaftlicher Bewegung und geschichtlicher Entwicklung geforderte Wechselwirkung von Theorie und Praxis sollte nach Stein auch für die Methodik und Didaktik der verwaltungswissenschaftlichen Berufsbildung Konsequenzen haben. Es ging ihm nicht darum, fertiges Wissen festzuschreiben, sondern für die Dynamik und Dialektik geschichtlicher Prozesse Lernprozesse offen zu halten: So «wird die höhere Berufsbildung [...] aus den gegebenen zugleich lebendig sich entwickelnde Tatsachen machen. [...] Sie muß [...] den Schüler nötigen, mehr zu denken [...]; sie muß ihm selbst das Angelernte nur als zeitliche Gestalt ewiger Kräfte, also als etwas nicht zur absoluten Gültigkeit bestimmtes erscheinen lassen; statt für ihn zu arbeiten, muß sie mit ihm arbeiten. Und dadurch wird auch der Lernende ein ganz anderer werden».[21]

In dieser Zukunftsoffenheit von Forschung und Lehre erkannte Stein das entscheidende Potential einer staats- und gesellschaftswissenschaftlichen Professionalisierung der politischen und administrativen Praxis. «Dann erst kann ich [...] die Linien in das praktische Leben hineinziehen und von dem reden, was ich mir als die staatswissenschaftliche Fakultät (vorstelle) – die Fakultät der Wissenschaften des Lebens der Gemeinschaft – den wissenschaftlichen Organismus der Kräfte und Erscheinungen, die [...] alle Jahrhunderte beherrschten und beherrschen werden. Ich weiß, daß von allem dem, was ich sage, nichts fertig sein wird, aber würde ich sonst von der Zukunft in unserer Gegenwart reden dürfen?»[22]

In der bundesdeutschen Rezeption Lorenz von Steins konnte Niklas Luhmann in seinem frühen Diskurs zur Erneuerung einer gesellschaftstheoretisch reflektierten Verwaltungswissenschaft davon ausgehen, daß das in Steins Werk noch bewußt werdende «Schisma» zwischen normativer und analytischer Orientierung politischen Handelns heute neu zu bewerten sei: «Die Auseinandersetzung mit ihm (Lorenz von Stein) vermag das Theoriebewußtsein auf dem geforderten Niveau zu halten. In der Frage, wie dieses Problem gelöst werden kann, unterscheiden sich beide Vorschläge indes grundsätzlich. Lorenz von Stein löst es durch die Identifizierung von Wesen und Norm und kommt dadurch zu einer einfachen Theorie. Wir lösen es durch ein differenziertes Gefüge von Problemen, Problementscheidungen und Folgeprobleme und sind dazu gezwungen, eine sehr komplexe Theorie der Verwaltung auszuarbeiten».[23]

Während Stein das Wesen des Staates als Verwirklichung ideeller Werte identifizierte, beschreibt Luhmanns Systemtheorie die Verwaltung als Funktionssystem für problemzentriertes Entscheiden gegenüber komplexen und turbulenten «Umwelten»: «Lorenz von Stein unterscheidet Staat und Gesellschaft und definiert mit dieser Unterscheidung das Wesen des Staates. Wir unterscheiden System und Umwelt und definieren mit dieser Unterscheidung die Probleme, die ein Verwaltungssystem zu lösen hat».[24] Lorenz von Stein «ist und bleibt» für Luhmann damit weniger auf Grund seiner im Zeitgeist befangenen Programmatik als im Hinblick auf seine Reflexion der institutionellen Problematik einer politischen Steuerung komplexer Gesellschaften der «adäquate Gesprächspartner».[25]

Mit seinem Werk und seiner Wissenschaftssystematik stand der Hegelianer Lorenz von Stein in der Tradition der Einheit der Staatswissenschaften, die in der zweiten Hälfte des 18. Jahrhunderts und der ersten Hälfte des 19. Jahrhunderts ihren Höhepunkt erlebte, sich danach aber auflöste. Gleichzeitig nahm Lorenz von Stein die Einheit der Sozialwissenschaften vorweg, um die noch das ganze 20. Jahrhundert bis auf den heutigen Tag gerungen wird. So war Lorenz von Stein auch in wissenschaftsgeschichtlicher Hinsicht «zwischen den Zeiten»: In seiner eigenen Zeit wurde seine Größe kaum zur Kenntnis genommen – doch dieses Schicksal teilt er mit vielen anderen Klassikern.

Literatur

1. Werke

Stein, L., Der Socialismus und Communismus des heutigen Frankreichs. Ein Beitrag zur Zeitgeschichte, Leipzig 1842.
Stein, L., Blicke auf den Socialismus und Communismus in Deutschland, und ihre Zukunft, in: Deutsche Vierteljahrs Schrift (1844), Heft 2, S. 1–61. (Nachdruck hg. von E. Pankoke, Darmstadt 1974).
Stein, L., Der Begriff der Arbeit und die Principien des Arbeitslohnes in ihrem Verhältnis zum Socialismus und Communismus, in Deutschland und ihre Zukunft,

in: Zeitschrift für die gesamte Staatswissenschaft 3 (1846), S. 233–290. (Nachdruck hg. von E. Pankoke, Darmstadt 1974).

Stein, L., Geschichte der sozialen Bewegung in Frankreich von 1789 bis auf unsere Tage, 3 Bde., Leipzig 1850; Neuausgabe hg. von G. Salomon, München 1921, Neudruck Darmstadt 1959.

Stein, L., Der Socialismus in Deutschland, in: Die Gegenwart 7 (1852), S. 517–563; Nachdruck hg. von E. Pankoke, Lorenz von Stein. Schriften zum Sozialismus 1848–1852–1854, Darmstadt 1974, S. 16–62.

Stein, L., System der Staatswissenschaft. Erster Band: System der Statistik, der Populationistik und der Volkswirthschaftslehre, Stuttgart und Tübingen 1852; Reprint Osnabrück 1964.

Stein, L., Gesellschaftslehre. 1. Abt. Der Begriff der Gesellschaft und die Lehre von den Gesellschaftsklassen, Stuttgart und Augsburg 1856; Reprint Osnabrück 1964.

Stein, L., Gesellschaftslehre, hg. von E. Pankoke (Bibliothek der Geschichte und Politik, Bd. 19), Frankfurt/M. 1991.

Stein, L., Die Verwaltungslehre, 10 Bände, Stuttgart 1865–1884; Nachdruck: Aalen 1962.

Stein, L. von, Gegenwart und Zukunft der Rechts- und Staatswissenschaften Deutschlands, Stuttgart 1876; Neudruck in: Forsthoff, E. (Hg.), Lorenz von Stein, Gesellschaft – Staat – Recht, Frankfurt/M. u. a. 1972, S. 147–494.

Stein, L. von, Die Frau auf dem socialem Gebiet, Stuttgart 1880.

2. Bibliographie

Mundig, M., Bibliographie der Werke Lorenz von Steins und der Sekundärliteratur, in: Schnur, R. (Hg.), Staat und Gesellschaft. Studien über Lorenz von Stein, Berlin 1978, S. 561–625.

3. Biographie

Schmidt, W., Lorenz von Stein. Ein Beitrag zur Biographie, zur Geschichte Schleswig-Holsteins und zur Geistesgeschichte des 19. Jahrhunderts, Eckernförde 1956.

4. Darstellungen

Blasius, D., Lorenz von Steins Lehre vom Königtum der sozialen Reform und ihre verfassungspolitischen Grundlagen, in: Der Staat 10 (1971), S. 33–51.

Blasius, D./Pankoke, E., Lorenz von Stein. Geschichts- und gesellschaftswissenschaftliche Perspektiven, Darmstadt 1977.

Blasius, D., Zeitdiagnose. Carl Schmitt und Lorenz von Stein, in: Depper, Th./Göbel, A./Nokielski, H. (Hg.), Sozialer Wandel und kulturelle Innovationen (Festschrift Eckart Pankoke), Berlin 2004, S. 71–83.

Böckenförde, E. W., Lorenz v. Stein als Theoretiker der Bewegung von Staat und Gesellschaft zum Sozialstaat, in: Alteuropa und die moderne Gesellschaft (Festschrift Otto Brunner), Göttingen 1963, S. 248–277.

Forsthoff, E. (Hg.), Lorenz von Stein: Gesellschaft – Staat – Recht. (Mit Beiträgen von D. Blasius, E. W. Böckenförde, E. R. Huber), Frankfurt/M. 1972.

Hahn, M., Bürgerlicher Optimismus im Niedergang. Studien zu Lorenz Stein und Hegel, München 1969.

Koselleck, R., Geschichtliche Prognose im Werk Lorenz von Steins Schrift zur Preußischen Verfassungsfrage, in: Der Staat 4 (1965), S. 469–481.

Koslowski, St., Die Geburt des Sozialstaats aus dem Geist des deutschen Idealismus. Person und Gemeinschaft bei Lorenz von Stein, Weinheim 1989.

Lahmer, G., Lorenz von Stein. Zur Konstitution des bürgerlichen Bildungswesens, Frankfurt/M. u. a. 1982.

Luhmann, N., Theorie der Verwaltungswissenschaft. Bestandsaufnahme und Entwurf, Köln-Berlin 1966.

Maier, H., Die ältere deutsche Staats- und Verwaltungslehre (Polizeiwissenschaft). Ein Beitrag zur Geschichte der politischen Wissenschaft in Deutschland, Neuwied 1966; 2. Aufl. München 1980.

Pankoke, E., Sociale Frage – Sociale Bewegung – Sociale Politik. Grundfragen der deutschen ‹Socialwissenschaft› im 19. Jahrhundert, Stuttgart 1971.

Pankoke, E., (Hg.), Vorwort zum Nachdruck: Lorenz v. Stein, Schriften zum Sozialismus 1848–1852–1854, Darmstadt 1974.

Pankoke, E., Soziale Politik als Problem öffentlicher Verwaltung. Zu Lorenz von Steins gesellschaftswissenschaftlicher Programmierung des «arbeitenden Staates», in: Schnur, R. (Hg.), Staat und Gesellschaft. Studien über Lorenz von Stein, Berlin 1978, S. 405–418.

Quesel, C., Soziologie und soziale Frage. Lorenz von Stein und die Gesellschaftswissenschaften in Deutschland, Wiesbaden 1989.

Schiera, P., Laboratorium der bürgerlichen Welt. Deutsche Wissenschaft im 19. Jahrhundert, Frankfurt/M. 1992.

Schmitt, C.: Nachwort zu: L. v. Stein, Zur preußischen Verfassungsfrage [1852], Berlin 1940, S. 61–70.

Schnur, R. (Hg.), Staat und Gesellschaft. Studien über Lorenz von Stein, Berlin 1978.

Anmerkungen

1 Grundlegend zur Biographie: Schmidt, W., Lorenz von Stein, Eckernförde 1956. Vgl. auch Steins eigenen Lebenslauf, den er 1855 für die Bewerbung um die Wiener Professur verfaßte, abgedruckt in: Blasius, D./Pankoke, E. (Hg.), Lorenz von Stein. Geschichts- und gesellschaftswissenschaftliche Perspektiven, Darmstadt 1977, S. 181–187.

2 Später finden sich in den Akten des Preußischen Polizeiministeriums geheime Berichte Lorenz Steins zur Beobachtung und Bewertung der revolutionären Tendenzen. Zu seiner «Agententätigkeit» vgl. Blasius in: Blasius/Pankoke, Lorenz von Stein, S. 20–33.

3 Zum Verhältnis von politischer Analyse und geschichtlicher Prognose bei Stein vgl. Koselleck, R., Geschichtliche Prognose im Werk Lorenz von

Steins Schrift zur Preußischen Verfassungsfrage. in: Der Staat 4, (1965),
S. 469–481.

4 Stein, L., Die Nothwendigkeit einer staatswissenschaftlichen Vorbildung
auf der Landeshochschule, in: Neue Kieler Blätter 1 (1843), S. 291–311.
Siehe W. Bleek, Von der Kameralausbildung zum Juristenprivileg. Studium, Prüfung und Ausbildung der höheren Beamten des allgemeinen
Verwaltungsdienstes in Deutschland im 18. und 19. Jahrhundert. Berlin
1972, S. 254–261.

5 Stein, L., Die socialen Bewegungen der Gegenwart, in: Die Gegenwart.
1848, S. 79–93.

6 Stein, L., Geschichte der socialen Bewegung in Frankreich von 1789 bis
auf unsere Tage, 3 Bde., Leipzig 1850–1855, Neuausgabe hg. von G. Salomon, München 1921, Neudruck Darmstadt 1959.

7 Stein, Geschichte der sozialen Bewegung in Frankreich, Bd. 1, S. 130 f.

8 Stein, L., Der Begriff der Arbeit und die Principien des Arbeitslohnes in
ihrem Verhältnis zum Socialismus und Communismus, in Deutschland
und ihre Zukunft, in: Zeitschrift für die gesamte Staatswissenschaft 3
(1846), S. 233–290, hier S. 247.

9 Stein, L. von, Handbuch der Verwaltungslehre, Dritter Teil: Die Verwaltung und das gesellschaftliche Leben. Stuttgart 3. Auflage 1888, S. 255 f.

10 In dessen Leipziger Habilitationsschrift im Fach Staatswissenschaft: Heinrich von Treitschke: Die Gesellschaftswissenschaft. Ein kritischer Versuch, Leipzig 1859, Neudruck Darmstadt 1980.

11 Vgl. Maier, H., Die ältere deutsche Staats- und Verwaltungslehre (Polizeiwissenschaft). Ein Beitrag zur Geschichte der politischen Wissenschaft in
Deutschland, Neuwied- Berlin 1966 [2. Auflage München 1980].

12 Stein, L., Die Verwaltungslehre. Die vollziehende Gewalt. Dritter Theil:
Das System des Vereinswesens und des Vereinsrechts, Stuttgart 1869;
Neudruck Aalen 1962.

13 So die programmatische Kapitelüberschrift in: Stein, Handbuch der Verwaltungslehre, Erster Teil, S. 22 ff.

14 Stein, L., Gesellschaftslehre, Stuttgart und Augsburg 1856, S. 32.

15 Vgl. Schiera, P., Laboratorium der bürgerlichen Welt. Deutsche Wissenschaft im 19. Jahrhundert, Frankfurt/M. 1992, S. 174 ff.

16 Siehe Blasius, D., Lorenz von Steins Lehre vom Königtum der sozialen
Reform und ihre verfassungspolitischen Grundlagen, in: Der Staat, Bd. 10
(1971), S. 33–51, hier S. 32.

17 Die im Anhang von R. Schnur (Hg.), Studien über Lorenz von Stein von
Max Mundig erstellte umfangreiche Stein-Bibliographie verzeichnet Steins
Aufsätze zur japanischen Entwicklung wie auch ein breites Spektrum von
Übersetzungen und Studien zu Lorenz von Stein in japanischer Sprache.

18 Stein, L. von, Zur preußischen Verfassungsfrage [1852], hg. von Carl
Schmitt, Berlin 1940.

19 Schmitt, C., Nachwort, in: ebda., S. 65, vgl. Blasius 2004.

20 Stein, L. von, Gegenwart und Zukunft der Rechts- und Staatswissenschaften Deutschlands, Stuttgart 1876, hier zitiert nach dem Neudruck in: Forsthoff, E. (Hg.), Lorenz von Stein, Gesellschaft – Staat – Recht, Frankfurt/M. u. a. 1972, S. 147–494, S. 159.

21 Stein, Gegenwart und Zukunft der Rechts- und Staatswissenschaften, S. 150.

22 Stein, Gegenwart und Zukunft der Rechts- und Staatswissenschaften, S. 174.

23 Luhmann, N., Theorie der Verwaltungswissenschaft, Köln – Berlin 1966, S. 112.

24 Ebda.

25 Ebda. Anschlußmöglichkeiten politik- und verwaltungswissenschaftlicher Forschung an das Denken des Lorenz von Stein beanspruchen heute das Lorenz-von Stein-Institut für Verwaltungswissenschaften der Universität Kiel und die in den Sozialwissenschaften der Universität Mannheim verankerte «Lorenz-von-Stein-Gesellschaft».

Andreas Anter

Max Weber (1864–1920)

I. Leben

Max Weber gehört nicht nur zu den unbestrittenen Klassikern des politischen Denkens, sondern auch zu den wichtigsten Wegbereitern der Politikwissenschaft in Deutschland. Seine Positionen zu Staat und Legitimität, Macht und Herrschaft, Parlament und Regierung haben die spätere Diskussion zu diesen Themen nachhaltig geprägt. Weber, von Hause aus Jurist, lehrte auf nationalökonomischen Lehrstühlen, bevor er am Ende seines Lebens auf eine Professur für Gesellschaftswissenschaft berufen wurde. So reklamieren die verschiedensten Disziplinen ihn als einen «der ihren» – nicht nur die Soziologie, Jurisprudenz, Nationalökonomie und Geschichtswissenschaft. Weite Teile seines Werks gehören auch zur Politikwissenschaft, und viele seiner Schriften wie etwa *Politik als Beruf* wurden überdies zu ihren kanonischen Texten.

Weber wurde am 21. April 1864 in Erfurt als erstes von acht Kindern von Max Weber sen. und Helene Weber geboren. Er wuchs in einer großbürgerlich geprägten Familie auf, die 1869 nach Berlin umzog. Schon im Elternhaus kam er mit der Politik in enge Berührung, denn sein Vater war nationalliberaler Abgeordneter im Deutschen Reichstag und im Preußischen Abgeordnetenhaus. Auch wenn der junge Weber die politischen Präferenzen seines Vaters nur bedingt teilte, war diese politische Prägung von entscheidender Bedeutung. Er studierte Rechtswissenschaft, Geschichte, Nationalökonomie und Philosophie in Heidelberg und Berlin, promovierte 1889 mit einer rechts- und wirtschaftsgeschichtlichen Dissertation über Handelsgesellschaften im Mittelalter und begann danach mit den Vorbereitungen der Habilitationsschrift.

Schon als Doktorand schloß sich Max Weber einem Kreis jüngerer Nationalökonomen und Sozialpolitiker an, die eine verstärkte Staatstätigkeit auf sozialem Gebiet forderten. Weber engagierte sich im Evangelisch-sozialen Kongreß, trat 1888 in den Verein für Socialpolitik ein und übernahm die Auswertung der Enquete dieses Vereins über die Lage der Landarbeiter in Ostelbien. Nachdem er 1892 sich mit einer wirtschafts- und rechtsgeschichtlichen Arbeit über *Die römische Agrarge-*

schichte in ihrer Bedeutung für das Staats- und Privatrecht habilitierte, erhielt er bereits 1893 seinen ersten Ruf – auf einen Lehrstuhl für Nationalökonomie in Freiburg. In diesem Jahr heiratete er Marianne Schnitger (1870–1954), später eine der bedeutenden Frauenpolitikerinnen ihrer Zeit. In Freiburg hielt Weber seine vielbeachtete Antrittsrede *Der Nationalstaat und die Volkswirtschaftspolitik*, ein patriotisch grundiertes Plädoyer für eine entschlossene deutsche «Weltpolitik».

Der junge Weber, der sich in der Antrittsrede selbstbewußt als «Mitglied der bürgerlichen Klassen» bezeichnete,[1] stand politisch zwischen allen Fronten. Bei den Reichstagswahlen von 1890 hatte er noch die Konservativen gewählt und war 1893 dem Alldeutschen Verband beigetreten, den er aber schon wenige Jahre später wieder verließ. Er näherte sich den Linksliberalen, mit denen er demokratische Ideale teilte, jedoch den nationalen Standpunkt vermißte. Mit den Nationalliberalen hingegen teilte er die nationalen Ideale, vermißte bei ihnen aber das sozialpolitische Bewußtsein. 1897 wechselte Weber nach Heidelberg auf einen Lehrstuhl für Nationalökonomie und Finanzwissenschaften. Eine folgenschwere Zäsur markierte im folgenden Jahr der Beginn einer Nervenkrankheit, die zeitweise zu einem völligen Zusammenbruch führte und ihn schließlich zur Aufgabe seiner Professur zwang. Die anschließenden anderthalb Jahrzehnte waren von Sanatoriumsaufenthalten und Erholungsreisen geprägt, die zugleich Entziehungskuren von den starken Medikamenten waren, von denen er abhängig geworden war.

Zugleich aber fiel in diese Jahre der Beginn seiner umfangreichen wissenschaftstheoretischen Arbeiten wie auch der Studien über *Die protestantische Ethik und der Geist des Kapitalismus* (1904/05). Von der Lehrtätigkeit entbunden, entfaltete Weber ein um so größeres wissenschaftliches Engagement. 1909 nahm er die Herausgabe des *Grundrisses der Sozialökonomik* in Angriff, eines der größten Wissenschaftsprojekte der Zeit, aus dem später auch sein opus magnum *Wirtschaft und Gesellschaft* hervorging. Weber blieb weiterhin gesundheitlich angeschlagen. Dennoch wuchs der Umfang seiner eigenen Beiträge zum *Grundriß der Sozialökonomik* stetig an. Bis zum Ausbruch des Ersten Weltkriegs türmten sie sich zu einem Berg von über tausend Manuskriptseiten, ein Konvolut, das den Grundstock seiner Herrschafts-, Rechts- und Religionssoziologie enthielt, die Webers Weltgeltung begründeten.

Nach Kriegsausbruch kam Webers wissenschaftliche Arbeit zunächst zum völligen Erliegen: Er meldete sich als Kriegsfreiwilliger und wurde, weil nicht fronttauglich, mit der Leitung der Heidelberger Reservelazarettkommission beauftragt. Wie die übergroße Mehrheit seiner Zeitgenossen erfaßte ihn die Kriegsbegeisterung. Erst nachdem die ersten aus dem Freundes- und Verwandtenkreis fielen, mischten sich in die anfängliche Begeisterung dunklere Töne. Ab 1916 wandelte er sich zu einem scharfen Kriegsgegner und zog in zahlreichen Reden und Zeitungsbeiträgen gegen die Kriegsführung der Reichsregierung zu Felde, vor allem gegen den verschärften U-Boot-Krieg.

Weber avancierte in dieser Zeit zu einem der engagiertesten politischen Publizisten in Deutschland. In seinen Artikelserien in der *Frankfurter Zeitung* meldete er sich zu aktuellen kriegspolitischen Fragen wie auch zu verfassungspolitischen Fragen der künftigen deutschen Staatsform zu Wort. In der unmittelbaren Nachkriegszeit engagierte er sich selbst in der Politik, beteiligte sich nicht nur an den Beratungen zur Weimarer Reichsverfassung, sondern auch am Wahlkampf für die Deutsche Demokratische Partei, in die er 1918 eingetreten war. Weber war ein temperamentvoller politischer Redner, aber als Parteipolitiker blieb er ohne Fortune. Seine Kandidatur für die Nationalversammlung scheiterte. Inzwischen war er an die Universität zurückgegangen und hatte nach langer Abstinenz 1918 wieder eine Professur in Wien übernommen, im folgenden Jahr wechselte er auf einen Lehrstuhl für Gesellschaftswissenschaft in München. Dort starb er am 14. Juni 1920 an einer Lungenentzündung.

2. Werk

Für Webers politisches Denken sind vor allem drei Werkkontexte von Bedeutung: die Herrschaftssoziologie, die verfassungspolitischen Studien und *Politik als Beruf*. Sie gehören zwar zu den späteren Schriften, stehen jedoch in einer kontinuierlichen Entwicklungslinie. Webers Frühwerk steht noch ganz im Zeichen der Sozial- und Agrarpolitik. Die Auswertung der Enquete des Vereins für Socialpolitik über *Die Lage der Landarbeiter im ostelbischen Deutschland* (1892) läßt jedoch bereits die Grundzüge seines politischen Denkens erkennen, das stets auf die Staatsräson und die Nation gerichtet war. Weber, der eine Erosion der «Nationalität und Wehrkraft des deutschen Ostens» diagnostizierte,[2] stellte klar, daß er die Lage der Landarbeiter unter dem Gesichtspunkt der Staatsräson betrachtete. Hinter diesem Kriterium stand bei Weber wiederum das der Nation, dem er alle anderen Gesichtspunkte unterordnete. Bis hinein in die späten Schriften betonte er, daß er politische Fragen vor allem unter dem nationalen Gesichtspunkt sehe.[3] Diese Werthaltung ist in seinem Werk untrennbar mit einer demokratisch-liberalen verknüpft. Weber war ein engagierter Streiter für den parlamentarischen Verfassungsstaat und zählte die Demokratie zu seinen politischen Werten. Doch wenn er sich für demokratische Ziele stark machte, waren stets auch nationale Motive im Spiel.[4]

Als politisch werturteilsfreudiger Denker mischte Weber sich von Anfang an in die aktuellen Debatten seiner Zeit ein. Schon in seiner Freiburger Antrittsrede postulierte er, daß der «Wertmaßstab des deutschen volkswirtschaftlichen Theoretikers» ein *nationaler* sein müsse.[5] Später hat er in seiner Werturteilslehre einen ganz anderen Standpunkt vertreten, aber er wandelte sich keineswegs zu einem Verfechter der «Wertfreiheit». Schon Weber selbst hatte sich darüber beklagt, daß seine Werturteilslehre einem «unendlichen Mißverständnis» ausgesetzt sei.[6] Sie wurde in der Tat zumeist auf groteske Weise entstellt und in ihr genaues Gegenteil verkehrt. Allein das Wort «Objektivität» in der Abhandlung über *Die «Objektivität» sozialwissenschaftlicher und sozialpolitischer Erkenntnis* wirkte wie ein Reizwort, mit dem man unwillkürlich «Positivismus» assoziierte. Weber indes vertrat weder einen Positivismus noch eine naive Theorie der Wertfreiheit, sondern wies immer wieder auf die Wert*gebundenheit* jeder Wissenschaft hin. Da jeder wissenschaftlichen Arbeit zwangsläufig persönliche Weltanschauungen zugrundeliegen, gab es für Weber «*keine* schlechthin ‹objektive› wissenschaftliche Analyse»; seine Forderung bestand allein darin, daß der Wissenschaftler die eigenen Wertmaßstäbe offenzulegen habe.[7]

An diese Maxime hat er sich stets gehalten, so auch in seinem Vortrag *Politik als Beruf*, den er am 28. Januar 1919 in München vor Studenten hielt. Weber behandelte hier Grundfragen der politischen Theorie wie auch der politischen Ethik: Wie kann man Politik definieren? Welche Aufgaben haben die politischen Parteien? Was ist überhaupt ein Staat? Müssen Staaten gewaltsam handeln? Sind Ethik und Politik vereinbar? Weber hielt diesen Vortrag in den Revolutionswirren nach dem Ersten Weltkrieg, in einer Bürgerkriegslage, in der die Gewaltsamkeit an der Tagesordnung war. Gegen die pazifistische Sehnsucht seiner Zuhörer beharrte Weber illusionslos darauf, daß Politik in erster Linie Machtstreben sei.[8] Wer in der Politik Verantwortung übernehme, müsse notfalls bereit sein, vom Mittel der Gewalt Gebrauch zu machen. Weber glaubte nicht, daß Politik jemals vollständig gewaltfrei sein könne. Da der Staat sich durch das Monopol der legitimen physischen Gewalt auszeichne, welches Schutz und Sicherheit garantiere, müsse er in der Lage sein, jede nichtstaatliche Gewalt zu unterbinden. Das aber gehe nicht ohne die wirksame Androhung oder Anwendung von Gewalt.

Damit entsteht jedoch ein Problem, zumindest für denjenigen, der ethische Ansprüche an die Politik stellt. Denn es ist das Mittel der Gewaltsamkeit, das «die Besonderheit aller ethischen Probleme der Politik bedingt».[9] Um dieses Problem zu lösen, griff Weber zu einem terminologischen Schachzug, indem er die Unterscheidung von Gesinnungs- und Verantwortungsethik aufstellte. Er verstand die erste als eine absolute, konzessionslose Ethik, die sich allein an abstrakten Prinzipien (wie dem der Gewaltfreiheit) orientiert; letztere hingegen als eine pragmatische Ethik, die sich allein am *Erfolg* des Handelns ausrichtet. Der Gesinnungsethiker interessiere sich nur für die Reinheit seiner Überzeugung, selbst wenn sein Handeln nur dem Gegner zugute komme. Bei der Wahl dieses Begriffspaars war Webers eigene Präferenz allerdings nur zu deutlich zu erkennen. Gesinnungsethiker waren in seinen Augen nicht zur verantwortlichen politischen Führung geeignet. Eine gewaltverneinende Haltung sei letztlich eine staatsverneinende.

Dies spiegelt sich auch in seiner Definition des Staates als «politischer Anstaltsbetrieb», der über das «Monopol legitimen physischen Zwanges» verfüge.[10] Mit dieser Definition versuchte Weber ein Kernproblem der Staatstheorie zu lösen und das abstrakte Gebilde «Staat» auf einen Begriff zu bringen. Das entscheidende Kriterium, das den Staat von anderen Herrschaftsformen unterscheide, sei die erfolgreiche Monopolisierung der Gewalt. Weber kam aufgrund seiner historischen Studien zu dem Schluß, daß dies das einzige Kriterium sei, das allen staatlichen Formationen gemeinsam sei. Und da dieses Monopol erst in der Neuzeit entstand, war der «Staat» für Weber ein exakter historischer Begriff. Die Geschichte des modernen Staates war für ihn die Geschichte einer umfassenden Monopolisierung, die sich in der Gewaltausübung genauso vollzog wie in Verwaltung, Rechtsprechung und Rechtssetzung. Er sah sie als Ergebnis eines langen Prozesses, in welchem die lokalen Gewalthaber durch eine Zentralinstanz enteignet wurden. Demgegenüber hielt er die Vorstellung, daß der Staat auf irgendeine Art von «Vertrag» gegründet sein könne, für eine «reine Fiktion».[11]

Der zweite wichtige Aspekt, den Weber an der modernen Staatlichkeit hervorhob, war die Bürokratie. Sie sei die «Keimzelle» des modernen Staates, da dieser erst mit der Herausbildung der Bürokratie entstanden sei.[12] Er war davon überzeugt, daß der Staat «auf eine bürokratische Basis schlechthin angewiesen» sei, und daß die wirkliche Herrschaft «unvermeidlich in den Händen des Beamtentums» liege.[13] Welche Gefahr er in der Bürokratie erblickte, zeigt sich am deutlichsten in seiner Schrift *Parlament und Regierung im neugeordneten Deutschland*, die sich schon im Untertitel als *Kritik des Beamtentums* ankündigte. Auch in der *Herrschaftssoziologie* zeichnete er das Bild einer totalen Bürokratie als fast unzerbrechlicher Herrschaftsform. Webers Frage war, wie man ihre Macht überhaupt kontrollieren und begrenzen könne. In dieser Hinsicht setzte er alle Hoffnung auf das Parlament als Kontrollorgan und plädierte für eine «plebiszitäre Führerdemokratie», die die Bürokratie in Schach halten und eine parlamentarische Führerauslese sichern solle. Sein Vorbild war die englische Demokratie, die nicht nur große Führerpersonen hervorgebracht habe, sondern auch die Grundlage einer kraftvollen Weltpolitik bildete. Das Plebiszit aber war für Weber alles andere als ein Wert an sich. Generell bleib er gegenüber diesem Instrument äußerst skeptisch, da es nicht nur in entscheidenden Fragen eine Kompromißbildung verhindere, sondern auch «nach allen Erfahrungen ein durchaus *konservatives* politisches Mittel» sei.[14] Wie zwischen Staat und Bürokratie sah Weber auch zwischen dem Kapitalismus und der Bürokratie eine enge «soziologische Verwandtschaft».[15] Der Kapitalismus sei auf die Bürokratie schlicht angewiesen, da er eine Verwaltung benötige, die «*rational kalkuliert* werden kann, wie man die voraussichtliche Leistung einer *Maschine* kalkuliert».[16]

In Webers Herrschaftssoziologie wie auch im übrigen Werk erscheint der Staat in erster Linie als Herrschaftsverhältnis. Die Frage nach der Entstehung, den Erscheinungsformen und Wirkungen von Herrschaft ist eine der Grundfragen der Politikwissenschaft. Auch Max Weber hat sich zeitlebens mit ihr beschäftigt, am intensivsten in seiner *Herrschaftssoziologie*, die er im letzten Jahrzehnt seines Lebens in mehreren Anläufen entwickelte. Stand anfangs noch der Aspekt der Funktionsweise der Herrschaft im Mittelpunkt, so rückte später immer mehr die Frage ihrer Legitimität in den Vordergrund, also die Frage, wann, wie und warum eine Herrschaftsordnung anerkannt und befolgt wird. Damit machte er die Legitimität zu einer Schlüsselkategorie. Der Typus des Gehorchens wie auch der Charakter der Herrschaftsausübung unterscheidet sich nach der Art der Legitimitätsgeltung. Weber unterschied in dieser Hinsicht drei Typen: die *rational-legale* Herrschaft, welche auf dem Glauben an die Legalität der Ordnung beruht; die *traditionale* Herrschaft, die auf dem Glauben an die Geltung der Tradition der durch sie legitimierten Ordnung fußt; und die *charismatische* Herrschaft, welche auf dem Glauben an die Heiligkeit oder Heldenkraft der Person eines charismatischen Führers beruht.[17]

Weber ging es nicht darum, die vielfältigen Herrschaftsformen in ein Schema zu pressen. Er verstand sie vielmehr als Idealtypen, die nie in reiner Form auftreten, sondern immer nur in Mischformen. Die charismatische Herrschaft war für ihn ein Kind von außergewöhnlichen Situa-

tionen. Wenn sie allerdings wieder in die «Bahnen des Alltags» zurück-
flute, werde sie regelmäßig gebrochen. Insofern bleibe sie äußerst labil,
da sie stets der Gefahr der Traditionalisierung oder Legalisierung ausgesetzt sei und damit wieder auf einen der beiden anderen Typen zurückfal-
len würde.[18] An die Stelle des charismatischen Führers trete dann wieder
die unpersönlich-legale Herrschaft. Aber auch diese war für Weber nicht
das «Ende der Geschichte», denn sie sei steten Krisen ausgesetzt, die in
charismatische Revolutionen münden können. So beruht die Herrschaft
im modernen Staat zwar auf dem Glauben an die Legalität der Ordnung,[19] aber das heißt nicht, daß sie nicht durch einen charismatischen
Führer beiseite gefegt werden kann. Webers Diagnosen sind in der Geschichte des 20. Jahrhunderts vielfach bestätigt worden. Mit seiner Herr-
schaftslehre, die Generationen von Soziologen und Politikwissenschaftlern beschäftigt hat, legte er entscheidende Grundlagen für das heutige
Legitimitätsverständnis, und seine Typologie ist nach wie vor eines der
wichtigsten Modelle bei der Analyse von Herrschaftsordnungen unter-
schiedlichster Epochen und Kulturen.

Eine systematische politische Theorie hat Weber jedoch nicht entwickelt. Er war ohnehin kein Systemdenker und hinterließ ein denkbar
fragmentarisches Werk. Um so größer ist die Herausforderung, einen
«roten Faden» in seinem Werk zu entdecken. Nachdem jahrzehntelang
der okzidentale Rationalisierungsprozeß als sein großes Thema galt,
richtet sich inzwischen der Blick verstärkt auf Webers anthropologische
Fragestellung und sein Thema des Verhältnisses von Persönlichkeit und
Lebensordnungen.[20] Auch zeigen die über sein Werk verstreuten Betrachtungen, wie sehr der Staat im Mittelpunkt seines politischen Denkens stand. Hier kristallisieren sich zugleich die charakteristischen Am-
bivalenzen seines politischen Denkens heraus: Weber trat für Freiheit
und Individualismus ein und bekannte sich gleichzeitig zum Gesichtspunkt der Staatsräson; er war ein nüchterner Streiter für den Sozialstaat,
aber aus nationalen Motiven; er engagierte sich für die parlamentarische
Demokratie, aber nicht aufgrund klassischer Ideale, sondern weil er
sie für die effektivste Staatsform hielt. Sein politisches Denken war von
einer Reihe solcher Antinomien geprägt: zwischen Machtstaat und Freiheit, Persönlichkeit und Lebensordnungen, Individualismus und Staatsräson.

Wie jeder andere Klassiker ist auch Weber radikal historisch zu lesen,
da man ihm nur von seinem Zeitkontext her gerecht werden kann. Die
Frage nach diesem Bezugsrahmen steht jedoch dem Problem gegenüber,
daß er sich nur selten auf andere Positionen bezogen und seine Quellen

zumeist nicht offengelegt hat, ja er scheint eher darum bemüht gewesen zu sein, Verweisspuren zu vermeiden. Und wenn er sich mit anderen Denkern beschäftigte, dann zumeist im Ton distanzierter Herablassung. Dies ist bereits beim frühreifen Vierzehnjährigen zu erkennen, der nach der Cicero-Lektüre zu einem abschätzigen Urteil kam: «höchst schwach und zwecklos und überhaupt seine Politik schwankend».[21] Sein politisches Denken, das bereits früh durch die Auseinandersetzung mit den Klassikern geformt wurde, entwickelte sich auch später meist in Opposition und polemischer Abgrenzung zur zeitgenössischen Literatur. Gleichwohl ist klar zu erkennen, wie stark er sich vor allem an der Staatslehre Georg Jellineks und an der Philosophie Friedrich Nietzsches orientierte.[22] Weber war ganz im Denken seiner Zeit verwurzelt, aber als scharfer Ideenanalytiker wies er weit über seine Zeit hinaus. Seine Positionen erwuchsen fast ausnahmslos aus zeitgenössischen Positionen, die er jedoch stets zuspitzte und modifizierte, so daß sie eine ganz neue Schlagkraft erhielten. Während die meisten politischen Denker seiner Zeit heute nur noch von dogmengeschichtlichem Interesse sind, blieb Max Weber von dauernder Aktualität – und wurde damit zum Klassiker.

3. Wirkung

Max Weber ist nicht nur einer der wirkungsmächtigsten politischen Denker des 20. Jahrhunderts, sondern seit langem auch der unangefochtene Doyen der modernen Sozialwissenschaft. Sein Werk, in alle Weltsprachen übersetzt, bietet ein scheinbar unerschöpfliches Reservoir, aus dem sich die verschiedensten Richtungen und Disziplinen bis heute bedienen. Es gibt kein Lehrbuch, keine grundlegende Abhandlung, die sich nicht an einem zentralen Punkt auf ihn beziehen würde. Die Rezeption reicht von der Verwendung seiner Positionen und Begriffe über die Theoriebildung und empirische Forschung bis hin zur direkten oder indirekten Wirkung auf verfassungspolitische Entwicklungen. Darin ist er mit kaum einem anderen politischen Denker des 20. Jahrhunderts zu vergleichen. Sein Einfluß erstreckt sich auf so unterschiedliche Denker wie Friedrich Naumann und Theodor Heuss, Talcott Parsons und Joseph A. Schumpeter, Karl Jaspers und Wilhelm Hennis. Im Vergleich zu seiner späteren Bedeutung war Webers Wirkung zu Lebzeiten jedoch vergleichsweise gering. Eine größere publizistische Resonanz war weitgehend seinen Schriften zur Protestantischen Ethik, zur Werturteilsfrage und zur Verfassungspolitik vorbehalten. Auch die von Marianne Weber in den frühen zwanziger Jahren herausgegebenen Bände der gesammelten Aufsätze fanden in den ersten Jahrzehnten ebensowenig ein überwältigendes Echo wie Webers 1922 posthum erschienenes, unvollendetes Hauptwerk *Wirtschaft und Gesellschaft*.

Angesichts seiner Positionen zur «Führerdemokratie» ist immer wieder die hypothetische Frage gestellt worden, wie Weber auf die späteren faschistischen Bewegungen reagiert hätte. Zudem sind stets Versuche unternommen worden, eine Linie von Weber über Carl Schmitt zum Nationalsozialismus zu ziehen. So wurde in den sechziger Jahren heftig über die Frage debattiert, ob Weber den Weg zum Führerstaat mit geebnet habe.[23] Davon kann jedoch keine Rede sein: Weber war überzeugter Demokrat. Er wollte plebiszitäre Elemente in die Weimarer Verfassung einbauen, um die Macht der Bürokratie einzudämmen und Parlament und Demokratie zu stärken. Man mag ihm vorwerfen, die Gefahr des Umschlagens in eine Diktatur nicht thematisiert zu haben, aber mit gleichem Recht könnte man auch Rousseau vorwerfen, die Gefahr der jakobinischen Terrorherrschaft nicht vorhergesehen zu haben.

Die unmittelbar auf Weber folgende Generation stand ihm jedenfalls kritisch gegenüber. Vor allem Hans Kelsen, Rudolf Smend und Hermann Heller richteten sich gegen Webers machtbezogenen Begriff des Politischen wie auch gegen sein Staatsverständnis, das ihnen viel zu gewaltfixiert, formalistisch und «agnostizistisch» erschien. Nach 1933 riß die Rezeption in Deutschland völlig ab – für völkisches Denken war Weber nicht zu vereinnahmen. In der bundesrepublikanischen Politikwissenschaft setzte sich die Weimarer Kritik zunächst bruchlos fort. Die Disziplin, unter dem Vorzeichen der «Re-education» nach dem Krieg an den Universitäten neu gegründet, wollte je nach Couleur «Demokratiewissenschaft» oder «kritische Wissenschaft» sein und suchte nach normativen Konzepten, die man bei Weber nicht zu finden glaubte. So wurde Webers Politikbegriff zu einem Dauerbrenner in der Debatte um das Selbstverständnis der Politikwissenschaft. Die Weber-Kritik wurde nachgerade zu einem identitätsstiftenden Moment der philosophisch-normativen Schule, die im Rückgriff auf aristotelische Vorstellungen nach normativer Orientierung suchte und in Weber ihren Lieblingsfeind erblickte. Die pauschale Polemik vor allem der Nestoren Leo Strauss und Eric Voegelin war jedoch wenig überzeugend, da die beiden von Webers Werk nur eine flüchtige Vorstellung hatten[24] und seine Positionen entsprechend grob entstellten.

Dennoch wurde das Feindbild von den jüngeren Vertretern dieser Richtung zunächst weitgehend übernommen. So verurteilte auch der junge Wilhelm Hennis das politische Denken Webers als leer, wertlos und autoritaristisch.[25] Der Wandel der Weber-Rezeption läßt sich nirgends deutlicher als bei Hennis ablesen, der seine frühe Kritik später radikal revidierte, ihn nunmehr als große Autorität der Politikwissenschaft sah[26] und zu einem leidenschaftlichen Weber-Interpreten wurde. Ein normativer Ansatz schließt eine Orientierung an Weber keineswegs aus; man muß sich lediglich der Differenz von Sein und Sollen bewußt sein und normative Aussagen als solche kenntlich machen. Nichts anderes ist der Kern von Webers Werturteilspostulat. Schon in den sechziger Jahren wich die kritische Haltung in Deutschland langsam einem positiveren Verhältnis, nicht zuletzt unter dem Eindruck der angloamerikanischen Rezeption, die Weber in einem milderen Licht erscheinen ließ; in der Soziologie etwa durch Parsons' Handlungstheorie und in der Politikwissenschaft auch durch die Realistische Schule, die sich in den fünfziger Jahren in den USA formiert hatte und die «Macht» zur zentralen Kategorie der Politikwissenschaft erhob.[27] Im Zuge der einsetzenden Weber-Renaissance wurden die alten kritischen Positionen geräumt. Ende der sechziger Jahre riß die polemische Weber-Kritik schließlich vollständig ab. Die Weber-Rezeption bietet einen klaren Spiegel der politikwissenschaftlichen Diskussion der letzten hundert Jahre. Jede Richtung hat ihr Selbstverständnis durch eine Auseinandersetzung mit Weber geformt, sei es in Form der Abgrenzung oder in Form der Anlehnung – ein Beweis seiner ungebrochenen Wirkungskraft als Klassiker auch der Politikwissenschaft.

Was hat uns Max Webers politisches Denken heute zu sagen? Sein Nationsdenken entsprach einer Epoche rivalisierender Nationalstaaten, die sich in ihrem hegemonialen Anspruch gegenüberstanden und weder an eine stabile Friedensordnung glaubten, noch auf sie hinarbeiteten. Heute wird man Politik nicht mehr als bloßes Machtstreben definieren können, da Politik ein komplexer Prozeß ist, den man kaum auf diesen Nenner bringen kann. Genauso klar aber ist, daß Politik immer mit Macht zu tun hat; entsprechend beschäftigt sich die Politikwissenschaft nach wie vor mit Machtfragen politischer Systeme und internationaler Beziehungen. Webers Bürokratietheorie lieferte zentrale theoretische Grundlagen und Fragestellungen der politologischen Verwaltungsforschung und der Organisationssoziologie, deren Analysen über Jahrzehnte fast zwanghaft an Weber anknüpften, auch wenn sie seine Positionen keineswegs kritiklos übernahmen. Seiner These der unentrinnbaren Bürokratisierung wird man heute jedoch nicht mehr folgen können, denn die Staaten der Gegenwart haben sich längst einem radikalen Abbau der Bürokratie verschrieben. Dies hätte Weber zweifellos begrüßt, warnte er doch unermüdlich vor den Gefahren einer allmächtigen Bürokratie. Seine düstere Vision wurde allerdings im östlichen Teil der Welt zur bedrohlichen Wirklichkeit: Die gespenstischen Bürokratien, die in den sozialistischen Regimen entstanden, bestätigten Webers Prognose, daß der Sozialismus nur zu einer «*universellen Bureaukratisierung*» führen werde.[28] Nicht zuletzt avancierte Webers Staatsdefinition zur wirkungsmächtigsten der letzten hundert Jahre. Niemand hat klarer das entscheidende Kriterium der Staatlichkeit formuliert. So kommt es nicht von ungefähr, wenn Weber als *der* Theoretiker des Gewaltmonopols gilt und man sich stets auf ihn beruft, wenn davon die Rede ist, auch und gerade in Zeiten, in denen dieses Monopol bedroht zu sein scheint.

Literatur

1. Werke

Weber, M., Die Lage der Landarbeiter im ostelbischen Deutschland 1892. Max Weber Gesamtausgabe, Bd. I/3, hg. von M. Riesebrodt, Tübingen 1984.

Weber, M., Die protestantische Ethik, 2 Bde., hg. von J. Winckelmann, 6. Auflage Gütersloh 1981.

Weber, M., Gesammelte Aufsätze zur Religionssoziologie, 3 Bde., Tübingen 1920/21 (Neudruck Tübingen 1988).

Weber, M., Gesammelte Aufsätze zur Soziologie und Sozialpolitik, Tübingen 1924, 2. Auflage Tübingen 1988.

Weber, M., Gesammelte Aufsätze zur Wissenschaftslehre, hg. von J. Winckelmann, 6. Auflage Tübingen 1986.

Weber, M., Gesammelte Politische Schriften, hg. von J. Winckelmann, 3. Auflage Tübingen 1971.

Weber, M., Landarbeiterfrage, Nationalstaat und Volkswirtschaftspolitik. Schriften und Reden 1892–1899. Max Weber Gesamtausgabe Bd. I/4, hg. von W. J. Mommsen in Zusammenarbeit mit R. Aldenhoff, Tübingen 1993.

Weber, M., Schriften 1894–1922, hg. von D. Kaesler, Stuttgart 2002.

Weber, M., Wirtschaft und Gesellschaft. Grundriß der verstehenden Soziologie, hg. von J. Winckelmann, 5. Auflage Tübingen 1985.

Weber, M., Wissenschaft als Beruf/Politik als Beruf. Max Weber Gesamtausgabe Bd. I/17, hg. von W. J. Mommsen u. W. Schluchter, Tübingen 1992.

Weber, M., Zur Neuordnung Deutschlands. Schriften und Reden 1918–1920. Max Weber Gesamtausgabe Bd. I/16, hg. von W. J. Mommsen in Zusammenarbeit mit W. Schwentker, Tübingen 1988.

Weber, M., Zur Politik im Weltkrieg. Schriften und Reden 1914–1918. Max Weber Gesamtausgabe Bd. I/15, hg. von W. J. Mommsen in Zusammenarbeit mit G. Hübinger, Tübingen 1984.

2. Biographie

Baumgarten, E., Max Weber. Werk und Person, Tübingen 1964.

Fügen, H. N., Max Weber, Reinbek bei Hamburg 1985.

Roth, G., Max Webers deutsch-englische Familiengeschichte 1800–1950, Tübingen 2001.
Weber, Marianne, Max Weber. Ein Lebensbild (1926), 3. Auflage Tübingen 1984.

3. Darstellungen

Anter, A., Max Webers Theorie des modernen Staates. Herkunft, Struktur und Bedeutung, 2. Auflage Berlin 1996.
Breuer, St., Max Webers Herrschaftssoziologie, Frankfurt/M. – New York 1991.
Breuer, St., Bürokratie und Charisma. Zur politischen Soziologie Max Webers, Darmstadt 1994.
Hanke, E./Mommsen, W. J., Max Webers Herrschaftssoziologie. Studien zu Entstehung und Wirkung, Tübingen 2001.
Hennis, W., Max Webers Fragestellung. Studien zur Biographie des Werks, Tübingen 1987.
Hennis, W., Max Webers Wissenschaft vom Menschen. Neue Studien zur Biographie des Werks, Tübingen 1996.
Kaesler, D., Max Weber. Eine Einführung in Leben, Werk und Wirkung, 2. Auflage Frankfurt/M. – New York 1998.
Mommsen, W. J., Max Weber und die deutsche Politik 1890–1920, 2. Auflage Tübingen 1974.
Mommsen, W. J./Schwentker, W. (Hg.), Max Weber und seine Zeitgenossen, Göttingen – Zürich 1988.
Schluchter, W., Die Entstehung des modernen Rationalismus. Eine Analyse von Max Webers Entwicklungsgeschichte des Okzidents, Frankfurt/M. 1998.
Weiß, J. (Hg.), Max Weber heute. Erträge und Probleme der Forschung, Frankfurt/M. 1989.

Anmerkungen

1 Weber, M., Der Nationalstaat und die Volkswirtschaftspolitik (1895), in: ders., Gesammelte Politische Schriften, S. 20.
2 Weber, M., Die Lage der Landarbeiter im ostelbischen Deutschland (1892), S. 917.
3 Weber, M., Deutschland unter den europäischen Weltmächten (1916), in: ders., Zur Politik im Weltkrieg, S. 161.
4 Weber, M., Das preußische Wahlrecht (1917), in: ders., Zur Politik im Weltkrieg, S. 234.
5 Weber, M., Der Nationalstaat und die Volkswirtschaftspolitik, S. 13.
6 Weber, M., Der Sinn der «Wertfreiheit» der soziologischen und ökonomischen Wissenschaften (1917), in: ders., Gesammelte Aufsätze zur Wissenschaftslehre, S. 499.
7 Weber, M., Die «Objektivität» sozialwissenschaftlicher und sozialpolitischer Erkenntnis (1904), in: ders., Gesammelte Aufsätze zur Wissenschaftslehre, S. 151, 170 u. 156.

8 Weber, M., Politik als Beruf (1919), in: ders. Wissenschaft als Beruf/Politik als Beruf, S. 159.

9 Weber, M., Politik als Beruf, S. 245.

10 Weber, M., Wirtschaft und Gesellschaft, S. 29.

11 Weber, M., R. Stammlers «Ueberwindung» der materialistischen Geschichtsauffassung (1907), in: ders., Gesammelte Aufsätze zur Wissenschaftslehre, S. 335.

12 Weber, M., Wirtschaft und Gesellschaft, S. 128.

13 Weber, M., Wirtschaft und Gesellschaft, S. 560; ders., Parlament und Regierung im neugeordneten Deutschland (1918), in: ders., Zur Politik im Weltkrieg, S. 451.

14 Weber, M., Deutschlands künftige Staatsform (1919), in: ders., Zur Neuordnung Deutschlands, S. 134.

15 Weber, M., Die drei reinen Typen der legitimen Herrschaft, in: ders., Gesammelte Aufsätze zur Wissenschaftslehre, S. 477.

16 Weber, M., Parlament und Regierung im neugeordneten Deutschland, S. 453.

17 Weber, M., Wirtschaft und Gesellschaft, S. 124.

18 Weber, M., Wirtschaft und Gesellschaft, S. 140 ff. u. 654 ff.

19 Weber, M., Wirtschaft und Gesellschaft, S. 124.

20 Vgl. Hennis, W., Max Webers Fragestellung, Tübingen 1987.

21 Weber, M., Brief an Fritz Baumgarten v. 9. Sept. 1878, in: ders., Jugendbriefe, Tübingen 1936, S. 13.

22 Vgl. zu Jellinek: Anter, A., Max Weber und Georg Jellinek, in: Paulson, S. L./Schulte, M. (Hg.), Georg Jellinek, Tübingen 2000, S. 67–86; Breuer, St., Georg Jellinek und Max Weber, Baden-Baden 1999. Zu Nietzsche: Hennis, W., Max Webers Fragestellung, S. 167 ff.; Albrow, M., Max Weber's Construction of Social Theory, London 1990, S. 46 ff.; Eden, R., Political Leadership & Nihilism. A Study of Weber & Nietzsche, Tampa 1983.

23 Die durch Wolfgang J. Mommsen ausgelöste Debatte fand ihren Höhepunkt auf dem Heidelberger Soziologentag von 1964.

24 Dazu Hübinger, G./Osterhammel, J./Welz, W., Max Weber und die Wissenschaftliche Politik nach 1945, in: ZfP 37 (1990), S. 181–204, 187 ff.

25 Hennis, W., Zum Problem der deutschen Staatsanschauung, in: VZG 7 (1959), S. 1–23, 20 f.; ders., Aufgaben einer modernen Regierungslehre, in: PVS 6 (1965), S. 422–441, 431.

26 Hennis, W., Max Webers Wissenschaft vom Menschen, S. 63; ders., Max Webers Fragestellung, S. 97.

27 Vgl. nur Morgenthau, H. J., Politics Among Nations, New York 1961, S. 27.

28 Weber, M., Parlament und Regierung im neugeordneten Deutschland, S. 462.

Ulrich Widmaier

Joseph A. Schumpeter (1883–1950)

I. Leben

Als Joseph Aloisius Julius Schumpeter am 8. Februar 1883 in der kleinen mährischen Stadt Triesch geboren wurde, waren der Zusammenbruch der ungarisch-österreichischen Doppelmonarchie und das Ende der Herrschaft der Habsburger zwar noch gut 30 Jahre entfernt, aber die Spannungen und Konflikte zwischen den Volksgruppen und den sozialen Schichten nahmen zu. Es «gärte» hinter der Fassade einer bürokratisch-militärischen Ordnung und den Normen einer bürgerlichen Gesellschaft, die ihre Orientierungen aufgrund unvollendeter Revolutionen weiterhin von der aristokratischen Oberschicht bezog. Künstler und Intellektuelle mit feinerem Gespür haben die Dekadenz der Epoche, die anderswo Fin de Siècle genannt wurde, beschrieben. Aber der Zerfall einer Ordnung ist das eine, das andere sind der Aufbruch und die Voraussahnung des Zeitenwandels in Wissenschaft und Kunst. In diese «zerrissene» Zeit hinein wuchs Joseph Schumpeter als Sohn eines Tuchfabrikanten und einer aus einer mährischen Arztfamilie stammenden Mutter auf.

Als Joseph vier Jahre alt war, nahm sein Leben aufgrund des frühen Todes des Vaters eine entscheidende Wende. Seine Mutter, eine junge fünfundzwanzigjährige Witwe, ging eine Liaison mit dem gerade pensionierten Leutnantfeldmarschall Sigismund von Kéler ein, den sie später auch heiratete, und zog zu ihm nach Graz. Der Einfluß des durch den Stiefvater verursachten sozialen Aufstiegs auf seine weiteren Lebenschancen und die Persönlichkeitsentwicklung waren enorm. Konkret zeigt sich dies am Besuch des Theresianums in Wien, eines österreichischen Elitegymnasiums, welches er mit Auszeichnung im Jahre 1901 verließ. Im selben Jahr immatrikulierte er sich an der Wiener Universität als Student der Rechte. Da die Universität zur damaligen Zeit keinen eigenen Studiengang in Wirtschaftswissenschaften anbot, mußte er sich an der rechts- und staatswissenschaftlichen Fakultät einschreiben. Das zu Beginn vorhandene Interesse an rechtswissenschaftlichen Fragestellungen wurde bald durch eine Hinwendung zu wirtschafts- und sozialwissenschaftlichen Themen verdrängt. Neben der Statistik, der Soziologie und der Staatslehre faszinierte ihn offensichtlich in besonderem Maße die ökonomische Theoriebildung, die an der Universität Wien um die Jahrhundertwende mit dem Namen Carl von Menger verbunden war, der in den siebziger Jahren des 19. Jahrhunderts zu den Gründern einer österreichischen Schule der Nationalökonomie gehörte.

1906 erwirbt Schumpeter mit 23 Jahren den Doktorgrad der Rechte und verläßt die Wiener Universität, um, wie es sich für einen jungen Mann von Stande gehörte, zu reisen. Insbesondere die englische Gesellschaft scheint ihm gefallen zu haben. Allerdings erweist sich die Heirat mit der Tochter eines hohen Geistlichen der Church of England als übereilt und das Paar schlägt bald getrennte Wege ein. Schumpeter geht nach Ägypten und arbeitet dort als Anwalt. In dieser Zeit entsteht sein erstes Hauptwerk *Das Wesen und der Hauptinhalt der theoretischen Nationalökonomie*, das er nach krankheitsbedingter Rückkehr aus Ägypten an der Wiener Fakultät als Habilitationsschrift einreicht. Mit 26 Jahren wird er 1909 Privatdozent für Politische Ökonomie.

Noch im selben Jahr wird er außerordentlicher Professor an der Universität von Czernowitz, einer in der Bukowina (heute Ukraine) gelegenen Provinzstadt am Rande des K. u. K.-Imperiums. Obwohl diese Universität kaum den Schumpeterschen Ansprüchen genügt haben dürfte, ist er neben seinen Lehrverpflichtungen durchaus produktiv. Unter anderem entsteht dort der größte Teil seines 1911/12 erschienenen ökonomischen Hauptwerkes *Theorie der wirtschaftlichen Entwicklung*. Ungefähr zwei Jahre bleibt Schumpeter in Czernowitz. 1911 erhält er aufgrund kaiserlich-ministerieller Intervention einen Ruf auf eine ordentliche Professur für Volkswirtschaftslehre an der Universität Graz, die er im Herbst 1912 antritt. Vermutlich wegen des kühlen Empfangs durch Kollegen und Studenten und aufgrund der hohen Lehrbelastung von vierzehn bis sechzehn Stunden nahm er für das akademische Jahr 1913/14 eine Gastprofessur an der Columbia University an.

Zurück in Europa brach der Erste Weltkrieg aus, der sein Leben erneut veränderte. Schumpeter verließ die akademische Welt, in der er durch drei wichtige Publikationen (zuletzt 1914: *Epochen der Dogmen- und Methodengeschichte*) bekannt und etabliert war, nicht um Soldat zu werden, sondern Politiker. Zwischen 1916 und 1919 engagierte er sich in verschiedenen politischen Funktionen, die er aber allesamt nicht sehr erfolgreich gestaltete und dabei sein mäßiges Talent für die praktische Politik offenbarte. Zunächst versuchte er sich als Politikberater für die kaiserliche Regierung. 1919 wurde Schumpeter Finanzminister der jungen Republik Österreich. Seine finanzpolitischen Vorstellungen zur Sanierung der desolaten Haushaltssituation wurden jedoch von führenden Mitgliedern der sozialdemokratischen Regierung (Karl Renner, Otto Bauer) abgelehnt. Er selbst kritisierte eine von der Regierung verfolgte wirtschaftliche Annäherung an Deutschland. Nach nur sieben Monaten im Amt wurde der auch wegen seines aufwendigen Lebensstils unbeliebte Minister im Oktober 1919 entlassen. Es ist schwer abzuschätzen, welche Konsequenzen dieser Mißerfolg für seine weitere persönliche, aber auch wissenschaftliche Entwicklung hatte. Seine späteren demokratietheoretischen Überlegungen, die bar jeder idealistisch-normativen Dimension sind und Demokratie als eine Methode zum Machterwerb darstellen, könnten sehr wohl durch diese Erfahrung beeinflußt worden sein.

Nach kurzer Rückkehr auf den Grazer Lehrstuhl fand Schumpeter eine neue Aufgabe in der Leitung einer kleinen, aber feinen Wiener Privatbank. Die anfänglichen Erfolge in diesem Metier fielen aber der Wirtschaftskrise von 1924 zum Opfer und die Bank geriet in Zahlungsschwierigkeiten. Die erforderlichen Umstrukturierungen waren mit der Bedingung seines sofortigen Ausscheidens als Vorstandsvorsitzender verknüpft. Angesichts seiner angeschlagenen gesellschaftlichen Reputation und desolaten finanziellen Situation muß Schumpeter ein Ruf auf einen Lehrstuhl für öffentliche Finanzwirtschaft an die Universität Bonn 1925 wie eine Erlösung vorgekommen sein. Bonn entwickelte sich zu einem Zentrum der theoretischen Volkswirtschaftslehre und Schumpeter hatte zu dem Beruf zurückgefunden, für den er wohl am besten geeignet war: Seine Lust zur theoretischen Abstraktion und Spekulation, aber auch zur intellektuellen Provokation waren in der akademischen Welt viel stärker geschätzte Eigenschaften als in der politischen und wirtschaftlichen Praxis. Aber nicht nur als akademischer Lehrer hatte Schumpeter Erfolg. 1925 heiratet er noch in Wien die 20 Jahre jüngere Anna Reisinger, doch die Ehe dauerte nur ein knappes Jahr, Frau und Kind starben bei der Geburt. Einen Monat zuvor hatte Schumpeter schon durch den Tod seiner Mutter einen großen Verlust erlitten. Nur zwei Jahre nach seinem beruflichen Desaster als Bankier hatte er seine ganze Familie verloren.

Schumpeter versuchte seine Verzweiflung durch Arbeit zu bekämpfen. Um Geld zu verdienen, war er gezwungen, Vorträge zu halten und populäre Aufsätze zu schreiben. In seinem akademischen Werk beschäftigte er sich damals mit den Themen Geld und Währung und wäre vermutlich bei anderen Lebensumständen John Maynard Keynes zuvorgekommen, der 1930 sein Buch über *Treatise on Money* veröffentlichte und damit allgemeine Beachtung fand.[1] Dessen Theorie wurde das wirtschaftspolitische Credo der New Deal-Periode und nahm in der Folgezeit den Veröffentlichungen Schumpeters jene Aufmerksamkeit und Beachtung, die er von seinen ersten drei großen Veröffentlichungen gewohnt war.

Irgend etwas mußte sich in seinem Leben ändern, wodurch die persönlichen Schicksalsschläge und wissenschaftlichen Produktionsprobleme überwunden werden konnten. Schumpeter versuchte es mit Ortswechseln. Das Bemühen, einen Lehrstuhl an der Berliner Universität zu bekommen, war nicht erfolgreich. 1927/28 nahm er eine Gastprofessur an der Harvard University wahr und reiste anschließend nach Japan. Nach seiner Rückkehr nach Bonn wurde ihm endgültig klar, daß nur eine radikale Veränderung seiner Lebenssituation seine Probleme lösen könnte. Deshalb nahm er 1932 einen Ruf an die Harvard University an und verließ Europa mit der festen Absicht, nicht mehr zurückzukommen und amerikanischer Staatsbürger zu werden.

Der Empfang in Boston war freundlich und die Namen der Kollegen und Schüler, die sich an der Harvard University versammelten, lesen sich wie der «Who is Who» der ökonomischen Zunft.[2] Auf Schumpeters Initiative und Betreiben wurde insbesondere die Ökonometrie durch einschlägige Berufungen gestärkt.[3] Schumpeter hat sich für die statistisch-mathematische Methode besonders engagiert, ohne allerdings ein wirklicher Experte und Könner auf diesem Terrain zu sein. Schumpeters Eitelkeit und die sich darauf gründende überzogene Selbstdarstellung litten in dieser Zeit vor allem durch den Erfolg von Keynes, dessen theoretische Überlegungen einfach besser zur New Deal-Periode und der Politik Roosevelts paßten. Dies war neben den turbulenten politischen Zeiten auch ein Grund dafür, daß Schumpeter unmittelbar nach der Veröffentlichung seines wenig erfolgreichen Werkes über *Business Cycles* (1939) mit der Arbeit an seinem nicht nur für die Politikwissenschaft bedeutsamsten Werk *Capitalism, Socialism and Democracy* begann, das 1942 in erster Auflage erschien, aber erst nach Ende des Krieges mit der zweiten Auflage die umfassende Beachtung erhielt, die es mit der Übersetzung in 16 Sprachen und weiteren Auflagen bis heute unter Beweis stellte.

Nach der Heirat 1937 mit Elizabeth Boody, auch einer Wirtschaftswissenschaftlerin, die als seine Managerin und spätere Nachlaßverwalterin fungierte, verlief sein Leben in geordneteren Bahnen. Trotz der beruflichen und emotionalen Unterstützung seiner Frau war Schumpeter in der Zeit vor und während des Zweiten Weltkrieges alles andere als ein zufriedener Mensch. Er fühlte sich in Harvard zunehmend isoliert und seine zumindest mißverständlichen Äußerungen über den Nationalsozialismus sowie antisemitische Bemerkungen brachten ihn in den Verdacht, ein Sympathisant Hitlers zu sein. Die sich abzeichnende militärische Niederlage Deutschlands deprimierte ihn und im Sieg der Alliierten, vor allem der Amerikaner, sah er den Triumph «eines hirnlosen Riesen». Daraus den Schluß zu ziehen, Schumpeter sei ein Faschist gewesen, ist mit Sicherheit falsch. Seine politischen Ansichten waren eher konservativ bis reaktionär. Elitäre Vorstellungen der untergegangenen Gesellschaft der österreichischen Monarchie hatte er nie abgelegt, was auch die seine Freunde und Bekannten irritierende Extravaganz und seinen Snobismus bis zu einem gewissen Grade erklären.

Nach Ende des Krieges hatte sich Schumpeters Stellung in Harvard durch einen Ruf an die Yale University, den er ablehnte, stabilisiert und seine politischen Ansichten mäßigten sich im Zuge des politischen Pragmatismus der Nachkriegsentwicklung unter Truman. Es wäre nun für ihn möglich gewesen, sein wissenschaftliches Werk fortzuführen und zu konsolidieren. Zahlreiche Projekte und Ideen (z. B. die Arbeit an seinem dritten großen «amerikanischen» Werk *History of Economic Analysis*) belegen, daß Schumpeters Kreativität und Energie keineswegs erschöpft waren. Allerdings war dies für seine physische Kraft zunehmend der Fall. Nur fünf Jahre nach Ende des Krieges am 8. Januar 1950 starb er an einer Gehirnblutung.

2. Werk

Schumpeter ist bekannt als Wirtschaftswissenschaftler, doch er selbst verstand sich als Sozialwissenschaftler im Sinne der Einheit dieser Disziplin. Für einen erklärten Sozialwissenschaftler oder einen Sozialökonomen ist eine isolierte Behandlung des Politischen widersinnig. Deshalb kann Schumpeter auch als der Begründer der ökonomischen Theorie der Politik oder der Neuen Politischen Ökonomie, in Abgrenzung zur alten, marxistischen Politischen Ökonomie gelten. Nachdem seine erste 1908 erschienene Monographie mit dem Titel *Das Wesen und der Hauptinhalt der theoretischen Nationalökonomie* noch einen Versuch darstellte, die Volkswirtschaftslehre durch eine eigene theoretische Grundlage von anderen Sozialwissenschaften abzugrenzen, ist schon das zweite Hauptwerk (*Theorie der wirtschaftlichen Entwicklung* (1911/12)) eindeutig von einer integrativen theoretischen Perspektive bestimmt. In seinem 1914 zunächst als Band 1 des von Max Weber herausgegebenen «Grundriß der Sozialökonomik» erschienenen Werk *Epochen der Dogmen- und Methodengeschichte* setzt er diese Bemühungen fort. Im Alter von 30 Jahren hatte Schumpeter damit auf den drei klassischen Gebieten der Nationalökonomie seine Visitenkarte abgegeben: der Theorie, der Methoden und der Geschichte. Insbesondere von seinem zweiten Beitrag, der *Theorie der wirtschaftlichen Entwicklung*, verläuft eine erkennbare theoretische Linie zu dem für die Politikwissenschaft bedeutendsten Werk *Kapitalismus, Sozialismus und Demokratie*. Hier wird auch Schumpeters Grundposition deutlich: Die Dynamik der wirtschaftlichen Entwicklung wird getragen von der innovativen Rolle des Unternehmers. Wie stark Schumpeter in «anderen» Sozialwissenschaften nach Erkenntnissen suchte, lassen schon die Titel einiger Aufsätze erkennen. Als Beispiel sei genannt der 1918 erschienene und durch sein politisches Engagement angeregte Beitrag *Die Krise des Steuerstaates*. Im Verein für Socialpolitik äußerte sich Schumpeter zur Frage des Werturteils. Veröffentlichungen zu Pareto, Marx und Weber untermauern die Feststellung, daß sich Schumpeter sehr intensiv mit Soziologie und Politikwissenschaft beschäftigte. Insbesondere die Auseinandersetzung mit Marx, den er für einen hervorragenden Wissenschaftler hielt, dokumentiert Schumpeters breite sozialwissenschaftliche Orientierung. Bei Marx faszinierte Schumpeter vor allem dessen Analyse der Dynamik des kapitalistischen Wirtschaftsprozesses, wobei er vor allem seine Schlußfolgerungen über die Selbstzerstörungskräfte des Kapitalismus teilte, aber nicht die Marxsche Begründung und theoretische Herleitung aus der Mehrwert- und Krisentheorie. Stark war Schumpeter auch von Webers Organisations- und Bürokratieanalyse fasziniert. Dessen institutionelle Analysen zu Herrschaft und Legitimität finden sich sehr deutlich in Schumpeters Demokratietheorie wieder. Schließlich zeigt sich bei der Charakterisierung der Bürger und Wähler in Massendemokratien der Einfluß der Massenpsychologie eines Gustave Le Bon.

Das zentrale Element der Schumpeterschen Theorie ist die für wirtschaftliche wie politische Prozesse gleichermaßen notwendige Funktion der Führung im Rahmen einer institutionellen Ordnung. Kapitalismus als Wirtschaftsordnung und Demokratie als politische Ordnung stehen und fallen für ihn mit der Existenz einer Führungsschicht, die bereit ist, Risiko zu tragen und Verantwortung zu übernehmen. Die Mitglieder dieser Führungsschicht stehen in Konkurrenz zueinander; damit wird der Wettbewerb um knappe Ressourcen zum strukturierenden Element der wirtschaftlichen wie politischen Entwicklung. Innovationen im Kampf um Marktchancen und Wählerstimmen sind die treibende Kraft für wirtschaftliche wie politische Unternehmer. Mit diesem konzeptionellen Ausgangspunkt überwindet Schumpeter nicht nur die Statik der (neo-) klassischen Volkswirtschaftslehre, sondern auch die normative Fixierung der Demokratietheorie und wird zum Protagonisten einer positiven, d. h. auf die Erklärung der Wirklichkeit gerichteten Theorie der Demokratie. Zugleich wird auch der elitäre Charakter seiner Überlegungen deutlich: Ohne das Engagement und den Einsatz wirtschaftlicher und politischer Eliten kann weder der Kapitalismus noch die Demokratie überleben.

Die Auseinandersetzung mit Marx und dem politischen Erfolg seiner Lehre beschäftigte Schumpeter außerordentlich stark. Konsequenterweise ist auch der erste Teil des klassischen politikwissenschaftlichen Werkes *Kapitalismus, Sozialismus und Demokratie* der Auseinandersetzung mit der Marxschen Lehre vorbehalten. Marx wird von Schumpeter als Prophet, Soziologe, Nationalökonom und als Lehrer gewürdigt, wobei die Reihenfolge der Kapitel eine abnehmende Bedeutung und Wirkung dieser Marxschen Rollen signalisiert. Im zweiten Teil wird die rhetorische Frage nach der Überlebenschance des Kapitalismus gestellt. Und während er noch in dem drei Jahre zuvor erschienenen Band *Business Cycles* von im Kern unveränderten Institutionen des Kapitalismus ausging, sieht er in diesem Kapitel die Grundlagen des Kapitalismus im Schwinden. Bröckelnde Mauern, wachsende Feindseligkeit und Zersetzung schwächen die Unternehmerfunktion und die Dynamik des kapitalistischen Wirtschaftssystems im zyklischen Prozeß der «schöpferischen Zerstörung». Schumpeter fragt, was an die Stelle dieses Systems treten könne. Im dritten Teil des Buches lautet die Frage, ob der Sozialismus funktionieren kann. Schumpeters Antwort ist: er kann. Allerdings vorwiegend theoretisch. Planwirtschaft und Bürokratie (als Ergänzung zur Demokratie wie im vierten Teil ausgeführt) könnten den zunehmend schwächelnden Typ des Unternehmers ersetzen. In der Praxis bedeutet dies die weitgehend utopische Hoffnung auf Entstehung eines neuen, höchst moralischen Menschentyps, der den Wegfall des Gewinnmotivs nicht durch den Mißbrauch der Bürokratie zum eigenen Vorteil ersetzt. Die Idee einer Superbürokratie zur Steuerung wirtschaftlicher Abläufe dürfte dabei vom Idealtypus der Bürokratie abgeleitet worden sein.

Im vierten und letzten, aus politikwissenschaftlicher Sicht besonders interessanten Teil entwickelt Schumpeter seine Theorie der Demokratie, die als Methode der Herrschaftsausübung, obwohl mit dem kapitalistischen Wirtschaftssystem entstanden, nicht auch mit ihm untergehen muß. Nach Schumpeter kann Demokratie auch im Sozialismus überleben. Allerdings nicht in ihrer bürgerlich-klassischen Form. Demokratie mutiert von einer normativen Lehre zur Methode der Ausübung von Herrschaft und damit zur notwendigen Ergänzung der sozialistischen Bürokratie. Schumpeter setzt sich zunächst mit der klassischen Lehre der Demokratie auseinander. Darin distanziert er sich vor allem von der Gemeinwohlvorstellung dieses Demokratieverständnisses und betont die individuellen machtorientierten Motive der politisch Handelnden. Die Masse der Bürger befindet sich seiner Meinung nach, sobald sie in die Sphäre der Politik eintritt, in einem «infantilen» Zustand und argumentiert «affektmäßig».[4] Mit anderen Worten, sie bedarf der politischen Führung. Die Bürger stellen weder die entscheidenden Fragen noch befinden sie darüber – sie werden vielmehr für das Volk gestellt und entschieden.[5]

Mit dem 22. Kapitel erreicht das Buch aus politikwissenschaftlicher Sicht seinen Höhepunkt, da darin «eine andere Theorie der Demokratie» vorgestellt wird, deren Implikationen dann im folgenden Schlußkapitel ausgebreitet werden. Auf knapp 40 Seiten wird in diesen beiden Kapiteln eine Konzeption von Demokratie als Herrschaftsmethode entwickelt, die einen beträchtlichen Einfluß und eine nachhaltige Wirkung auf die demokratietheoretische Diskussion gehabt hat und noch hat.

Für Schumpeter ist Demokratie Konkurrenzkampf um die politische Führung. Er definiert: «[...] die demokratische Methode ist diejenige Ordnung der Institutionen zur Erreichung politischer Entscheidungen, bei welcher einzelne die Entscheidungsbefugnis vermittels eines Konkurrenzkampfes um die Stimmen des Volkes erwerben».[6] Diese Definition grenzt seine Demokratietheorie von der «klassischen» Lehre ab, in deren Verständnis Demokratie «jene institutionelle Ordnung zur Erzielung politischer Entscheide ist, die das Gemeinwohl dadurch verwirklicht, daß sie das Volk selbst die Streitfragen entscheiden läßt, und zwar durch die Wahl von Personen, die zusammenzutreten haben, um seinen Willen auszuführen».[7] Durch diese Abgrenzung verwirft Schumpeter vor allem die Gemeinwohlvorstellung als Fiktion. Es existiert für ihn kein Weg, um zu einem Gemeinwohl zu gelangen, da die rationalen Voraussetzungen für eine Einigung fehlen. Das Volk ist nicht in der Lage, seine Interessen in der Politik rational zu verfolgen und der Bürger fällt «auf eine tiefere Stufe der gedanklichen Leistung, sobald er das politische Gebiet betritt».[8] Er neigt zu affektmäßigen und emotionalen Handlungen, was Schumpeter durch historische Beispiele zu belegen sucht (z. B. Napoleon III.).

Mit seiner «anderen» Definition von Demokratie werden nach Schumpeter sieben Verbesserungen erreicht. Zunächst kann damit Demokratie von anderen Herrschaftsformen abgegrenzt werden. Der Wille des Volkes legitimiert, wie historische Beispiele zeigen, auch nicht-demokratische Herrschaftsformen. Zweitens gestattet dieses Verständnis, der Notwendigkeit von Führung einen breiten Raum einzuräumen. Die «klassische»

Lehre unterstellt ein unrealistisches Ausmaß an Eigeninitiative und politischer Handlungsfähigkeit. Drittens werden die Sonderinteressen von Gruppen berücksichtigt, die von politischen Führern zur Erzielung zusätzlicher Stimmen aufgegriffen werden können. Viertens kann gegen den Einwand, Konkurrenz existiere wie in der Wirtschaft nie vollständig, vorgebracht werden, daß hier eine freie Konkurrenz um freie Stimmen mittels des Wahlmechanismus gemeint sei. Dadurch sind mindestens andere Formen des Machterwerbs, wie z. B. durch einen Putsch, ausgeschlossen. Fünftens kann mit seinem Demokratieverständnis das Verhältnis der Demokratie zur Freiheit geklärt werden. Freiheit ist für Schumpeter eine Frage des Grades. Seiner demokratischen Methode zufolge hat zumindest jedermann die Freiheit, sich um die politische Führung zu bewerben, was für ihn ein Mindestmaß an Diskussions- und Pressefreiheit erfordert. Da sechstens die Funktion des Wählens vor allem die Einsetzung einer Regierung (Führung) ist, gehört dazu auch die Möglichkeit der Absetzung. Kontrolle durch das Volk wird bei Schumpeter auf diese Chance reduziert. Siebtens und zuletzt löst diese Konzeption der Demokratie das Problem, inwieweit sich der Wille des Volkes in einer Mehrheit abbilden läßt, indem einfach der aus dem Konkurrenzkampf hervorgegangene Mehrheitswillen akzeptiert wird. Überlegungen zur proportionalen Repräsentation haben in dieser Vorstellung keinen Platz. Damit ergibt sich auch eine ausgeprägte Sympathie für die Mehrheitsdemokratie, wie sie z. B. im britischen Parlamentarismus vorliegt. An diesem Beispiel erläutert Schumpeter auch die Anwendung seines Demokratiekonzepts.

Aus der Darstellung der erzielten Verbesserungen darf nicht geschlossen werden, daß Schumpeter seine demokratische Methode unkritisch sieht. Die Gefahren liegen in einer Degeneration des Konkurrenzkampfes um politische Führung zum Selbstzweck, in Parteibürokratien und zu Parolen erstarrten Entscheidungsalternativen, einer Kurzatmigkeit der Politik und in der Unfähigkeit der Demokratie, qualifiziertes Führungspersonal zu finden. Auch für das Wirtschafts- und Gesellschaftssystem entstehen Gefahren durch die Demokratie, da eine Ausdehnung des Prinzips in diesen Bereich zwangsläufig zu einem demokratischen Sozialismus führt. Ob mit dem zu befürchtenden Ende des Kapitalismus auch ein Verschwinden der Demokratie verbunden wäre, diese Frage verneint Schumpeter vorsichtig. Einerseits besteht die Gefahr aufgrund bürokratisch-autoritärer Tendenzen durchaus, andererseits wäre gerade im Sozialismus ein demokratischer Konkurrenzkampf um politische Ämter zur Kontrolle essentiell.

Schumpeters Demokratieverständnis ist zusammenfassend als minimalistisch bezeichnet worden.[9] Es ist eine Methode zur Lösung des politischen Führungsproblems in einer Gesellschaft. Normatives Pathos ist der Nüchternheit der Schumpeterschen Analyse fremd. Er ist weit davon entfernt, ein glühender Demokratieverehrer zu sein. Dies hängt vermutlich auch damit zusammen, daß zum Zeitpunkt der Entstehung des Werkes die Demokratie global gesehen als Staatsform nicht gerade Konjunktur hatte. Demokratie ist bei Schumpeter eine Herrschaftsform, die unter den gegebenen schlechten Alternativen die bestmögliche darstellt. Eine Sichtweise, die auch von einem politischen Praktiker wie Winston Churchill überliefert ist.

3. Wirkung

Die beträchtliche Wirkung von Joseph Schumpeter in der Politikwissenschaft entwickelte sich aus der Kritik wie in der Weiterentwicklung seiner Demokratietheorie. Allerdings wäre es seiner wissenschaftlichen Lebensleistung unangemessen, ihn dabei auf die ca. 40 Seiten in *Kapitalismus, Sozialismus und Demokratie*, auf denen er seine andere Theorie der Demokratie ausbreitet, zu verengen. Seine Wirkung basiert auch auf der Breite seiner sozialwissenschaftlichen Perspektive. Wie Marx und Weber, von deren Werk er stark angeregt wird, ist Schumpeter nicht ein Vertreter einer sozialwissenschaftlichen Subdisziplin allein. Seine Arbeiten umfassen vielmehr neben allen wirtschaftswissenschaftlichen Teilfächern (Geschichte, Theorie, Methoden) die Soziologie und die Politikwissenschaft.

Angesichts des heutigen Stands der ausdifferenzierten Demokratieforschung ist die Schumpetersche Theorie ohne Frage unterkomplex. Forschungsaspekte wie die politische Einstellungs- und Kulturforschung, die Rolle der Verbände in der Demokratie und die theoretischen Ansätze zu Nicht-Mehrheitsdemokratien finden in seinem Werk keine Berücksichtigung. Insofern ist seine Theorie aus heutiger Sicht in der Tat minimalistisch, wenn nicht unvollständig. Zahlreiche Forschungsergebnisse belegen, daß die Bürger nicht in allen Situationen unfähig zur Politik sind und zu irrationalem Verhalten neigen. Die Beiträge der amerikanischen Systemtheorie zeigen in Fortführung der Weberschen Überlegungen zur Legitimitätsproblematik die Bedeutung von längerfristiger politischer Unterstützung, die sich Systeme aufgrund eines die Bürger zufriedenstellenden Outputs verschaffen können. Konkurrenz um politische Macht und Führung ist damit nicht der einzige Zweck der Politik. Auch lassen sich Widersprüche in Schumpeters Demokratieverständnis finden: Wie kann z. B. ein politisch unfähiges Volk geeignete politische Führer wählen? Eine solche Liste der Unvollständigkeiten und Defizite könnte verlängert werden, aber sie würde dennoch die Einschätzung der Wirkung seines Beitrages kaum schmälern.

Die Erklärung für die starke Wirkung der Schumpeterschen Analyse liegt gerade in der Vereinfachung und der totalen Abkehr von bis dato verbreiteten normativ geprägten Demokratievorstellungen. Schumpeter skizziert eine positive Theorie der Demokratie, die vor allem zunächst in den USA auf fruchtbares Terrain fiel. Vor und während des Zweiten Weltkrieges war dort eine sozialwissenschaftliche Forschungslandschaft entstanden, deren theoretische Orientierungen einerseits positivistisch geprägt waren und die sich andererseits an naturwissenschaftliche Theorievorbilder anlehnte (z. B. die Systemtheorie und die politische Kybernetik). Die in der Ökonomie schon länger existierende Tendenz zur Verwissenschaftlichung, d. h. zur Formalisierung, griff auch auf die «weichen» Sozialwissenschaften über. Hinzu kam der einsetzende «Imperialismus» der Wirtschaftswissenschaften, der zur Beschäftigung dieser Disziplin mit politikwissenschaftlichen Themen führte. Schumpeters positive und sparsame Demokratietheorie erwies sich in dieser Konstellation als eine hervorragende Basis für weitere theoretische Entwicklungen als auch empirische Forschungen.

Die prominenteste theoretische Weiterentwicklung von Schumpeters Demokratietheorie stellt ohne Frage die ökonomische Theorie der Demokratie von Anthony Downs dar.[10] Diese Theorie begreift Demokratie ebenfalls als Konkurrenz um Stimmen, als ein marktähnliches Geschehen. Allerdings existieren zwischen Downs und Schumpeter auch wesentliche Unterschiede. Im Gegensatz zu Schumpeter sind bei Downs Wähler selbst dann rational, wenn sie sich zur Vermeidung von Informationskosten «rational ignorant» verhalten. Schumpeter geht bei seinen elitistischen Grundüberzeugungen vom Gegenteil aus und gesteht Rationalität nur dem Führungspersonal zu. Ohne Frage ist auch die Downs'sche Theorie analytisch-theoretisch erheblich anspruchsvoller und verwendet in viel stärkerem Maße die theoretischen wie methodischen Werkzeuge der Wirtschaftswissenschaften. Während sich bei Schumpeter das Marktgeschehen nur in der Konkurrenz der politischen Eliten manifestiert, entfaltet sich bei Downs der Markt durch Angebot (Politiker als Parteivertreter) und Nachfrage (rationale Wähler) in vollem Umfang. Im Zentrum des Kampfes um Marktanteile (Wählerstimmen) steht einerseits der sich über das politische Angebot informierende Wähler (Parteiendifferential) und andererseits der politische Unternehmer, der bei annähernd normalverteilten Wählerpräferenzen sich insbesondere um die «politische Mitte» («Median Voter») bemühen muß, da diese Wähler als häufigste Spezies den größten Erfolg beim Streben nach Stimmenmaximierung versprechen. Damit ist auch sichergestellt, daß die politischen Angebote der großen Volksparteien mehrheitsorientiert sind. Auch im Hinblick auf die Demokratiedefinition ist Downs genauer als Schumpeter, indem er die institutionellen Grundlagen in drei Bedingungen festlegt (Parteienwettbewerb durch Wahlen, die periodisch abgehalten werden müssen, nichtdiskriminierendes Wahlrecht und Akzeptanz der Wahlergebnisse). Einig sind sich jedoch Schumpeter und Downs in ihren Grundpositionen, insbesondere in ihrer Ablehnung der normativen Demokratietheorie und deren Gemeinwohlvorstellungen. Politik wird vielmehr aus Eigeninteresse heraus betrieben, das auf Machterwerb und Machterhalt zielt, und politische Inhalte und Programme sind nichts anderes als Nebenprodukte dieses eigennützigen Handelns.

Die ökonomische Theorie der Demokratie ist nach Downs eigener Einschätzung unmittelbar von Schumpeter inspiriert[11] und stellt damit vielleicht die direkteste Wirkung dar, die von Schumpeter auf nachfolgende wissenschaftliche Entwicklungen ausging. Schumpeters Einfluß bleibt aber nicht auf die Entstehung und Entwicklung der ökonomischen Theorie der Politik beschränkt. Positive Theorien der Demokratie werden auch in den systemtheoretischen Arbeiten z. B. von Deutsch und Easton verwendet. Insbesondere in der vergleichenden Forschung ist ein griffiges Kriterium der Abgrenzung von Demokratien zu anderen Herrschaftsformen gefragt. So definiert z. B. Lipset in *Political Man*[12] eine Demokratie als Chance, in periodisch wiederkehrenden Wahlen unter mehreren Bewerbern für ein politisches Amt auszuwählen. Das klingt sehr minimalistisch Schumpeterianisch, aber auch wie bei Max Weber. Von der Beeinflussung der systemtheoretischen Demokratiekonzeption ist es nicht weit zur sogenannten empirischen Demokratietheorie, deren Ziel, allgemein gesprochen, vor allem die Aufhellung des Verhältnisses von Wählern und Gewählten darstellt. Auch dabei wird Demokratie primär als Methode verstanden.

Die Liste der direkten und indirekten Wirkungen von Schumpeter insbesondere auf die politikwissenschaftliche Demokratieforschung läßt sich fortsetzen. Umfassender und damit aber auch weniger spezifisch bleibt seine Wirkung als universell gebildeter und die subdisziplinären Grenzen überschreitend forschender Sozialwissenschaftler. Wie Marx und Weber ist er einer der bedeutenden sozialwissenschaftlichen Universalgelehrten, einer Spezies, die in der ausdifferenzierten Landschaft der modernen Sozialwissenschaft(en) heute ausgestorben ist. Sein Bemühen um eine Sozialökonomie, verstanden als Erkenntnisstreben über Gesellschaft, Wirtschaft und Politik im Zusammenhang, kann auch heute noch ein Forschungsprogramm zur Stärkung der Einheit der Sozialwissenschaft sein.

Literatur

1. Werke

Schumpeter, J. A., Das Wesen und der Hauptinhalt der theoretischen National-ökonomie, 3. Auflage Berlin 1998.

Schumpeter, J. A., History of Economic Analysis, 8. edition London 1972.
Deutschsprachige Ausgabe: Geschichte der ökonomischen Analyse. Nach d. Manuskript hg. von Elizabeth Boody Schumpeter, Göttingen 1965.

Schumpeter, J. A., Das Wesen des Geldes, Göttingen 1970.

Schumpeter, J. A., The Theory of Economic Development: An Inquiry into Profits, Capital, Credit, Interest, and the Business Cycle, 8. edition Cambridge/Mass. 1968.

Deutschsprachige Ausgabe: Theorie der wirtschaftlichen Entwicklung: eine Untersuchung über Unternehmergewinn, Kapital, Kredit, Zins und den Konjunkturzyklus, 9. Auflage Berlin 1997.

Schumpeter, J. A., Capitalism, Socialism and Democracy, New York 1942.
Deutschsprachige Erstausgabe: Kapitalismus, Sozialismus und Demokratie, 1950, 7. Auflage Tübingen 1993.

2. Bibliographien, Briefe, Reden und Aufsatzsammlungen

Stevenson, M. I., Joseph Alois Schumpeter: A Bibliography, 1905–1984, Westport 1985.

Schumpeter, J. A., Politische Reden, hg. und komm. von Christian Seidl, Tübingen 1992.

Schumpeter, J. A., Beiträge zur Sozialökonomik, hg., übers. u. eingel. von Stephan Böhm, Wien 1987.

Schumpeter, J. A., Aufsätze zur Wirtschaftspolitik, Tübingen 1985.

Schumpeter, J. A., Dogmenhistorische und biographische Aufsätze, Tübingen 1954.

Schumpeter, J. A., Aufsätze zur Soziologie, Tübingen 1953.

3. Biographie

März, E., Joseph Alois Schumpeter – Forscher, Lehrer und Politiker, München 1983.

Schneider, E., Joseph A. Schumpeter: Leben und Werk eines großen Sozialökonomen, Tübingen 1970.

Stolper, W. F., Joseph Alois Schumpeter: The Public Life of a Private Man, Princeton 1994.

Swedberg, R., Joseph A. Schumpeter: His Life and Work, Cambridge 1991. Deutsche Ausgabe: Joseph A. Schumpeter: eine Biographie, Stuttgart 1994.

4. Darstellungen

Mueller, D. C. (Ed.), Capitalism and Democracy in the 21st Century: Proceedings of the International Joseph A. Schumpeter Society Conference, Vienna 1998 «Capitalism and Socialism in the 21st Century», Heidelberg 2001.

Matis, H. (Hg.), Ist der Kapitalismus noch zu retten?: 50 Jahre Joseph A. Schumpeter: «Kapitalismus, Sozialismus und Demokratie», Wien 1993.

MacKee, D. L., Schumpeter and the Political Economy of Change, New York 1991.

Timmermann, M. (Hg.), Die ökonomischen Lehren von Marx, Keynes, Schumpeter, Stuttgart 1987.

Anmerkungen

1 Keynes, J. M., Treatise on Money, New York 1930. An diese Abhandlung knüpfte Keynes einige Jahre später mit seinem Hauptwerk an: The General Theory of Employment, Interest and Money, London 1936.

2 Dazu gehören Namen wie Paul Samuelson und John Galbraith.

3 Zum Beispiel die Berufung von Wassily Leontief, der später aufgrund seiner Arbeiten zur Input-Output-Analyse den Nobelpreis erhielt.

4 Vgl. dazu die Ausführungen auf S. 416 der in 6. Auflage 1987 bei Francke, Tübingen erschienenen Ausgabe.

5 Vgl. dazu den Schluß des III. Abschnitts des 21. Kapitels.

6 Ebda, S. 428.

7 Ebda, S. 397.

8 Ebda, S. 416.

9 So zum Beispiel Schmidt, M. G., Demokratietheorien, Opladen 3. Aufl. 2000.

10 Downs, A., An Economic Theory of Democracy, New York, 1957 (deutsch: Ökonomische Theorie der Demokratie, Tübingen, 1968).

11 Ebda, S. 28.

12 Lipset, S. M., Political Man, London, 1960 (deutsch: Soziologie der Demokratie, Neuwied – Berlin, 1962).

Hubertus Buchstein/Gerhard Göhler

Ernst Fraenkel (1898–1975)

I. Leben

Ernst Fraenkel war zeitlebens eine kämpferische Persönlichkeit. Er sprach und schrieb mit einem Impetus, der Begriffe prägte und zuzuspitzen verstand und dafür sorgte, daß seine Formulierungen in den Köpfen seiner Zuhörer und Leser lebendig blieben. Die deutsche Politik war die lebenslange Herausforderung Fraenkels. Sie hatte ihn früh um seine wissenschaftlichen und politischen Karrierehoffnungen gebracht, sie hatte ihn aus dem Land, dem er sich kulturell so verbunden fühlte, vertrieben und war in einem planvollen millionenfachen Massenmord geendet. Nach einigem Zögern nahm Fraenkel den Neuanfang der deutschen Politik als Herausforderung an: Die Wissenschaft von der Politik und die Bildung zu einer besseren Politik wurden zu seinem Lebenselixier. Gelungene Politik bestand für Fraenkel in der Institutionalisierung gesellschaftlicher Lernprozesse, und seine größte Lektion bestand in der Einsicht, daß es in der Politik keine endgültigen und perfekten Lösungen gibt.

Ernst Fraenkel wurde am 26. Dezember 1898 als Sohn wohlhabender jüdischer Eltern in Köln geboren. Beide Eltern starben noch während seiner Jugend, und der Vollwaise zog zu seinen mütterlichen Verwandten nach Frankfurt am Main. Die Geschwister seiner Mutter waren durchweg «progressiv-liberale Demokraten, deren Denken maßgeblich durch die Lektüre der Frankfurter Zeitung beeinflußt war».[1] Nur sein Onkel Wilhelm Epstein war Anhänger der reformistischen ‹Fabian Society› und überzeugter Sozialdemokrat und Pazifist. Der sozialistische Onkel übte eine starke Prägung auf den jungen Fraenkel aus und motivierte ihn zu seiner späteren gewerkschaftlichen Bildungsarbeit in der Arbeiterbewegung. Nach dem Notabitur im November 1916 immatrikulierte sich Fraenkel an der Universität, ließ sich allerdings anschließend beurlauben und nahm entgegen seinen früheren Sympathien für den Pazifismus als Freiwilliger im Ersten Weltkrieg an den wechselvollen Kämpfen der Ostfront teil. Seine wichtigste Lektüre in der Kriegszeit war die Aufsatzreihe *Parlament und Regierung im neugeordneten Deutschland* von Max

Weber, den er auch selbst im Herbst 1918 auf einem Vortrag im kleinen Kreis kennenlernen konnte. Nach seiner eigenen Bekundung war es Weber, dessen analytische Kraft ihm die Perspektive für eine wissenschaftliche Beobachtung der Politik aufgezeigt hat.

Anfang 1919 nahm Fraenkel das Studium der Jurisprudenz und Geschichte in Frankfurt (und zwischenzeitlich in Heidelberg) auf. Die Rechtswissenschaftliche Fakultät der Frankfurter Reformuniversität galt zu dieser Zeit als eine der wenigen demokratischen juristischen Lehrstätten in Deutschland. Das Jurastudium stand unter dem besonderen Einfluß Hugo Sinzheimers, dem ‹Vater des deutschen Arbeitsrechts›, der dort die erste Professur für dieses Rechtsgebiet in Deutschland übernommen hatte. Fraenkel war seit 1921 Mitglied der SPD und gehörte zum engen Kreis einer ganzen Generation junger sozialistischer Juristen, die sich um Sinzheimer scharten, unter ihnen Hans Morgenthau, Franz L. Neumann, Otto Kahn-Freund und Carlo Schmid. 1923 promovierte er mit einer Arbeit zum Thema *Der nichtige Arbeitsvertrag* und wurde 1924 Sinzheimers Universitätsassistent. Ein Jahr später übernahm er eine hauptberufliche Stelle als Dozent an der Wirtschaftsschule des Metallarbeiterverbandes in Bad Dürrenberg und bildete Gewerkschaftsfunktionäre aus. 1927 gründeten Neumann und Fraenkel als Anwälte eine Bürogemeinschaft in Berlin. Fraenkel wurde Syndikus des deutschen Metallarbeiterverbandes und ab 1931 Rechtsberater des Parteivorstandes der SPD, wodurch er immer stärker in die tagespolitischen Ereignisse der krisengeschüttelten Republik gerissen wurde.

Traumatisch für seine politische Biographie war die Erfahrung des «Preußenschlags» von 1932, als es nicht gelang, einen Generalstreik gegen den Putsch der Reichsregierung zu organisieren. Solange es ihm als Jude im nationalsozialistischen Verständnis möglich war, blieb er auch nach der Regierungsübernahme der Hitler-Koalition in Deutschland, auch wenn er seine politischen und wissenschaftlichen Karrierechancen begraben mußte. Als Kriegsteilnehmer konnte er, wenn auch unter entwürdigenden Bedingungen,[2] zunächst weiter als Anwalt in Berlin praktizieren und leistete Rechtsbeistand für Verfolgte des nationalsozialistischen Systems. Er beteiligte sich am Widerstand des ‹Internationalen Sozialistischen Kampfbundes› (ISK) und verfaßte Schriften für den Untergrund, bis er im Herbst 1938 zusammen mit seiner Frau Hanna über eine Zwischenstation in England ins Exil in die USA floh.

Mit einem amerikanischen Stipendium konnte Fraenkel dort von 1939–42 ein zweites juristisches Studium in Chicago absolvieren. Er publizierte Artikel in der Emigrantenpresse und arbeitete in den letzten

Kriegsjahren an wissenschaftlichen Projekten, die sich mit der Neuge-staltung des künftigen demokratischen Deutschlands befaßten. Zusätz-lich lehrte er als Dozent an der ‹New School for Research› in New York. 1944 wurde er amerikanischer Staatsbürger und trat in den ameri-kanischen Staatsdienst ein, wo er mit Fragen des demokratischen Neuaufbaus in Deutschland beschäftigt war. Fraenkel gehörte zu jenen deutschen Emigranten, die sich mit der politischen Kultur Amerikas zunehmend identifizieren konnten – im Gegensatz etwa zu Brecht, Berg-straesser, Horkheimer oder Adorno. Eine Rückkehr nach Deutschland lehnte er für lange Zeit vehement ab: «In dieser Zeit (1943; d. V.) hörten wir das erste Mal von den Gaskammern in Auschwitz. Wir haben es nicht geglaubt. Dann kamen Bilder von den Vernichtungslagern in Süd-rußland – je weiter die Russen vorrückten, desto detaillierter wurden die Berichte. Als es sich herausstellte, daß hier nicht Propagandameldungen sondern Tatsachen vorlagen, habe ich bewußt und im vollen Gefühl der Bedeutung des Schrittes das Band zwischen Deutschland und mir zer-schnitten und beschlossen, nie wieder nach Deutschland zurückzugehen. Es wäre mir völlig unmöglich, die Unbefangenheit aufzubringen, die notwendig ist, um in jenem Lande zu leben und zu wirken. In dem Ver-hältnis zwischen Deutschen und Juden fühle ich mich, zumal nachdem 5 000 000 Juden ermordet worden sind, mit den Juden – und nur mit ihnen – solidarisch. [...] Ich war lange genug in Deutschland um zu wis-sen, daß ein sehr erheblicher Teil der deutschen Bevölkerung die Maß-nahmen Hitlers gegen die Juden gebilligt hat. Nachdem dieser Feldzug zur Ausrottung geführt hat, ist es für mich als Juden nicht angängig, noch einmal die Sache dieses Volkes zu meiner eigenen zu machen».[3]

Die Erfahrungen in den USA schlugen sich in seinen politischen Optio-nen für einen demokratischen Neuaufbau in Deutschland nieder: War er in der Frage einer sozialistischen Revolution als Weimarer Reformist noch unentschieden gewesen, so hielt er sie nun – nach der schockieren-den Erfahrung des Stalinismus und seines Paktes mit Hitler – weder für erforderlich noch für wünschenswert. Der amerikanische Kapitalismus in Gestalt des New Deal hatte ihn von der Möglichkeit eines produktiven Weiterbestehens des Konkurrenzkapitalismus und der Möglichkeit sei-ner sozialstaatlichen Domestizierung überzeugt. Dezidiert wandte er sich daher gegen sozialistisch-kommunistische Konzeptionen für einen demo-kratischen Neuaufbau Deutschlands.

Von 1946–1950 ging Fraenkel als Berater der amerikanischen Regie-rung nach Korea und war hier maßgeblich an der Ausarbeitung der ersten südkoreanischen Verfassung und an der Organisation und Überwachung der ersten freien Wahlen in Südkorea beteiligt. Die persönlichen Erfahrungen in Südkorea verstärkten seine Ablehnung der kommunistisch-totalitären Regime, insbesondere der Sowjetunion, noch einmal erheblich. Zum anderen entwickelte er eine zunehmende Sensibilität gegenüber der einfachen Überstülpung westlicher Rechts- und Demokratietraditionen auf Gesellschaften mit anders gelagerten Voraussetzungen.

Erst als sich nach seiner dramatischen Evakuierung im Korea-Krieg keine neue berufliche Perspektive in den USA bot, folgte er 1951 dem Drängen seines alten Freundes Otto Suhr, in Berlin eine einjährige Gastprofessur an der Deutschen Hochschule für Politik (DHfP) zu übernehmen. Aus diesem Jahr als Stipendiat des amerikanischen Hohen Kommissars wurden ein weiteres und noch ein weiteres, bis Fraenkel und seine Frau sich entschieden, in West-Berlin zu bleiben. Von nun an wurde der Aufbau der Politikwissenschaft in Deutschland zu Fraenkels Mission, wobei er in seinen rastlosen Aktivitäten immer wieder eine enge Verbindung von wissenschaftlicher Analyse und praktischer Bildungsarbeit suchte.

1953 erhielt er eine Professur an der Deutschen Hochschule für Politik für ‹Vergleichende Lehre der Herrschaftssysteme›, faktisch deckte er aber alle Teilgebiete der jungen Disziplin ab. Wichtig war ihm vor allem die Vermittlung seiner politischen Erfahrungen in der Emigration, was sich in den vielen Lehrveranstaltungen zum Thema USA und seinem Einsatz für ein interdisziplinäres Nordamerika-Institut an der FU, dem heutigen ‹John-F.-Kennedy-Institut›, niederschlug. Fraenkel präsentierte sich in der Rolle eines «Amerikaners in Berlin»[4] und sah sich 1972 nur widerstrebend dazu gezwungen, aus rententechnischen Gründen wieder die deutsche Staatsbürgerschaft anzunehmen.

Die frühen sechziger Jahre stellten den Höhepunkt in Fraenkels öffentlichem Leben dar. In Berlin war er der unbestrittene spiritus rector der neu etablierten Politikwissenschaft und hatte großen Einfluß auf die Studierenden. In den späten sechziger Jahren änderte sich dies jedoch schlagartig. Im Zuge der Protestbewegung gegen den Vietnamkrieg der USA wurde Fraenkel zum Angriffsziel der Studentenbewegung. Der daraus entstehende Konflikt eskalierte zunehmend. Fraenkel wurde beschuldigt, die Schattenseiten der amerikanischen Demokratie zu verschweigen, und bezichtigt, einen US-Imperialismus zu unterstützen. Fraenkel seinerseits sparte ebenfalls nicht mit schwerer Kritik: Er verglich die zumeist jungen Intellektuellen mit den SA-Mobs der Nazis. Bitter enttäuscht über die ausbleibende Anerkennung durch die Studierenden und durch eine jüngere, zumeist radikalere Generation der Politikwissenschaftler lehrte Fraenkel fortan nach seiner Emeritierung in der Schweiz. Verbittert und tief besorgt um die Zukunft der deutschen Demokratie starb er im Jahre 1975 in Berlin. In der Tat: Fraenkel war rigide und streitbar, zunehmend vielleicht auch weniger offen und lernfähig. Aber als Demokrat hat er der deutschen Politikwissenschaft ihren Weg gewiesen.

2. Werk

Fraenkel begann seine wissenschaftliche Publikationstätigkeit in den zwanziger Jahren mit einer Reihe arbeitsrechtlicher Beiträge, in deren systematischem Horizont die Ausgestaltung der im zweiten Teil der Weimarer Verfassung proklamierten tarifrechtlichen und sozialstaatlichen Grundgedanken stand. Doch bald erweiterte er seinen thematischen Radius um Analysen zur politischen Kultur der Weimarer Republik, Überlegungen zur sozialistischen Bildungsarbeit, methodische Aspekte der Rechtstheorie, soziologische Analysen der damaligen anti-demokratischen Richterschaft sowie mit einer Reihe prononcierter Aufsätze zur politisch-ökonomischen Verfaßtheit der krisengeschüttelten Republik. So geißelte er in seiner Schrift *Zur Soziologie der Klassenjustiz* (1927) vehement die soziale Bindung der deutschen Justiz an überkommene obrigkeitsstaatliche Strukturen, nahm den kritischen Befund aber politisch zum Ausgangspunkt für ein Plädoyer, einmal erreichte Rechtspositionen der Arbeiterbewegung nicht aufs Spiel zu setzen.

In der Endphase der Weimarer Republik befaßte er sich in mehreren auch heute noch wichtigen Aufsätzen mit den politischen und sozialen Strukturen der Weimarer Republik. Zunächst arbeitet er diejenigen Strukturen heraus, die einer Verwirklichung der Ziele der Arbeiterbewegung entgegenstanden. Mehr und mehr trat aber die Sorge um den Bestand dieser Demokratie selbst in den Vordergrund, weil sie für die Arbeiterbewegung Errungenschaften absicherte, die mit dem Niedergang der Weimarer Republik wieder in Gefahr gerieten. Fraenkel entwickelte die Konzeption der *Kollektiven Demokratie* (1929) als Gegenmodell zur individualisierenden bürgerlichen Demokratie: Die Weimarer Verfassung verstand er als einen historischen Kompromiß zwischen bürgerlichen und sozialdemokratischen Positionen. Insoweit hatte die Arbeiterbewegung sich mit den verbleibenden überkommenen Strukturen abzufinden; zugleich aber hielt sie an ihren zentralen Zielvorstellungen fest.

Der Status quo wurde für Fraenkel zunehmend zur eigentlichen Zielsetzung, denn immer klarer sah er die Gefahr, daß die Weimarer Demokratie gegen ihre Feinde von rechts aufgrund innerer Schwäche nicht werde bestehen können. Vehement verteidigte er in seinen Artikeln *Abschied von Weimar?* (1932) und *Um die Verfassung* (1932) den einmal erreichten Kompromiß der die Republik tragenden Kräfte. Es dürfe nur mehr um die Ausgestaltung der «dialektischen Demokratie», nicht aber um ihren Bestand selbst gerungen werden. Fraenkel machte Ende 1932 noch einige – aus der Sicht der Arbeiterbewegung geradezu verzweifelte – Vorschläge zur Verfassungsreform, um die parlamentarische Demokratie der Weimarer Republik zu stabilisieren und vor ihrem drohenden Untergang zu retten (u. a. das »konstruktive Mißtrauensvotum« für Kanzler oder Minister, wie es später das Grundgesetz für das Amt des Bundeskanzlers verwirklicht hat). Doch die Machtübergabe an die Nationalsozialisten war mit den Mitteln, die die Arbeiterbewegung einzusetzen gewillt war, nicht zu verhindern. Fraenkel mußte feststellen, daß der von ihm geforderte Grundkonsens in der Weimarer Republik wohl nie zum tragenden Fundament geworden war und daß in ihrer Endphase die verbleibenden Gemeinsamkeiten der Demokraten einer rapiden Auszehrung unterlagen. Weder die bürgerlichen Kräfte noch – das traf ihn besonders – die Arbeiterbewegung waren zu einer kämpferisch entschlossenen Verteidigung der erreichten Demokratie willens und in der Lage.

In dem Buch *Der Doppelstaat* machte sich Fraenkel nach 1933 daran, seine konkreten Erfahrungen im NS-Regime zum Ausgangspunkt einer umfassenden Analyse des neuen politischen Systems zu nehmen. Das Manuskript wurde in französischem Diplomatengepäck aus dem Land geschmuggelt,[5] in den USA weiter überarbeitet und erschien dort 1941 auf Englisch; in Deutschland wurde es erst nach langem Zögern Fraenkels 1974 in einer Rückübersetzung publiziert. Den Zusammenhang von persönlicher Erfahrung und wissenschaftlicher Erkenntnis hat Fraenkel im Vorwort zur deutschen Ausgabe sehr plastisch beschrieben: «Das Buch ist ein Produkt der inneren Emigration. Seine erste Fassung [...] ist in der Atmosphäre der Rechtlosigkeit und des Terrors entstanden. Sie beruht auf Quellenmaterial, das ich im nationalsozialistischen Berlin gesammelt habe und auf Eindrücken, die sich mir tagtäglich aufgedrängt haben. Es ist aus dem Bedürfnis entstanden, diese Erlebnisse und Erfahrungen theoretisch zu erfassen, um mit ihnen innerlich fertig zu werden. Sie gehen weitgehend, wenn auch nicht ausschließlich, auf die Anwaltstätigkeit zurück, die ich in Berlin in den Jahren 1933–1938 ausgeübt habe. Obwohl Jude, war ich wegen Teilnahme am Krieg auch nach 1933 zur Anwaltschaft zugelassen. Die Zwiespältigkeit meiner bürgerlichen Existenz machte mich für die Widersprüchlichkeit des Hitlerregimes besonders hellhörig. Dem Gesetz nach gleichberechtigtes Mitglied der

Anwaltschaft, war ich dennoch auf Schritt und Tritt Schikanen, Diskriminierungen und Demütigungen ausgesetzt, die ausnahmslos von der ‹staatstragenden Partei› ausgingen. Wer nicht die Augen vor der Realität der Verwaltungs- und Justizpraxis der Hitlerdiktatur verschloß, mußte von dem frivolen Zynismus betroffen sein, mit dem Staat und Partei für weite Lebensbereiche die Geltung der Rechtsordnung in Frage stellten und gleichzeitig mit bürokratischer Exaktheit in anders bewerteten Situationen die gleiche Rechtsvorschrift angewandt haben».[6]

Die Grundthese des Buches erwuchs aus den persönlichen Erfahrungen der schwierigen Anwaltstätigkeit Fraenkels: Der NS-Staat ist einerseits ein «Normenstaat» mit weiter geltenden alten und neuen Rechtsvorschriften, andererseits ein «Maßnahmenstaat» nach Kriterien politischer Opportunität der NS-Führung; im Zweifel entscheidet der Maßnahmenstaat. Damit stand die gesamte Rechtsordnung zur Disposition der politischen Instanzen. Der *Doppelstaat* gehört heute zu den klassischen Analysen des NS-Regimes. Zugleich ist er ein singuläres historisches Dokument: Er ist die einzige innerhalb Deutschlands während des NS-Regimes ausgearbeitete kritische Systemanalyse.

Das Spätwerk Fraenkels kreist nach der Niederschlagung des Nationalsozialismus um drei große Themen: die Begründung der Politik als einer eigenständigen wissenschaftlichen Disziplin, die Analyse des amerikanischen Regierungssystems und die Formulierung einer modernen Demokratietheorie.

Die Schwierigkeiten beim Aufbau einer Politikwissenschaft nach seiner Rückkehr nach Deutschland waren enorm. Im Dezember 1952 schrieb Fraenkel an Otto Suhr, man müsse

«von einer realistischen Analyse der gegenwärtigen Situation des Unterrichts der Political Science in Deutschland ausgehen. Nach meiner Ansicht sind die kennzeichnenden Merkmale, daß:
a) unzureichend vorgebildete Studenten
b) ein wissenschaftlich weitgehend unerforschtes Gebiet
c) unter Leitung von Dozenten, die fast ausnahmslos aus anderen Disziplinen stammen,
d) ohne ausreichende Bibliotheks- und Forschungsmöglichkeiten
e) bei völligem Fehlen der sonstwie üblichen Lehr-, Lernbücher, Grundrisse etc.
f) ohne finanzielle Mittel, sich das unumgängliche Quellenmaterial anzuschaffen,
g) in weitgehender Unkenntnis des von ihnen im Examen verlangten Wissens
h) ohne klare Vorstellung der praktischen Verwertungsmöglichkeiten des von ihnen zu erwerbenden Wissens zu beherrschen suchen».[7]

Sein Vortrag *Die Wissenschaft von der Politik und die Gesellschaft* (1963) formulierte das Verständnis einer «Politikwissenschaft als Integrationswissenschaft», die gleichermaßen empirische wie normative Ambitionen hat – wobei es ihm gelang, die Konzeption der Schule Arnold Bergstraessers, die aus ganz anderen Traditionszusammenhängen hervorgegangen ist, mit durchaus gewichtigen Gründen in den Konsens einzubeziehen. Allerdings bestehen zwischen der ‹Integrationswissenschaft› im Fraenkelschen Sinn und dem Gebrauch, der von dieser Formel im Namen von ‹Interdisziplinarität› heute gemacht wird, große Unterschiede. Die Integrationswissenschaft im Fraenkelschen Sinne will die ‹Gestalt› einer politischen Formation durch historisch-hermeneutische Synopse ‹deutend› in einer zusammenfassenden Sicht verstehen. Dazu bedarf es nicht so sehr ausgefeilter sozialwissenschaftlicher Techniken als einer kräftigen Portion Intuition und politischer Urteilskraft.

Mit seinem Buch über *Das amerikanische Regierungssystem* (erstmals 1960) hat Fraenkel nicht nur sein Lehrgebiet «Vergleichende Lehre der Herrschaftssysteme» in der Forschung etabliert, sondern zugleich auch seinen integrationswissenschaftlichen Ansatz praktisch vorgeführt. Fraenkels Amerikabuch ist bis in die Feinheiten des Aufbaus ein methodologisches und politiktheoretisches Pendant zu Carl Schmitts *Verfassungslehre*.[8] Es wurde bahnbrechend als integrierende Sichtweise verfassungsrechtlicher, empirischer, historischer und philosophischer Aspekte; sie alle werden benötigt, um das politische System der USA angemessen zu begreifen. Für eine Politikwissenschaft, die den Anspruch der «Integrationswissenschaft» erhebt, ist dieses Buch nicht nur ein herausragendes Beispiel, sondern geradezu ein «Paradigma» im Sinne von Thomas S. Kuhn.

Politisch sah sich Fraenkel mit seinen Amerikastudien weniger als Missionar, sondern als Mittler zwischen zwei Welten. Sicherlich schwang ein Stück Selbstbeschreibung in dem Bild mit, das er von Carl Schurz zeichnete. Der nach der Revolution von 1848 ausgewanderte und in den USA bis zum ‹Secretary of the Interior› aufgestiegene Schurz habe nie den vielfach bei Emigranten zu beobachtenden Tendenzen nachgegeben, entweder die Verhältnisse in der ehemaligen Heimat zu glorifizieren oder alles am Zuwanderungsland zu verherrlichen. Vielmehr habe er – und dies drückt Fraenkels eigene Vorstellung aus – stets versucht, die als bewährt erlebten Einrichtungen auf reformerischem Wege auch in der neuen Umgebung einzuführen und die in unterschiedlichen Kontexten gesammelten Erkenntnisse für den jeweiligen Aufenthaltsort nutzbar zu machen.

Aus heutiger Sicht fällt aber ebenso ins Auge, daß Fraenkel in seiner Rolle als Mittler seit Mitte der sechziger Jahre zunehmend Mißerfolge erntete. Die Ursache lag in seiner mehrfach bekundeten Loyalität gegenüber den USA im Zuge der Auseinandersetzungen über den Vietnam-Krieg. Daß Fraenkel bezüglich der amerikanischen Außenpolitik durchaus kritischer gesinnt war, als es etwa seine öffentliche Unterstützung für Richard Nixon anläßlich dessen Berlin-Besuches vermuten läßt, zeigen Briefe an enge Freunde aus dieser Zeit. Doch in seinen politikwissenschaftlichen Arbeiten und öffentlichen Zusammenhängen war davon wenig zu bemerken. Hier galt Fraenkels Sorge in erster Linie dem Aufkommen eines neuen Anti-Amerikanismus. Entsprechend schwor er seine Schüler auf eine kritiklose oder – wie es heute heißt – «unverbrüchliche Solidarität» mit den USA ein. Wenn man sich den biographischen Erfahrungshintergrund von Fraenkel vor Augen hält, wird seine fast schon gebetsmühlenartige Unterstützung der USA psychologisch verständlich. Darüber hinaus mag es aber auch ein allgemeines Motiv für Fraenkels Verhalten geben, das zur Mentalitätsgeschichte der frühen Bundesrepublik gehört: Es bedurfte einer gewissen Idealisierung der USA, um der damals in vielen Bereichen der Alltagskultur spürbaren Skepsis gegenüber der westlichen Demokratie rigide entgegenzutreten.[9]

Die politiktheoretische Antwort auf diese Skepsis war die Aufsatzsammlung *Deutschland und die westlichen Demokratien* (erstmals 1964). Es ist nicht übertrieben, wenn man feststellt, daß Fraenkel mit diesem Buch der jungen Bundesrepublik Deutschland das normative Fundament gab. Seine Demokratietheorie mit dem plakativen Titel ‹Neopluralismus› läßt sich in vier Punkten zusammenfassen:

Erstens hat Fraenkel gegen eine in der deutschen Tradition vorherrschende «Verbändeprüderie» aus der Erfahrung der gewerkschaftlichen Organisation der Arbeiterbewegung gezeigt, daß eine Vertretung von Interessen, die in der modernen Demokratie stets nur eine kollektive sein kann, dem demokratischen Rechtsstaat weder schadet noch ihm widerspricht, sondern vielmehr sein Fundament ausmacht. Die Geltendmachung von (durchaus auch egoistischen) Interessen ist deshalb legitim und muß in einem geordneten Prozeß der Willensbildung sichtbar und diskutierbar werden.

Zweitens beinhaltet Fraenkels Neopluralismus-Konzept die Anerkennung unterschiedlicher sozialer Lebensformen. Fraenkel versteht unter autonomen Gruppen kollektive Entitäten, auf die sich Individuen nicht nur als Nutzenmaximierer, sondern auch als Träger kultureller Eigenschaften beziehen. Zu den Merkmalen von autonomen Gruppen rechnet Fraenkel ein «lebendiges Gruppeninteresse», ein «ausgeprägtes Gruppenbewußtsein» und einen «hochentwickelten Gruppenstolz» ihrer Mitglieder. Autonome Gruppen sollen nicht nur eine vom Staat anerkannte Unabhängigkeit besitzen, sondern auch eine «von der Gesellschaft respektierte Würde für sich in Anspruch nehmen können». Zum Pluralismus gehört das Bewußtsein von der Verschiedenheit. Wo das Bewußtsein der heterogenen Natur einer Gesellschaft keine reale Basis hat oder in der Wahrnehmung seiner Angehörigen verschwindet, droht die Gesellschaft in den Totalitarismus einer lenkbaren amorphen Masse abzudriften. Allein ein vitales Geflecht unterschiedlicher gesellschaftspolitischer Zwischengewalten kann die Transformation des Staates in eine Diktatur verhindern.

Die unabdingbare Voraussetzung kontroverser Willensbildung ist drittens die Existenz eines nicht-kontroversen neben einem kontroversen Sektor: die allgemeine Akzeptanz eines Wertkodexes für demokratisches Fair play und ein stets zu beachtendes Mindestmaß an sozialer Gerechtigkeit. Je stabiler die Konsensbasis im nicht-kontroversen Sektor ist, desto offener können im kontroversen Sektor die politischen Probleme ausgehandelt werden. Eliminierung des nicht-kontroversen Sektors bedeutet Anarchie, Ausschaltung des kontroversen Sektors Totalitarismus. Moderne Gesellschaften, mögen sie noch so «post-modern» und fragmentiert sein, können ohne diese Grundlage nicht bestehen.

Viertens ist die Legitimationsbasis – herausgestellt gegen die traditionelle angelsächsische Pluralismustheorie und heute eher mit kommunitaristischen Vorstellungen vereinbar – die Vorstellung eines Gemeinwohls, das der Staat als demokratischer Rechtsstaat grundsätzlich verwirklichen muß. Das Gemeinwohl kann nicht a priori vorausgesetzt und dekretiert werden, vielmehr ist es jeweils in der Entscheidung konkreter Probleme als Resultante konkurrierender Gruppeninteressen und gesellschaftlicher Kräfteverhältnisse a posteriori einzulösen. Es beruht jedoch auf fundamentalen, aus geschichtlichen Rechts- und Unrechtserfahrungen der Gesellschaft begründbaren Wertvorstellungen, die es zur «regulativen Idee» erheben, an der sich politische Entscheidungen messen lassen müssen.

Für die deutsche Politikwissenschaft wurde die Rückkehr Fraenkels zum Glücksfall. Er war nicht – wie etwa der nicht minder einflußreiche Arnold Bergstraesser – durch eine völkisch-konservative Vergangenheit belastet. Als Vertreter der deutschen Arbeiterbewegung, der gleichwohl gegen den Marxismus war und für einen demokratischen und sozialen Pluralismus stand, war er geradezu dazu prädestiniert, der neuen Politikwissenschaft, die sich dezidiert als demokratischer Neubeginn unter antifaschistischem Vorzeichen begriff, Profil und Legitimation zu geben.

3. Wirkung

An Fraenkels Pluralismustheorie entzündeten sich die Geister. Die rechten Kritiker fürchteten in der Tradition der Carl-Schmitt-Schule, daß die Pluralismustheorie den Staat als eigenständigen Akteur unterminiere. Die linke Kritik hielt Fraenkel vor, seine Neopluralismustheorie verharmlose oder sanktioniere ungerechte Resultate des politischen Prozesses, da sie die Diskrepanzen in der Chance, politische Interessen durchzusetzen, schlichtweg ausblende.[10] Derartige Attacken haben Fraenkels Theorie nicht unbedingt geschadet. Im Gegenteil: Fraenkel hat zentrale Elemente seiner Neopluralismustheorie erst in Auseinandersetzungen mit Einwänden konkreter ausformuliert. Mehrfach hat er auf Einwände geantwortet: Er erinnerte seine Kritiker daran, daß die Gemeinwohlkonzeption des deutschen Neopluralismus – anders als in Teilen der amerikanischen Pluralismustheorie – eine normative Dimension habe. Des weiteren schlug er vor, dem angesprochenen Problem der unterschiedlichen Konfliktfähigkeit gesellschaftlicher Gruppen mit dem Instrument des politischen Staatsinterventionismus zu begegnen. Der Staat habe die Aufgabe, bei großen Machtungleichgewichten balancierend in das pluralistische Kräfteparallelogramm einzugreifen und Mindestvoraussetzungen einer gemeinwohladäquaten Politik zu garantieren.

Nach Fraenkels Tod verschärfte sich der Ton in den wissenschaftlichen Debatten über seine Demokratietheorie. Und je mehr seine linken Kritiker sie zu einer unkritischen Verteidigung des Status quo stilisierten, desto mehr wurde sie von konservativer Seite vereinnahmt. Erst seit einigen Jahren wird die Offenheit der Konzeption von Fraenkel für eine Dynamisierung der Demokratie in Richtung Zivilgesellschaft, eine Politik der Anerkennung und für den Multikulturalismus betont. Konservativ ist Fraenkel heute allenfalls mit seiner starken Betonung des sozialstaatlichen Gehalts von Demokratien, den er aber aus gerechtigkeitstheoretischen wie funktionalen Gründen für unverzichtbar hielt.

Fraenkel gilt heute in Deutschland als der entscheidende Theoretiker des Neopluralismus, der das anerkannte Selbstverständnis der Bundesrepublik als moderner westlicher Demokratie mit prägnanten Formulierungen auf den Begriff gebracht hat. Diese Einmütigkeit reicht heute weit über die Grenzen der Politikwissenschaft hinaus. Auch in der juristischen Staatsrechtslehre und im Verfassungsrecht der Bundesrepublik wird heute die Neopluralismustheorie unter ausdrücklichem Hinweis auf Fraenkel umfassend und zustimmend rezipiert; sogar in der staatsrechtlichen Zeitschrift der Carl-Schmitt-Schule, *Der Staat*, werden Würdigungen der Fraenkelschen Neopluralismustheorie abgedruckt. Andererseits sind die Aufnahme von Fraenkels Aufsatzsammlung *Deutschland und die westlichen Demokratien* in die ‹Suhrkamp-Kultur› und die positive Bezugnahme auf ihn durch Jürgen Habermas wiederum Indikatoren seines Erfolges auch im linken Spektrum der politischen Theorie.

Die Rezeption der Arbeiten von Fraenkel im Ausland konzentriert sich demgegenüber auf seine früheren Werkphasen und rückt die Frage nach dem Verhältnis von Demokratie und Kapitalismus in den Vordergrund. Die italienische Ausgabe des *Doppelstaat* und verschiedener Weimarer Schriften betrieb Norberto Bobbio in den siebziger und achtziger Jahren mit dem Ziel, auf seiten der Linken für eine reformistische Wende zu werben.[11] Die neuere Rezeption der Arbeiten Fraenkels in den USA widmet sich demgegenüber ganz den Konsequenzen, die sich aus Fraenkels sozialstaatlicher Konzeption für eine angemessene politische Antwort auf die gegenwärtigen ökonomischen Globalisierungsprozesse ergeben.[12] Solche Aktualisierungen entführen Fraenkel aus seiner Klassiker-Existenz, sie holen ihn zurück in die politische Gegenwart und lassen den zu Lebzeiten ausgesprochen streitbaren Zeitgenossen wieder an den aktuellen Kontroversen teilnehmen.

Literatur

1. Werke

Fraenkel, E., Gesammelte Schriften in sechs Bänden (hg. von G. Göhler, A. von Brünneck und H. Buchstein), Band 1–4, Baden-Baden 1999 ff. (abgekürzt als GS).

Fraenkel, E./Sinzheimer, H., Die Justiz in der Weimarer Republik. Eine Chronik, hg. von Thilo Ramm, Neuwied 1968.

Fraenkel, E., Zur Soziologie der Klassenjustiz und Aufsätze zur Verfassungskrise 1931/32, Darmstadt 1967.

Fraenkel, E., Der Doppelstaat (engl. 1941/dt. 1974), hg. von A. von Brünneck, 2. Auflage Hamburg 2001.

Fraenkel, E., Military Occupation and the Rule of Law, New York 1944.

Fraenkel, E., Amerika im Spiegel des deutschen politischen Denkens, Opladen 1959.

Fraenkel, E., Das amerikanische Regierungssystem (1960), hg. von W. Steffani, 3. Auflage Opladen 1976.

Fraenkel, E., Deutschland und die westlichen Demokratien (1964), hg. von A. von Brünneck, 8. und erw. Auflage Frankfurt/M. 1991.

Fraenkel, E., Universität und Demokratie, Stuttgart 1967.

Fraenkel, E., Reformismus und Pluralismus. Materialien zu einer ungeschriebenen politischen Autobiographie, Hamburg 1973.

2. Biographie

Göhler, G./Buchstein, H. (Hg.), Vom Sozialismus zum Pluralismus. Beiträge zum Werk und Leben Ernst Fraenkels, Baden-Baden 2000.

Ladwig-Winters, S., Ernst Fraenkel – Eine Politische Biographie, erscheint 2005.

3. Darstellungen

Buchstein, H., Political Studies and Democratic Culture. Ernst Fraenkel's Studies of American Democracy, in: German Politics and Society No. 68, Vol. 21, 3 (Fall 2003), S. 48–73.

Detjen, J., Neopluralismus und Naturrecht, Paderborn 1988.

Göhler, G., Vom Sozialismus zum Pluralismus. Politiktheorie und Emigrationserfahrung bei Ernst Fraenkel, in: Politische Vierteljahresschrift 27 (1986), S. 6–27.

Massing, P., Interesse und Konsensus, Opladen 1979.

Steffani, W./Doeker, G. (Hg.), Klassenjustiz und Pluralismus. Festschrift für Ernst Fraenkel, Hamburg 1973.

Anmerkungen

1 Fraenkel, E., Anstatt einer Vorrede (1973), in: ders., Gesammelte Schriften (im weiteren abgekürzt als GS), Band 1, S. 59.

2 Vgl. Ladwig-Winters, S., Anwalt ohne Recht – Das Schicksal jüdischer Rechtsanwälte in Berlin nach 1933, Berlin 1998, bes. S. 39–41, 80–82, 125.

3 Brief E. Fraenkel an Otto und Susanne Suhr vom 23. März 1946, in: GS 3, S. 391.

4 Vgl. Steffani, W., Ernst Fraenkel als Persönlichkeit, in: Göhler, G./Buchstein, H. (Hg.), Vom Sozialismus zum Pluralismus, Baden-Baden 2000, S. 132 ff.

5 Dieser ‹Urdoppelstaat›, der noch sehr viel stärker marxistisch geprägt ist, wurde im Zuge der Edition seiner Gesammelten Schriften wieder aufgefunden und ist abgedruckt in Fraenkel, GS 2, S. 267–473.

6 Fraenkel, E., Der Doppelstaat (1944), in: GS 2, S. 41.

7 Brief E. Fraenkel an Otto Suhr vom 5. Dezember 1952, Bundesarchiv Koblenz, Nachlaß E. Fraenkel, Akte: 274/8.

8 Vgl. Buchstein, H., Ernst Fraenkel als Klassiker?, in: Leviathan 26 (2003), S. 458–481.

9 Vgl. zu dieser Söllner, A., Ernst Fraenkel und die Verwestlichung der Politischen Kultur in Deutschland, in: Leviathan 30 (2002), S. 132–154.

10 Gute Überblicke über die Debatten geben: Kremendahl, H., Pluralismustheorie in Deutschland, Leverkusen 1977 und Steffani, W., Pluralistische Demokratie, Opladen 1980.

11 Zur italienischen Rezeption vgl. Bolaffi, A., Dalla ‹Kollektive Demokratie› al ‹doppio Stato› nell'analisi di Ernst Fraenkel, in: ‹Annali› della Fondazione G. Fellitrini 1983/84, S. 1065–1091.

12 Vgl. Scheuermann, W., Social Democracy and the Rule of Law: The Legacy of Ernst Fraenkel, in: Caldwell, P./Scheuermann, W. (Eds.), From Liberal Democracy to Fascism, Boston 2000, S. 74–105.

Harald Bluhm

Leo Strauss (1899–1973)

I. Leben

Der bekennende Platoniker Leo Strauss gilt in den USA als einer der einflußreichsten politischen Philosophen. Die erstaunliche Wirkung des Außenseiters begann in einem Zweig der amerikanischen Politikwissenschaft, in der politischen Theorie und Ideengeschichte, die sich in den 1940er Jahren als Teildisziplin etablierte. Strauss hat von Beginn an in einem fundamentalen Sinne für die «Wiederbelebung» normativer politischer Philosophie durch Rekurs auf antike Klassiker plädiert. Ungeachtet deutlicher Distanz zu praktischer Politik wurde er mit diesem sehr akademischen Konzept für den amerikanischen Neo-Konservatismus attraktiv. Über das Leben dieses Gelehrten, der früh Anhänger fand und eine akademische Schule gründete, ist abgesehen von äußeren Karrierestationen wenig bekannt.[1]

Als Kind jüdisch-orthodoxer Eltern in Kirchhain/Hessen geboren, ging Strauss im nahe gelegenen Marburg zum Gymnasium und studierte dort, wie auch in Frankfurt am Main, Berlin und Hamburg Philosophie, Mathematik und Naturwissenschaften. 1921 promovierte er bei dem Philosophen Ernst Cassirer mit einer Arbeit zu Friedrich Heinrich Jacoby. Bis 1925 setzte Strauss seine Studien bei Edmund Husserl und Martin Heidegger fort. Hier knüpfte er dauerhafte Beziehungen zu Philosophen wie Hans-Georg Gadamer, Gerhard Krüger, Karl Löwith und Jacob Klein, die – ebenfalls stark von Heidegger beeindruckt – abstrakten Systemen durch existentielles Philosophieren und durch Destruktion erstarrter Schultraditionen zu entkommen suchten.[2] In diesem Kontext und im Anschluß an Nietzsche entwickelte Strauss erste Ansätze seines emphatischen Verständnisses von Philosophie als Lebensform, deren Kern radikales Fragen ist.

In den 20er Jahren publizierte Strauss in Zeitungen und Wochenjournalen u. a. zu Problemen jüdischer Identität und hob dabei die Unversöhnlichkeit von Orthodoxie und Assimilation sowie die Schwächen des politischen, religiösen und kulturellen Zionismus heraus. Von 1925 bis 1932 arbeitete er an der Akademie für die Wissenschaft des Judentums in

Berlin. In ihrem Auftrag schrieb er ein Buch über die Religionskritik von Spinoza (1930). Strauss legte seiner Interpretation ein an praktischer Rationalität orientiertes Verständnis von Philosophie und eine strikte Auffassung der Offenbarungsreligion (mit unbedingtem Gehorsam gegenüber Gott) zugrunde. Damit belegte er, daß Spinoza nur bedingt als Gründer der Bibelwissenschaft gelten kann, da seine Auseinandersetzung mit der Heiligen Schrift auf einem engen, rationalistischen Verständnis von Religion ruhe.

An der Akademie für die Wissenschaft des Judentums arbeitete Strauss auch an der Edition der Schriften von Moses Mendelssohn mit. Bei der intensiven Auseinandersetzung mit Lessing stieß er auf die für sein weiteres Werk wegweisende Unterscheidung des esoterischen Gehaltes philosophischer Texte und ihrer exoterischen, äußerlichen Präsentationsform, die er später zu einer eigenen Hermeneutik ausbaute.[3]

Für seine Hobbes-Studien ging Strauss mit einem Rockefeller Stipendium 1932 nach Paris und 1934 nach Oxford. In Paris lernte er Alexandre Kojève näher kennen, dem er verbunden blieb.[4] Sein akribisches Buch zu Hobbes, das 1936 zunächst in englischer Übersetzung erschien, gehört nach wie vor zu den Referenzwerken der Forschung. Strauss siedelte 1938 in die USA über. Dort fand er Arbeitsmöglichkeiten an der New School (als Lecturer, Associate Professor, 1944 parallel zur amerikanischen Staatsbürgerschaft Full Professor). 1949 wechselte er an die University of Chicago, wo er bis 1968 arbeitete. Danach war Strauss ein Jahr Visiting Professor am Claremont Men's College in Kalifornien und als Scott Buchanan Distinguished Scholar-in-Residence am St. John's College in Annapolis/USA tätig. Er hat Deutschland nach dem Zweiten Weltkrieg nur einmal besucht, als er 1965 die Ehrendoktorwürde der Universität Hamburg erhielt.

2. Werk

Das Œuvre von Strauss besteht aus Werkinterpretationen bedeutender Philosophen. Seine eigenen Auffassungen sind meist in die Auslegungen dieser Schriften eingeflochten, was die Deutung seines Denkens erschwert. Strauss' politische Philosophie zielt auf einen normativen Horizont, ohne den das Politische nicht gedacht werden könne. Sein radikales Fragen mit existentiellem Bezug läuft auf große Alternativen und Grundprobleme – wie etwa das Verhältnis von Religion und Staat im Judentum oder von Philosophie und Offenbarungsreligion – hinaus. Man kann Strauss' Schriften grob in drei Phasen gliedern: in ein Frühwerk (1920–37), bei dem er sich zu seinen Fragestellungen vorarbeitet; ein mittleres

Werk (1938 bis Ende der 50er Jahre), in dem er seine Probleme entfaltet; daran schließt sich ab Ende der 50er Jahre sein Spätwerk an, das primär der Interpretation antiker Klassiker gewidmet ist. Den Kern des gesamten Werkes bildet eine vehemente philosophische Kritik an der Moderne und der rationalistisch verkürzten Aufklärung. Für Strauss haben die moderne Aufklärung und mit ihr der Liberalismus ihre Gegner oft verkleinert, um sie dann bewältigen zu können – erst wenn man Glauben auf Priesterbetrug und eine Form falschen Wissens heruntergebracht habe, könne man die Religion aufklärerisch besiegen. Demgegenüber handele es sich bei der Religion um eine ganz eigene Rationalitätsform mit anspruchsvollen Ordnungs- und Orientierungsleistungen für die Mehrzahl der Menschen. Strauss verteidigt die Wunder als ein Element des Glaubens und betont, gegen Historisierungen der Religion gewandt, daß die Möglichkeit von Offenbarung und Wunder immer gegeben sei. Philosophie müsse die Leistungen·der Religion begreifen und erkennen, daß sie nicht an deren Stelle treten kann. Zugleich müsse die Philosophie ihre eigene Denk- und Lebensform, die jeder Autorität kritisch gegenübersteht, behaupten. Für Strauss befinden sich Philosophie und Religion in einem strikten Gegensatz, aber die Philosophie kann diesen Gegensatz reflektieren und muß daraus politische Konsequenzen ziehen. In diesem Sinne hat Strauss das politisch-theologische Problem als sein Leitthema bezeichnet.[5]

Der bekannteste Artikel des Frühwerkes sind die *Anmerkungen zu Carl Schmitt, Der Begriff des Politischen* von 1932.[6] Schmitt hat das Politische vom Staat abzulösen gesucht und als Intensität von Freund-Feind-Konflikten begriffen, die in allen Bereichen der Gesellschaft aufkommen können. Strauss ist von dieser theoretischen Position prinzipiell angetan. Mit Schmitt begreift er das Politische als umfassend und als ein Problem von existentiellem Ernst und plädiert für eine Bejahung des Hobbes'schen Naturzustandes. Dennoch folgt er der Freund-Feind-Logik nicht einfach, sondern wendet ein, Schmitt konzentriere sich so sehr auf den Feind, daß die Dimension des Freundes unklar bleibe. Zudem entkomme er den liberalen Prämissen, dem Individualismus und einer nur formalen Vorstellung der wünschenswerten Ordnung nicht. Strauss fordert einen Horizont, der tatsächlich jenseits des Liberalismus liegt, um diesen prinzipiell kritisieren zu können.

Im Buch über Hobbes stellt Strauss die These einer mathematisch-naturwissenschaftlichen Wende bei Hobbes in Frage und zeigt, daß dessen Themen schon in der Übersetzung von Thukydides' Werk über den peloponnesischen Krieg präsent sind und in einem älteren Adels- und

Tugendideal wurzeln. Im Unterschied zu den späteren Schriften hat Strauss in dieser Arbeit historisch und werkgeschichtlich argumentiert. Er zeigt auf, daß die Verknüpfung der Frage nach der besten Ordnung, die nur von der Vernunft beantwortet werden kann, mit dem Problem ihrer Realisierung zu einer fragwürdigen Radikalität bei Hobbes führt. Das heißt, Strauss plädiert im Hobbes-Buch von 1936 angesichts der Ohnmacht der Vernunft für Mäßigung in politischen Fragen.

Im Band *Philosophie und Gesetz* (1935) entfaltet Strauss den Gegensatz von Philosophie und Religion in einem modernekritischen Sinn. Beide thematisieren letzte Orientierungen und erlauben durch ihren suprapolitischen normativen Status Begrenzungen des Politischen. Strauss' Perspektive auf Philosophie und Religion als Gegensatz von freiem vernunftgeleitetem oder durch Autorität geleitetem Leben hat zwei besondere Aspekte. Zum einen akzentuiert er die divergierenden Adressaten: Philosophie wende sich an Wenige, die Religion dagegen an die Menge. Zum anderen wird der Philosoph unter den Propheten subsumiert. Die normative Figur des Propheten bekommt in der Auseinandersetzung mit dem Werk mittelalterlicher Philosophen Konturen. Avicenna, al-Farabi und Maimonides[7] haben sich, so Strauss, von Platon beeinflußt, mit dem Islam bzw. Judentum auseinandergesetzt. In ihrer Deutung der strikten Gesetzesidee des Judentums und des Islams erkennen sie die Stiftung einer sittlich vollkommenen Gesellschaft als Ziel der Prophetie. Der Prophet ist als Seher, Wundertäter und vor allem als Gesetzesverkünder von überragender Bedeutung. Er berge die Aufgaben des Philosophen wie des Staatsmannes in sich. Für den Philosophen heißt dies, er kann seine Freiheit nur dann realisieren, wenn er sich selbst begrenzt, indem er politische und religiöse Kontexte respektiert und in der Prophetie eine überlegene Form praktischer Thematisierung vortrefflicher Sittlichkeit anerkennt.

Strauss setzt sich für die Restitution vormoderner Philosophie ein, da die moderne Philosophie, wie mit einer Metapher von Platon erläutert wird, in einer prekären Lage steckt: Wenn Philosophie immer der schwierige Aufstieg aus der Höhle der Meinungen in das grelle Licht der Sonne vernünftiger Klarheit ist, dann sind die Modernen durch die Einseitigkeiten der philosophischen Aufklärung in einer Höhle unter dieser Höhle.[8] Die Aufgabe bestünde also darin, sich durch verstellte und verschüttete Fragen sowie falsche Traditionen und in Systemen erstarrtes Denken in die erste Höhle hinaufzuarbeiten. Es ist dieser Weg, den Strauss in seinen frühen Schriften beginnt. Seine Verfallsgeschichte neuzeitlicher politischer Philosophie, nach der sie das normative Niveau durch die Preisgabe der Frage nach der besten Ordnung und Lebensführung absenkt, bildet den Kern seiner Kritik der Moderne. Das heißt aber mitnichten, daß nur die antiken oder mittelalterlichen Theoretiker wirklich philosophiert haben. Philosophie sei immer möglich, nur sind außerordentliche Denker, die weit über normalen Gelehrten stehen, selten.

In der mittleren Schaffensphase hat Strauss seine Auffassungen zunächst in methodischer Hinsicht entwickelt. Im Aufsatz *Persecution and the Art of Writing* von 1941 stehen hermeneutische Fragen im Mittelpunkt, die später in einem Sammelband unter gleichem Titel ausgebaut werden. Strauss geht davon aus, daß Philosophie im Kern immer subversiv ist, da sie das Alltagsbewußtsein eines Gemeinwesens und normaler Bürger untergräbt. Für Strauss hat Platon aus der Verurteilung des Sokrates durch die Athener zwei treffende Folgerungen gezogen: Die Philosophie ist zum einen nicht für jedermann und wird daher besser in geschützten und abgesonderten Räumen wie einer Akademie betrieben. Zum anderen ist sie und ihre Bewahrung an die schriftliche Fixierung gebunden und wird damit unabhängig von spezifischen Kontexten rezipierbar. Um dem stets möglichen Konflikt zwischen dem Philosophen und dem Gemeinwesen zu entgehen, muß der Philosoph seine Texte kodieren. Dabei sind verschiedene Dimensionen politischer Philosophie zu beachten, die jeweils mit unterschiedlichen Adressaten verknüpft sind. Die esoterische Übung (Dialektik) ist Teil des philosophischen Diskurses. Die exoterische Lehre (Psychagogie) dient zur Rekrutierung tugendhafter Männer und Jugendlicher, also möglichen philosophischen Nachwuchses. Die exoterische Übung (Diätetik) zielt auf die Ausbildung einer Führungselite und als exoterische Lehre (Rhetorik) ist sie politische Rechtfertigung der Philosophie vor dem Gemeinwesen.[9]

Politische Philosophie muß unterschiedliche Adressaten erreichen, ihre subversive Wahrheitssuche verbergen und sich so vor Verfolgung durch die Menge schützen. Strauss nennt die dafür nötige Präsentationsform exoterisches Schreiben. Damit nun Philosophen die tieferen Wahrheiten auffinden können, werden in die großen Texte Widersprüche eingebaut und rhetorische Kompositionen genutzt, die sich nur dem Kenner bei genauem Lesen erschließen. Die Dekodierung von Texten und die Enträtselung verschiedener Adressaten stehen im Zentrum von Strauss' Methodik. Seine hermeneutischen Verfahren zur Erschließung von tieferem Sinn, der in Textoberflächen verborgen und nicht in einer ungeschriebenen Lehre zu finden ist, bleiben umstritten. Strauss muß nämlich mit einem emphatischen Begriff des Autors arbeiten, der seine Texte souverän gestaltet und mehrfach kodiert, er muß zudem unterstellen, daß sich die Intentionen des Autors tatsächlich im Text finden lassen. Bei diesem Verfahren wird das Philosophieren in eine kultivierte Alltagssprache zurückgeholt und die differenzierte philosophische Fachsprache weitgehend zurückgenommen. Die viel diskutierte Frage, inwiefern Strauss diese Schreibweise selbst genutzt hat, berührt die Problematik, ob diese Kodierungen generell zur Philosophie gehören oder aber, ob sie nur bei Verfolgung und Unterdrückung nötig sind. Da Strauss' Texte oft enigmatische Züge haben, spricht vieles für den ersten Fall, zumal er die geistigen Freiräume in den USA, dem Land seines Exils, nutzen konnte. Unabhängig davon, wie man die Methodik im einzelnen beurteilt, wurde mit ihr die Aufmerksamkeit für rhetorische Strategien erneuert und provokative Lesarten von Texten möglich. Darüber hinaus betont Strauss die Verantwortung des Philosophen für seine Texte, durch Berücksichtigung verschiedener Publika. Das heißt, der Vorrang des philosophischen, theoretisch-kontemplativen Lebens kann nur durch mehrfach reflexiven Bezug auf das praktische Leben gesichert werden.

Die Schriften des mittleren Strauss scheinen sich nur ewigen Problemen zu widmen, sie beinhalten aber auch aktuelle theoretische Interventionen. Im Buch *Über Tyrannis* (1947) tritt dies deutlich hervor. Wie für viele deutsche Emigranten war für Strauss die Auseinandersetzung mit dem Totalitarismus eine substantielle Herausforderung. Allein er wendet sich nicht den modernen Phänomenen zu, sondern kritisiert die vermeintlich wertfreie Sozialwissenschaft dafür, daß sie angesichts der größten Tyrannei versage und technisches Vokabular bevorzuge. Demgegenüber will Strauss zeigen, daß man mit Rekurs auf Xenophons *Hieron* einen normativ-kritischen Horizont wiedergewinnen kann. In seiner Auslegung zeigt er zwei klassische Defizite der Lebensform des Tyrannen auf. So achtet der Tyrann nur auf seine Anerkennung und will von allen geliebt werden, d. h. er entgrenzt Politik auf egoistische Weise. Zugleich kann er übergeordnete Lebens- und Denkformen wie die Dichtung und die Philosophie nicht anerkennen, sondern muß das geistige Leben limitieren. Sokratische Dialektik erscheint Strauss als das Mittel, um solchen Defiziten und Versuchen der Einschränkung philosophischer Freiheit entgegenzutreten, da sie derartige Meinungen als widersprüchlich aufzeigt.

Naturrecht und Geschichte (1953) ist die systematischste Schrift im mittleren Werk von Leo Strauss. Er rekonstruiert keineswegs das moderne Naturrecht, um daran anknüpfend feste Maßstäbe zu finden, wie dies vielfach angesichts des Bruches im modernen Denken nach den beiden verheerenden Weltkriegen versucht wurde, sondern erörtert Grundprobleme der Gewinnung qualitativer Maßstäbe für politische Ordnung. Das Buch beginnt mit zwei methodischen Kapiteln, die sich mit dem Historismus, der für Strauss bei Heidegger kulminiert, und dem Relativismus, hier entfaltet Strauss eine vehemente Kritik an Max Weber, auseinandersetzen. Beiden Denkströmungen wird Maßstablosigkeit vorgeworfen, die zwei Effekte habe: Zum einen führe sie zur Absenkung des Niveaus normativen Fragens; zum anderen werde damit geistig-moralische Orientierungslosigkeit forciert. Strauss ist überzeugt, daß die Werturteilsfreiheit auf Positivismus hinausläuft. Sein Argument lautet, jede Wissenschaft folgt bestimmten Werten und kann nicht von ihnen absehen. Werturteilsfreiheit gilt als ein an die Naturwissenschaft angelehntes Ideal, das die Voraussetzungen politischen Lebens verfehlt und einseitigen Rationalitätsvorstellungen folgt. Strauss zeigt dann die Ursprünge naturrechtlichen Denkens in der Antike auf, die mit der Entdeckung des Naturbegriffes und des Gegensatzes von «physis» und «nomos» verbunden ist. Dies ist für ihn die klassische Form des Naturrechtes, wiewohl sie – wie oft gegen Strauss eingewandt wurde – wenig elaboriert ist. Davon hebt er die eingeschränkte moderne, nämlich individualistische und vertragsrechtliche Gestaltung bei Hobbes und Locke ab. Mit Rousseau und Burke beginne die Krise des modernen Naturrechtes, die zum Relativismus und Historismus hinführt. Auch das Naturrechts-Buch hat eine interventorische Dimension: Strauss will die Amerikaner ideenpolitisch an ihre eigene Tradition erinnern, indem er fragt, ob sie an die in der Unabhängigkeitserklärung proklamierten natürlichen Rechte noch glauben. Es könnte nämlich durchaus sein, so die dramatische Warnung, daß die im Zweiten Weltkrieg siegreiche Nation von den unterlegenen Deutschen via Historismus und Relativismus ein «geistiges Joch» aufgebürdet bekommen hat, das auf den Verlust der eigenen Tradition hinausläuft.[10]

Die Spezifikation disziplinärer Grenzen und die Formung eines Kanons großer Autoren bzw. Bücher sind thematisch und für die Bildung der akademischen Schule Schwerpunkte im mittleren Werk von Strauss. In *What is Political Philosophy*[11] werden die Argumentationslinien zusammengefaßt und Forderungen für eine bestimmende Rolle der sich in der Politikwissenschaft selbständig etablierenden Politischen Theorie und Ideengeschichte erhoben.[12] Politische Philosophie gilt als Versuch, die Meinungen über die Natur der politischen Dinge durch ein Wissen zu ersetzen. Sie beginnt demnach bei der normalen Sprache von Akteuren und nicht bei Institutionen. Strauss grenzt politische Philosophie deutlich von der Ideengeschichte, der politische Theorie, dem politischen Denken und der politische Theologie ab. Ihre Spezifik wird in der strikt normativen

Ausrichtung und dem intransigenten Fragen, das keine Gewißheiten anerkennt, gesehen. Auf dieser Basis hat Strauss mit Joseph Cropsey eine Geschichte der Disziplin anhand großer Theoretiker – von Platon über Marsilius von Padua bis zu Friedrich Nietzsche und John Dewey – präsentiert.[13] Strauss' Anspruch autoritativer Kanonisierung politischer Philosophie ist ebenso wie der recht pauschale Positivismusvorwurf an die Politikwissenschaft seinerzeit von John Schaar und Sheldon Wolin als elitär und einseitig zurückgewiesen worden.[14] Die Auslegung kanonischer Texte ist allerdings gerade eine Stärke der Strauss-Schule.[15]

Der Verfall der politischen Philosophie hat bei Strauss mehrere Momente. Zunächst besteht er in einer Absenkung der normativen Ziele – statt nach der besten Ordnung wird in der Moderne primär nach einer praktisch möglichen, stabilen Ordnung gefragt. Damit geht eine Selbstinstrumentalisierung der Philosophie einher, ordnet sie sich doch praktischen Realisierungszwecken unter. Für Strauss impliziert dies sowohl den Verlust der Begrenzung des Politischen durch suprapolitische Bezüge als auch den Verlust der humanisierenden Wirkungen, die aus der selbstzweckhaften philosophischen Suche nach Wahrheit resultieren. Damit mutiert vor allem im 20. Jahrhundert Philosophie zu Ideologie. Da Strauss den wellenartig erfolgenden Verfall der Philosophie (eine erste Welle beginnt mit Machiavelli und Hobbes, die zweite mit Rousseau und die dritte mit Nietzsche) zum Kern der Krise der Moderne macht, stehen in den Interpretationen von Theoretikern aus der frühen Neuzeit weltgeschichtliche Fragen auf der Tagesordnung.

Das Buch über Machiavelli, das die mittlere Phase abschließt, ist heftig debattiert worden.[16] Es stellt einen Höhepunkt der geistesgeschichtlichen Deutungen dar und setzt den Florentiner als «Teacher of Evil» auf die Anklagebank. Strauss zieht alle Register seiner Interpretationskunst, zählt Kapitel und verfolgt Motive, um rhetorische Strategien zu decouvrieren und in der äußeren Form des Textes angedeutete tiefere Schichten aufzudecken. Im Kern ist das Buch aber wenig überraschend, Machiavelli erscheint als Machttechniker und als Protagonist einer Trennung von Politik, Moral und Religion. Strauss löst die Spannung zwischen dem *Principe*, einem Ratgeber für Fürsten, und den *Discorsi*, die sich an Bürger wenden, zugunsten des *Principe* und deren Machtanalytik auf. Die Machiavelli-Interpretation bedeutet eine Akzentverschiebung. Strauss hatte lange Zeit Hobbes die entscheidende Weichenstellung zuerkannt, nun liest er Machiavelli als den entscheidenden Vorläufer des «koboldhaften und plebejischen» Hobbes, der wie dieser den bewußten Bruch mit der antiken Tradition betreibt.[17] Machiavelli sehe sich als

Begründer einer neuen politischen Wissenschaft, die Machtpolitik instruiert, und als Stifter einer säkularen politischen Religion. Damit wird eine deutliche Gegenposition zur republikanischen Lesart bezogen, die behauptet, daß Machiavelli die Politik in ihrer alten Würde als bürgerschaftliches Tun wieder einsetzen wollte und ein Vorläufer von Konzepten der Zivilreligion sei.[18]

Das Spätwerk von Strauss enthält primär Schriften zu antiken Autoren (zwei zu Xenophon, eine zu Sokrates und Aristophanes sowie eine zu Platons *Nomoi*), deren Gedankenreichtum im Detail liegt, und drei eher konzeptive Bände. Den Beginn dieser Schaffensphase markiert die dichte, aber leichter als andere Bücher erschließbare Schrift *The City and Man* (1964). Einleitend entfaltet Strauss dort noch einmal seine modernekritischen Motive und wendet sich dann den von der modernen Philosophie ad acta gelegten qualitativen normativen Fragen in Interpretationen von Platon, Aristoteles und Thukydides zu. Schon die gemeinsame Behandlung dieser drei Autoren ist bemerkenswert, werden doch verschiedene theoretische Perspektiven aufeinander bezogen. Aristoteles gilt als Gründer der Politischen Wissenschaft, er fragt nach der guten Ordnung, vor allem aber, so Strauss, hat er die moralischen Tugenden entdeckt. Seine *Politik* ist an den gebildeten, reifen Bürger adressiert. Platon dagegen richte sich mit seinen Dialogen (zu dekodierende «Prosadramen») im Kern an (künftige) Philosophen. Er erörtert die Fragen der Gerechtigkeit und Natur der Politik. Die *Politeia* sei kein utopischer Entwurf einer besten Ordnung, sondern unausgesetzte Erörterung von Grundfragen und Ansprüchen an eine bestmögliche Ordnung, also ein anti-utopischer Text. Thukydides ergänzt nach Strauss die philosophische Perspektive, da er die Stadt in Bewegung, im Krieg zeigt, was dem Philosophen nicht möglich ist. Von einer pessimistischen Anthropologie ausgehend, wird der Kampf um Macht in der Innen-, mehr aber noch in der Außenpolitik zum Thema, wobei die antike Überzeugung von der Selbstgenügsamkeit der Stadt fragwürdig wird. Diese politische Geschichtsschreibung stellt den Kampf zweier großer Mächte (Athen und Sparta), aber auch Ordnungsformen und Lebensweisen, also ein Ringen um menschliche und politische Größe, dar.

Der noch von Strauss konzipierte Band *Studies in Platonic Political Philosophy* (1983) verdeutlicht, wieweit er die Annäherung an Platon versteht. Er umfaßt nämlich Beiträge zu antiken Autoren sowie zu Nietzsche, Maimonides, Machiavelli und thematische Aufsätze zum Naturrecht, Philosophie sowie Theologie. Der Band enthält zudem einen Artikel zu Husserl und Heidegger, in dem Strauss knapp auf die Ausgangspunkte seines Denkens zurückkommt und sein an der Antike orientiertes Philosophieren in moderne Kontexte stellt. Auch die Aufsatzsammlung *Liberalism, Ancient and Modern* (1968) enthält theoriegeschichtliche Interpretationen, richtet sich mit Artikeln zu Bildung, Bildung und Verantwortung sowie zur guten Gesellschaft aber stärker an ein allgemeines Publikum. Dabei vereinnahmt Strauss den Liberalismusbegriff durch Ausdehnung bis auf die Antike und entwickelt einen Gegensatz von liberaler und illiberaler Bildung. Erstere beruhe auf dem Studium der großen Bücher und der daraus folgenden Humanisierung. Die Konsequenz dieses semantischen Manövers lautet: Der wahre Liberale ist ein Konservativer, da er für Bildung sorge und so durch Schaffung einer Bildungsaristokratie zum Bestand der Demokratie beitragen würde. Nur so könne Orientierung in der an sich orientierungslosen Massendemokratie ermöglicht werden.[19]

3. Wirkung

Strauss wirkte in der amerikanischen Politikwissenschaft durch sein Konzept politischer Philosophie und durch Kanonisierung der Geschichte der politischen Philosophie. Seine wissenschaftliche Schule – die «Straussians» – umfaßt mehrere Generationen von recht unterschiedlichen akademischen Schülern. Dazu gehört der herausragende Seth Benardete, der neben Interpretationen von antiken Klassikern eine große Anzahl von Übersetzungen platonischer Dialoge veröffentlicht hat.[20] Im Kontext der Politikwissenschaft lassen sich zudem eine Ost- und Westküsten-Lesart von Strauss unterscheiden. Erstere repräsentieren Allan Bloom und Thomas Pangle, die nietzscheanische Motive bei Strauss, seine Distanz zur Religion betonen und den Gegensatz von antiker und moderner Philosophie zugunsten des Gegensatzes von Dichtung und Philosophie abschwächen. Als Repräsentant der Westküsten-Lesart gilt Herbert Jaffa, der das Problem des guten Bürgers und der besten Ordnung im Werk von Strauss herausstreicht. Unter den akademischen Schülern ist schließlich eine auf die amerikanische Geschichte ausgerichtete Variante anzutreffen, zu der etwa Herbert J. Storing zählt, der eine mehrbändige Edition der Anti-Federalists herausgegeben hat.[21] Eine weitere Untergruppe akademischer Straussians (Hilail Gildin und Kenneth H. Green) betont die jüdischen Bezüge in seinem Denken.

Eine andere Dimension des Wirkens ist mit wiederholten öffentlichen Debatten über den Einfluß von Strauss auf die amerikanische Politik verknüpft. Eine erste Debatte fiel in den Beginn der Präsidentschaft von Ronald Reagan und die konservative Wende in der Politik, bei der Anfang der 1980er Jahre eine erhebliche Anzahl von Straussians in die Politik wechselte.[22] Über den Einfluß von Strauss auf die nun zum Zuge kommenden Neokonservativen hielt Irving Kristol – der «godfather» dieser Bewegung – fest, daß durch ihn eine neue Perspektive erschlossen werden konnte, nämlich die Gegenwart durch ein umgekehrtes Fernrohr im Lichte einer großen philosophischen Tradition zu betrachten – einer Tradition, die weit über Edmund Burke, den Stammvater des Konservatismus und die auf die Moderne beschränkte liberale Tradition, hinausgeht. Konkrete Folgen für die Politik ergäben sich aus seinem Konzept jedoch nicht.[23] Eine zweite öffentliche Debatte um die Straussians löste Allan Bloom 1987 durch das Buch *The Closing of the American Mind* aus. Bloom hat in seinem Bestseller ganz straussianisch den Verfall der Bildung kritisiert. Dabei griff er die Studentenbewegung und all ihre Folgen für das amerikanische Hochschulwesen scharf an. Sie würden mit ihrem Demokratismus nicht nur die Autorität und Institutionen untergraben, sondern durch Ausweitung des Bildungskanons auf Philosophen und politische Denker verschiedener Provenienz auch dem Relativismus Tür und Tor öffnen. Akademisch sind Shadia Drury und John G. Gunnell dem neuen Einfluß der Straussians engagiert entgegengetreten.[24]

In den jüngsten Kontroversen über die Außenpolitik der Regierung von George W. Bush und den Irakkrieg des Jahres 2003 ist Strauss erneut eine prominente Rolle als geheimer Ideengeber zugeschrieben worden. Dabei wurde kaum auf seine Schriften, sondern auf seinen fundamentalkritischen Gestus Bezug genommen und herausgestrichen, daß man die Differenzierung von esoterischem Gehalt und exoterischer Präsentation im Sinne eines elitären Wissens und Belügens des Volkes verstehen könne. Das Œuvre von Strauss birgt für amerikanische Kontexte nach wie vor Provokationen in sich. Sie sind in der Kritik an der Moderne und am Liberalismus, der Kritik des Fortschrittsglaubens, der Thematisierung von Tugenden und dem Rekurs auf letzte Maßstäbe, auf Philosophie und Religion, angelegt. Man muß jedoch die Differenz von Theorie und politischer Inanspruchnahme festhalten. Als Philosoph hielt Strauss Distanz zu konservativer Ideologie und beharrte auf der unausgesetzten Suche nach einer guten politischen Ordnung in Verknüpfung mit der Frage nach dem guten Leben. In dieses Motiv ist bei ihm zugleich die typisch konservative Verwandlung von politischen Problemen in moralische und religiöse Herausforderungen eingelagert. Auch die enorme Akzentuierung der Bedeutung von Ideen und von Philosophie ist ein typisches Kennzeichen konservativen Denkens; ironischer Weise kehrt sie bei den

Kritikern von Strauss in Vermutungen über seinen erheblichen und anhaltenden Einfluß wieder.

Leo Strauss hat in den USA durch sein Werk, seine Schule und die Debatten um ihn den Status eines Klassikers erreicht – in Deutschland wird er erst in jüngerer Zeit vermehrt rezipiert, und zwar großenteils im Zusammenhang mit der vorbildlichen Ausgabe der Gesammelten Schriften (bisher 3 Bände) von Heinrich Meier. Stand in der Sekundärliteratur zunächst die Beziehung zwischen Strauss und Schmitt im Zentrum, hat sich die Perspektive durch Aufsätze, Sammelbände und Monographien sukzessive auf das ganze Werk ausgeweitet.[25] Auch in Frankreich und Italien wird Strauss seit einigen Jahren diskutiert[26] – jedoch steht in Europa die akademische Auseinandersetzung mit seinem Werk erst am Anfang.

Literatur

1. Werke

Strauss, L., Gesammelte Schriften, hg. von Heinrich Meier (GS).
– Band 1: Die Religionskritik Spinozas und zugehörige Schriften, Stuttgart – Weimar 1996.
– Band 2: Philosophie und Gesetz. Frühe Schriften, Stuttgart – Weimar 1997.
– Band 3: Hobbes politische Wissenschaft und zugehörige Schriften – Briefe, Stuttgart – Weimar 2001.
Strauss, L., Über Tyrannis, (engl. Original 1947), Neuwied – Berlin 1963; On Tyranny. Revised and expanded Edition including the Strauss Kojève Correspondence, ed. by V. Gourevitch/M. S. Roth, New York – Toronto -Oxford 1991.
Strauss, L., Persecution and the Art of Writing, 2. edition London – Chicago 1988.
Strauss, L., Naturrecht und Geschichte (engl. Original 1953), 2. Auflage Frankfurt/M. 1989.
Strauss, L., What is Political Philosophy, 2. edition Westport (Conn.) 1973.
Strauss, L., The City and Man, 2. edition Chicago – London 1978.
Strauss, L., Studies in Platonic Political Philosophy, Chicago – London 1983.
Strauss, L., Liberalism, Ancient and Modern, Ithaca – London 1989.
Strauss, L., Thoughts on Machiavelli, 3. edition Chicago – London 1978.
Strauss, L./Cropsey, J., History of Political Philosophy, (Original 1963) 3. edition Chicago 1986.

2. Biographie/Bibliographie:

Tanguay, D., Leo Strauss – Une biographie intellectuelle, Paris 2003.
Bibliographien – in: Meier 1996, S. 47–63 und www.straussian.net

3. Darstellungen

Arendt, H., Vita Activa oder Vom tätigen Leben, 7. Auflage München 1992.
Benardete, S., On Plato's Symposiun/Über Platons Symposion, hg. und eingel. von H. Meier, München 1994.

Bluhm, H., Die Ordnung der Ordnung. Das politische Philosophieren von Leo Strauss, Berlin 2002.

Bohlender, M., Die Rhetorik des Politischen. Zur Kritik der politischen Theorie, Berlin 1995.

Deutsch, K. L./Soffer, W. (Eds.), The Crisis of Liberal Democracy. A Straussian Perspective, New York 1987.

Deutsch. K. L./Murley J. A., Leo Strauss, the Straussians and the American Regime, New York 1999.

Devigne, R., Recasting Conservatism. Oakeshott, Strauss, and the Response to Postmodernism, New Haven – London 1994.

Drury, Sh., The Political Ideas of Leo Strauss, New York 1988.

Drury, Sh., Leo Strauss and the American Right, New York 1997.

Ferry, L., Philosophie politique 1. Le Droit: la nouvelle querelle des Anciens et des Modernes, Paris 1984.

Green, K. H., Jew and Philosopher. The Return to Maimonides in the Jewish Thought of Leo Strauss, New York 1993.

Gunnell, J. G., The Descent of Political Theory, Chicago – London 1993.

Holmes, St., Wahrheiten für Wenige. Leo Strauss und die Gefährlichkeit der Philosophie, in: Merkur. Heft 7, 44. Jg. (1990), S. 554–569.

Kauffmann, C., Leo Strauss. Zur Einführung, Hamburg 1997.

Kauffmann, C., Strauss und Rawls: Das philosophische Dilemma der Politik, Berlin 2000.

Kristol, I., Neoconservatism: The Autobiography of an Idea, New York – London – Toronto 1995.

Meier, H., Carl Schmitt, Leo Strauss und ‹Der Begriff des Politischen›. Zu einem Dialog unter Abwesenden, Stuttgart 1988.

Meier, H., Die Denkbewegung von Leo Strauss, Stuttgart – Weimar 1996.

Meier, H., Das theologisch-politische Problem: Zum Thema von Leo Strauss, Stuttgart – Weimar 2003.

Schaar, J. H./Wolin, Sh., Essays on the Scientific Study of Politics. A Critique, in: American Political Science Review LVII, 1963, S. 125–150.

Söllner, A., Leo Strauss, in: Politische Philosophie des 20. Jahrhundert, hg. von K. Graf Ballestrem und H. Ottmann, München 1990, S. 105–121.

Anmerkungen

1 Vgl. Strauss autobiographische Bemerkungen in GS 1, S. 5–54.

2 Vgl. die Briefwechsel mit Krüger, Klein und Löwith in: GS 3, S. 375–697.

3 Vgl. Strauss, L., Exoteric Teaching, in: Interpretation, vol. 14: 1 (1986), S. 51–59.

4 Vgl. ihren Briefwechsel in: Strauss, On Tyranny, 1991, S. 217–313.

5 Vgl. Strauss in GS 3, 8 sowie Meier 2003.

6 Der Text ist in GS 3, S. 217–238.

7 Vgl. Green, Jew and Philosopher, 1993.

8 Strauss nutzt diese Metapher seit 1931. Vgl. GS 2, S. 439.

9 Vgl. dazu das Schema in Bohlender, Rhetorik des Politischen, 1995, S. 216.

10 Vgl. Strauss 1989, S. 2.

11 Der Text geht auf einen Vortrag von 1955 zurück und wird später ein Sammelbandtitel (1959, ²1973).

12 Vgl. Gunnell, Descent of Political Theory, 1993, v. a. Kap. 8 und 9.

13 Der Grad der Kanonisierung hat sich von Ausgabe zu Ausgabe verstärkt.

14 Vgl. Schaar/Wolin, Essays, 1963, S. 125–150.

15 Diese Stärke prägt auch die Zeitschrift der Schule, das seit 1970 erscheinende Journal *Interpretation*.

16 Vgl. Bluhm, Die Ordnung der Ordnung, 2002, S. 190–195.

17 Vgl. Strauss 1989, S. 172.

18 Vgl. Arendt, Vita Activa, 1992, S. 36.

19 Zur Kritik und zum Verhältnis von Strauss zur amerikanischen Demokratie vgl. Deutsch/Soffer, Crisis of Liberal Democracy, 1987.

20 Vgl. Meier in Benardete, Über Platons *Symposion,* 1994, S. 25 f.

21 Umfangreicher dazu vgl. Deutsch/Murley, Leo Strauss, 1999.

22 Vgl. dazu Devigne, Recasting Conservatism, 1994, S. 221 f. auch in: Bluhm, Die Ordnung der Ordnung, 2002, S. 328.

23 Vgl. Kristol, Neoconservatism, 1995, S. 7–9.

24 Vgl. das Sonderheft der *Review of Politics* vo. 51 (1991) No. 1, St. Holmes 1990 sowie Drury, Political Ideas 1988; und Drury, Strauss and the American Right, 1997.

25 Vgl. Meier, Carl Schmitt, Leo Strauss, 1988; und Bohlender, Rhetorik des Politischen, 1995 zu Strauss und Schmitt sowie genereller Söllner, Leo Strauss, 1990; Meier, Denkbewegung, 1996; Meier, Das theologisch-politische Problem, 2003; Kauffmann, Leo Strauss, 1997; Kauffmann, Strauss und Rawls, 2000; sowie Bluhm, Die Ordnung der Ordnung, 2002.

26 Am Beginn der Strauss-Rezeption in Frankreich standen R. Aron und P. Hassner, dann P. Manent und C. Lefort, vgl. zudem Luc Ferry, Philosophie politique, 1984; und *Critique* No. 682 (Sommer 2004).

Carl Joachim Friedrich (1901–1984)

I. Leben

Aufgewachsen unter dem Eindruck der gesellschaftlichen und politischen Katastrophen der Zwischenkriegszeit des 20. Jahrhunderts wurde Carl Joachim Friedrich zu einem der bis heute profiliertesten politikwissenschaftlichen Krisentheoretiker. Zur präventiven Krisenabwendung arbeitete er seine Theorie des Verfassungsstaates aus und als zeitgeschichtlicher Krisenanalytiker entwickelte er seine Theorie totalitärer Diktatur. Auf der Suche nach gouvernementalen Lösungswegen aus Krise und Diktatur knüpfte Friedrich bei den Klassikern des politischen Denkens an und wurde damit selbst zu einem (Wieder-) Begründer der klassischen Politikwissenschaft in der Bundesrepublik Deutschland und in den USA.

Carl J. Friedrich entstammte einem kultiviert bürgerlichen, deutschnationalen Elternhaus. Besonders geprägt wurde er durch die protestantische Gläubigkeit seiner Mutter, einer Tochter des ehemaligen Reichsgerichtspräsidenten Carl von Bülow. Nicht minder mag ihn der Lebensweg seines Vaters beeinflußt haben, der als Professor der Chirurgie, Geheimrat und Generalarzt bereits 1916 über der Erschöpfung seiner Arbeit am Operationstisch der Feldlazarette des Ersten Weltkriegs starb. Er wird als enthusiastischer deutscher Patriot und Bewunderer des nationalistischen Historikers und Politiklehrers H. von Treitschke beschrieben; Carl J. Friedrich entwickelt in der Auseinandersetzung mit dem Vater eine ausgeprägt antinationalistische und von einem tiefen – christlich geprägten – Humanismus bestimmte eigene Grundhaltung.

Carl J. Friedrich wuchs zunächst in Leipzig, nach dem Tod des Vaters in Marburg/Lahn auf. Nach einem anfänglichen Impuls, den beruflichen Weg des Vaters zu beschreiten, brach er ein Medizinstudium ab und studierte ab 1921 Nationalökonomie zunächst in Marburg und dann – um dem Zentrum der Jugendbewegung nahe zu sein – an der reformorientierten Heidelberger Universität. Dort schloß er sich Edgar Salin und Alfred Weber an, dem jüngeren der Gebrüder Weber. Er begleitete deren Arbeit als Hilfsassistent am Heidelberger Volkswirtschaftlichen Seminar und folgte ihnen auf dem Weg zu einer staats- und sozialwissenschaftlichen Ausrichtung der Forschung, die in der Gründung des «Heidelberger Instituts für Sozial- und Staatswissenschaft» kulminierte.[1] Im Zuge der politischen Jugendbewegung und in Kooperation mit Alfred Weber und Arnold Bergstraesser gründete Friedrich 1925 einen deutsch-amerikanischen Studentenaustausch, den Vorläufer des heutigen Deutschen Akademischen Austauschdienstes (DAAD)[2], dessen Repräsentant in den USA er wurde. Sowohl seine dortige Heirat mit Eleonore Pellham – mit der er eine lebenslange Ehe führte und vier Kinder bekam – aber auch eine harte Verdrängungskonkurrenz in Heidelberg von Seiten seines Mitdoktoranden Arnold Bergsträsser verhinderten Friedrichs eigentlich anvisierte Rückkehr nach Deutschland und legten bereits in den mittleren Jahren der Weimarer Republik eine Verlagerung seines Lebensmittelpunktes in die USA nahe.[3]

Nach einer Dissertation zur möglichen Verstaatlichung der amerikanischen Eisenbahnen[4] und der dazu passenden Übersetzung von Alfred Webers nationalökonomischer «Standortlehre» ins Amerikanische[5] widmete sich Friedrich unmittelbar dem europäisch-amerikanischen Theorie- und Kulturtransfer. Er betrieb eine aufwendige Neu-Edition von Johannes Althusius' *Politica Methodice Digesta*[6] als einer alteuropäisch-christlichen Theorie der politischen Gemeinschaft und es gelang ihm, sich als Lehrbeauftragter an der renommierten Harvard University in Cambridge/Massachussets zu etablieren. Dort verschaffte er sich Ansehen als ein Spezialist für preußische und europäische Verwaltungsführung und Regierungspolitik; er wurde 1931 «associated professor», 1936 «full professor» und 1938 Mitglied der «Harvard Graduate School of Public Administration» (der heutigen «John F. Kennedy School of Government»), deren Leitung er später übernahm.

Obwohl zunehmend entfremdet gegenüber seinen Heidelberger Kontakten, begleitete Friedrich die Präsidialregime und die Politik der Weimarer Republik kritisch zustimmend. Auch die Machtübernahme der Nationalsozialisten, denen er zwar deutlich distanziert, aber nicht als entschiedener Gegner gegenüberstand, macht ihn nicht wie viele seiner Zeitgenossen zu einem «politischen Flüchtling»: Carl J. Friedrich ist vielmehr aus beruflichen und familiären Gründen in die USA ausgewandert. Der Hitler-Stalin-Pakt allerdings und die zunehmend kriegerische Politik der NSDAP treiben ihn in die anti-nationalsozialistische Opposition: «Hitler let us look like a fool».[1] Er engagierte sich theoretisch und auch praktisch in der politischen Gegenpropaganda der Vereinigten Staaten; er initiierte und leitete (zusammen mit dem Soziologen Talcott Parsons) die Harvard «School of Overseas Administration», die bereits ab 1941 (!)

Verwaltungspersonal für eine zukünftige Besatzungspolitik Amerikas in Europa und Japan ausbildete; er sondierte 1945 für die amerikanische Regierung die Lage im frisch besiegten Deutschland; er war beteiligt an der Ausarbeitung des Marshallplanes (1956) und des Moskauer Viermächteabkommens (1947) und wurde Berater von General Clay, dem Chef der amerikanischen Militärverwaltung in Deutschland. Nach der Mitarbeit an westdeutschen Länderverfassungen und dem Grundgesetzentwurf von Herrenchiemsee unterstützte Friedrich die amerikanische Regierung auch in den Folgejahren, z. B. 1951/52 als Berater und Verfassungspolitiker in Puerto Rico. In den Jahren danach beriet er Gremien des sich vereinigenden Europas bei der Ausarbeitung einer gesamteuropäischen Verfassung für die geplante «Europäische politische Gemeinschaft» (1952/53), die jedoch wegen der Vorbehalte Großbritanniens und auch Frankreichs nie in Kraft trat.

Eine bereits 1950 angetretene Gastprofessur in Heidelberg konnte Carl J. Friedrich schließlich 1956 in einen Ruf auf ein Ordinariat «ad personam» umwandeln, das ihm erlaubte, semesterweise zwischen Harvard und Heidelberg – bis zu seiner Emeritierung 1966 – zu pendeln. Darüber hinaus nahm er vielfältige Gastprofessuren wahr und wurde mit zahlreichen akademischen Ehrungen gewürdigt. Seit 1962 war Friedrich mehrere Jahre Präsident der amerikanischen Politologenvereinigung (APSA); 1967 wurde er zum Präsidenten des internationalen Fachverbandes (IPSA) gewählt. Er wirkte leitend mit in anderen Verbänden wie dem «Institute Internationale de Philosophie Politique», der «Historical Association», der «American Academy of Arts and Sciences» und der «American Society of Political and Legal Philosophy».

Carl Joachim Friedrich hatte zu Anfang der dreißiger Jahre die sich autoritär verschärfende Entwicklung des deutschen Präsidialregimes in den Nationalsozialismus hinein bewußt und zunächst durchaus wohlwollend begleitet. Sein frühzeitiger Umzug in die USA bewahrte ihn aber vor einer verantwortlichen Position in Deutschland und deren Verstrickungen. Als deutsch-amerikanischer Ordinarius und als zwischen diesen Welten wandelnder kultureller Dolmetscher tilgte er nach 1942 seine frühere Unterstützung des Autoritarismus – sofern sie sich in Aufsätzen und Zitaten niedergeschlagen hatte – und beteiligte sich an der Niederwerfung des Nationalsozialismus und am Aufbau einer Demokratie nach amerikanischem Muster in seinem früheren Vaterland. Die aus Deutschland mitgebrachten konservativ-liberalen Orientierungen und staatswissenschaftlichen Ansätze haben aber sein amerikanisches und internationales Lebenswerk nachhaltig geprägt.

Carl Joachim Friedrich starb nach einer über zehn Jahre andauernden Phase schwerer, krankheitsbedingter Verwirrtheit im September 1984 auf seiner geliebten Farm in New Hampshire.

2. Werk

Carl Joachim Friedrich hat sein Augenmerk ganz auf die prophylaktische Verhinderung sowie auf die Bewältigung von Krisen in Politik und Gesellschaft gerichtet. Aus diesem Denken heraus erklärt sich seine Theorie des modernen Verfassungsstaates und aus dieser Intention heraus gewinnt seine Kritik an der «totalitären Diktatur» ihre Plausibilität. All dem zugrunde liegt aber eine Idee von Politik und Gesellschaft, die Friedrich bereits früh anhand der Theorie des frühneuzeitlichen Klassikers der Politikwissenschaft Johannes Althusius von einer «consociatio symbiotica», einer politischen Gesellschaft in Gestalt einer symbiotischen Gemeinschaft, für sich selbst erarbeitet hat.[8]

Das Zusammenleben in einer politischen Gemeinschaft gilt als die Grundbedingung menschlicher Existenz. Dies ist der aristotelische Grundsatz, aus dem sich für Carl Joachim Friedrich alles Weitere ergibt. Nicht eine Staatlichkeit oder ein Rechtssystem, sondern ein «ausdrücklicher oder implizierter Bund (consociatio) ist es, der die Gesellschaften zusammenhält; und die Menschen lassen sich auf diesen Bund ein, weil sie eine ‹heilige, gerechte, bequeme und glückliche Symbiose – eine echte Gemeinschaft anstreben›.[9] So idealtypisch das im Anschluß an die Klassiker Aristoteles und Althusius gedacht ist, so sehr ist es doch auch «erfahrungswissenschaftlich orientiert». Friedrich deutete sich seine Ideale immer als «soziale Tatsachen»; er verstand seine Theorie der Politik als eine im weitesten Sinne soziologische Theorie. Dort allerdings, wo die von ihm konstatierten sozialen Tatsachen noch nicht zur Grundlage des politischen Handelns und der Regierungspraxis geworden waren oder nicht mit letzter Konsequenz verwirklicht wurden, dort verlangte er politische Programme und Planungen sowie eine Rekrutierung der politischen Eliten, die den aus dem Fundament der politischen Gemeinschaft heraus gerechtfertigten Forderungen Rechnung tragen.

Die politischen Strukturen erweisen sich nach Friedrich dann als (normativ) angemessen, wenn sie zur Lösung der wichtigsten Probleme der Gesellschaft beitragen. Institutionen sind dabei die notwendigen Hilfsmittel der Politik; institutionelle Politik bewährt sich also dadurch als «gut», daß sie eine Problemlösung für die brennenden Fragen der politischen Gemeinschaft generiert. In dieser Formulierung wird die Einlösung der «consociatio symbiotica» für die politischen Institutionen zu einem

«Vitalproblem ihres Lebensprozesses», d. h. die politischen Akteure haben bei der Bestimmung ihrer politischen Ziele keine wirkliche Wahl. Politik ist damit schicksalhaft, eine «res dura». Die Politik beinhaltet die Herausforderung, das Angemessene und Richtige zu tun, «gepaart mit dem Bewußtsein von Ausnahmezuständen, in denen schöpferische Entscheidung gerade in der Politik von ausschlaggebender Bedeutung ist».[10]

Wie es schon in den Nuancen anklingt, ist die Angemessenheit von politischen Entscheidungen für Friedrich keine Frage demokratischer Partizipation und Legitimation; Politik ist für ihn vielmehr eine Frage des politischen Handelns durch Institutionen, Bürokratien und die Mitglieder der politischen Elite. Anders noch als in den Jahren vor 1937 kommt er später aber dazu, den Bürger, den *common man*, zumindest als soziales Konstrukt zum Medium seiner Gemeinschaftsbildung zu machen.[11] Wenn also auch die Bürger nicht selbst bestimmen sollen, so sind doch allein ihre wohlverstandenen Interessen und Bedürfnisse das Kriterium guter Politik. Der *common man* – wie Friedrich in Anlehnung auch an den amerikanischen Sozialtheoretiker Thorstein Veblen und dessen *Sense of Workmanship* formuliert,[12] – ist «vertrauenswürdig, weil er, kollektiv gesehen ein Mensch mit Charakter, nicht ein Verstandesmensch, nicht ein Intellektueller ist».[13]

Das Werk, mit dem Friedrich auch in der deutschen Politikwissenschaft prominent geworden ist, ist seine Abhandlung über den *Verfassungsstaat der Neuzeit*[14]. Es handelt sich dabei um die Übersetzung seines bereits 1937 in den USA erschienenen Lehrbuches *Constitutional Government and Politics*. Indem Friedrich sowohl die Regierungsinstitution der unterschiedlichsten politischen Systeme untersucht und zugleich auf die strukturierenden Debatten der politischen Klassiker zurückgreift, schafft er ein unhintergehbares Standardwerk der vergleichenden Politikwissenschaft, der «comparative politics», das ihm in den USA und dann auch in der gesamten Politikwissenschaft zu deren Stammvater werden lässt.[15] «Verfassungsstaatlichkeit» selbst wird dabei vor allem als eine Methode der staatlichen Herrschaftsbeschränkung und Kompetenzverteilung ausbuchstabiert.[16] Zugrunde liegt dem allerdings ein gänzlich unjuristischer und genuin politikwissenschaftlicher Begriff von «Verfassung», der diese als einen «Prozeß» begreift. Im Zuge dieses Prozesses werden unterschiedliche Ordnungsvorstellungen wie «Gewaltenteilung», «Bürgerrechte» oder «Rechtsstaatlichkeit» zu symbolischen Insignien, die im Verständnis der Gesellschaft konstitutive politische «Macht» erlangen.[17] Die «Verfassung» in diesem Sinne ist das «Sinnbild» der «Traditionen und Konventionen» einer realen politischen «Gemeinschaft»;

und sie ist wie diese dem realen gesellschaftlichen Wandel und den politischen Prozessen von Anpassung und Veränderung unterworfen.[18]

Indem der Verfassungsstaat sowohl die realen «Sinnbilder» der «consociatio symbiotica» zur Grundlage seines Handelns und zur Beschränkung seiner Handlungsmacht heranzieht als auch deren realem Wandel und damit den gesellschaftlichen Veränderungen Rechnung trägt, unterscheidet er sich grundlegend von den Regimen des Absolutismus sowie den traditionalen und modernen Diktaturen.[19] In diesem Zusammenhang macht Friedrich allerdings eine wichtige Differenzierung: Für ihn sind auch «konstitutionelle Diktaturen» denkbar, die er ausgiebig untersucht und erörtert;[20] gemeint sind damit autokratische Krisenregime, die es sich zur Aufgabe machen, die «Verfassungsstaatlichkeit» mehr oder minder despotisch herbeizuführen oder ihre drohende Beseitigung zu verhindern. Dabei könne eine solche «constitutional dictatorship» durchaus Teile der Verfassung vorübergehend und zeitlich begrenzt «suspendieren», um den Erhalt der Verfassung insgesamt zu sichern oder herbeizuführen. Von der Diktatur ausgenommen bleibt dabei allerdings ein nicht suspendierbares – freilich interpretationsbedürftiges – verfassungsstaatliches Minimum. Carl J. Friedrich ging es um die Bewahrung des normativen Wesensgehaltes der Verfassung in Krisenzeiten durch eine konstitutionelle Diktatur.[21] Ein Beispiel dafür ist das von Friedrich selbst mit verantwortete Regime der amerikanischen Besatzungsmacht in West-Deutschland der Jahre 1945–1949 in Gestalt einer übergangsweisen Diktatur zur Wiedereinführung von Rechtsstaatlichkeit und Demokratie in Deutschland.

Das illegitime Pendant zur legitimen «constitutional dictatorship» ist nach Carl J. Friedrich die «totalitäre Diktatur». Auch seine Totalitarismustheorie formulierte er in der Auseinandersetzung mit der Besatzungspolitik in Deutschland: Während er nämlich die auf Rechtsstaatlichkeit und Selbstbestimmung orientierte amerikanische, britische und französische Besatzungsherrschaft als eine «konstitutionelle Diktatur» bezeichnete, charakterisierte er die sowjetische Besatzungspolitik als eine «totalitäre Diktatur»,[22] der es nicht um die Einführung der Verfassungsstaatlichkeit gehe. In der Folge erweiterte er dann den Anwendungsbereich dieser Theorie auf das nationalsozialistische Regime und auf die kommunistische Herrschaft in der Sowjetunion und in der Volksrepublik China. Gemeinsam mit seinem akademischen Schüler Zbigniew Brzezinski veröffentlichte Friedrich 1956 das grundlegende Buch über *Totalitarian Dictatorship and Autocracy*[23]. Anders als die Theorie «totaler Herrschaft» bei Hannah Arendt oder andere Theorien des «Totalitären», wie etwa bei Waldemar Gurian,[24] war bei Friedrich also keine Immigrations- und Verfolgungserfahrung, sondern eher das Bemühen um Abgrenzung unterschiedlicher Staatlichkeiten und Regierungspraktiken in der Besatzungspolitik der Nachkriegszeit und des beginnenden Kalten Krieges zwischen den beiden Weltmächten und ihren Lagern ausschlaggebend.

Die «totalitäre Diktatur» definiert Friedrich durch einen klassisch gewordenen, vorwiegend institutionellen Merkmalskatalog: Sie ist gekennzeichnet vor allem durch eine (totalitäre) Ideologie; sie wird von einer monopolistischen politischen Partei und ihrem pseudocharismatischen Führer vertreten und dann durch die terroristische Kontrolle der ihm hörigen Geheimpolizei abgesichert; darüber hinaus herrscht in ihr ein Monopol der politischen Propaganda und Meinungsbildung sowie ein Waffenmonopol und ein Monopol der ökonomischen Planung. Während sich nach Friedrichs Auffassung die Bereiche und der Grad der Ausschließlichkeit der Monopole im einzelnen verändern können und obwohl auch die terroristische Übermacht der Geheimpolizei nicht immer und unbedingt zur Wirkung kommen muß, sieht er die ideologische Orientierung und die Einparteienherrschaft als die übergreifenden und zentralen Merkmale der «totalitären Diktatur» an. Das «Ideologische» dieses Regimes tritt hierbei in unmittelbaren Gegensatz zu dem von Friedrich herausgearbeiteten Verfassungsbegriff: «Ideologien» orientieren sich gerade nicht an Traditionen, Brauchtum und Verfassung der realen politischen Gemeinschaften,[25] sondern tun diesen Gewalt an. Ideologien und damit totalitäre Diktaturen richten sich darauf, «bestehende Gesellschaften zu verändern und zu verbessern», auch und gerade insofern, als dies ihrer eigentlichen gemeinschaftlichen Natur widerspricht. Totalitarismus hat seinen Kern also in einer «radikalen Verwerfung der bestehenden Gesellschaft» und in ihrer quasi künstlichen oder gekünstelten Neustrukturierung. Friedrich bezeichnet deshalb den Totalitarismus als ein «destruction-reconstruction-syndrom», in dem die konsozialen Bindungen der Gesellschaft durchtrennt und der desorientierten Gemeinschaft fremde und damit falsche Orientierungen aufgezwungen werden.

Diesen modernen Totalitarismus kennzeichnet Carl J. Friedrich als ein «Syndrom», also als ein vielgliedriges Krankheitsbild, dem – um im Bild zu bleiben – der Organismus der Gesellschaft anheimfällt. Das Dramatische dieser Entwicklung sieht er darin, daß sich diesen Gesellschaften aus eigener Kraft und aus innenpolitischer Mobilisierung heraus kein Weg eröffnet, um aus der politischen Übermächtigung herauszufinden. Totalitäre Diktaturen erscheinen Friedrich somit in einer quasi übernatürlichen Stabilität und Abgeschlossenheit. Wie der «constitutional process» in ihnen abgeschnitten und die «consociatio symbiotica» zum Stillstand gekommen ist, so gewinnen sie eine unnatürliche Dauerhaftigkeit und Unantastbarkeit.

Friedrich und Brzezinski haben dieses Geschehen in ihrer Theorie der «totalitären Diktatur» ausführlich und an aktuellen Beispielen bis in die einzelnen Verästelungen der unter dem Totalitarismus sich beugenden Gesellschaften hinein verfolgt. Dabei rächte sich allerdings theoretisch wie realpolitisch die geringe Bedeutung und Kompetenz, die Friedrich der Demokratie und der Volkssouveränität zuerkannte, und die hohe Bedeutung, die er den politischen Eliten aller Couleur zubilligte. Von den glücklichen Umständen des Aufbegehrens der Bevölkerung und der Implosion der Regime in Ost-Europa mit dem Ende der 80er Jahre konnte Friedrich auf der Grundlage seiner Totalitarismustheorie nichts ahnen.

3. Wirkung

Es gehört zu den unwägbaren Merkwürdigkeiten von Rezeptionsprozessen auch in der Politikwissenschaft, daß oft die eher randständigen Themen ein übergroßes Gewicht in der Nachwirkung von Klassikern bekommen. Dafür ist die Totalitarismustheorie in der Bilanz von Carl J. Friedrichs wissenschaftlichem Nachruhm ein prägnantes Beispiel. Das spezifische Verständnis, das Friedrich seiner Darstellung und Bewertung «totalitärer Diktaturen» zugrunde legte, prägte nachhaltig das Paradigma des «Totalitarismus», wie es fachwissenschaftlich, öffentlich und politisch in den 50er und 60er Jahren in den USA, in Europa und besonders in Deutschland diskutiert wurde. Seine «sechs Merkmale» des Totalitarismus haben die Fachdebatte ebenso wie die politischen round-tables des «Kalten Krieges» geprägt. Dies obwohl die Totalitarismustheorie gewiß nicht zu Friedrichs zentralsten Anliegen und zu seinen theoretisch ausgefeiltesten Ergebnissen gehört. Dies auch, obwohl es Friedrich niemals wirklich gelungen ist, sein Ziel einer empirischen Überprüfung oder Verifizierung seiner Theorie zu verwirklichen.[26] Dies auch, obwohl sich kein wirklicher Verkaufserfolg des Buches über die *Totalitäre Diktatur* von 1956 einstellen wollte; im Gegensatz etwa zur ganz anders angelegten Totalitarismustheorie Hannah Arendts.[27] Doch ist umgekehrt deren Theorie der totalitären Herrschaft nie wirklich tiefgreifend rezipiert worden, während Friedrichs Theorie in den Totalitarismusdebatten bis heute stilbildend nachwirkt.

Friedrich selbst hat diesen stilbildenden Effekt mit der ihm eigenen Genugtuung über seine öffentliche Wirkung und seinen politischen Einfluß gepflegt. Zugleich hat er es aber als Ungerechtigkeit und auch als persönliche Kränkung empfunden, wie wenig seine vielfältigen und fundierten Schriften über die Theorie und die Wirkungsgeschichte des Konstitutionalismus wahrgenommen und wie wenig auch seine tatsächlichen Einflüsse auf die Verfassungspolitik Nachkriegsdeutschlands und Puerto Ricos zur Kenntnis genommen wurden. Er selbst verstand sich immer in besonderer Weise als ein der politischen Praxis verbundener Verfassungstheoretiker und als ein an der Gemeinschaftsverfassung orientierter Analytiker politischer Realitäten. Es ist in diesem Sinne mangelnde wissenschaftsgeschichtliche Fortune, wenn bisher kaum zur Kenntnis genommen wurde, daß unter Friedrichs Mithilfe und Anleitung bereits in den frühesten 50er Jahren die erste umfassende Verfassung für ein vereinigtes Europa ausgearbeitet wurde: Die «Ad-Hoc-Versammlung» der Montan-Union verabschiedete am 10. März 1953 unter Vorsitz Heinrich von Brentanos eine ausführliche, mit einem Grundrechtsteil versehene, bundesstaatliche Verfassung für eine «Europäische Politische Gemeinschaft», die allerdings nach dem Scheitern der «Europäischen Verteidigungsgemeinschaft» (EVG) an den nationalen Vorbehalten im französischen Parlament mit dieser gemeinsam in den Schubladen der Brüsseler Exekutive verschwand.[28] Sie stammt weitgehend aus Friedrichs Feder; und insofern steht dieser deutsch-amerikanische Klassiker der Politikwissenschaft wie ein stiller Gast an der Wiege einer erst zu Beginn des 21. Jahrhunderts zu beschließenden Europäischen Verfassung.

Unbenommen bleibt Carl J. Friedrich aber das Verdienst, schon früh und nachdrücklich die deutsche Politikwissenschaft auf ihre Tradition und ihre vielfältigen Schätze hingewiesen zu haben: Auf der Gründungsversammlung der Deutschen Vereinigung für die Wissenschaft von der Politik hielt er im Mai 1952 einen Vortrag über die Geschichte des Faches.[29] Dabei trat der international renommierte Politikwissenschaftler Friedrich als Harvard-Professor und Mitglied der amerikanischen Besatzungsregierung selbstbewußt und energisch den eher naiven Appellen zu einer «Stunde Null» durch den deutschen Bundespräsidenten und politischen Wissenschaftler Theodor Heuss entgegen, der zuvor gesprochen hatte. Friedrichs Feststellung, daß die Wissenschaft von der Politik die «älteste und zugleich [...] jüngste aller Wissenschaften von der Gesellschaft der Menschen»[30] sei, wird in der politikwissenschaftlichen Literatur bis auf den heutigen Tag immer wieder angeführt, ohne ihn als Autor zu zitieren – ein Schicksal, das Klassikern häufig widerfährt.

Dieser Appell zur Erinnerung an die klassischen Traditionen des Faches auch und gerade in Deutschland und zur Öffnung der politikwissenschaftlichen Perspektive über die nationalstaatlichen Beschränkungen hinaus in den Horizont einer theoriegeleiteten Vergleichenden Politikwissenschaft haben Carl J. Friedrich selbst zu einem Brückenbauer nicht nur zwischen Deutschland und den USA, sondern auch zwischen den alten und den modernen Klassikern der Politikwissenschaft gemacht.

Literatur

1. Werke

Friedrich, C. J. (Ed.), Politica Methodice Digesta of Johannes Althusius (Althaus). Reprinted from the Third Edition of 1614. Augmented by the Preface to the First Edition of 1603 and by Hitherto Unpublished Letters of the Author. With an Introduction of Carl J. Friedrich, Cambridge/Mass. 1932.

Friedrich, C. J., Constitutional Government and Politics, New York – London 1937.

Friedrich, C. J., The New Belief in the Common Man, Brattleboro/Vermont 1942; deutsch/stark revidiert: Demokratie als Herrschafts- und Lebensform, Heidelberg 1959.

Friedrich, C. J., Constitutional Government and Democracy, New York – London 1951.; deutsch: Der Verfassungsstaat der Neuzeit, Berlin – Göttingen – Heidelberg 1953.

Friedrich, C. J., Grundsätzliches zur Geschichte der Wissenschaft von der Politik, in: Zeitschrift für Politik, N. F. 1 (1954), S. 325–336.

Friedrich, C. J./Brzezinski, Z., Totalitarian Dictatorship and Autocracy, Cambridge/Mass. 1956.

Friedrich, C. J., Totalitäre Diktatur (Unter Mitarbeit von Z. Brzezinski), Stuttgart 1957.

Friedrich, C. J., Man and His Government. An Empirical Theory of Politics, New York 1963; deutsch: Politik als Prozeß der Gemeinschaftsbildung. Eine empirische Theorie, Köln – Opladen 1970.

Friedrich, C. J., Johannes Althusius und sein Werk im Rahmen der Entwicklung der Theorie von der Politik, Berlin 1975.

2. Biographie

Beyme, K. v., Zum Tod von Carl Joachim Friedrich (1901–1984). in: Politische Vierteljahresschrift, Jg. 25 (1984), S. 478–479.

Beyme, K. v., A Founding Father of Comparative Politics: Carl Joachim Friedrich, in: Daalder, H. (Hg.), Comparative European Politics. The Story of a Profession, London – Washington, D. C. 1997, S. 7–14.

3. Darstellungen

Laitenberger, V., Akademischer Austauschdienst und auswärtige Kulturpolitik. Der DAAD 1923–1945, Göttingen 1976.

Lietzmann, H. J., Carl Joachim Friedrich. Ein amerikanischer Politikwissenschaftler aus Heidelberg, in: Blomert, R./Eßlinger, H. U./Giovannini, N. (Hg.), Heidelberger Sozial- und Staatswissenschaften. Das Institut für Sozial- und Staatswissenschaften zwischen 1918 und 1958, Marburg 1997, S. 267–290.

Lietzmann, H. J., Politikwissenschaft im «Zeitalter der Diktaturen». Die Entwicklung der Totalitarismustheorie Carl J. Friedrichs, Opladen 1999.

Söllner, A., Das Totalitarismuskonzept in der Ideengeschichte des 20. Jahrhunderts, in: Söllner, A./Walkenhaus, R./Wieland, K. (Hg.), Totalitarismus. Eine Ideengeschichte des 20. Jahrhunderts, Berlin 1997, S. 10–24.

Anmerkungen

1 Vgl. Blomert, R./Eßlinger, H. U./Giovannini, N. (Hg.), Heidelberger Sozial- und Staatswissenschaften. Das Institut für Sozial- und Staatswissenschaften zwischen 1918 und 1958, Marburg 1997.

2 Vgl. hierzu die Schilderung bei Laitenberger, V., Akademischer Austauschdienst und auswärtige Kulturpolitik. Der DAAD 1923–1945, Göttingen 1976, S. 16.

3 Näheres hierzu Lietzmann, H. J., Carl Joachim Friedrich. Ein amerikanischer Politikwissenschaftler aus Heidelberg, in: Blomert/Eßlinger/Giovannini (Hg.), Heidelberger Sozial- und Staatswissenschaft, S. 267–290 und ders., Politikwissenschaft im «Zeitalter der Diktaturen». Die Entwicklung der Totalitarismustheorie Carl J. Friedrichs, Opladen 1999, S. 20 ff.

4 Friedrich, C. J., Aus der staatlichen Regelung des Eisenbahnwesens in den Vereinigten Staaten. Geschichtliche, rechtliche und wirtschaftliche Grundzüge der Regelung der Finanzen der amerikanischen Eisenbahngesellschaften unter dem Esh-Cummins-Act 1920, Dissertation Heidelberg 1925 (Manuskript 111 S., Harvard University Archives: Pusey Archives, Cambridge/Mass.) und ders., Der Grundsatz des angemessenen Ertrages in der staatlichen Regelung der amerikanischen Eisenbahnen und seine Beziehung zur Kostentheorie der Beförderungstarife, in: Archiv für Sozialwissenschaft und Sozialpolitik, 62. Jg. (1929), S. 299–343.

5 Friedrich, C. J. (Ed.), Alfred Weber, Theory of the Location of Industries, Chicago 1929.

6 Friedrich, C. J. (Ed.), Politica Methodice Digesta of Johannes Althusius (Althaus), Cambridge/Mass. 1932.

7 Friedrich, C. J., Introduction, in: Constitutional Government and Politics, New York – London 1937.

8 Friedrich, C. J., Introduction, in: Politica Methodice-Digesta of Johannes Althusius, und Friedrich, C. J., Johannes Althusius und sein Werk im Rahmen der Entwicklung der Theorie von der Politik, Berlin 1975.

9 Friedrich, C. J., Johannes Althusius und sein Werk, S. 72. Zitat im Zitat von J. Althusius.

10 Friedrich, C. J., Johannes Althusius und sein Werk, S. 77/82. Friedrich hat sowohl diese Grundidee als auch ihre empirische Grundlegung ausgearbeitet in: Man and his Government. An Empirical Theory of Politics. New

York 1963; und auf deutsch überarbeitet in: Politik als Prozeß der Gemeinschaftsbildung. Eine empirische Theorie. Köln – Opladen 1970.

11 Friedrich, C. J., The New Belief in the Common Man, Brattleboro/ Vermont 1942; neuere und erweiterte Auflage unter dem Titel: The New Image of the Common Man, Boston 1950, reprinted Westport 1984. Stark revidierte deutsche Fassung: Demokratie als Herrschafts- und Lebensform, Heidelberg 1959.

12 Veblen, Th., The Instinct of Workmanship and the State of the Industrial Arts, New York 1914 und ders., The Vested Interests and the Common Man, New York 1919.

13 Friedrich, C. J., The New Belief in the Common Man (zit. nach der deutschen Fassung 1959, S. 45). Es gibt hier durchaus Berührungspunkte zur Theorie des «gesunden Volksempfindens», die im Nationalsozialismus eine eigene Wendung nahm, vgl. Lietzmann, H. J., Politikwissenschaft im «Zeitalter der Diktaturen», Opladen 1999, S. 66 ff.

14 Friedrich, C. J., Der Verfassungsstaat der Neuzeit, Berlin-Göttingen-Heidelberg 1953.

15 Beyme, K. v., Zum Tod von Carl Joachim Friedrich (1901–1984), in: Politische Vierteljahresschrift 25 (1994), S. 478–479 und ders., A Founding Father of Comparative Politics: Carl Joachim Friedrich, in: Daalder, H. (Ed.), Comparative European Politics. The Story of a Profession, London – Washington D. C. 1997, S. 7–14.

16 Friedrich, C. J., Der Verfassungsstaat der Neuzeit, S. 147.

17 Friedrich, C. J., Der Verfassungsstaat der Neuzeit, S. 135 ff.

18 Friedrich, C. J., Der Verfassungsstaat der Neuzeit, S. 196.

19 Friedrich, C. J., Man and His Government. An Empirical Theory of Politics, New York 1963; deutsch: Politik als Prozeß der Gemeinschaftsbildung. Eine empirische Theorie, Köln – Opladen 1970.

20 Vgl. Lietzmann, H. J., Politikwissenschaft im «Zeitalter der Diktaturen», S. 231 ff.

21 Darin unterscheidet sich Carl J. Friedrichs Diktaturlehre von derjenigen Carl Schmitts: Friedrichs «constitutional dictatorship» hat zwar an Schmitts Konzeption einer «kommissarischen Diktatur» (Schmitt, C., Die Diktatur, München 1921, 6. Auflage Berlin 1994) angeknüpft, aber dessen spätere Behauptung von der Einlösung dieser Diktaturform im Nationalsozialismus und damit die Legitimierung des nationalsozialistischen Verfassungsbruchs und politischen Umsturzes nicht nachvollzogen.

22 Friedrich, C. J., Military Government and Dictatorship, in: The Annals of the American Academy of Political and Social Science, Bd. 267 (1950), S. 1–7.

23 Die deutsche Übersetzung im Jahr 1957 und die weitere amerikanische Auflage von 1965 verantwortete Friedrich alleine. Dies war die Folge von inhaltlichen Differenzen mit seinem Ko-Autor: Während Brzezinski durchaus die Möglichkeit sah, daß die dem Totalitarismus unterliegenden Ge-

sellschaften sich aus eigener Kraft emanzipieren könnten, schloß Friedrich dies aus, da er die Herrschaftsform als hermetisch und übermächtig betrachtete.

24 Vgl. die Übersicht zur Ideengeschichte des Totalitarismuskonzepts bei Söllner, A., Das Totalitarismuskonzept in der Ideengeschichte des 20. Jahrhunderts, in: ders./Walkenhaus, R./Wieland, K. (Hg.), Totalitarismus – Eine Ideengeschichte des 20. Jahrhunderts, Berlin 1997, S. 10–24.
25 Friedrich, Totalitäre Diktatur, S. 27.
26 Die Vorstudie einer solchen empirischen Untersuchung hat in Friedrichs Auftrag erarbeitet O. Stammer, Sozialstruktur und System der Werthaltungen in der Sowjetischen Besatzungszone Deutschlands (1956), in: ders., Politische Soziologie und Demokratieforschung, Berlin 1965, S. 208–258. Vergleiche dort die editorische Vorbemerkung, S. 208.
27 Arendt, H., The Origins of Totalitarianism, New York, 1951; deutsch: Arendt, H., Elemente und Ursprünge totaler Herrschaft, Frankfurt/M. 1955/1986.
28 Text der Verfassung in Lipgens, W. (Hg.), 45 Jahre Ringen um die Europäische Verfassung. Dokumente 1939–1984, Bonn 1986, S. 335 ff., dort auch der Hinweis auf Carl J. Friedrich. Vgl. auch Neuss, B., Geburtshelfer Europas. Die Rolle der Vereinigten Staaten im Europäischen Integrationsprozess. Baden-Baden 1999, S. 180 f. und Knipping, W., Rom, 25. März 1957. Die Einigung Europas. München 2004, S. 79 f.
29 Friedrich, C. J., Grundsätzliches zur Geschichte der Wissenschaft von der Politik, in: Zeitschrift für Politik, N. F. 1 (1954), S. 325–336.
30 Vgl. Bleek, W., Geschichte der Politikwissenschaft in Deutschland, München 2001, S. 273 f. und Bleek, W./Lietzmann, H. J., Gründer und Paten der «Deutschen Vereinigung für Politische Wissenschaft», in: Falter, J. W./ Wurm, F. W. (Hg.), Politikwissenschaft in der Bundesrepublik Deutschland, Wiesbaden 2003, S. 75–81, dort S. 79 f.
31 Friedrich, Grundsätzliches zur Geschichte, S. 325.

Gustav Schmidt

Hans J. Morgenthau (1904–1980)

I. Leben

Mit dem 1933 angekündigten, im Herbst 1948 in New York erschienenen Werk *Politics Among Nations* erwarb Hans J. Morgenthau auf einen Schlag seinen Ruf als Gründer des politischen Realismus. An der Schwelle zum 40. Lebensjahr endlich in der – nunmehr amerikanischen – akademischen Welt angekommen, entfaltete Morgenthau in der Ära des Kalten Krieges seinen von Max Weber, Friedrich Nietzsche, Friedrich Meinecke und Hermann Oncken inspirierten Realismus. «(Sein) Erfolg verdankte sich in hohem Maße der Verwertung eines intellektuellen Kapitals, das in Europa entstanden war».[1] Man muß daher die Grundzüge der in der Wirkungsperiode nach 1946 ausgearbeiteten Theorie mit dem in Europa erworbenen geistigen Startkapital in Verbindung bringen.

Der am 17. Februar 1904 in Coburg als Sohn des jüdischen Arztes Ludwig Morgenthau und Frieda Bachmanns, der Tochter eines wohlhabenden Bamberger Kaufmannes, geborene Hans Joachim erlebte als Einzelkind eine unglückliche Kindheit und Jugendzeit.[2] Nach dem Ersten Weltkrieg beobachtete er die Ausschreitungen der deutsch-völkischen Schutz- und Trutzbündler gegen die stadtbekannten Coburger Juden. Als Klassenprimus zum Festredner am 11. April 1922 designiert, mußte Hans Morgenthau hinnehmen, daß der Patron des Gymnasiums, Ex-Herzog Carl Eduard, sich während der Rede des jüdischen Schülers die Nase zuhielt.

An der Stiftungsuniversität Frankfurt a. M. im Sommersemester 1923 eingeschrieben, studierte er zunächst Philosophie und Literatur. Doch die besuchten Veranstaltungen konnten die überspannten Vorstellungen Morgenthaus nicht befriedigen und der Vater hatte erhebliche Vorbehalte gegen diese «brotlosen» Studien. Morgenthau wechselte daher zum Jura-Studium über und ging nach München. Das Fachstudium wickelte er ohne Einsatz ab; die große Staatsprüfung bestand er mit «ausreichend». Stärkeren und bleibenden Eindruck hinterließen die Vorlesungen und Seminare des Historikers Hermann Oncken (1923/4), des

Kunsthistorikers Heinrich Wölfflin sowie von Karl Rothenbücher, der ihn in Max Webers Gedankenwelt einführte. Im Frühjahr 1927 begann Morgenthau parallel zum dreijährigen (unbezahlten) Referendariat eine völkerrechtliche Dissertation. Die in Frankfurt unter Karl Strupp weitergeführte, Ende 1928 mit «summa cum laude» bewertete und 1929 – mit väterlichem Zuschuß – gedruckte Arbeit *Die internationale Rechtspflege, ihr Wesen und ihre Grenzen* weckte in ihm das Gefühl, das angestrebte Große in der Wissenschaft leisten zu können. Die Weihnachten 1927 ausbrechende Tuberkulose machte die Entfernung eines Lungenflügels nötig. Kaum genesen, setzte er ab Mai 1928 das Praktikum in Frankfurt fort. Hier fand er bei Hugo Sinzheimer, Ordinarius für Arbeitsrecht und Chef einer Anwaltskanzlei, als Assistent in Forschung und Lehre sowie als Referendar – z. B. als Vertreter in Prozessen – eine anregende Tätigkeit; außerdem begegnete er den Theologen und Sozialphilosophen Paul Tillich und Martin Buber und – als Referendar-Kollegen – Otto Kahn-Freund, Franz Neumann und Ernst Fraenkel. Von Karl Mannheim sowie den Psychologen Erich Fromm und Karl Landauer empfing er wichtige Impulse für seinen Weg von der Rechtsphilosophie zur Begriffswelt des Politischen.

Nach dem Zweiten Juristischen Staatsexamen wurde er am 22. Mai 1930 durch das Preußische Justizministerium zum Gerichtsassessor und (unvergüteten) stellvertretenden Vorsitzenden am Arbeitsgericht Frankfurt bestellt. Er ließ sich jedoch 1931 zwecks Vorbereitung auf die Hochschullehrerlaufbahn beurlauben. Das von Sinzheimer und dem Rechtsphilosophen Arthur Baumgarten, in dessen Institut er eine Assistententätigkeit wahrnahm, eingereichte Gesuch auf Erteilung der venia legendi wurde aber von der Rechtswissenschaftlichen Fakultät im November 1931 abgelehnt: In Anbetracht der Wirtschaftskrise könnten keine neuen Privatdozenten zugelassen werden. Dank der Vermittlung Baumgartens erhielt er im Februar 1932 – zunächst auf Probe – eine Stelle in Genf, verbunden mit der Möglichkeit, sich dort zu habilitieren. In Genf hatte Morgenthau erhebliche Schwierigkeiten zu überwinden. Man warf ihm mangelnde pädagogische Fähigkeiten vor. In seinen Veranstaltungen zu öffentlichem (deutschem) Recht wollten die vorwiegend deutschen Studierenden Ausführungen über nationalsozialistische «Neuerungen» hören. Seine im Sommer 1933 eingereichte rechtsphilosophische Habilitationsschrift wurde von den Gutachtern zunächst als ungenügend zurückgewiesen. Eine neue Kommission, in der Hans Kelsen das maßgebliche Gutachten verfaßte, sprach sich für die Annahme der Arbeit als Habilitationsleistung aus.

Nach der von den nationalsozialistischen Machthabern angeordneten Versetzung in den Ruhestand am Arbeitsgericht Frankfurt (ohne Anspruch auf Ruhegehalt) war eine Rückkehr nach Deutschland ausgeschlossen. Das rettende Ufer kam in Sicht, als Samuel Rothschild, ein entfernter Verwandter seiner Frau Irma Thormann, Bürgschaften für die Ausstellung eines Einreisevisums in die USA stellte. Auf die Ankunft in New York Ende Juli 1937 folgte zunächst jedoch die unbefriedigende Phase der Stellensuche. Durch schlecht dotierte, aber umso höhere Lehrdeputate am Brooklyn College in New York (1937–1939) und an der Universität von Kansas (1939–43), an denen er vorwiegend amerikanische Politik und europäische Zeitgeschichte unterrichten mußte, suchte er den Lebensunterhalt für seine inzwischen vierköpfige Familie zu verdienen.

Im Spätsommer 1943 erhielt Morgenthau an der University of Chicago eine Lehrstuhlvertretung und wurde amerikanischer Staatsbürger. Ende 1945 wurde er Assistenzprofessor; von 1949 bis zur Emeritierung 1971 wirkte er als ordentlicher Professor für Politikwissenschaft und Zeitgeschichte in Chicago. Nach der Entpflichtung übernahm er eine Professur an der City University in New York (1971–74).

In den Jahren 1946 bis 1951 publizierte Morgenthau 3 Monographien, 3 Anthologien/Editionen und über 40 Aufsätze; bis zum Lebensende kamen mehr als 400 Aufsätze, über 1300 Vorträge und unzählige Radio- und Fernsehauftritte hinzu. *Politics Among Nations* wurde in kürzester Zeit von über 90 Universitäten als Pflichtlektüre eingeführt. Der Autor wurde mit akademischen Ehrungen überhäuft und 1958 in die American Academy of Arts and Sciences aufgenommen. Vor dem Senatsausschuß für Auswärtige Beziehungen legte Morgenthau Mitte April 1959 seine Auffassung dar, daß die amerikanische Außenpolitik von vernünftiger Kritik lernen sollte.[3] Auf Drängen der Kritiker der Vietnampolitik der USA ließ er sich 1965 zur erfolgreichen Kandidatur für die Präsidentschaft der American Political Science Association bewegen. Am 19. Juli 1980 starb Hans J. Morgenthau in New York.

2. Werk

Morgenthaus politische Philosophie gewann ihr Profil in den Auseinandersetzungen mit Zeitströmungen, die er in seinen eigentlichen Schaffensperioden als Gegenpart begriff: dem Positivismus im deutschen Staats- und Völkerrecht in der Endphase der Weimarer Republik;[4] dem «Behaviorismus» und «Scientizismus» – mit der University of Chicago als Hochburg – und den liberalen Idealisten in der langen Nachkriegsdekade (1946–61). Das brachte Pendelschläge zwischen realistischen und idealistisch-moralistischen Argumentationsstrukturen mit sich, je nach weltpolitischer Großwetterlage, in der er sein Urteilsvermögen herausgefordert sah.

Das Markenzeichen von Morgenthaus «Realismus» ist die Fokussierung auf das Menschenbild, genauer: auf das «Politische, [...] entstanden in der Seele des Menschen»,[5] und auf ‹tatsächlich wahre› geschichtliche Abläufe. «Das Wesen des Politischen ist in Ursprung, Gegenstand und Ziel an das Wesen des Menschen gebunden». Und: «Power politics, rooted in the lust for power, which is common to all men, is for this reason inseparable from social life itself».[6]

Mit diesen beiden 1930 bzw. 1946 formulierten Axiomen begründet Morgenthau den politischen Realismus auf das Streben des Menschen nach Macht über andere Menschen. Von Nietzsche übernimmt er den Begriff des Willens zur Macht und konstatierte: «Wir begreifen das Politische als eine dem Einzelmenschen innewohnende und notwendig auf andere Menschen gerichtete Kraft».[7] In Anbetracht des Mißbrauchs seiner Zentralkategorie «Macht» in der Krise der europäischen Welt[8] gab es für Morgenthau einen Grund mehr, das «Moralische in den Bereich zurück(zu)verweisen, in dem allein noch in dieser Zeit es in Objektivität bestehen kann: in die Seele des Einzelmenschen».[9] In der veränderten Struktur der Welt nach dem Zweiten Weltkrieg, gekennzeichnet durch Bipolarität, ideologischen Antagonismus und atomare Apokalypse, kreist Morgenthaus Denken um die Erhaltung des Friedens durch Beschränkung des Machtkampfes mit den Mitteln des Gleichgewichts[10] und der internationalen Moral, verkörpert im Völkerrecht und der Weltmeinung.

In Anlehnung an Niebuhrs dualistisches Menschenbild[11] spricht Morgenthau vom Selbstwiderspruch zwischen den schöpferischen und zerstörerischen Seiten der menschlichen Freiheit.[12] Damit andere nicht ihn beherrschen, versucht der Mensch, Macht über Mitmenschen – im Sinne von «control of the actions of others through influence over their mind»[13] – zu erlangen. Machthaber, die Herrschaft über Machtunterworfene ausüben, orientieren sich am Interesse an Machterhalt, Machterweiterung und Machtdemonstration.[14] Sie «tun Böses», auch wenn sie es nicht wollen, weil sie Menschen als Mittel nutzen und den Selbstzweck des Menschen hintanstellen. Gemäß der Pflicht ihres Amtes müßten Staatsmänner das unter konkreten Umständen von Ort und Zeit Mögliche tun, sich also für das geringere unter notwendigen Übeln entscheiden.[15]

Politische Macht versteht Morgenthau als psychologische Beziehung; das schirmt ihn gegen die Verwechslung von politischer Macht mit militärischem Gewalteinsatz ab. In Anlehnung an Max Weber definiert er Macht als Chance, den eigenen Willen den Motivationen und dem Verhalten anderer Menschen aufzuzwingen. Da dem Machttrieb die Vorstellung von Hemmungs- und Maßlosigkeit anhaftet, drängte sich ihm die Frage nach dessen Beschränkung sowohl in der Psyche des Einzelmenschen als auch in der politisch-sozialen Realität auf. Das gegensteuernde Korrektiv, nach dem er aufgrund seines dualistischen Denkens suchen mußte, fand er (1) sowohl in der «Vermenschlichung» (Kultivierung) der Bedürfnisse nach Dignität: kulturellen Hochleistungen und moralisch-sittlichen Werten, als auch im Vorstellungsvermögen des Menschen von höheren Zielen (purpose), sowie (2) in den objektiven Standards politischen Handelns.[16] «Die Moral ist [...] allen (Bereichen menschlicher Daseinsführung) übergeordnet. Sie begrenzt die Wahl der Ziele und Mittel und umgrenzt den Bereich des Erlaubten in den verschiedenen Gebieten menschlichen Handelns».[17]

(1) Zu diesem Zweck definiert Morgenthau «Norm» – ähnlich wie «Macht» – als «zumindest abstrakte Fähigkeit, den Willen des Adressaten in ihrem Sinne zu beeinflussen».[18] Um die unerwünschten Reaktionen im Falle einer Verletzung oder eines Verstoßes gegen Normen zu vermeiden, richte die psychische Disposition oder, wie er in bezug auf moralische Werte ausführt, das eigene Gewissen den Menschen auf die Respektierung von Standards aus. Das Pflichtgefühl, die «innerliche Selbstbindung», gewährleiste – in Verbindung mit der Furcht vor Strafe – die Geltung von Normen und moralischen Werten.

(2) Auf den ersten Blick scheint das zweite Regulativ, die Geltungskraft von Normen des Rechts und Völkerrechts, nicht in eine Theorie des politischen Realismus zu passen. Morgenthau bestreitet ja die Glaubwürdigkeit des Abschreckungseffekts von Sanktionen in der internationalen Politik, weil nicht zu erwarten sei, daß Staaten als einzig in Betracht kommende Vollstreckungsorgane Völkerrecht und Ordnung gleichsam automatisch – analog zur Anwendung des innerstaatlichen Gewaltmonopols ‹ohne Ansehen der Person› – gegen einen Straffälligen wiederherstellen würden. Konfrontiert mit Fanatismen, die unbedingten Gehorsam verlangten und überwältigende Lösungen versprachen, und mit Kriegsverherrlichung (Ernst Jünger) hielt Morgenthau nicht länger an dem von Nietzsche und Max Weber abgeleiteten Standpunkt fest, daß es keine wissenschaftlich begründbare Rangordnung ethischer Werte gäbe; die Vernünftigen dürften sich nicht selbst aufgeben und das Feld

den Fanatikern überlassen.[19] Als Jude fühlte er sich persönlich aufgerufen, sich gegen Diskriminierung zur Wehr zu setzen,[20] doch war Morgenthau gegenüber dem «Judentum» zu indifferent, um dessen Wertetafel als inneren Halt in einer aus den Fugen geratenen Welt anzunehmen.

Wie gelingt es ihm, den Konflikt zwischen widrigen Wirklichkeiten und menschlichem Streben nach Gewißheit über unveräußerliche Normen aufzulösen? Dies leistet der Analogieschluß von der Vernunft («reason»), die die Politik versteht, auf die Urteilskraft («wisdom») sowie auf die moralische Stärke von Staatsmännern, die allgemein verbindliche Grundsätze aufstellen und verwirklichen. Nehmen wir z. B. die heutige Völkerrechtsordnung, die auf zwei Grundsätzen beruht: (a) Staaten sind gleichwertig, weil (und solange) sie innerhalb ihrer Gebietshoheit die maßgeblichen Kriterien für innere Souveränität beachten und pflegen. Dies ist die Voraussetzung für die wechselseitige Anerkennung des Gebots der Nicht-Einmischung in innere Angelegenheiten anderer Staaten. (b) Die Völkerrechtsgemeinschaft, agierend durch den Sicherheitsrat der Vereinten Nationen, übernimmt die Garantie, daß Staaten in ihrer äußeren Souveränität nicht verletzt werden. Das ist die Bedingung für die Glaubwürdigkeit des Gewaltverzichtgebots, welches die Androhung von militärischer Gewalt einschließt.

Den Grundsatz (a) postulierte Morgenthau bereits 1930/31 als Gegenposition zu Ernst Jünger.[21] Der Kultivierung der menschlichen Bedürfnisse nach Dignität entspricht auf der Deutungsebene des sozialen Lebens das Ideal der Humanität; es ist dem Mensch-Sein als Richtwert vorgegeben. Im Verlauf der Geschichte hätten Denker und Staatsmänner, insbesondere in Europa, einen Kanon höchster Werte entwickelt und diesen in der innerstaatlichen Ordnung verankert: unveräußerliche Menschenrechte, Rechtsstaatlichkeit, Gewaltenteilung, Toleranzgebot. In seiner Abhandlung über Sinn und Zweck (purpose) der amerikanischen Politik (1960) greift Morgenthau wie selbstverständlich auf diese von Humanismus und Aufklärung geprägten Leitsätze zurück und deklariert sie als universale, für die Staatsbildung vorbildliche Elemente.

Gegenüber Grundsatz (b) wendet Morgenthau ein, daß die Interessen der Staaten (nations) Vorrang hätten: «The nation fills the minds and hearts of men everywhere with particular experiences and, derived from them, with particular concepts of political philosophy, particular standards of political morality, and particular goals of political action. Inevitably, then, the members of the human race live and act politically not as members of one world society applying the standards of universal ethics but as members of their respective national societies, guided by their national standards of morality. In politics the nation and not humanity is the ultimate fact.»[22] Die Unterschiede zwischen den Binnen-Verfaßtheiten der Staaten, die Hierarchie in der Staatenwelt und die besondere Verantwortung der Großmächte müßten respektiert werden; letztere, insbesondere die Supermächte USA und UdSSR im Nuklear- und Raketen-Zeitalter, müßten die Spielregeln für den Umgang miteinander aushandeln. Zur Wahrung der Selbständigkeit und Unabhängigkeit gehöre nicht nur das Recht auf Selbstverteidigung, sondern ggf. auch ein Interventionsrecht. «Intervene we must when our national interest requires it and when our power gives us a chance to succeed», stellt Morgenthau trotz seiner Kritik an der amerikanischen Vietnam-Strategie fest.

Abschreckung und Eindämmung seien legitime Strategien; hingegen stellen kostspielige und unergiebige Interventionen Amerikas zum Zweck der Nations-Bildung (nation-building) im Ausland einen Mißbrauch militärischer Stärke und politischer Macht dar. Statt dessen sollten die USA ihre Anstrengungen darauf richten, im eigenen Land eine politische Grundordnung wiederherzustellen, welche anderen Nationen als nachahmenswertes Modell diene.[23]

Dank Urteilskraft und verantwortungsethischer Maßstäbe sorgen in der Regel die nationalstaatlichen Amtsträger für relative Mäßigung in der Wahrnehmung nationaler Interessen. Weil aber über den Staaten keine internationale Gesellschaft bestehe, die soweit integriert sei, daß sie den Staaten die genaue Bedeutung («meaning») von Gerechtigkeit («justice»), Gleichheit («equality») und andere Grundsätze genauso vorgeben könne wie dies die nationalen Gesellschaften gegenüber den Individuen täten, lasse sich in der internationalen Politik kein Vertrauen in kollektive Sicherheit aufbauen.[24] Es ist also nicht nur jenes Fehlen einer Zentralgewalt über den Staaten (Anarchie), sondern vor allem der Mangel eines allgemein verbindlichen, eindeutig auslegbaren Wertekanons, der internationale Politik als Bereich ausweise, dessen moralische Prinzipien von der politischen Realität der Staatenwelt abgeleitet sein müßten.[25]

«A foreign policy derived from the national interest is in fact morally superior to a foreign policy inspired by universal moral principles».[26] «A policy of national egotism or selfishness, essential for national survival, is a moral duty because such policy is the only way to achieve even a modicum of order and minimum of moral values in the international sphere».[27]

Da Morgenthau jedoch weiß, daß politische Organisationen Produkte der Geschichte sind und Geschichte eine offene Zukunft hat, sperrt er sich nicht gegen ein Denken in neuen Kategorien. «Wenn der Nationalstaat durch eine andere Art der Organisation ersetzt worden sein wird, dann muß Außenpolitik das Interesse und das Überleben dieser neuen Organisation schützen».[28] Aus der Analyse der erlebten Zeitgeschichte gewinnt Morgenthau zahlreiche Anhaltspunkte, die auf eine Aushöhlung und eventuelle Verdrängung der auf dem Prinzip territorialer Souveränität basierenden Westfälischen Staatenordnung hindeuten; doch überwiegen vorerst die Gründe, die für die Revitalisierung des Nationalstaats und des Denkens in Kategorien des Weltstaatensystems statt eines Weltstaats oder einer Weltgesellschaft sprechen.[29]

Morgenthaus Hauptwerk *Politics Among Nations* versteht sich zugleich als eine Abrechnung mit den falschen Vorstellungen von Außenpolitik, die die westlichen Demokratien unausweichlich der Bedrohung und schließlich der Aktualität des Totalitarismus und des Zweiten Weltkriegs ausgesetzt hatten,[30] und es ist gleichzeitig eine Mahnung an die eigene Regierung, sich nicht vom Glauben an die Vereinten Nationen als Ersatz für das Gleichgewichtsprinzip in der Machtpolitik sowie von Stalins Läuterung zu einem Friedensfürsten in die Irre führen zu lassen. Die historische Entwicklung habe in den Verfassungs- und Rechtsstaaten zur Begrenzung und Eindämmung innenpolitischen Konfliktsaustrags geführt, weil sich dort (1) ein Minimalkonsens über erreichbare und sinnvolle Ziele und (2) die Chance zum friedlichen Machtwechsel verfestigt habe. In den internationalen Beziehungen bestehe hingegen für Staaten keine Gewißheit, daß andere bereit seien, die Interessen «Dritter» zu achten und zu bewahren. Alle Konzepte, die darauf setzten, durch freien Austausch von Gütern und Meinungen, durch Abrüstungsvereinbarungen und durch gemeinsam beschlossene wirtschaftliche Sanktionen gegen Rechtsbrecher den friedfertigen Impulsen auch in den zwischenstaatlichen Beziehungen zum Durchbruch zu verhelfen und eine kollektive Sicherheitsordnung zu etablieren, müßten an den Wirklichkeiten in den auswärtigen Beziehungen scheitern.[31] Aufgabe der verantwortlichen Staatsmänner sei es, das nationale Interesse richtig einzuschätzen, um je nach Lage die richtigen Instrumente zur Wahrung der Handlungsspielräume einzusetzen. Historische Einsichten, Urteilsfähigkeit über die Möglichkeiten und Grenzen eigener Einflußchancen sowie über die Traditionen und Ressourcen der im Konfliktherd engagierten anderen Staaten würden ein vernünftiges Verständnis des «national interest» gewährleisten.[32]

«Wir nehmen an, daß Staatsmänner in Begriffen des Interesses denken und handeln, verstanden im Sinne von Macht. [...] Legen wir also den Begriff des Interesses, verstanden im Sinne von Macht, unseren Gedan-

kengängen zugrunde, dann denken wir wie (sie), und als unvoreinge-
nommene Beobachter verstehen wir (ihre) Gedanken und Handlungen
vielleicht sogar besser als (sie), (die) Akteur(e) auf der politischen Bühne,
selbst».[33]

«National interest» meint sowohl ein Deutungsraster, also ein bestimmtes Muster der Außenpolitik, als auch eine von feststellbaren
Faktoren – z. B. geographische Lage, historisch geprägte Einstellungen,
Beziehungen zu Drittmächten – gebildete Werteinheit, die gleichsam per-
manenter Bestandteil der politischen Deutungskultur einer Nation ist. So
betrachtet, ist «national interest» den gesellschaftlichen Gruppierungen
vor- bzw. übergeordnet und beeinflußt deren Konfliktaustrag, z. B. durch
Appelle an Streikende und/oder Arbeitgeber. Das schließt nicht aus, daß
soziale Gruppen «Nationalinteresse» für ihre Ziele und Zwecke beanspruchen, doch können und müssen «Staatsmänner» und an «Objektivität» orientierte Wissenschaftler dafür sorgen, daß dieses «Nationalinteresse» nicht von Partikularinteressen usurpiert wird.

Der «Begriff des Politischen» ist für Morgenthau nicht an bestimmte
Gegenstände gebunden, sondern ist «vielmehr eine Eigenschaft, [...] die
allen Substanzen anhaften kann».[34] Um den «Bereich des Politischen»
feststellen und von anderen Bereichen menschlich(-sozial)er Betätigun-
gen unterscheiden zu können, arbeitet er den Gedanken aus, daß eine besonders intensive Problemlage staatlicher Tätigkeit vorliegen müsse: die
Eigenschaft als Machtkonflikt. «Der im Sinne von Macht verstandene
Begriff des Interesses [...] ist das Bindeglied zwischen der Vernunft, die
sich bemüht, internationale Politik zu verstehen, und den zu bewältigen-
den Tatsachen».[35] Indem die Erkenntnis des Forschers, über die bloße
Konstatierung von Gegebenem hinausgehend, die beobachteten ‹Fakten›
auf einen Begriff bringt, ihnen also Bedeutung («meaning») auferlege, er-
schließe sie die Beschaffenheit der Realität. Insofern Problem*strukturen*
wiederkehren, die einen Machtkonflikt beinhalten, könne der Wissenschaftler «objektive Gesetzmäßigkeiten» erkennen; damit erhebt Morgenthau den Anspruch, daß «Realismus» eine Theorie sei. Theorie ist
eine Landkarte «im Kopf» («mind»), die als Führer durch die Verhältnisse dient; sie ist das Ergebnis des Bemühens des Wissenschaftlers, sich
in das Abwägen denkbarer Folgen alternativer politischer Handlungen
des Staatsmannes hineinzuversetzen und die Vorstellungen «von Interesse im Sinne von Macht» bewußt zu machen, genauer: bewußter zu
machen als es für Akteure selbst möglich sei.[36]

Dem ersten Schritt der Unterscheidung der Sphäre des genuin Politischen von den anderen Sphären menschlichen Soziallebens – z. B. Wirt-

schaft, Kultur, Recht – folgt ein zweiter: die Behauptung, daß grundlegende Unterschiede zwischen Innen- und Außenpolitik bestünden. Für den Binnenbereich gelte, daß die Bürger sich entsprechend dem kategorischen Imperativ von Immanuel Kant verhalten: «Handle so, daß die Maxime deines Willens jederzeit zugleich als Prinzip einer allgemeinen Gesetzgebung gelten könne». Zudem könne der Staat als mit legitimer Gewaltanwendung ausgestatteter Monopolist die Beachtung der Normen, Gesetze und Regeln gegebenenfalls erzwingen. Zu beidem würden in den internationalen Beziehungen die funktionalen Äquivalente fehlen. Damit Politik als Kampf um Macht nicht zur Gleichsetzung mit «Krieg» verleite, greift Morgenthau jedoch auch hier auf Vernunft-Kriterien zurück: National Interest («Staatsraison») vermittelt durch Urteilskraft (prudence). «Moral principles provide the objective standards for political action. However, they cannot be directly applied to political action but must be mediated through the application of prudence».[37] Situationsgerechtes Handeln und die Tugend der Selbstbeschränkung auf das ‹Notwendige› ermöglichen Balance von Macht durch Gegenmacht als strukturelles Arrangement in der Weltpolitik. Letztendlich ist Morgenthau aber darauf angewiesen, die Unterscheidung aufzuheben und statt dessen das Walten von Vernunft und Urteilsvermögen (reason) in Innen- und Außenpolitik gleichermaßen zu postulieren, um «Nicht-Krieg»/»Friedfertigkeit» erklären zu können.

3. Wirkung

Aus der Schule Morgenthaus sind zwar ausgezeichnete Analytiker wie Robert Osgood, George Liska und Gerald Stourzh, aber keine «Theoretiker» hervorgegangen. Kenneth W. Thompson und Karl-Gottfried Kindermann haben seine Theorie gegen Fehldeutungen verteidigt und vom Apodiktischen befreit. Dem Werk Morgenthaus wurde 1955 eine Panel-Diskussion der APSA, 1981 ein Themenheft der Zeitschrift *Social Research* und 1984 eine Fest(Gedenk)schrift gewidmet.

Seine Ambition war «to live on in (his) work». Wie steht es damit? In Amerika wurde sein epochemachendes Werk durch die das internationale System in den Blick nehmenden Arbeiten von Kenneth Waltz (1959; 1979) ergänzt. Arnold Wolfers und Stanley Hoffmann, die selbst Anspruch auf theoretische Fundierung realistischer Politik erheben dürfen, kritisieren, daß Morgenthau verkünde statt räsoniere. So gebe er keine Antwort auf die Frage, ob und in welcher Konstellation die Beachtung der Gebote der Selbstbeschränkung («prudence») einer Großmacht für das Staatensystem sinnvoll sei. Welchen Erklärungswert habe die Zentralkategorie Macht, wenn sie nicht die Differenzen zwischen Politik in einem mit Zentralgewalt ausgestatteten Gemeinwesen und Politik in einem ohne übergeordnete Instanz verlaufenden Wettbewerb zwischen Staaten um Ressourcen, Gebiet und Menschen angeben könne?[38] Die Erklärung ergibt sich aus Morgenthaus intellektueller Biographie: Den amerikanischen Liberalen («Idealisten») wirft er vor,[39] daß sie das an der innenpolitischen Front bewährte, in der Auflehnung gegen «Staatsgewalt» historisch berechtigte Gedankengut und Instrumentarium – rule of law, Gewaltenteilung und ähnliches – in Gestalt der Prinzipien Frieden durch ‹Freihandel›, Abrüstung, internationale Gerichtsbarkeit, wirtschaftliche Sanktionen verallgemeinert und unkritisch auf den Bereich der zwischenstaatlichen Beziehungen übertragen hätten. Für sich selbst nimmt Morgenthau jedoch in Anspruch, daß seine empirisch-analytischen Argumente zugleich als Leitsätze einer Theorie gelten müßten. Er tut so, als ob seine realpolitischen und tagesaktuellen Einsichten, durch historische Vergleiche angereichert, bereits eine Orientierungskarte («map in our mind») ergäben, zu der er keine Legende und keine Maßstäbe liefern müsse. Aphorismen und Illustrationen mögen eine Einschätzung plausibel erscheinen lassen, ergeben jedoch noch keine die Beobachtungen zum Wissen organisierende Theorie. Durch objektive Analyse wollte Morgenthau die «raison», den «rationalen Kern», die «Realität hinter den Erscheinungen» herausfinden.[40] Das geschah nach dem hermeneutischen Verfahren, das bekanntlich den Vorwurf des Zirkelschlusses auf sich zieht.

Die Wirkung Morgenthaus ist, worauf Richard Rosecrance, Robert Gilpin und Robert O. Keohane hinweisen, begrenzt, weil er nur die eine, auf Territorialherrschaft und Gleichgewichtspolitik fokussierte Entwicklungslinie im modernen Staatensystem gelten läßt, jedoch die zweite Tendenz, die «trading world» mit ihrem Streben nach Prosperität durch Spezialisierung und Bekräftigung von Austauschbeziehungen, den unpolitischen Bereichen zurechnet.[41] «Interdependenz» erstrecke sich nicht nur auf das Weltwirtschaftssystem, sondern durchdringe das Verständnis von Sicherheit und begründe kollektive Selbstverteidigung.

In der deutschen Politikwissenschaft gibt es zwar eine eindrucksvolle Reihe von Forschern, die sich als Realisten positionieren, die aber dennoch die von Morgenthau entwickelten Grundsätze nicht als Theorie anerkennen oder anwenden. Man nahm wenig Notiz von der Transformationsleistung, die Morgenthau in den USA vollbrachte. Morgenthau selbst hielt die Herkunft seiner Grundannahmen aus der deutschen realistischen Tradition verborgen, weil diese als geistiger Wegbereiter des deutschen «Griffs nach der Weltmacht» (Fritz Fischer) und der Gewaltverherrlichung verrufen war. Nur der Definitionsmacht Max Webers – bezüglich der Begriffe Herrschaft, Macht, Interesse und Ideen – und dessen Konstruktion von Idealtypen zollte Morgenthau offen Tribut.[42] Der explizite Bezug auf Niebuhrs Dualismus half Morgenthau, seine intellektuellen Anliegen der amerikanischen Wahlheimat zu vermitteln. «Morgenthau nutzte die Sprache Niebuhrs zur unverdächtigen Äußerung deutschen Gedankenguts in Amerika».[43]

Die Kritikanfälligkeit der theoretischen Position Morgenthaus wurde ausgeglichen vom Sympathiewert seiner politisch klugen Analysen und Kommentare zur Weltpolitik seiner amerikanischen Wahlheimat. Im Sinne seiner «prudential rules of survival» empfahl er den Präsidenten, die Interessen anderer Staaten zu berücksichtigen und «diplomacy» einzusetzen. Gemäß dem Gebot differenzierender Bewertung der vorliegenden Situation verstand er die Entwicklungen in Asien als genuine Revolutionen und plädierte für Interessenausgleich mit der Volksrepublik China nach dem Triumph Mao Zedongs im Bürgerkrieg.[44] Gleichzeitig appellierte er an die Truman-Administration, durch massive konventionelle Aufrüstung und Wiederbewaffnung (West-)Deutschlands den Verlust der atomaren Monopolstellung wettzumachen, um die von imperialistischen Impulsen gespeiste Machtarrondierungspolitik Stalins wirksam abschrecken zu können: Die USA müßten militärisch überlegen sein, andernfalls würde der Kreml nicht zögern, den Gleichstand oder lokale Überlegenheit für Machtgewinn auszunutzen.[45] Er befürwortete Amerikas Verteidigung (des freien) Europas gegen den russischen, Osteuropa bereits beherrschenden Imperialismus, verwarf jedoch die Domino-Doktrin, weil sie, ohne Rücksicht auf die ‹wahren› Interessen und Grenzen der Macht der USA zu nehmen, ein legitimes nationales Sicherheitsinteresse in ein moralisches Gebot zur weltweiten Intervention pervertiere und somit den USA die Differenzierungsmöglichkeit entziehe.[46] Im Wettstreit um den «mind» der Menschen in Asien müßten die USA unter Einsatz von Diplomatie und ökonomischen Anreizen verhindern, daß die Sowjetunion die revolutionären Bewegungen für ihre Zwecke ausbeute.[47] Obwohl Morgenthau die Abkommen von Teheran und Yalta als Unterminierung des Gleichgewichts kritisiert hatte, widersprach er der «Politik der Stärke» des demokratischen Außenministers Achesons ebenso wie der «roll back»-Doktrin der Republikaner.[48] Angesichts der Realität, daß die Sowjetunion die Vorherrschaft über Osteuropa ausübe, ohne als Aggressor hervorzutreten und in dieser Hinsicht – anders als von ihm prognostiziert – die Nachfolge Hitlers anzutreten, plädierte

Morgenthau bereits 1951 für ein Gleichgewichtssystem auf der Basis stabiler Demarkationslinien: Stabilität und Frieden auf der Basis der Teilung Europas, Deutschlands und Berlins. Er pries «Diplomatie» als Alternative zu «Krieg». Seine Warnung vor einem dem Motto «deal with the world, but only on our terms»[49] verpflichteten amerikanischen Neo-Isolationismus besitzt immerwährende Aktualität.

Literatur

1. Werke

Morgenthau, H. J., Die internationale Rechtspflege, ihr Wesen und ihre Grenzen, Leipzig 1929.

Morgenthau, H. J., La Notion du «Politique» et la Théorie des Différends Internationaux, Paris 1933.

Morgenthau, H. J., La Réalité des Normes; en Particulier des Normes du Droit International, Paris 1934.

Morgenthau, H. J., Scientific Man vs. Power Politics, Chicago 1946.

Morgenthau, H. J., Politics Among Nations. The Struggle for Power and Peace, New York 1948, 8. Auflage 1985; deutsch: Macht und Frieden, Gütersloh 1963.

Morgenthau, H. J., In Defense of the National Interest, Washington D. C. 1951/ 1982.

Morgenthau, H. J., The Purpose of American Politics, New York 1960.

Morgenthau, H. J., Politics in the Twentieth Century (Gesammelte Aufsätze), 3 Bde. Chicago – London 1962.

Morgenthau, H. J., A New Foreign Policy for the United States, New York 1969.

Morgenthau, H. J., Truth and Power. Essays of a Decade, 1960–1970, London 1970.

2. Biographie

Fragment of an Intellectual Autobiography: 1904–1932 (1977), in: Thompson, K. W./Myers, R. J. (Eds.), Truth and Tragedy. A Tribute to Hans J. Morgenthau, Washington 1984.

Frei, Ch., Hans J. Morgenthau. Eine intellektuelle Biographie, Bern 1993.

Rohde, Ch., Hans J. Morgenthau und der Weltpolitische Realismus, Wiesbaden 2004.

3. Darstellungen

Kindermann, G.-K., Hans J. Morgenthau und die theoretischen Grundlagen des politischen Realismus. Einführung zur deutschen Übersetzung von Politics Among Nations, Gütersloh 1963.

Mack, A. (Ed.), The Work of Hans Morgenthau, in: Social Research 48 (1981).

Russell, G., Hans J. Morgenthau and the Ethics of American Statecraft, Baton Rouge 1990.

Siedschlag, A., Neorealismus, Neoliberalismus und postinternationale Politik. Beispiel Internationale Sicherheit – Theoretische Bestandsaufnahme und Evaluation, Opladen 1997.

Smith, M. J., Realist Thought from Weber to Kissinger, Baton Rouge 1986.

Thompson, K. W./Myers, R. J. (Eds.), Truth and Tragedy. A Tribute to Hans J. Morgenthau, Washington 1984.

Anmerkungen

1 Frei, Ch., Hans J. Morgenthau – Eine intellektuelle Biographie, Bern 1993, S. 225.

2 Fragments of an Intellectual Biography, 1904–1932, wiederabgedruckt in: Thompson, K. W./Myers, R. J. (Eds.), Truth and Tragedy, Washington 1984.

3 Morgenthau, The Impasse of American Foreign Policy, Chicago 1962, S. 68–94.

4 Genfer Antrittsvorlesung 1932: Der Kampf der deutschen Staatslehre um die Wirklichkeit des Staates, siehe Frei, S. 122 ff.; Über die Herkunft des Politischen aus dem Wesen des Menschen, Ms. 1930, siehe Frei, S. 131 ff.

5 Morgenthau, Genfer Antrittsvorlesung, Frühjahr 1932, zitiert nach Frei, S. 124.

6 Morgenthau, Scientific Man vs. Power Politics, Chicago 1946, S. 9.

7 Zitiert nach Frei, S. 132.

8 Morgenthau, Macht und Frieden, S. 129–132.

9 Manuskript, 1937, zitiert nach Frei, S. 187.

10 Morgenthau, Macht und Frieden, S. 145–152.

11 Niebuhr, R., Moral Man and Immoral Society, 1932; The Nature and Destiny of Man, 1949.

12 Morgenthau, Dilemmas of Politics, Chicago 1958, S. 48 ff.

13 Morgenthau, Politics, 3. Auflage 1960, S. 28 f.

14 Morgenthau, Macht und Frieden, S. 81 ff.

15 Morgenthau, Scientific Man, S. 201–203; ders., Macht und Frieden, S. 52.

16 Ms. 1930/1, Zur Kritik des Pazifismus und der neuen deutschen Kriegsphilosophie (1929), siehe Frei, S. 173 ff.; Macht und Frieden, S. 199–208, 221.

17 Morgenthau, The Decline of Democratic Politics, Chicago 1962, S. 325.

18 Morgenthau, La Réalité des Normes (1934), S. 33; Politics, 3. Auflage 1960, S. 28 f.

19 1932, Frei, S. 161.

20 Tagebuch, 1. Oktober 1927, siehe Frei, S. 98 f., 155.

21 Frei, S. 173 ff.

22 Morgenthau, Politics, 1954 2. Auflage, S. 244–245. In «Macht und Frieden», S. 241, ist *particular* fälschlich mit «einzelnen» übersetzt.

23 Morgenthau, A New Foreign Policy for the United States, New York 1969, S. 124–128, 176, 243.

24 Morgenthau, Macht und Frieden, S. 272–279.

25 Morgenthau, In Defense of National Interest, S. 33–35; Macht und Frieden, S. 246, 250 ff., 262 ff.

26 Morgenthau, In Defense of National Interest, S. 39.

27 Ebda., S. 38.

28 Morgenthau (1952), zitiert nach deutscher Übersetzung von Siedschlag, Neorealismus, S. 63.

29 Morgenthau, Macht und Frieden, S. 55.

30 Morgenthau, Politics, 2. Auflage 1954, S. 7.

31 Morgenthau, Macht und Frieden, S. 74 ff.

32 Morgenthau, In Defense of National Interest, S. 33–39; Dilemmas of Politics, Chicago 1958, S. 74; Macht und Frieden, S. 56–57.

33 Morgenthau/Thompson, 1985, S. 5, zitiert nach der deutschen Übersetzung von Siedschlag, S. 60.

34 Morgenthau, Die internationale Rechtspflege (Diss.), S. 67.

35 Morgenthau, Macht und Frieden, S. 50.

36 Ebda., S. 50–51, 56.

37 Morgenthau, Brief vom 3. Januar 1960, zitiert nach Frei, S. 238.

38 Hoffmann, St., Notes on the Limits of «Realism», in: Social Research 48 (1981), S. 655.

39 Morgenthau, In Defense of National Interest, S. 129, 178, 241 ff.

40 Morgenthau, In Defense of National Interest, S. 94 ff.

41 Rosecrance, R., The One World of Hans Morgenthau, in: Social Research 48 (1981), S. 758.

42 Fragment of an Intellectual Biography, 1976; s. Frei, S. 113.

43 Frei, S. 114.

44 Morgenthau, In Defense of National Interest, S. 64, 79, 201, 209; Politics, 1954, S. 11–12, 317.

45 Smith, M. J., Hans Morgenthau and the American National Interest in the Early Cold War, in: Social Research 48 (1981), S. 776.

46 Morgenthau, In Defense of National Interest, S. 86, 116.

47 Ebda., S. 64, 201, 209.

48 Ebda., S. 96, 149 ff.

49 Ebda., S. 129.

Antonia Grunenberg

Hannah Arendt (1906–1975)

I. Leben

Hannah Arendt ist in Deutschland erst nach 1989, nach der Auflösung der weltpolitischen Blockordnung, in das Blickfeld einer breiteren wissenschaftlichen Öffentlichkeit gerückt. Ihr Werk, das sich politiktheoretisch mit dem Epochenbruch des Totalitarismus und seinen Folgen auseinandersetzt, zählt zu den eigenwilligsten intellektuellen Leistungen des 20. Jahrhunderts.

Hannah Arendt wurde am 14. Oktober 1906 als einziges Kind des Ingenieurs Paul Arendt und seiner Frau Martha, geb. Cohn, in Hannover geboren. 1909 zog die Familie, veranlaßt durch die Syphiliserkrankung des Vaters, nach Königsberg in Ostpreußen um, wo die Verwandten beider Eltern lebten. Die Großeltern väterlicherseits waren in Königsberg gut situiert: Max Arendt war Teegroßhändler, Vorsitzender der Stadtverordnetenversammlung, Mitglied der Fortschrittspartei und liberal gesinnt; er arbeitete aktiv in der jüdischen Gemeinde mit. Und auch Hannahs Eltern nahmen als Sozialdemokraten lebhaft am politischen Geschehen Anteil.

Hannah Arendts Biographin Elisabeth Young-Bruehl weist im Zusammenhang mit deren Schulzeit in Königsberg (1913–1924) auf die frühe Selbständigkeit der Heranwachsenden hin, auf ihre Liebe zur griechischen Literatur und Philosophie, auf ihre Wißbegier und die Langeweile im Unterricht.[1]

Die junge Hannah las fließend lateinisch und griechisch, interessierte sich für antike Dichtung und Philosophie. 1924 legte sie als Externe das Abitur ab und bekam für ihre ausgezeichneten Leistungen eine Goldmedaille verliehen.

Zum Wintersemester 1924/25 zog Hannah Arendt nach Marburg, um dort evangelische Theologie, Philosophie und griechische Philologie zu studieren. Die Universität Marburg hatte Lehrerpersönlichkeiten wie den Theologen Rudolf Bultmann und den Philosophen Nicolai Hartmann zu bieten. Außerdem gab es dort für Hannah Arendt, wie sie sich später erinnerte, eine besondere Attraktion: «Das Gerücht sagte es ganz einfach: Das Denken ist wieder lebendig geworden, die totgeglaubten Bildungsschätze der Vergangenheit werden zum Sprechen gebracht, wobei sich herausstellt, daß sie ganz andere Dinge vorbringen, als man mißtrauisch vermutet hat. Es gibt einen Lehrer; man kann vielleicht das Denken lernen».[2]

Die Rede ist von dem jungen Professor Martin Heidegger. Zwischen ihm und Hannah Arendt entstand eine Liebes- und Werkbeziehung, die, mit Unterbrechungen, ein ganzes Leben dauern sollte. 1926 wechselte Arendt für ein Semester nach Freiburg, um bei Edmund Husserl zu hören. Anschließend ging sie nach Heidelberg und promovierte dort 1928 bei Karl Jaspers mit einer Arbeit über *Der Liebesbegriff bei Augustin*.

Ihr Engagement für die zionistische Bewegung seit Ende der zwanziger Jahre trug mit dazu bei, daß sie im Frühjahr 1933 aus Deutschland fliehen mußte. Im Rückblick wird sie feststellen, daß das eigentlich Schlimme für sie nicht die Machtergreifung der Nationalsozialisten war, sondern das Wegbrechen wichtiger Freundschaften: «Man denkt heute oft, daß der Schock der deutschen Juden 1933 sich damit erklärt, daß Hitler die Macht ergriff. Nun, was mich und Menschen meiner Generation betrifft, kann ich sagen, daß das ein kurioses Mißverständnis ist. [...] Daß die Nazis unsere Feinde sind – mein Gott, wir brauchten doch, bitte schön, nicht Hitlers Machtergreifung, um das zu wissen!» Sehr viel schlimmer sei gewesen, «daß die Freunde sich gleichschalteten! [...] Was damals in der Welle von Gleichschaltung [...] vorging: das war, als ob sich ein leerer Raum um einen bildete. Und ich konnte feststellen, daß unter den Intellektuellen die Gleichschaltung sozusagen die Regel war. Aber unter den andern nicht. Und das hab' ich nie vergessen. Ich ging aus Deutschland, beherrscht von der Vorstellung – natürlich immer etwas übertreibend –: Nie wieder! Ich rühre nie wieder irgendeine intellektuelle Geschichte an. Ich will mit dieser Gesellschaft nichts zu tun haben».[3] Ihre Skepsis gegenüber der intellektuellen Profession und ihr Plädoyer für ein nicht-professionell deformiertes Denken im politischen Raum rührten aus dieser existentiellen Erfahrung.

Nach ihrer Flucht aus Deutschland lebte und arbeitete Hannah Arendt bis 1940 in Paris, unter anderem für jüdische Hilfsorganisationen. Auch ihren Ehemann Heinrich Blücher lernte sie dort kennen. Beim Einmarsch der deutschen Truppen 1940 wurden die beiden, wie die anderen Flüchtlinge auch, von den französischen Behörden interniert. Aus dem Frauenlager Gurs im Süden Frankreichs gelang Hannah Arendt die Flucht; mit ihrem Mann zusammen ging sie über Spanien nach Portugal. 1941 erhielten beide ein Einreisevisum für die Vereinigten Staaten. Die rechtlose Existenz des Flüchtlings wird sie für viele Jahre auch intellektuell beschäftigen. In Aufsätzen und in Vorstudien bis zur Veröffentlichung von *The Origins of Totalitarianism* (1951)[4] wird sie der Frage nach den politischen und den sozialen Folgen der Flüchtlings- und Minoritätenexistenz nachgehen. In diesem Kontext stehen auch ihre Stellungnahmen zur Gründung eines israelischen Staates.

In New York arbeitete Hannah Arendt zunächst für verschiedene jüdische Organisationen, als Verlagslektorin und als freie Publizistin, ehe sie in den fünfziger Jahren als Professorin an renommierten Universitäten des Landes Politikwissenschaft und Philosophie unterrichtete.

In dieser Zeit begann Arendts Engagement als öffentliche Intellektuelle, die zu wichtigen Fragen innerhalb der nordamerikanischen und der europäischen politischen Kontroversen Stellung bezog. Ihre Essays zu Fragen der Zeit (zur Staatsgründung in Israel, zur Rassenfrage, zum Vietnam-Krieg, zur europäischen und amerikanischen Studentenbewegung, zum Watergate-Skandal, zur Bildungskrise) haben sie ebenso berühmt gemacht wie ihre philosophisch und politisch argumentierenden Bücher. Sie erhielt zwei namhafte deutsche Preise: 1959 den Lessing-Preis der Freien und Hansestadt Hamburg und 1967 den Sigmund-Freud-Preis für wissenschaftliche Prosa der Deutschen Akademie für Sprache und Dichtung. Die dänische Regierung verlieh ihr 1975 den renommierten Sonning-Preis.

Hannah Arendt starb am 4. Dezember 1975 in New York.

2. Werk

Das Denken Hannah Arendts speist sich aus vielen Quellen: einer profunden Kenntnis der griechischen und römischen Antike, dem Studium der mittelalterlichen und klassischen Philosophie und dem philosophischen Denken des frühen 20. Jahrhunderts (Martin Heidegger, Karl Jaspers, Edmund Husserl, Karl Mannheim und andere), der eigenen existentiellen und intellektuellen Erfahrung mit dem Nationalsozialismus, ihrem Engagement für die zionistische Sache, der Wahrnehmung des sowjetischen Kommunismus als eines Typus der totalen Herrschaft und der gedanklichen Verarbeitung des «Traditionsbruchs», auf dem die totale Herrschaft gründet.

1951 veröffentlicht Hannah Arendt in New York *The Origins of Totalitarianism*, 1955 erscheint die erste deutsche Auflage des Buches unter dem Titel *Elemente und Ursprünge totaler Herrschaft*. Für die deutsche Ausgabe überarbeitete Arendt das Buch zum Teil beträchtlich und fügte unter anderem ein neues Schlußkapitel über «Ideologie und Terror: eine neue Staatsform» hinzu. Das Buch selbst ist in drei Abteilungen gegliedert: die Geschichte des europäischen Antisemitismus, den Imperialismus, den Rassismus und deren Auswirkungen auf die europäische politische Kultur und schließlich einen dritten Teil über das Wesen der «totalen Herrschaft». Betrachtet man den Ertrag der einzelnen Teile, so liegt das Neue und zugleich Provozierende an dem ersten Teil zunächst einmal in der Entschiedenheit, mit der Arendt darauf besteht, daß der europäische Antisemitismus, dessen mörderische Gestalt sich vor allem in Deutschland zeigte, präzedenzlos sei. Er müsse als ein neuer Typus wahrgenommen werden, darauf beharrt Arendt. Es handele sich um einen Antisemitismus, der weder mit dem christlichen Judenhaß gleichzusetzen noch mit der Sündenbock-Theorie zu erklären sei, nach der die Juden als stellvertretende Opfer für innere soziale Spannungen oder politische Intrigen büßen müssen. Seine verheerende Wirkung erhalte der Antisemitismus vielmehr durch den Rassenwahn, der sich im Zeitalter des Imperialismus herausbilde. Dieser entstehe in einem Zeitalter, in dem der Imperialismus nicht nur weltweit Raubzüge unternehme, bei denen ganze Nationen versklavt würden, sondern auch dauerhafte Schäden im Innern der Mutterländer bewirke. Die europäische Bourgeoisie unternehme ihre imperialistischen Raubzüge in dem Glauben, daß sie damit auch einen politische Auftrag erfülle: die Mission von der Suprematie der weißen Rasse.

Diesen Prozeß bezeichnet Arendt mit dem Paradigma des «Zusammenbruchs der europäischen Nationalstaaten». Gemeint ist damit, daß die demokratische innere Ordnung innerhalb der Nationalstaaten – Gewaltenteilung, parlamentarische Kontrolle der Exekutive, Organisierung des politischen Volkswillens in Parteien, Rechtsstaatlichkeit – durch die Pervertierung der politischen Macht außerhalb der Grenzen des Nationalstaates dauerhaft unterminiert werde. Unter diesen Voraussetzungen, argumentiert Arendt, konnten im Zeitalter des Imperialismus jene beiden Ideologien aufsteigen, die die nationalen Gesellschaften ergriffen und sprengten: die rassistische Ideologie von der Transformation der politischen Ordnung durch die Auferstehung des Volkstums und die dogmatische Lehre vom Klassenkampf als dem Motor der Geschichte.

Im dritten Teil von *Elemente und Ursprünge totaler Herrschaft* beschreibt Arendt den inneren Zerfall der politischen und der Klassenstrukturen der europäischen Gesellschaften zwischen den beiden Weltkriegen. Das alte Parteiensystem werde durch spontan entstehende, antipolitische Bewegungen ausgehöhlt, in denen nicht mehr die gewählten Repräsentationsorgane und Meinungsführer die entscheidende Rolle spielen, sondern spontan agierende, unberechenbare «Massen» und ihre ebenso unberechenbaren Führer. Die nationalen Eliten schließen sich, zumindest zeitweilig, den neuen Massenbewegungen an und tragen so auf ihre Weise zur Zerstörung der politischen Ordnungen bei. Die besondere Funktionalität der totalitären Bewegung für eine totale Diktatur liegt aus Arendts Sicht darin, daß sie jederzeit mobilisierbar sei, dabei jedoch keine eigenen Interessen habe und so dazu gebracht werden könne, selbst ihrer eigenen Liquidierung zuzustimmen. Mittels Propaganda und Ideologie schafften die Führer der totalitären Regime eine fiktive Welt, deren Einheitlichkeit die Welt der je verschiedenen Erfahrungen ersetze. Die Eigenart von «Ideologien» im Unterschied zu Theorien oder Maximen bestehe darin, daß Ideologien behaupten, «den Schlüssel zur Geschichte zu besitzen oder die Lösung der Welträtsel oder die Kenntnis der verborgenen, alles beherrschenden Gesetze, welche die Prozesse des Natur- und Menschenlebens regeln».[5]

Das Schlußkapitel des Buches, das Arendt mit Blick auf ihr europäisches Publikum geschrieben hatte, faßt noch einmal die These zusammen, daß es sich bei der totalen Herrschaft um eine neue Staatsform handele. Arendt stellt dafür nicht so sehr auf den Herrschaftsapparat in seinen ganzen Verzweigungen ab, sondern hebt noch einmal die beiden Fundamente hervor, auf denen die totale Herrschaft aufbaut: Ideologie und Terror. Die Gesellschaft werde einzig und alleine durch das «eiserne Band» des Terrors zusammengehalten. Die Besonderheit dieses Terrors bestehe darin, daß er nicht – wie in der Despotie oder Tyrannei – zwischen Schuldigen und Unschuldigen unterscheide, sondern grundsätzlich alle Menschen für potentiell schuldig erachte. Im nationalsozialistischen Deutschland habe sich der Terror unter der Maßgabe entfaltet, daß die Rolle des Opfers ohnehin mit den Juden besetzt gewesen sei.

Die Besonderheit der Arendtschen Perspektive auf die totale Herrschaft lag in ihrer Betonung des Zusammenhangs von Ideologie und Terror. Im Vergleich damit hoben namhafte Wirtschaftswissenschaftler, Juristen oder Politikwissenschaftler eher Aspekte hervor wie die Transformierung des Rechtsstaats in einen «Maßnahmestaat» (Ernst Fraenkel[6]), die Veränderungen in der Herrschaftsorganisation (Carl J. Friedrich[7]) oder die Rolle des Staates und der Wirtschaft (Franz L. Neumann[8]). Den Terror bewerteten sie in der Regel als Mittel zum Zweck, wohingegen Arendt ihn als Selbstzweck in das Zentrum ihrer Untersuchung stellte.

Wie nachdrücklich das Thema der Selbstzerstörung der Moderne Hannah Arendt beschäftigt hat, wird in *Vita activa oder Vom tätigen Leben* (1960) deutlich. Tatsächlich kann man dieses Buch als eine Art

Fortführung ihrer Auseinandersetzung mit den Grundfragen aus dem Text über *Elemente und Ursprünge totaler Herrschaft* verstehen: Hatte sie sich dort der Frage gewidmet, wie der geschichtlich-politische Raum von innen heraus zerstört wird, so steht hier die Frage im Vordergrund, wie die moderne Massengesellschaft – nach dem Ende der totalen Herrschaft – zum Verschwinden des politischen Raums beiträgt. Damit nimmt Arendt freilich keine Gleichsetzung von demokratischer Massengesellschaft und totalitärer Gemeinschaft vor. Andererseits stellt die Massengesellschaft für Arendt – unabhängig von der totalitären Form, in der sie auch erscheinen kann – ein Grundproblem der Moderne dar. Das ist ein Thema des politischen Denkens, das in der Soziologie und Politikwissenschaft des 20. Jahrhunderts immer wieder aufgegriffen wird.[9] Arendt eröffnet *Vita activa oder Vom tätigen Leben* mit der Frage, «was wir eigentlich tun, wenn wir tätig sind». Im Hintergrund steht die Absicht herauszufinden, wo Gründe für die Erosion der politischen Sphäre liegen, die das Aufkommen der totalen Herrschaft ermöglichten. Im Zentrum des Buches stehen drei gesellschaftliche «Grundtätigkeiten»: Arbeiten–Herstellen–Handeln, ihre Bedingtheiten, ihre geschichtliche Entwicklung, ihre Verschiebungen gegeneinander und ihre Bedeutung für den politischen Raum.

Das Buch handelt von dem begrenzten Raum – der Welt –, in dem der Mensch tätig ist. Die wichtigsten Bedingtheiten der menschlichen Existenz sind in *Vita activa* das Leben selbst, die Gebürtlichkeit des Menschen (und seine Sterblichkeit), die Pluralität menschlicher Existenz, die Weltlichkeit der Existenz und damit die Gebundenheit an die Welt. Wenn Arendt hier über die Bedingtheiten spricht, dann möchte sie sowohl die Möglichkeiten hervorheben, die diese Bedingtheiten eröffnen, als auch auf die Grenzen verweisen, die sie setzen. Denn alle genannten Bedingtheiten setzen Grenzen für das menschliche Tun und Handeln; sie bilden die Welt des menschlichen Lebens und seiner Tätigkeiten. Mit der These von den Bedingtheiten des menschlichen Tuns wirft Arendt zugleich die Überlegung auf, warum die Gesellschaften die Wahrnehmung ihrer eigenen Bedingtheiten verloren haben. Wie konnte es dazu kommen, fragt sie, daß das «Machen» (Herstellen) an die Stelle des Handelns trat; daß das Arbeiten höherwertig wurde als das Denken; daß der öffentliche Raum verschwand und mit ihm die Trennung zwischen Privat und Öffentlich?

Wie in *Elemente und Ursprünge totaler Herrschaft* besteht Hannah Arendt auch am Schluß von *Vita activa oder Vom tätigen Leben* darauf, daß es etwas gebe, das für die zerstörerische Macht der totalen Herrschaft nicht erreichbar sei: nämlich die Möglichkeit eines neuen Anfangs, der durch die Tatsache der Gebürtlichkeit des Menschen gegeben sei. Die Grenze dieser Fähigkeit des Anfangen-könnens sei nur das sterbliche Ende. Der Raum zwischen Geburt und Tod konstituiere den Raum des Handelns. Er ruhe auf zwei kommunizierenden Säulen: dem Bereich des Privaten (dem «oikos») und dem Raum des Öffentlichen (der «polis»). Diese Trennung scheide auch den Raum der Notwendigkeit von dem der Freiheit.

Es geht Arendt in diesem Zusammenhang nicht darum, den privaten Raum gegenüber dem politischen für minderwertig zu erklären; sie beharrt jedoch darauf, daß erst ein gesicherter privater Raum, in dem alle Notwendigkeiten geregelt werden, das Freisein für das politische Räsonnieren und die politische Freiheit ermögliche. Eben diese Trennung sei aber in der Moderne mehr und mehr in den Hintergrund getreten zugunsten einer grundsätzlichen Vermengung des Privaten und des Öffentlichen.

Dieses Phänomen erläutert Arendt anhand des Primats des Arbeitens und Herstellens über das Handeln in der modernen Welt. Im Unterschied zu Marx vertritt sie die Auffassung, daß Arbeit nichts «schafft». Denn was sie hervorbringt, diene der Konsumtion, werde verbraucht und somit vernichtet. Arbeit sei ohne Bezug zur Welt außerhalb des Arbeitszyklus. Sie habe nicht nur ursprünglich keinen Bezug zu dieser Welt, sondern stelle auch keinen nachträglichen Bezug her. – Unterschieden vom Arbeiten ist in der Arendtschen Perspektive das Herstellen. Auch hierin grenzt sie sich von Karl Marx ab, der alle menschliche Tätigkeit, auch das Herstellen, auf die Verausgabung von Arbeitskraft reduziert hatte. Im Unterschied zum Arbeiten schaffe das Herstellen bleibende Dinge. Die Herstellenden sähen die Welt unter dem Aspekt ihrer Verdinglichung. Erde und Natur würden dem Hersteller zum Mittel, das gefertigte Ding, das Projekt, werde zum Ziel. Was den Hersteller vom Arbeiter grundsätzlich trennt, ist also folgendes: Die Arbeitenden verzehren die Früchte ihrer Arbeit; die Herstellenden stellen Dinge her, die den Menschen überdauern, sie fabrizieren eine Dingwelt.

Das Dilemma der Moderne liegt aus Arendts Sicht darin, daß sie mit der Etablierung einer Welt, deren höchste Werte im Arbeiten und Herstellen liegen, die Grundlagen für ein Handeln in Freiheit zum Verschwinden gebracht habe. Denn das Handeln zwischen Menschen bezieht sich im Arendtschen Denken immer auf das gemeinsame «Zwischen», das Gemeinwesen. Daher brauche Handeln den öffentlichen Raum; in ihm begegnen sich die Mitglieder des Gemeinwesens. In diesem Raum «ereignet sich» das Handeln. Nur in diesem Raum werden seine nicht vorhersehbaren Folgen sichtbar, die womöglich so gar nicht den Erwartungen und Hoffnungen derer entsprechen, welche die Handlungen in Bewegung gesetzt haben. Doch sobald dieser Bezug aufhört, werde Handeln zum Machen und damit zum Träger für eine zweckgerichtete Tätigkeit, die ein Ziel erreichen will. Der Arendtsche Handlungsbegriff grenzt sich somit dezidiert von den an Zweckrationalität orientierten Handlungstheorien ab: In ihm liegt die Betonung auf dem Prozeß des «Gemeinsam-Handelns» und «Gründens» und keinesfalls auf den Ergebnissen des Handelns schlechthin. Man kann Arendts Blick auf die Welt in *Vita activa oder Vom tätigen Leben* mit Fug und Recht für skeptisch halten. Doch wird man nicht leugnen können, daß sie Leerstellen der Demokratie in den Blick nimmt und Defizite des modernen politischen Diskurses thematisiert.

In *Über die Revolution* (1964) knüpft Arendt an ihre Reflexionen zur totalen Herrschaft und an die Kritik gesellschaftlicher Wertigkeiten an. Diesmal aber geht sie den Hintergründen der so verschiedenartigen politischen Geschichte in den Vereinigten Staaten und in Europa nach: Es ist ein Buch über die amerikanische Gründung der politischen Freiheit, geschrieben entlang der Frage, weshalb die europäischen Massendemokratien im 20. Jahrhundert dem Ansturm totalitärer Bewegungen nicht standhalten konnten, oder umgekehrt, weshalb in den Vereinigten Staaten offensichtlich ein anderer Weg als in Europa eingeschlagen worden ist. Implizit enthält dieses Buch auch ein Plädoyer für den «republikanischen Weg», der im europäischen Raum seit dem Ende der italienischen Stadtstaaten und der Hanse nur mehr eine Randexistenz geführt habe; denn in das politische Denken, in die kulturellen Mentalitäten und die politische Programmatik Europas ging der Republikanismus – zumal in Deutschland – nicht ein. Die Leitfrage lautet in diesem Sinne: Woran orientiert sich eine politische Gründung, eine «constitutio libertatis» – im Unterschied zu einer europäischen Staatsgründung? Eine solche «Gründung der Freiheit», wie sie Hannah Arendt vor Augen steht, meint dabei die Schaffung eines öffentlichen Raums des Handelns oder, genauer: die Schaffung einer Republik, die auf dem freien Handeln aller Beteiligten beruht.

In diesem Prozeß des Handelns entsteht die politische Macht. Hier liegt auch für Arendt eine Differenz, an der sich die Amerikanische Revolution von der Englischen und der Französischen Revolution unterscheide. In diesen gehe es – in jeweils unterschiedlichen Formen – um die Machtdelegation bzw. um die Machtkonzentration: z. B. an den König oder an eine Volksversammlung. In der Geschichte der politischen Theorie finde diese Macht-Neuverteilung – wie in den sogenannten «Vertragstheorien» des 17. und 18. Jahrhunderts – in einer Art Unterwerfungserklärung (Hobbes), im freiwilligen Machtverzicht per Vertrag (Locke) oder in der – notfalls erzwungenen – Herstellung der Identität von Regierenden und Regierten (Rousseau) statt. In Arendts perspektivischem Blick auf die Amerikanische Revolution hingegen schaffen die Gründerväter aus dem Dilemma heraus, die Selbständigkeitsbestrebungen einzelner Republiken integrativ einbinden zu wollen, eine Föderation von Unionsstaaten. So entstehe eine Republik, in der die Macht der Einzelrepubliken – beruhend auf dem Prinzip der Machtteilung – zwar beschnitten, aber zugleich horizontal verzweigt und damit vermehrt werde. Sie reiche zum einen bis hinunter in die Townhall Meetings der Dörfer und Städte, wo sie in konkreten Entscheidungen sichtbar wird. Zum anderen erscheine sie in der institutionellen Form einer Föderation von Einzelrepubliken mit einer – freilich starken – Zentrale.[10] Damit ist nach Arendt auch der Sonderweg markiert, den die Amerikanische Revolution eingeschlagen habe: Aus ihr gehe eben kein zentralistisch organisierter Nationalstaat, sondern eine Republik hervor. Der amerikanischen Gründungsbewegung kam dabei freilich zugute, daß sie – anders als in Europa – auch keine feindlichen Gruppen wie etwa den Adel niederringen mußten, um ein funktionierendes Gemeinwesen zu gründen. Und sie hatte auch nicht mit den sozialen Problemen der europäischen Gesellschaften des 18. und 19. Jahrhunderts zu kämpfen.

Bei der Frage danach, wer politische Macht in einer Republik besitze und wie sich diese manifestiere, wird schließlich deutlich, welch besonderen Bedeutungshintergrund Hannah Arendt der politischen Freiheit im Kontext der Amerikanischen Revolution beimißt: Sie lehnt sich hier eng an die Konzeption Montesquieus an, dessen Theorie der Machtbegrenzung in Form des Machtausgleichs in der kontroversen amerikanischen Verfassungsdebatte von 1787/1788 eine bedeutende Rolle gespielt und deren Freiheitsbegriff geprägt hatte.

Und ebenso wird deutlich, daß Arendt Grundbegriffe der politischen Theorie (und Soziologie) neu bearbeitet und sich nur wenig auf die hermeneutische Tradition verläßt. Ihr Machtverständnis z. B. unterscheidet sich von dem gängigen politikwissenschaftlichen oder soziologischen Begriff der Macht, der in der Regel von der individuellen oder kollektiven Konzentration von Verfügungsgewalt über Personen und Sachmittel ausgeht. Am prägnantesten hatte Max Weber diese Verengung des Machtbegriffs ausgedrückt, als er definierte: «Macht bedeutet jede Chance, innerhalb einer sozialen Beziehung den eigenen Willen auch gegen Widerstreben durchzusetzen, gleichviel worauf diese Chance beruht».[11] In dieser Definition wird zwischen politischer und privater Sphäre nicht unterschieden. Arendt hingegen beharrt in der Nachfolge Montesquieus auf einer Interpretation, die unter Macht eine Entfaltung des öffentlichen menschlichen Handlungsraums versteht. Sie legt damit eine politische Dimension des Machtbegriffs frei, die in der Geschichte des politischen Denkens in den Hintergrund getreten oder in Theorien der Partizipation (oder der Herrschaft und Gewalt) eingegangen war, welche sich dann in der Regel mit einem neutralisierten (Weber) oder einem negativ konnotierten (Partizipationstheorien) Machtbegriff verbanden. In bewußter Opposition zu dieser Entwicklung formuliert Arendt einen positiven Machtbegriff, der freilich unabtrennbar von ihrem Verständnis des «Handelns in Freiheit» und der «Gründung» eines Gemeinwesens ist: «Will man die amerikanische Verfassung verstehen, so darf man nie aus den Augen verlieren, daß sie von vornherein zum Ziel hatte, Macht neu zu etablieren – und nicht einfach Macht zu limitieren –, und daß ihr dies gelang, indem sie ein neues Machtzentrum [die Föderation – A. G.] konstituierte und an die Stelle der Konföderation setzte, ein Machtzentrum, dessen Befugnisse für ein weites und zudem sich ständig noch ausdehnendes Territorium geplant waren und bewußt für den Autoritäts- und Machtverlust entschädigen sollten, der automatisch auf die Unabhängigkeitserklärung von dem englischen Mutterland gefolgt war. [...] Die amerikanische Verfassung zeichnet sich vor allen anderen dadurch aus, daß sie die durch die Revolution befreite Macht des Volkes konsolidierte; und insofern die Freiheit das Ziel der Revolution ist, kann man in der Tat sagen, daß das, was Bracton *constitutio libertatis,* die Gründung der Freiheit, genannt hat, sich hier ereignet».[12] Hannah Arendt bindet somit das Phänomen der Macht zwingend an ein gemeinsames politisches Handeln; die Macht tritt daher für sie nicht im Handeln von Individuen auf, die lediglich als solche Macht ausüben (wie bei Max Weber). Doch bleiben diese Überlegungen nicht nur auf den Machtgebrauch beschränkt; sie haben auch Folgen für Arendts Verständnis politischer Freiheit: Denn diese besteht dann allein im Handeln zum Zweck der Neuverteilung und der Ausweitung der politischen Macht des Volkes.

Die drei hier skizzierten Werke stehen im Zentrum des Arendtschen Denkens. Arendt ist jedoch auch Essayistin und Zeitkritikerin gewesen. So hat sie sich fast 20 Jahre lang intensiv mit verschiedenen Aspekten des Zionismus und der jüdischen Staatsgründung befaßt. Am prägnantesten, aber auch am provokantesten kommt dieser Teil ihres Denkens und Wirkens wohl in ihrem Essay über *Eichmann in Jerusalem* (1964) zum Ausdruck. Wegen ihrer These von der «Banalität des Bösen» sind das Buch und seine Autorin sowohl in den Vereinigten Staaten wie auch in Deutschland heftig angegriffen worden. Im Rückblick steht es jedoch im Kontext ihrer Abhandlung über *Rahel Varnhagen*, einer deutschen Jüdin in der Zeit der Romantik, und hat seinen festen Platz im Zusammenhang mit ihren politischen Essays zur zionistischen Bewegung.

3. Wirkung

Hannah Arendts bleibende Wirkung zu beschreiben, fällt schwer, weil diese vielschichtig und kontrovers war und ist. Sie war politische Schriftstellerin, Essayistin, Philosophin, Hochschullehrerin. Dabei hat sie zu Fragen ihrer Zeit wie zu den Grundfragen des menschlichen Seins in der Welt Stellung genommen. Arendt hat keine geschlossene Lehre und kein theoretisches System hinterlassen. Im Gegenteil, sie war der Meinung, die totale Herrschaft habe den hermeneutischen Apparat der wissenschaftlichen Analyse (Analogiebildung, wissenschaftliche Deduktion und Erklärung, linearer Zeitbegriff, Entwicklungsbegriff, um nur einige methodologische Instrumente zu nennen) radikal in Frage gestellt. Schaut man genauer hin, so bemerkt man allerdings, daß ihre dezidierte Absage an jede Tradition und an jedes System des Denkens geradezu Methode hat. In der radikalen Absage liegen programmatische Prinzipien ihres Denkens begründet, die sie in all ihren Büchern erneut aufgreift. Gleichwohl hat sie die geistigen Strömungen ihrer Zeit (z. B. den amerikanischen Pragmatismus, die Soziologie der fünfziger und sechziger Jahre) verarbeitet, die zeitgenössischen Debatten verfolgt und sich in diese eingeschaltet.

Ihre radikal-kritische Haltung gegenüber wissenschaftlicher Analyse hat auch eine gewisse Distanz Hannah Arendts zur zeitgenössischen Politikwissenschaft bewirkt. Doch in den Vereinigten Staaten hat die Generation ihrer Schüler (Jerome Kohn, Richard Bernstein, Elisabeth Young-Bruehl, Seyla Bentrabib, George Kateb u. a.) ihr Erbe weitergetragen. Man kann deshalb zu Recht von einer seit den achtziger Jahren entstehenden internationalen (neben der amerikanischen auch englischen, französischen und italienischen) Hannah-Arendt-Forschung sprechen.

In Deutschland hat die Politikwissenschaft zunächst keine besondere Kenntnis von Arendt genommen. Im linksliberalen Lager wurde sie lange Zeit wegen ihres Strukturvergleichs zwischen dem nationalsozialistischen und dem sowjetischen Herrschaftstypus und auch wegen eines, ihr unterstellten, politischen Elitarismus weitgehend ignoriert. Von der damals jüngeren Generation haben allein Jürgen Habermas und Ernst Vollrath auf Arendts Theorie mehrfach zurückgegriffen: Habermas in seiner Konzeption der Öffentlichkeit in modernen Gesellschaften und Vollrath in seiner Auslegung des Arendtschen Denkens gegen linke Kritik.

Nach 1989 ist es jedoch zu einer erneuten und umfassenden Wiederbelebung des Arendtschen Werkes gekommen, die auch in Deutschland zu einer Vielzahl von philosophischen und politikwissenschaftlichen Veröffentlichungen geführt hat. Dies liegt nicht zuletzt an den grundlegenden Fragen zur politischen Legitimation, die mit der politischen Wende in den achtziger und neunziger Jahren wieder aufkamen. Hier sind es besonders Hannah Arendts Gedanken zur Erneuerung demokratischer Gesellschaften, zur demokratischen Gründung, zur Öffentlichkeit und zur Freiheit, auf die immer wieder zurückgegriffen wird. Auch ihre Kritik an der wissenschaftlichen Methodologie und Hermeneutik hat erneute Beachtung gefunden. Denker der Postmoderne (wie z. B. Jacques Derrida) haben vielfach auf sie zurückgegriffen und an ihre anti-systemische Konzeption des Politischen angeknüpft. Hannah Arendt ist so zu einer festen Referenz in der amerikanischen wie auch in der europäischen, besonders in der französischen und deutschen, Politikwissenschaft geworden. Sie wird als Verfasserin von Basistexten einer handlungstheoretisch orientierten Politikwissenschaft, als fulminante Kritikerin des 20. Jahrhunderts und durchgängig als klassische politikwissenschaftliche Denkerin des post-totalitären Zeitalters wahrgenommen.

Literatur

1. Werke

Arendt, H., Elemente und Ursprünge totaler Herrschaft (1955), ungek. Ausgabe, München – Zürich 1986.

Arendt, H., Rahel Varnhagen. Lebensgeschichte einer deutschen Jüdin aus der Romantik (1959), München – Zürich 1981.

Arendt, H., Vita activa oder Vom tätigen Leben (1960), München – Zürich 1981.

Arendt, H., Eichmann in Jerusalem. Ein Bericht von der Banalität des Bösen (1964), Leipzig 1990.

Arendt, H., Über die Revolution. (1965), München – Zürich 1974.

Arendt, H., Vom Leben des Geistes. Das Denken. Das Wollen (1979), hg. von M. McCarthy, München – Zürich 1998.

Arendt, H., Macht und Gewalt. (Mit einem Interview von A. Reif), München – Zürich 1998.

Arendt, H., Denktagebuch, 2 Bde., hg. von U. Ludz/I. Nordmann, München 2002.

2. Bibliographie

Ludz, U., Bibliographie: Zusammenstellung aller deutsch- und englischsprachigen Veröffentlichungen, in: Arendt, H., Ich will verstehen. Selbstauskünfte zu Leben und Werk, hg. von U. Ludz, München 1996, S. 255–332.

3. Biographie

Kristeva, J., Das weibliche Genie. I.: Hannah Arendt, Berlin 2001.
Young-Bruehl, E., Hannah Arendt. Leben und Werk, Frankfurt/M. 1986.

4. Darstellungen

Benhabib, S., Hannah Arendt – die melancholische Denkerin der Moderne, Hamburg 1998.
Grunenberg, A., Arendt, Freiburg – Basel – Wien 2003.
Heuer W., Citizen. Persönliche Integrität und politisches Handeln. Eine Rekonstruktion des politischen Humanismus Hannah Arendts, Berlin 1992.
Kemper, P. (Hg.), Die Zukunft des Politischen. Ausblicke auf Hannah Arendt. Mit Beiträgen von Oskar Negt, Otfried Höffe u. a., Frankfurt/M. 1993.
Vollrath, E., Die Rekonstruktion der politischen Urteilskraft, Stuttgart 1977.

Anmerkungen

1 Young-Bruehl, E., Hannah Arendt. Leben und Werk, Frankfurt/M. 1986, S. 65 ff.

2 Arendt, H., Martin Heidegger ist achtzig Jahre alt, in: dies., Menschen in finsteren Zeiten, München 1989, S. 174 f.

3 Arendt, H., Fernsehgespräch mit Günter Gaus (Oktober 1964), in: Ludz, U. (Hg.), Hannah Arendt, Ich will verstehen, München – Zürich 1996, S. 55 f.

4 Auf Deutsch erscheint das Buch 1955 unter dem Titel «Elemente und Ursprünge totaler Herrschaft».

5 Arendt, H., Elemente und Ursprünge totaler Herrschaft, München 1986, S. 268.

6 Vgl. Fraenkel, E., Der Doppelstaat. (engl. 1941) Frankfurt/M. – Köln 1974.

7 Vgl. Friedrich, C. J./Brzezinski, Z., Totalitarian dictatorship and Autocracy, Cambridge/Mass. 1956.

8 Vgl. Neumann, F. L., Behemoth, Oxford 1942.

9 Marcuse, H., One-Dimensional Man, London 1964; vgl. auch Riesman, D., The Lonely Crowd, New Haven 1950.

10 Vgl. Arendt, H., Über die Revolution, München – Zürich 1986, S. 193 f.

11 Weber, M., Soziologische Grundbegriffe, Tübingen 1984, S. 89.

12 Arendt, H., Über die Revolution, S. 200 f.

Dirk Berg-Schlosser

Gabriel A. Almond (1911–2002)

I. Leben

Gabriel Almond war der dominierende Wegbereiter und Mentor der als eigenständiges Teilgebiet nach dem Zweiten Weltkrieg neu konzipierten Vergleichenden Politikwissenschaft («comparative politics») und insbesondere der Initiator der Entwicklungsländer- und Politischen Kultur-Forschung. Er hatte dabei, wie es drei seiner wichtigsten Weggefährten in einem gemeinsamen Nachruf formulierten, «das Glück jeweils zur richtigen Zeit am richtigen Ort» gewesen zu sein.[1] Man kann hinzufügen: Es war ihm gegeben, sich von den praktischen Erfahrungen seines Lebens zu bedeutsamen wissenschaftlichen Einsichten und Neuerungen anregen zu lassen.

Gabriel Abraham Almond wurde 1911 in der am Mississippi gelegenen Kleinstadt Rock Island im Mittelweststaat Illinois als Sproß einer Rabbinerfamilie geboren. 1928 begann er sein Studium am Department of Political Science der University of Chicago. Dieses politikwissenschaftliche Institut im mittleren Westen der USA wurde unter der Leitung von Charles E. Merriam zur Geburtsstätte der «behavioralistischen» Richtung, also der «politikwissenschaftlichen Verhaltensforschung» in der amerikanischen Politikwissenschaft, die mit ihrer empirisch-quantifizierenden Ausrichtung später lange Zeit nicht nur die Political Science in den USA dominierte, sondern auch weltweit das Vorbild einer modernen Politikwissenschaft darstellte.[2] Neben Merriam gehörten in Chicago Harold Lasswell, der Begründer der politischen Psychologie in den USA, und Harold Gosnell, ein Wegbereiter der für große Bevölkerungen repräsentativen Umfrageforschung, zu den wichtigsten akademischen Lehrern Almonds, die auch seine Dissertation betreuten. Diese Doktorarbeit beinhaltete eine empirische Untersuchung der ökonomischen und politischen Elite in New York City, die allerdings erst 60 Jahre später unter dem Titel *Plutocracy and Politics in New York City*[3] publiziert wurde. Merriam, der offenbar negative Auswirkungen dieser kritischen Elitestudie auf wichtige Sponsoren wie die Industriellen Carnegie und Rockefeller befürchtete, soll sich gegen eine frühe Veröffentlichung ausgesprochen haben.

Zu Almonds zum Teil etwas älteren Studienkollegen in Chicago gehörten später ebenfalls so bekanntgewordene amerikanische Politik- und Sozialwissenschaftler wie V. O. Key, David Truman und Edward Shils. Letzterer machte ihn auch mit dem Werk Max Webers vertraut, dessen Arbeiten er zum Teil ins Englische übersetzte. Dieses Interesse an Weber führte Almond in New York auch zu Hans Speier an die «New School for Social Research», einer in erster Linie von deutschen Emigranten gegründeten Schule. Über Speier lernte Gabriel Almond die aus Mönchengladbach stammende, ebenfalls emigrierte Kinderpsychologin Dorothea Kaufmann kennen, die er 1937 heiratete. Dies trug auch, wie er selbst bemerkte,[4] zur erheblichen Verbesserung seiner Deutschkenntnisse bei.

Nach Abschluß seiner Promotion 1938 lehrte Almond zunächst am Brooklyn College in New York, wo er Kurse in American Government zu halten hatte, in einer ziemlich formalen, das heißt auf verfassungsrechtliche Strukturen abstellenden Sichtweise, was ihn offenbar gründlich gelangweilt hat.[5] Mit Kriegseintritt der USA wurde Almond Mitglied der «Feindsektion» des Bureau of Intelligence, das später zum «Office of War Information» gehörte. Wie zahlreiche andere zum Teil emigrierte Sozialwissenschaftler wertete er Nachrichten über Deutschland, Italien und die besetzten Staaten Europas aus. Zu seinen Mitarbeitern in dieser Zeit gehörten auch Herbert Marcuse als Angehöriger der emigrierten «Frankfurter Schule», den Almond als einen «relativ harmlosen Hegelianischen Marxisten» bezeichnet und der später zum intellektuellen Vorbild der Studentenbewegung der «68er» wurde, sowie Henry Ehrmann, der als Frankreich-Spezialist bekannt wurde. Auf diesen Zeitraum datiert Almond auch sein erstes Interesse für «comparative politics» in einem breiten Sinne.[6]

Nach Deutschland führte Almond dann seine Tätigkeit für den United States Strategic Bombing Survey 1944/45, der die Auswirkungen der Flächenbombardements der Alliierten auf die Kampfmoral der deutschen Bevölkerung untersuchen sollte. Neben der Auswertung von Berichten und Dokumenten der deutschen Behörden führte sein Team auch umfangreiche direkte Interviews mit Angehörigen von Polizei, Gestapo und SS, aber auch Mitgliedern von «Antifa»– Widerstandsgruppen durch. Hierbei kamen ihm seine in der Chicago-Schule (die nicht zu verwechseln ist mit den späteren neo-liberalen Ökonomen um Milton Friedman) erworbenen sozialpsychologischen und methodischen Kenntnisse zugute. Er selbst kontrastierte die differenzierten Befunde dieser Erhebungen mit den in seinen Augen «essentialistischen» späteren Thesen Daniel Goldhagens über eine historisch-kulturell bedingte Veranlagung der Deutschen für den Völkermord an den Juden.[7] Aus diesen sozial-wissenschaftlichen Feldarbeiten in Deutschland ging auch Almonds erste Buchpublikation *The Struggle for Democracy in Germany* hervor.[8]

Nach dem Kriege verhalf ihm Harold Lasswell, der nach Yale gewechselt war, zu seiner ersten Dauerstelle («tenure») am dortigen interdisziplinär ausgerichteten Institute of International Studies, wo Almond von 1946 bis 1950 unterrichtete. Als das Institut 1950 nach Princeton wechselte, ging er ebenfalls dorthin. 1959 kehrte er nochmals für einige Jahre nach Yale zurück. Danach lehrte Almond von 1964 bis zu seiner Emeritierung 1976 in Kalifornien am Department of Political Science der Stanford University, das er wesentlich prägte. Aber auch nach der Pensionierung blieb er weiter außerordentlich aktiv, publizierte zahlreiche Schriften und wirkte an vielfältigen Aktivitäten der American Political Science Association (APSA) und anderer Vereinigungen mit. Almond wurde Mitglied der «American Academy of Arts and Sciences», der «National Academy of Sciences»; er erhielt den «James Madison»-Preis (1981) und den «Frank J. Goodnow»-Preis (1999) der APSA für sein Lebenswerk. Der jährlich vergebene Preis für die beste Dissertation in Comparative Politics ist nach ihm benannt. Am Weihnachtstag 2002 verstarb Gabriel Almond im Kreis seiner Familie.

2. Werk

Mit Almonds wichtigsten Lebensstationen sind auch seine zentralen wissenschaftlichen Arbeiten verbunden, mit denen er jeweils in inhaltlicher und methodologischer Hinsicht neue Markierungen für die Politikwissenschaft setzte. Seine ersten Jahre in Yale standen noch ganz im Zeichen der Chicagoer Prägungen und der Kriegserfahrungen. Neben dem bereits erwähnten Band über Deutschland entstanden in dieser Zeit einige Aufsätze über christdemokratische Parteien in Europa[9] und seine, nach der lange Zeit unveröffentlichten Dissertation, erste eigene größere Monographie über *The American People and Foreign Policy*.[10] Diese etabliert ihn als einen der wegweisenden Protagonisten des Behavioralismus und der politikwissenschaftlichen Umfrageforschung auf der Basis repräsentativer Bevölkerungsstichproben. «Subjektive» Aspekte von Politik, wie sie sich «in den Köpfen der Leute» abspielt und öffentlich wahrgenommen wird, sollen so erfaßt werden. Zu seinen wichtigsten damaligen Befunden gehörte, daß die amerikanische öffentliche Meinung von einem periodischen Stimmungswandel («mood swing») in der Außenpolitik gekennzeichnet ist, der zwischen internationalem Isolationismus und damit verbundenem Zynismus großer Teile der Bevölkerung einerseits und nahezu missionarischem Idealismus und Interventionismus andererseits schwankt – ein Phänomen, das bis in die Gegenwart zu beobachten ist.

Almonds Wechsel nach Princeton begründete seinen Ruf als international orientierter Komparatist. Seine nächste größere Publikation befaßte sich mit den *Appeals of Communism*.[11] Im Kontrast zum vorherrschenden, von ihm selbst als «paranoid» bezeichneten McCarthyismus, der alle linken Strömungen und Aktivitäten als pseudokommunistisch verketzerte, wurde in dieser Studie die Anziehungskraft kommunistischer Ideen in den USA, England, Frankreich und Italien wissenschaftlich ergründet. Dabei kam Almond sein sozialpsychologischer und methodischer Hintergrund erneut zugute.

In die Princeton-Ära fiel auch Almonds Berufung zum ersten Vorsitzenden des «Committee on Comparative Politics» des Social Science Research Council (SSRC). Dieses Komitee sollte für die nächste Epoche der amerikanischen (und internationalen) Vergleichenden Politikwissenschaft prägend werden. Solche «Netzwerke», die auch in der International Political Science Association (IPSA) und dem European Consortium for Political Research (ECPR) entstanden, spielten und spielen für eine vergleichende und über den jeweils nationalen Tellerrand hinausschauende Politikwissenschaft eine entscheidende Rolle. Das Augenmerk lag nunmehr nicht mehr vorwiegend auf verfassungsrechtlich–institutionellen Aspekten der vergleichenden Regierungslehre («comparative government») und ihren Veränderungen im Zeitablauf, sondern auf den breiteren politisch-soziologischen und politisch-kulturellen Bedingungsfaktoren von Politik in einem umfassenden «systemischen» Verständnis.[12] Zum ersten Mal wurden auch systematisch nichtwestliche Regionen und Staaten, insbesondere der jüngst unabhängig gewordenen «Entwicklungsländer» in den ehemaligen europäischen Kolonialgebieten, in die Betrachtung einbezogen. Almond lieferte für diese neue Forschungsrichtung einen wichtigen programmatischen Beitrag,[13] in dem er eine an Talcott Parsons[14] und David Easton[15] angelehnte struktur-funktionalistische und systemtheoretische Betrachtungsweise mit konkreten empirischen Erhebungen auf der allgemeinen Bevölkerungsebene in unterschiedlichen Regionen der Welt zu verbinden suchte. Seinem Idol Max Weber folgend wollte er, wie er später selbst ironisch feststellt, «alles über alles» wissen, und das «mit apodiktischer Gewißheit».[16]

Der erste wichtige Band, der diesem innovativen Ansatz entsprach und den er zusammen mit James S. Coleman (dem Afrikanisten, nicht dem Soziologen gleichen Namens) herausgab, behandelte *The Politics of the Developing Areas*.[17] Neben einem konzeptionellen Einleitungskapitel

Almonds und einem zusammenfassenden Schlußkapitel von Coleman, das zum ersten Mal auch im Anschluß an den einflußreichen Politischen Soziologen Seymour Martin Lipset «modernisierungstheoretische» Indikatoren wie Industrialisierung sowie Urbanisierung und ganz allgemein Ausdifferenzierung und Dynamisierung ökonomischer, politischer und sozialer Systeme im weltweiten Maßstab verwendete,[18] enthielt es nach einem einheitlichen Schema gegliederte Beiträge von Lucian W. Pye über Südostasien, Myron Weiner über Südasien, Coleman über das subsaharische Afrika, Dankwart A. Rustow über den Nahen Osten und George I. Blanksten über Lateinamerika. Damit war dieser von Gabriel Almond wesentlich inspirierte Band das erste umfassende und grundlegende Werk auf dem Gebiet der vergleichenden politikwissenschaftlichen Entwicklungsländerforschung.

Aus dem Teilnehmerkreis des SSRC-Komitees unter Leitung von Gabriel Almond gingen dann eine ganze Reihe weiterer wichtiger, thematisch orientierter Bände über *Communications and Political Development* (Hrsg. Lucian Pye, 1963), *Bureaucracy and Political Development* (Hrsg. Joseph La Palombara, 1963), *Political Modernisation in Japan and Turkey* (Hrsg. Robert E. Ward und Dankwart Rustow, 1964), *Education and Political Development* (Hrsg. James Coleman, 1965), *Political Culture and Political Development* (Hrsg. Lucian Pye und Sidney Verba, 1965), *Political Parties and Political Development* (Hrsg. Joseph La Palombara und Myron Weiner, 1966), *Crises and Sequences in Political Development* (verfaßt von Leonard Binder und fünf bereits angeführten Ko-Autoren, 1971), *The Formation of National States in Western Europe* (Hrsg. Charles Tilly, 1975) und *Crises and Political Development in Europe and the United States* (Hrsg. Raymond Grew, 1978) hervor, die alle bei Princeton University Press erschienen. Alle diese Bände umfaßten jeweils konzeptionelle Einzelkapitel und auf das jeweilige Thema ausgerichtete Länderstudien. Während die ersten Bände noch eher deskriptiv, mehr oder minder «flächendeckend» und vorwiegend «modernisierungstheoretisch» ausgerichtet waren, also Entwicklung im wesentlichen als das Muster der westlichen Staaten «nachholend» verstanden, verbanden die drei letztgenannten auch länger zurückreichende historische und konkrete «Krisen»perspektiven in einer stärker dynamischen, Struktur- und Akteursaspekte einbeziehenden Betrachtungsweise. Insgesamt waren in diesen sehr ertragreichen gut zwei Jahrzehnten 245 Wissenschaftler, darunter 46 Nichtamerikaner, vor allem Europäer, unter anderem auch Stein Rokkan, Juan Linz, Giovanni Sartori und Arend Lijphart, an den Aktivitäten des Komitees beteiligt, die auch zahlreiche

Konferenzen und Symposien umfaßten. Gefördert wurde es durch großzügige Unterstützungen der Carnegie-, Ford- und Rockefeller-Stiftungen.

In den 1970er Jahren geriet die überwiegend «modernisierungstheoretische» Perspektive dieser frühen Arbeiten zur vergleichenden Entwicklungsländerforschung wegen ihrer Orientierung am Vorbild der westlichen Industriegesellschaften zunehmend in die Kritik von Anhängern der «Dependenztheorie», die auf die externe Verursachung der Unterentwicklung in der Dritten Welt abstellten, und orthodox-marxistischer mit Entwicklungstheorie befaßter Autoren.[19] Almond räumte im nachhinein eine gewisse Einseitigkeit und «statisch-komparative» Ausrichtung dieses Ansatzes ein. Er selbst suchte dieser Kritik in seinem mit Scott C. Flanagan und Robert J. Mundt herausgegebenen Band *Crisis, Choice, and Change – Historical Studies of Political Development*, der außerhalb der Princeton-Reihe erschien,[20] in historisch-differenzierter Form gerecht zu werden. Aber auch die drei zuletzt erschienenen Bände der Princeton-Reihe enthielten wichtige historische und krisentheoretische Perspektiven, die über eine rein modernisierungstheoretische Betrachtungsweise erheblich hinausgehen.

Ein weiterer Strang der Arbeiten von Gabriel Almond, der sich aus der «Chicagoer» Prägung entwickelte, aber zu einem eigenständigen wichtigen Teilgebiet wurde, war die Politische Kultur-Forschung. Diese versucht die «subjektive Dimension» von Politik, also politische Einstellungen und Werthaltungen ganzer Gesellschaften und wichtiger Bevölkerungsgruppen, systematisch-vergleichend zu untersuchen. Gerade auch der deutsche Fall der Weimarer Republik, der gezeigt hatte, daß eine demokratische Verfassungsordnung ohne ausreichende Akzeptanz und Unterstützung in der Bevölkerung gescheitert war, lieferte hierfür die wichtigsten Impulse. Bahnbrechend für diesen Ansatz war die zusammen mit Sidney Verba verfaßte Studie über *Civic Culture*,[21] die die soziokulturellen Grundlagen von unterschiedlich gearteten politischen Systemen auf der Basis von repräsentativen Bevölkerungsumfragen und zusätzlichen Tiefeninterviews in fünf Staaten (USA, Großbritannien, Bundesrepublik Deutschland, Italien und Mexiko) systematisch-vergleichend untersuchte. Erhebliche Defizite des Demokratieverständnisses in Deutschland (damals noch als «Schönwetterdemokratie» gekennzeichnet), Italien und Mexiko wurden der ausgewogenen «Civic Culture» der angelsächsischen Staaten gegenübergestellt. An methodischer und inhaltlicher Kritik dieser ersten Untersuchung hat es nicht gefehlt.[22] Almond selbst erkannte in einer rückblickenden kritischen Betrachtung viele der geäußerten Einwände als berechtigt an, wandte sich aber entschieden gegen einseitig dogmatische Festlegungen orthodox-marxistischer oder ausschließlich an «rational choice» orientierter Autoren, die subjektive und kulturelle Aspekte als «falsches Bewußtsein» oder für ihre Analysen und Modelle irrelevant abtun.[23]

Mit der Rational choice- Richtung, die in den USA, aber nicht nur dort, seit etwa Mitte der 1980er Jahre erheblichen Einfluß gewann und teilweise den behavioralistischen mainstream ablöste, setzte sich Almond auch in seiner Arbeit *A Discipline Divided*[24] und dem Aufsatz *The History of Political Science*[25] scharf auseinander. Die Theorien des «rational choice» stellen auf die rationale Entscheidung von Individuen auf der Grundlage von Anreizen und Nutzenkalkülen ab. Almond beklagte die «monistische» und ahistorische Ausrichtung dieses Ansatzes, die in den USA wissenschaftspolitisch auch zu einer Auflösung der stärker historisch und sozio-kulturell ausgerichteten «area studies»-Programme des einflußreichen Social Science Research Council zugunsten einer universalistischen (in Almonds Augen «maximalistisch-szientistischen») Betrachtungsweise geführt hat.

In seinem Spätwerk befaßte Almond sich in seiner Eigenschaft als Angehöriger der American Academy of Arts and Sciences in einem breit angelegten vergleichenden Forschungsprojekt mit den sozialen Wurzeln und politischen Konsequenzen des religiösen Fundamentalismus unterschiedlicher Ausprägungen. Die zusammenfassende, gemeinsam mit R. Scott Appleby und Emmanuel Sivan verfaßte Auswertung erschien posthum unter dem Titel *Strong Religions*.[26] Im Jahr zuvor, noch zu seinen Lebzeiten, erschien eine Aufsatzsammlung *Ventures in Political Science – Narratives and Reflections*[27] mit Arbeiten aus den 1990er Jahren, die sehr starke wissenschaftsgeschichtliche, biographische (so z. B. mit Aufsätzen über Charles Merriam und Harold Lasswell) und autobiographische Züge trug. In dem historischen Rückblick faßte Almond seine wissenschaftstheoretische Position noch einmal zusammen und wies abermals auf die Bedeutung der klassischen Autoren für die Entwicklung der Politikwissenschaft hin:

«What I propose in this essay on the history of political science is a view based on a search of the literature from the ancients until the present day, demonstrating a unity of substance and method, and cumulative in the sense of an increasing knowledge base and improvements in inferential rigor. There is pluralism in method and approach, but there is only one scholarship, distinctive from other forms of intellectual activity by its commitment to rules of evidence and inference».[28]

3. Wirkung

Almond selbst verstand sich als «unverbesserlichen Komparativisten mit humanistischer Ambivalenz».[29] Er war sowohl in konzeptioneller als auch organisatorischer Hinsicht der markanteste Wegbereiter einer empirisch vorgehenden, global ausgerichteten und systematisch-vergleichenden Politikwissenschaft. In seinem umfassenden Verständnis der Disziplin hat er, trotz der sich ständig weiter verändernden Materie,[30] an die Traditionen des Faches angeknüpft und sie durch innovative Ansätze fortgeführt. In einer sich über nahezu sieben Jahrzehnte erstreckenden Spanne produktiven wissenschaftlichen Schaffens hat Almond wie kein zweiter eine sich über alle Kontinente erstreckende, umfassende «systemische» Analyse von Politik, einschließlich ihrer wichtigsten historischen und sozio-kulturellen Besonderheiten, vorangetrieben. Unser politischer Informationsstand, aber auch unser konzeptionelles und methodisches Rüstzeug in der Politikwissenschaft ist heute daher unvergleichlich größer als noch vor 40 Jahren, nicht zuletzt dank des Lebenswerkes von Gabriel Almond.

Zusammen mit G. Bingham Powell hat Almond 1966 das Standardlehrbuch im amerikanischen Raum zur Vergleichenden Politikwissenschaft verfaßt, das mittlerweile in veränderter Form in 7. Auflage vorliegt.[31] Dies enthält auch die wichtige von ihnen propagierte Unterscheidung zwischen policy, politics und policies, also zwischen dem institutionellen Rahmen, den ablaufenden Prozessen und den konkreten Inhalten von Politik in unterschiedlichen Politikfeldern – eine Begrifflichkeit, die sich auch international durchgesetzt hat, wenn auch sprachlich nicht immer so zu differenzieren ist wie im Englischen.[32]

Die von Almond initiierte politikwissenschaftliche Entwicklungsforschung hat sich mittlerweile ausdifferenziert und ist wesentlich komplexer geworden. Sie hat weitgehend Abschied genommen von den «großen Theorien» mit universalistischem Anspruch, ob nun «Modernisierung» oder «Dependenz», und beschränkt sich eher auf stärker historisch vertiefte und kulturell angereicherte Ansätze mittlerer Reichweite. Auch über die ersten, relativ oberflächlichen und ökonomistischen «Indikatoren»-Modelle ist sie hinausgekommen. Neuere Analysen setzen endogene und exogene, sozialstrukturelle, politisch-kulturelle, institutionelle und akteursbezogene Faktoren und den jeweiligen internationalen Kontext zueinander in Verbindung und verwenden dabei sowohl quantifizierende als auch qualitative Vorgehensweisen.[33] Der Schwerpunkt wird dabei in jüngerer Zeit wieder stärker auf Aspekte von Staatlichkeit und

Regierungshandeln, also auf Auswirkungen unterschiedlicher politischer Systeme und der jeweiligen «governance», gelegt. Dies spielt sowohl für die neuere «Welle» der Demokratisierung in Lateinamerika, Osteuropa, Afrika und anderswo als auch für praktische Ansätze der Entwicklungspolitik, z. B. für die «Konditionalität» wichtiger Geberinstitutionen wie der Weltbank oder der Europäischen Union, eine erhebliche Rolle.[34]

Ähnliches gilt für die von Almond begründete Politische Kultur-Forschung. Diese hat, insbesondere in Deutschland, aber auch in Frankreich und anderswo, eine intensive Rezeption erfahren.[35] Der Begriff «Politische Kultur» hat sich in der deutschen Fach- und Alltagssprache eingebürgert, wenn er auch in der Öffentlichkeit und Publizistik oft im Sinne von «politischem Anstand», «zivilen politischen Umgangsformen» u. ä. normativ besetzten Begriffen mißverstanden wird.[36] Politische Kultur-Forschung beruht heute nicht nur vorwiegend auf Umfrageforschung, wie in der *Civic Culture*-Studie, sondern bezieht historische «Tiefendimensionen» und eher interpretativ-«deutende» Ansätze wie die Symbol- und Inhaltsanalysen mit ein.[37] Auch zur vergleichenden Sozialanthropologie wurden einige Brücken geschlagen.[38]

In den 1990er Jahren gab es wichtige neue Impulse für diese politikwissenschaftlichen Forschungsgebiete durch die Umbrüche in Osteuropa,[39] aber auch weltweite Tendenzen zur Demokratisierung und Globalisierung, die unter anderem auch in den *World Values Surveys* untersucht wurden.[40] Ebenso haben Samuel Huntingtons[41] provozierende Thesen zum *Kampf der Kulturen* das Augenmerk auch auf kulturelle Aspekte in den Internationalen Beziehungen und ihr Konfliktpotential hinsichtlich unterschiedlicher Fundamentalismen gelenkt.[42] So haben Almonds Anstöße in der Gegenwart wieder ungeahnte Aktualität erfahren.

Für Arend Lijphart, der selbst Wichtiges zur Vergleichenden Politikwissenschaft und Empirischen Demokratieforschung auf beiden Seiten des Nordatlantik beigetragen hat, war Almond, zusammen mit Karl Deutsch und Robert Dahl, der bedeutendste Politikwissenschaftler der zweiten Hälfte des 20. Jahrhunderts.[43] Ein Urteil, dem sich wohl die meisten anschließen werden. Gabriel Almond war ohne Zweifel ein moderner «Klassiker». Gerade in einer Zeit weltweit wirkender Ansätze von Demokratisierung, aber auch intensiver sozio-kultureller und religiöser Spannungen sind Almonds Pionierleistungen zur systematischen-vergleichenden Untersuchung solcher Prozesse nach wie vor wegweisend.

Literatur

1. Werke

Almond, G. A. (Ed.), The Struggle for Democracy in Germany, Chapel Hill 1949.
Almond, G. A., The Appeals of Communism, Princeton 1954.
Almond, G. A./Coleman, J. S. (Eds.), The Politics of the Developing Areas, Princeton 1960.
Almond, G. A./Verba, S., The Civic Culture. Political Attitudes and Democracy in Five Nations, Princeton 1963.
Almond, G. A./Powell, G. B., Comparative Politics. A Developmental Approach, Boston 1966.
Almond, G. A. et al. (Eds.), Crisis, Choice, and Change. Historical Studies of Political Development, Boston 1973.
Almond, G. A./Verba, S. (Eds.), The Civic Culture Revisited, Boston 1980.
Almond, G. A., A Discipline Divided, Newbury Park 1991.
Almond, G. A. et al., Comparative Politics Today. A World View, 7. edition Chicago 2000.
Almond, G. A./Appleby, R. S./Sivan, E., Strong Religion. The Rise of Fundamentalisms around the World, Chicago 2003.

2. Biographie

Almond, G. A., A Voice from the Chicago School, in: Daalder, H. (Ed.), Comparative European Politics. The Story of a Profession, London 1997, S. 54–67.
Almond, G. A., Ventures in Political Science. Narratives and Reflections, Boulder 2002.
Eulau, H./Pye, L./Verba, S., Gabriel A. Almond. In Memoriam, in: Political Science (PS), Juli (2003), S. 467–470.

3. Darstellungen

Berg-Schlosser, D., Politische Kultur. Eine neue Dimension politikwissenschaftlicher Analyse, München 1972.
Berg-Schlosser, D./Schissler, J. (Hg.), Politische Kultur in Deutschland. Bilanz und Perspektiven der Forschung, Opladen 1987, S. 27–39.
Berg-Schlosser, D./Müller-Rommel, F. (Hg.), Vergleichende Politikwissenschaft, 4. Auflage, Opladen 2003.
Kavanagh, D., Political Culture, London 1972.
Falter, J. W., Der «Positivismusstreit» in der amerikanischen Politikwissenschaft. Entstehung, Ablauf und Resultate der sogenannten Behavioralismus-Kontroverse in den Vereinigten Staaten 1945–1975, Opladen 1982.
Badie, B., Culture et Politique, Paris 1983.
Patrick, G. M., Political Culture, in: Sartori, G. (Ed.), Social Science Concepts, Beverly Hills 1984, S. 265–314.
Inglehart, R., Modernization and Post-Modernization. Cultural, Economic and Political Change in 43 Societies, Princeton 1997; deutsch: Modernisierung und

Postmodernisierung. Kultureller, wirtschaftlicher und politischer Wandel in 43 Gesellschaften, Frankfurt/M. – New York 1998.

Huntington, S. P., The Clash of Civilizations and the Remaking of World Order, New York 1996.

Rose, R. et al., Democracy and its Alternatives. Understanding Post-Communist Societies, Cambridge 1998.

Anmerkungen

1 Eulau, H./Pye, L./Verba, S., Gabriel A. Almond. In Memoriam, in: Political Science (PS), Juli (2003), S. 467–470.

2 Siehe Somit, A./Tannenhaus, J., The Development of American Political Science, Boston 1967, und Falter, J. W., Der «Positivismusstreit» in der amerikanischen Politikwissenschaft. Entstehung, Ablauf und Resultate der sogenannten Behavioralismus-Kontroverse in den Vereinigten Staaten 1945–1975, Opladen 1982.

3 Almond, G. A., Plutocracy and Politics in New York City, Boulder 1998.

4 Almond, G. A., A Voice from the Chicago School, in: Daalder, H. (Ed.), Comparative European Politics. The Story of a Profession, London 1997, S. 55.

5 Ebda.

6 Almond, G. A., Introduction, in: ders. (Ed.), Ventures in Political Science. Narratives and Reflections, Boulder 2002, S. 9.

7 Ebda., S. 14. f. Vgl. Goldhagen, D., Hitler's Willing Executioners. Ordinary Germans and the Holocaust, New York 1995, deutsch: Goldhagen, D., Hitlers willige Vollstrecker. Ganz gewöhnliche Deutsche und der Holocaust, Berlin 1996.

8 Almond, G. A. (Ed.), The Struggle for Democracy in Germany, Chapel Hill 1949.

9 Almond, G. A., The Christian Parties of Western Europe, in: World Politics 1 (1948) und Almond G. A., The Political Ideas of Christian Democracy, in: Journal of Politics 10 (1948).

10 Adorno T./Frenkel-Brunswik, E./Levinson, S./Sanford, N., The Authoritarian Personality, New York 1950.

11 Almond, G. A., The Appeals of Communism, Princeton 1954.

12 Vgl. auch Eckstein, H. A., Perspective on Comparative Politics. Past and Present, in: Eckstein, H./Apter, D. E. (Eds.), Comparative Politics, New York 1963, und Berg-Schlosser, D./Müller-Rommel, F. (Hg.), Vergleichende Politikwissenschaft, 4. Auflage Opladen 2003.

13 Almond G. A., Comparative Political Systems, in: Journal of Politics, 18: 3 (1956), S. 391–409.

14 Parsons, T., The Social System, Cambridge 1951.

15 Easton, D., The Political System, New York 1953.

16 Vgl. Almond in Daalder, op. cit., S. 61.

17 Almond, G. A./Coleman, J. S. (Eds.), The Politics of the Developing Areas, Princeton 1960.

18 Vgl. Lipset, S. M., Political Man, New York 1960, deutsch: Lipset, S. M., Soziologie der Demokratie, Neuwied 1962.

19 Vgl. z. B. Frank, A. G., Capitalism and Underdevelopment in Latin America, New York 1967; Cardoso, F. H./Faletto, E., Abhängigkeit und Entwicklung in Lateinamerika, Frankfurt/M. 1976.

20 Almond, G. A./Flanagan, S./Mundt, R., Crisis, Choice, and Change. Historical Studies of Political Development, Boston 1973.

21 Almond, G. A./Verba, S., The Civic Culture. Political Attitudes and Democracy in Five Nations, Princeton 1963.

22 Vgl. z. B. Almond, G. A./Verba, S., The Civic Culture Revisited, Boston 1980. Für eine relativ frühe deutsche Rezipierung siehe Berg-Schlosser, D., Politische Kultur. Eine neue Dimension politikwissenschaftlicher Analyse, München 1972.

23 Siehe hierzu z. B. Almonds Beitrag. Politische Kultur-Forschung – Rückblick und Ausblick, in: Berg-Schlosser, D./Schissler, J. (Hg.) Politische Kultur in Deutschland. Bilanz und Perspektiven der Forschung, Opladen 1987, S. 27–39.

24 Almond, G. A., A Discipline Divided, Newbury Park 1991.

25 Almond, G. A., Political Science. The History of the Discipline, in: Goodin, R./Klingemann, H.-D. (Eds.), A New Handbook of Political Science, Oxford; New York 1996, S. 50–96.

26 Almond, G. A./Appleby, R. S./Sivan, E., Strong Religion. The Rise of Fundamentalisms around the World, Chicago 2003.

27 Almond, G. A., Ventures in Political Science. Narratives and Reflections, Boulder 2002.

28 Ebda., S. 62.

29 In Daalder, op. cit., S. 67.

30 Siehe hierzu auch seinen zusammen mit Stephen Genco verfaßten wichtigsten wissenschaftstheoretischen Aufsatz «Clouds, Clocks, and the Study of Politics», in: World Politics, 29:4 (1977), S. 489–522.

31 Almond, G. A. et al., Comparative Politics Today. A World View, 7. edition Chicago 2000.

32 Vgl. Heidenheimer, Arnold, J.: Politics, Policy and Policey as Concepts in English and Continental Languages. An Attempt to Explain Divergences, in: The Review of Politics 48 (1986), H. 1, S. 3–33.

33 Vgl. z. B. Apter, D. E./Rosberg, C. G. (Eds.), Political Development and the New Realism in Sub-Saharan Africa, Berkeley 1994, und Chazan, N. et al., Politics and Society in Contemporary Africa, 3. edition Boulder/Col. 1999.

34 Vgl. auch Huntington, S. P., The Third Wave. Democratization in the Late 20th Century, Norman/Okl. 1991 und Kaufmann, D. et al., Governance Matters III, Washington/D. C. 2003.

35 Vgl z. B. Kavanagh, D., Political Culture, London 1972; Badie, B., Culture et Politique, Paris 1983; Iwand, W. M., Paradigma Politische Kultur, Opladen 1985; Berg-Schlosser, D./Rytlewski, R. (Eds.), Political Culture in Germany, London 1993.

36 Vgl. Sontheimer, K., Deutschlands politische Kultur, München 1990.

37 Vgl. Putnam, R. D., Making Democracy Work. Civic Traditions in Modern Italy, Princeton 1993; Rohe, K., Politische Kultur: Zum Verständnis eines theoretischen Konzepts, in: Niedermayer, O./Beyme, K. von (Hg.), Politische Kultur in Ost- und Westdeutschland, Berlin 1994, S. 1–21.

38 Vgl. z. B. Thompson, M. et al., Cultural Theory, Boulder/Col. 1990.

39 Vgl. Rose, R. et al., Democracy and its Alternatives. Understanding Post-Communist Societies, Cambridge 1998.

40 Siehe z. B. Inglehart, R., Modernization and Post-Modernization. Cultural, Economic and Political Change in 43 Societies, Princeton 1997.

41 Huntington, S. P., The Clash of Civilizations and the Remaking of World Order, New York 1996.

42 Siehe a. Juergensmeyer, M., The New Cold War ?, Berkeley 1993.

43 Siehe Lijphart A., About peripheries, centres and other autobiographical reflections, in: Daalder, H. (Ed.), Comparative European Politics. The Story of a Profession, London 1997, S. 247.

Dieter Senghaas

Karl W. Deutsch (1912–1992)

I. Leben

Karl W. Deutsch hat für die internationale Politikwissenschaft zahlreiche neue Arbeitsgebiete wie die Untersuchung der Nationenbildung, die Kommunikationsanalyse internationaler Beziehungen und die Erforschung der Entwicklung transnationaler Gemeinschaften sowie innovative methodologisch-empirische Anstöße durch umfassende Datensammlungen, statistische Analysen und Simulationstechniken eröffnet. Das kybernetische Verständnis politischer Prozesse ist durch ihn zum festen Bestandteil politikwissenschaftlichen Denkens geworden.

Zu diesen politikwissenschaftlichen Innovationen wurde Deutsch durch seine vielfältigen Lebenserfahrungen und Wirkungsstätten angeregt. Karl Wolfgang Deutsch wurde 1912 in Prag geboren und erlebte in seiner Jugend die ethnisch, kulturell und politisch geprägten Nationalitätenkonflikte in der Tschechoslowakei sowie die erbitterten Auseinandersetzungen zwischen dem katholischen und dem sozialistischen politischen Lager in Österreich; schließlich den Aufstieg und die Gewaltherrschaft des Nationalsozialismus. In seinem autobiographischen Aufsatz *A Voyage of the Mind, 1930–1980,* berichtet Deutsch, wie sein Interesse an Politik seit dem sechsten Lebensjahr geweckt wurde: Es sei nicht in der Bibliothek entstanden, sondern im Jahrzehnt vor 1930 in den Wahlversammlungen seiner Mutter, die als Sozialdemokratin eines der ersten weiblichen Mitglieder des Parlamentes der Tschechoslowakischen Republik war. Diese Erfahrung war für Karl W. Deutsch nicht nur in politischer Hinsicht bedeutsam, sondern auch im Hinblick auf sein lebenslanges Bemühen, der jeweiligen Zuhörerschaft komplexe wissenschaftliche Sachverhalte möglichst anschaulich und einprägsam zu vermitteln. Er war ein geborener Didaktiker und Kommunikator.

Nach Studienaufenthalten an der schon nationalsozialistisch unterwanderten deutschen Karls-Universität in Prag und an der University of London (hier studierte er angewandte Optik) kehrte er an die tschechische Karlova-Universität in Prag zurück (1882 war die traditionsreiche

Prager Alma Mater in eine deutsche und eine tschechische Universität geteilt worden), um dort 1938 einen Dr. jur. zu erlangen. Als Hitler im Herbst 1938 das Sudetenland besetzte, befand sich Karl W. Deutsch als Delegierter der Jugendorganisation der Sozialdemokratischen Partei auf einem antifaschistischen Kongreß in den USA; er folgte der Warnung von Freunden, nicht nach Prag zurückzukehren. So wurden er und seine Frau Ruth, die er 1936 in Prag geheiratet hatte, zu Emigranten, die auf der Grundlage eines Hilfsfonds an der Harvard University erneut ein Studium aufnehmen konnten.

Damit begann die Karriere von Karl W. Deutsch in den USA, die von der Bedeutung der Sozialwissenschaften für die amerikanische Kriegsführung profitierte: 1941 erhielt er an der Harvard University den M. A.; 1942 bis 1952 war er Instructor am benachbarten Massachusetts Institute of Technology (MIT); 1951 wurde ihm an der Harvard University für seine Untersuchungen zur Bedeutung von sozialer Kommunikation für die Entstehung von Nationen der Doktortitel verliehen. Danach hatte Deutsch bis 1958 eine Professur für Geschichte und Politikwissenschaft am MIT inne und wechselte 1958 an die Yale University. Dort initiierte er in den sechziger Jahren umfangreiche Projekte zur Indikatorenbildung auf dem Gebiet des soziopolitischen Vergleichs. 1967 kehrte Karl W. Deutsch als Professor of Government an die Harvard University zurück, wo er schließlich von 1971 bis 1983 eine Professur für Friedensforschung innehatte (Stanfield Professor of International Peace). Nach seinem 65. Lebensjahr war er ab 1977 für zehn Jahre einen Großteil des Jahres im Rahmen des Wissenschaftszentrums Berlin (WZB) als Direktor des Internationalen Instituts für Vergleichende Gesellschaftsforschung tätig. 1987 übernahm Deutsch nochmals eine Tätigkeit im Bereich der Friedensforschung im vom vormaligen US-Präsidenten Jimmy Carter eingerichteten Zentrum an der Emory University in Atlanta. Im Laufe seines akademischen Lebens wurden Karl W. Deutsch zahlreiche Ehrungen zuteil und übernahm er wichtige Funktionen in der Fachdisziplin. So war er Präsident der American Political Science Association (1969–70). An der Spitze der International Political Science Association (1976–79) konnte er seine kommunikativen Fähigkeiten bei der Organisation und Durchführung des ersten politikwissenschaftlichen Weltkongresses in einem realsozialistischen Land, in Moskau im August 1979, unter Beweis stellen, auch bei der Einbeziehung der politikwissenschaftlichen Ansätze in der DDR.

2. Werk

Das wissenschaftliche Werk von Karl W. Deutsch steht insgesamt unter einem eindeutigen Motto: Alle Untersuchungen der Politik, alle Methoden und Modelle, die als Instrumente zur politischen Analyse dienen, hätten – wie er selber sagt – nur den einen Zweck: «that men should be more able to act in politics with their eyes open».[1] Aus diesem aufklärerischen Impetus beruhten seine Beiträge zur politischen Theorie und insbesondere zur vergleichenden Regierungslehre, aber auch am Ende seines reichen wissenschaftlichen Lebens die von ihm inspirierten Anstöße zur Entwicklung eines politikwissenschaftlich gehaltvollen Weltmodells. Frieden, sozialer Ausgleich und Empathie angesichts kultureller Vielfalt waren dabei seine normativen Leitperspektiven. Seit den späten 1940er Jahren verdichtete sich in den Forschungen von Karl W. Deutsch ein kybernetisch ausgerichtetes Paradigma, das auf die Problematik der Lernfähigkeit bzw. Lernunfähigkeit von Politik fokussiert ist.

Die Erforschung von Nationalismus und nation-building: Karl W. Deutsch erlebte in seiner frühesten Jugend die Auflösung der österreichisch-ungarischen Monarchie – ein Vorgang, der für ihn exemplarisch war für die Desintegration von überkommenen Reichsstrukturen. Letztere waren für ihn gekennzeichnet durch ein «Schichtkuchen-Muster»: An dessen oberster Schicht war eine leidlich intensive soziale Kommunikation zwischen den Mitgliedern der herrschenden Klasse zu beobachten; eine Schicht tiefer waren die bürgerlichen Austausch- und Kommunikationsprozesse schon geringer, während darunter die Masse der bäuerlichen Bevölkerung weder durch Assimilation noch durch Partizipation in die Gesellschaftsstruktur wirklich eingegliedert war. Die Funktion dieser Menschen bestand allein in ihrer Tributpflichtigkeit und damit in ihrer Ausbeutbarkeit zugunsten der jeweiligen gesellschaftlichen Spitze. Für Deutsch waren diese imperialen Gebilde, auch die sogenannten Hochkulturen der Welt, nur oberflächlich integriert. Daraus resultierte ihre Anfälligkeit gegenüber Angriffen von außen, aber auch gegenüber Zersetzungsprozessen aus dem eigenen Inneren.

Das entscheidende Stichwort für Karl W. Deutsch war im Hinblick auf diese Anfälligkeit zu Desintegration der Prozeß der «sozialen Mobilisierung». Dieser in der europäischen Neuzeit einsetzende Vorgang, der inzwischen von weltumspannender Reichweite ist, beinhaltete einen Umbau traditionaler Gesellschaften in sich modernisierende und moderne Gesellschaften. Der Prozeß findet in verschiedenen, sozialwissenschaftlich meßbaren Geschwindigkeiten statt und ist durch spezifische Kontexte geprägt. Dennoch lassen sich Gleichläufigkeiten wie die folgenden beobachten: erstens die Verlagerung der herkömmlichen Subsistenzökonomie in eine territorialstaatlich und inzwischen weltweit ausgreifende Tauschökonomie; zweitens der Transfer der ländlichen Bevölkerung in Kerngebiete, insbesondere in städtische Ballungsgebiete, was eine Kommunikationsverdichtung zur Folge hat und Bevölkerungen organisationsfähig werden läßt; drittens die Alphabetisierung der breiten Masse der Bevölkerung mit der Folge einer Selbstbewußtwerdung und einer «Fähigkeitsrevolution», d. h. der Ausbreitung von Fertigkeiten in jeglicher Hinsicht, gerade auch im Hinblick auf politische Selbstorganisation; viertens die Politisierung öffentlicher, aber auch privater Belange quer durch die gesamte Gesellschaft – mit der langfristigen Folge einer Pluralisierung und Politisierung von Interessen, Identitäten und «Wahrheiten». In diesem Zusammenhang werden von besonderer Bedeutung die Bewußtwerdung und Politisierung von Ethnizität, die Mobilisierung nationaler Symbole als unbewußte Folge des dargelegten Prozesses, vielfach aber auch als Ergebnis politischer Inszenierung. Dieser säkulare Umbauprozeß erzeugt in jedem einzelnen Fall erneut die für die Moderne grundlegende Problematik: wie unter den genannten Bedingungen und angesichts der Politisierung der gesellschaftlichen Pluralität politische Koexistenz möglich ist.

Karl W. Deutsch hat diesen neuartigen Ansatz zur Untersuchung der Entstehung von Nationen erstmals in seiner amerikanischen Doktorarbeit über *Nationalism and Social Communication* (1953) entfaltet. In diesem epochalen Buch führte er Nation nicht, wie bis dahin üblich, auf die Gemeinsamkeiten von staatlicher Herrschaft, Geschichte, Kultur, Sprache oder ethnischer Herkunft zurück, sondern verstand sie als eine Kommunikationsgemeinschaft. An vier Fallstudien zur Nationenbildung in Finnland, Böhmen, Schottland und Indien hat Deutsch in seiner Dissertation diesen Ansatz nicht nur historisch illustriert, sondern auch empirisch überprüft. Dieser Zugang zu einer empirischen Nationenforschung lag in der Bundesrepublik Deutschland während der 1970er Jahre auch den umfangreichen Arbeiten zur Lage im geteilten Deutschland zugrunde.[2]

Die Entstehung und Entwicklung von Nationen («nation building») betrachtete Karl W. Deutsch als einen Emanzipationsprozeß, allerdings mit potentiell problematischen Implikationen. Auf der einen Seite wurden moderne Nationalstaaten in zunehmendem Maße zu sich vernetzenden und sich verdichtenden Agenturen, in denen in einem jeweils begrenzten Raum Leistungen für die Masse der Menschen mobilisierbar waren, die in vormodernen Gesellschaften nie erreichbar gewesen wären. Auf der anderen Seite schufen diese neuen Kraftzentren aber auch kollektiv organisierte Vorurteile; ihre Neigung zur Selbstbezogenheit, gegebenenfalls bis hin zu nationalchauvinistischer Politik, war und ist unübersehbar. Die Herausbildung von politisch kohärent organisierten Räumen bei gleichzeitiger Gefahr eines chauvinistisch-aggressiven Mißbrauchs der mobilisierten Potentiale hat Karl W. Deutsch in vielen Detailuntersuchungen analysiert. Dabei sind die detaillierten Fragestellungen und Beobachtungen nach seinem frühen, als klassisch zu bezeichnenden Werk *Nationalism and Social Communication* (1953/1966) auch in seinem Buch über *Nationalism and Its Alternatives* (1969) und der Aufsatzsammlung *Tides Among Nations* (1979) zu finden. Der zuletzt genannte Band enthält alle wesentlichen Beiträge zur Thematik; einige von ihnen waren schon zuvor in deutscher Übersetzung vorgelegt worden (*Nationenbildung – Nationalstaat – Integration,* 1972). In diesem Zusammenhang war Deutsch auch sehr interessiert an der politischen Integration der Schweizer Eidgenossenschaft, der es trotz vielfältiger geographischer, konfessioneller und kultureller Unterschiede gelungen ist, sich durch Kommunikationsprozesse zu einer politischen Gemeinschaft (Volk) zusammenzufinden.[3] In all diesen Beiträgen argumentierte Deutsch unmißverständlich, daß Nationen im Werden keine Gebilde sind, die von Anfang an identitätsmäßig festgelegt sind; vielmehr durchlaufen sie einen im Detail analytisch rekonstruierbaren Aufbauprozeß («nation building»), durch den sie in mentaler, emotionaler, infrastruktureller und institutioneller Hinsicht eine im Einzelfall mehr oder weniger ausgeprägte, einzelne Sozialschichten übergreifende eigene kollektive Identität entwickeln.

Die Erforschung von Integrationsprozessen jenseits der Nationalstaaten: Für Karl W. Deutsch, den Analytiker des Zerfalls von Reichsstrukturen und der Entwicklung von Nationalstaaten in der Folge sozialer Mobilisierung, war es nur konsequent, auch die tendenzielle Integration von Nationen in überstaatliche integrative Verbünde unterschiedlichen Intensitätsgrades zu erforschen. So wurde Deutsch auch zu einem Pionier der Analyse von Integrationsprozessen, welche die Nationalstaaten, wenn nicht zu überwinden, so doch wenigstens zu überwölben vermögen, um «Sicherheitsgemeinschaften» (so seine Terminologie) zu bilden, die vor allem der Friedenserhaltung dienen. Deutsch unterschied zwei Typen solcher Gemeinschaften: die amalgamierte und die pluralistische. Die «amalgamierte Sicherheitsgemeinschaft» ist die weniger erfolgversprechende; sie ist viel anspruchsvoller in ihren Voraussetzungen, wie die

Faktoren zeigen, die Deutsch aus einer breit angelegten komparativen Analyse (*Political Community and the North Atlantic Area*, 1957) herausdestillierte. Erforderlich für eine solche Gemeinschaft sind nämlich: die Vereinbarkeit der wesentlichen Werte, sich intensivierende Transaktionen im Bereich von Kommunikation und ökonomischen Austauschprozessen, die Erwartung eines ökonomischen Gewinns aus dem neuen integrativen Verbund, die Zunahme politischer und administrativer Kapazitäten als Grundlage verbesserter Problemlösungsfähigkeiten, die Verbreiterung der sozialen Basis von politischen Eliten, die Mobilität von Personen über die Grenzen hinweg, die Fähigkeit zu einer umfassenden und breiten Kommunikation (also die Konstitution neuer Öffentlichkeiten), ein neuer attraktiver Lebensstil, der von relevanten Teilen der Bevölkerungen akzeptiert wird, die Chance der sozialen Aufwärtsmobilität und insbesondere die Voraussagbarkeit des Verhaltens der Akteure in dem übergeordneten integrativen Verbund. Im Grunde genommen handelt es sich bei der «amalgamierten Sicherheitsgemeinschaft» also um die Herausbildung einer neuen politischen Gemeinschaft.

Die «pluralistische Sicherheitsgemeinschaft» ist demgegenüber in ihren Prämissen bescheidener. Drei Faktoren gelten als Grundlage des Erfolgs: die Vereinbarkeit der wesentlichen Werte; «responsiveness» als Ausdruck der Sensibilität für die Belange anderer, insbesondere der schwächeren Mitglieder; sowie die Voraussagbarkeit des Verhaltens. Da integrative Prozesse einer historischen Transformation von Gesellschaften gleichkommen, lassen sich die genannten Indikatoren, jeweils nur mit negativem Vorzeichen versehen, auch für die Analyse von Gegentrends nutzen. Denn Sicherheitsgemeinschaften in der amalgamierten oder in der pluralistischen Variante sind immer rückfallgefährdet: Die (negative) Regressionsanfälligkeit erschließt sich über dieselben Faktoren, die auch den (positiven) Prozeß der Integration kennzeichnen.

Politische Systeme als lernende Regelkreise: Das Werk von Karl W. Deutsch ist vielfach auf seinen kommunikationstheoretischen Ansatz reduziert worden. Hingegen waren seine historisch und empirisch fundierten theoretischen Überlegungen stets vieldimensional angelegt; insbesondere wurden in ihnen immer materielle und immaterielle, strukturelle und prozessuale, harte und weiche Faktoren vermittelt. Zwar ist der Fluß von Information und Kommunikation für Deutsch ein wichtiges Medium der Konstitution von Gesellschaft. Aber er ist nicht begreifbar ohne seine materielle und institutionelle Grundlage: beispielsweise die Informationskanäle, die institutionellen und mentalen Kapazitäten der Informationsaufnahme und -verarbeitung, die komplex fundierte Ressource des Gedächtnisses als einer wichtigen Tiefendimension von Kommunikation sowie die Selbstkontroll- und Steuerungskapazitäten.

In seinem einschlägigen Hauptwerk *The Nerves of Government* (1963) rezipierte Karl W. Deutsch den allgemeinen kybernetischen Ansatz, wie ihn Norbert Wiener entwickelt hatte: als Steuerungs- und Regelungseinrichtung zur Kontrolle komplexer rückgekoppelter Prozesse. Dabei kommt der Kommunikation und Information eine zentrale Bedeutung zu. Dazu gehört auch, daß ein Gesellschaftssystem, gleichgültig auf welcher Ebene, sich nur am Leben erhalten kann, wenn es über eine «soziale Lernkapazität» verfügt. Die Lernprozesse selbst sind von der Struktur und dem Inhalt des Informationsflusses abhängig sowie von der Leitungskapazität der Informationskanäle und der Effizienz der Steuerungs- und Kontrollmechanismen, der sogenannten «Selbststeuerung» (self steering).

Soziales Lernen eines Systems ist für Deutsch die Voraussetzung für seine Problemlösungsfähigkeit. Gelingt es, Herausforderungen zu meistern, so spricht Deutsch von «schöpferischem Lernen». Andererseits kann das Lernen aber auch «pathologisch» sein. In diesem Fall sind sechs Symptome von Bedeutung: erstens der Verlust an Steuerungskapazität als Ergebnis eines Verlustes an Ressourcen und Instrumentarien, die erforderlich sind, damit ein System sich gegen die Hindernisse seiner eigenen Umgebung durchsetzen kann; zweitens die Verkleinerung des Informationsflusses von der Außenwelt zum System, also dessen tendenzielle Erblindung; drittens das Versagen von inneren Kontrollmechanismen, die das System benötigt, um sein eigenes Verhalten laufend überprüfen und lenken zu können (Verlust an «Selbst-Bewußtsein»); viertens der Verlust der Tiefendimension des Gedächtnisses; fünftens der Verlust der Fähigkeit zu teilweiser interner Neuordnung (Verlust begrenzter Lernfähigkeit) sowie sechstens der Verlust der Fähigkeit zu umfassender struktureller Neuordnung. Eine anschauliche Illustration dieser Überlegungen von Karl W. Deutsch zur Bedeutung von Lernfähigkeit für das Überleben politischer Systeme stellt die Implosion der kommunistischen Herrschaftsstrukturen in Osteuropa dar, welche die Annahmen von der inneren Stärke totalitärer Diktaturen (C. J. Friedrich) widerlegte.

Offen und lernfähig zu bleiben, die eigenen Lernkapazitäten zu hegen und zu pflegen: Das sind wichtige Aufgabenstellungen auch jedes politischen Systems. Ressourcen, Institutionen und strategische Orientierungen («Wille») sind dabei unerläßlich, aber in ihnen steckt eine Dialektik: die Gefahr der Selbstreferentialität, der Abkapselung und im Extremfall, des Autismus. Von klassischer Zuspitzung in diesem Zusammenhang ist Karl W. Deutschs Machtbegriff, wenn er Macht definiert als «the ability to afford not to learn»: Macht hat derjenige, der glaubt, es sich leisten zu können, nicht lernen zu müssen.[4] Diese Definition ist subtiler als andere sozialwissenschaftliche Machtbegriffe. In ihr wird nämlich Macht nicht nur als unentbehrliche produktive Ressource, sondern zugleich auch als möglicher Ausgangspunkt für Verblendung und politische Blindheit verstanden. Der in Machtpositionen immer potentiell angelegte Realitätsverlust wird als Folge einer nicht für erforderlich gehaltenen ständigen kritischen Realitätsprüfung *und* Selbstprüfung diagnostiziert. Bei seinen Darlegungen über die Möglichkeiten kollektiven Lernens greift Deutsch überdies auf Begriffe zurück, welche in der modernen politischen Theorie des Lernens üblicherweise nicht (mehr) reflektiert werden: Neugier, Demut, Ehrfurcht, auch Liebe, Glaube und Gnade im Unterschied zu Stolz, Abgötterei und Lauheit – alles Eigenschaften, die für Lernprozesse von strategischer Bedeutung sind.

Mit Blick auf die Problematik sozialen bzw. kollektiven Lernens hat Karl W. Deutsch vier Typen von Systemen unterschieden: selbstzerstörerische, lebensunfähige, lebensfähige und sich selbst entwickelnde und erweiternde Systeme. Er analysierte die drei erstgenannten Systemtypen immer mit Blick auf den vierten, also im Hinblick auf Systeme, die sich durch Lernfähigkeit, durch ein kritisches Selbstbewußtsein, die Fähigkeit zur angemessenen Mobilisierung von erforderlichen Ressourcen und durch eine Fähigkeit zur teilweisen oder umfassenden Restrukturierung auszeichnen.

Für Deutsch sind folglich Politik und das politische System ein ambivalentes Instrument ersten Ranges: sie können den sozialen Lernprozeß bremsen, aber auch beschleunigen.

Methodische Orientierung: Allen Publikationen von Karl W. Deutsch liegt eine Reihe von gemeinsamen methodischen Merkmalen zugrunde. Da ist zunächst das deutliche Interesse an der Analyse von langfristigen Trends, der *longue durée* im Sinne der französischen Annales-Schule. Trendanalysen machen es möglich, die sich wandelnden Kontexte herauszuarbeiten und führen sachlogisch zur Komparatistik und zur Verortung des erreichten Wissens in Typologien. Besonders markant ist bei Deutsch das Denken in Konfigurationen, beispielsweise in der immer wieder erprobten Vermittlung von Struktur-, Prozeß- und Mentalitätsanalyse sowie in der systematischen Erschließung von Sachverhalten über Rückkopplungsschleifen, was zu einem komplexeren Verständnis von Kausalität führt.

In den USA erregte das Werk von Karl W. Deutsch vor allem dadurch Aufmerksamkeit, daß es substantielle Probleme und Theoreme über eine breitgefächerte Indikatorenbildung operational aufbereitete; dabei sorgten umfassende neue Datensätze in alten wie in aktuellen Kontroversen der Wissenschaft für Klarheit und machten sie im Grenzfall einer Entscheidung zugänglich. Berühmt wurde in diesem Zusammenhang das 1964 von Deutsch und anderen herausgegebene *World Handbook of Political and Social Indicators*,[5] das zum Markenzeichen einer theoretisch und komparativ inspirierten quantitativen politikwissenschaftlichen Forschung wurde. Eine um politische Ereignisdaten erweiterte Fortsetzung dieses Werkes stellt das von Charles L. Taylor und David A. Jodice am Wissenschaftszentrum Berlin auf Anregung von Karl W. Deutsch erarbeitete *World Handbook of Political and Social Indicators* (1983) dar.[6]

Quantifizierung war aber für Deutsch zu keinem Zeitpunkt ein Unternehmen um seiner selbst willen. Es ging ihm immer darum, scheinbar unlösbare wissenschaftliche Kontroversen, als bedrohlich empfundene politische Entwicklungen oder einfach wissenschaftlich aufregende Fragestellungen einer fundierten empirischen Analyse zugänglich zu machen. Die Indikatorenbildung und die Erhebung von Datensätzen waren hierfür ein Hilfsmittel, kein Selbstzweck. Als Quelle der Inspiration nutzte Karl W. Deutsch immer auch die politische Ideengeschichte, die Sozialphilosophie und die Werke der Klassiker aus einer beängstigenden Zahl von Nachbardisziplinen, in denen er auf der Höhe des Wissens bleiben wollte. So läßt sich das Werk von Deutsch gerade auch auf der Grundlage seiner systemtheoretisch-sozialkybernetischen Orientierung als im besten Sinne interdisziplinär oder (in seiner Person verkörpert) transdisziplinär bezeichnen. In der zweiten Hälfte des 20. Jahrhunderts war dieser Wissenschaftler ohne Zweifel einer der bedeutendsten Gelehrten der gesellschaftlichen und politischen Analyse.

3. Wirkung

Jedes Gespräch mit Karl W. Deutsch steuerte in kürzester Zeit auf zwei Fragen zu: Erstens, was ist das grundlegende Problem, das einen zur Zeit umtreibt? Und zweitens: Was sind die Methoden, um das genannte Problem methodisch reflektiert zu untersuchen? Die Orientierung an substantiellen Problemen: Darin lag der *politische* Eros von Karl W. Deutsch. Problemlagen theoretisch reflektiert und methodisch diszipliniert wissenschaftlich zu erschließen: Darauf konzentrierte sich der *wissenschaftliche* Eros dieses Gelehrten. Hinzu kam ein *pädagogischer* Eros: Für Deutsch war es selbstverständlich, daß die in den Freiräumen der Wissenschaft gewonnenen Erkenntnisse der Öffentlichkeit vermittelt werden müssen. Öffentlichkeit in diesem Sinne war für ihn nicht nur das Fachpublikum und die politische Elite, sondern auch das breite Massenpublikum, auch wenn dies immer eine zusätzliche Übersetzungsleistung erfordert. Aus den genannten drei Impulsen erklärt sich die Ausstrahlung des Kommunikators Karl W. Deutsch als einem von Humanismus, Aufklärung und sozialem Engagement geprägten Gelehrten, in dessen Arbeiten sich eine Auseinandersetzung mit den grundlegenden Problemen des 20. Jahrhunderts widerspiegelt.

Als nichtversiegende Quelle wissenschaftlicher Kreativität hat Karl W. Deutsch eine unüberschaubare Zahl von Detailforschungen inspiriert.[7] In der direkten Tradition seines Denkens sind komplex strukturierte Untersuchungen in der Analyse internationaler Beziehungen, der Friedens- und Entwicklungsforschung beispielsweise von Peter Katzenstein,[8] Bruce Russett,[9] Dieter Senghaas[10] und anderen zu sehen. Auch hat sein Konzept der Sicherheitsgemeinschaft jüngst eine Renaissance erfahren (Adler/Barnett[11]). Mit dem Konzept der «Denationalisierung» sowie entsprechender Indikatoren samt Datenhandbuch (Beisheim u. a.) haben Michael Zürn und sein Team auf paradigmatische Weise im Sinne von Karl W. Deutsch zur Klärung der in der aktuellen Globalisierungsdiskussion ausgelösten Kontroversen beigetragen.[12]

Die Bedeutung dieses modernen Klassikers der Politikwissenschaft hat im Gefolge der politischen Ereignisse nach seinem Tode im Jahr 1992 noch zugenommen. So lassen sich viele der ethno-nationalistischen Konflikte seit dem Ende des Kalten Krieges gerade anhand der Vorarbeiten von Karl W. Deutsch fruchtbar analysieren. Auch die in den Sozialwissenschaften als Novität gepriesene konstruktivistische Wende erreicht nur in Ansätzen die Komplexität des analytischen Denkens von Karl W. Deutsch. Ebenfalls hat er bereits der Symbolwelt und den Sinnbezügen gesellschaftlicher Vorgänge eine große Bedeutung beigemessen; er hat aber diese nie isoliert von politischen Machtlagen und sozialen Bewegungen und niemals von materiellen und institutionellen Kontexten losgelöst betrachtet. Hier könnte eine verstärkte Rezeption des Werkes von Karl W. Deutsch einsetzen. Eckpunkte in dieser neuerlichen Aneignung werden seine auf eine gesamtgesellschaftliche Analyse ausgerichtete komplexe Theorie der Desintegration und der Integration von Kollektiven sein; weiterhin die operational aufgeschlüsselte Heuristik zur Analyse kollektiver Lernprozesse in ihrer pathologischen bzw. innovativen Variante. Auch bei der Überwindung der Engführung des Machtbegriffes, wie sie in fast allen Sozialwissenschaften zu beobachten ist, könnte der erweiterte Machtbegriff von Karl W. Deutsch Pate stehen.

Damit käme die für die Wissenschaft wie auch für die politische Praxis wichtige Kategorie der Realitätsprüfung wieder ins Zentrum analytischer Aufmerksamkeit. Gefragt werden könnte dann mit Karl W. Deutsch: Verfügen die Zentren der politischen Steuerung über ein wirklichkeitsgerechtes Bild ihrer Umwelt? Oder werden sie durch alte Gewohnheiten, eingeschliffene Verfahren und die Last der Organisation daran gehindert, alte Präferenzen und neue Anforderungen innovativ zu vermitteln? Haben sie angesichts vielfältiger, meist widersprüchlicher Ansprüche an die Politik die Fähigkeit, sich selbst zu koordinieren, verfügbare Ressourcen umzuwidmen und neue zu mobilisieren, um anstehenden Aufgaben gerecht zu werden? Ist in diesem Sinne also Politik zu schöpferischem Lernen fähig? Das wären zeitgemäße, höchst aktuelle Fragestellungen im Sinne dieses Gelehrten.

Die zentrale Botschaft von Karl W. Deutsch läßt sich folgendermaßen zusammenfassen: Politik kann verkümmern und den Bezug zur gesellschaftlichen Wirklichkeit verlieren. In Selbstinszenierungen kreist sie dann oft nur noch um sich selbst: lediglich Machtbehauptung oder Machterwerb im Sinn. Bei den Bürgern stellen sich daraufhin Verdrossenheit und Zynismus gegenüber aller Politik ein. Damit kommt eine Dialektik zum Tragen, die sich so zuspitzen läßt: Eine Politik, die die Menschen verdummt, verdummt sich selbst. Politik kann sich aber auch als wichtiges, viele Menschen motivierendes Medium gesellschaftlichen Lernens erweisen. Dann dient sie kritischer Realitätsprüfung im Sinne von wirklichkeitsgerechter Problemerfassung und innovativer Problemlösung.

Dazu beizutragen war für Deutsch die allererste Aufgabe einer sich aufklärerisch-kritisch verstehenden Politikwissenschaft. Die Verknüpfung von Kritik mit Neuschöpfung stellte Karl W. Deutsch in der ihm eigenen kommunikativen Ausdrucksfähigkeit her, wie es das folgende Zitat aus einem Vortrag dokumentiert: «Die Massenmedien und die Publizisten (man könnte ergänzen: die Wissenschaft, D. S.) haben eine unerhörte Rolle, ob sie nun an der seelischen Gleichschaltung der Menschen mitarbeiten wollen, oder ob sie, wo immer sie die Möglichkeit haben, sich bemühen, die Vielfalt der Informationsströme, die Schroffheit der Dissoziationen und die Möglichkeit neuer schöpferischer Kombinationen zu verteidigen. Und hier müssen wir etwas Weiteres sagen: man kann nicht im Gedächtnis verwenden, was man nicht erfahren hat und daher die Notwendigkeit der Offenheit. Man kann nicht neu kombinieren, was nicht dissoziiert worden ist. Daher die Notwendigkeit der zersetzenden Kritik als Vorbedingung der aufbauenden Schöpferkraft: Zersetzen und Aufbauen sind zwei Stadien desselben Produktionszyklus des Neuen und der Schöpfung. Es ist ein Unding zu sagen, daß man den Schöpfer wünscht, aber den Zersetzer verneint. Es wäre ein ebensolches Unding, wenn man sagt, ich wünsche die Kathedrale, aber ich hasse den Steinbruch. Ohne Steinbrüche gibt es keine Kathedralen. Wenn man die Steinblöcke nicht erst aus dem Fels, in dem sie natürlich vorkommen, herauslöst, kann man keine Kathedrale bauen.»[13]

Literatur

1. Werke

Deutsch, K. W., Nationalism and Social Communication, Cambridge 1953 (2. edition New York 1966).

Deutsch, K. W. u. a., Political Community and the North Atlantic Area. International Organization in the Light of Historical Experience, Princeton 1957.

Deutsch, K. W. u. a., Germany Rejoins the Powers, Stanford 1959.

Deutsch, K. W., The Nerves of Government. Models of Political Communication and Control, New York 1963 (dt. Politische Kybernetik, Freiburg i. B. 1969).

Deutsch, K. W., (Mithg.), Nation-Building, New York 1963.

Deutsch, K. W. u. a., World Handbook of Political and Social Indicators, New Haven 1964.

Deutsch, K. W., The Analysis of International Relations, Englewood Cliffs 1968 (deutsch: Analyse internationaler Beziehungen. Konzeptionen und Probleme der Friedensforschung, Frankfurt/M. 1976).

Deutsch, K. W., Nationalism and its Alternatives, New York 1969 (deutsch: Der Nationalismus und seine Alternativen, München 1972).

Deutsch, K. W., Politics and Government. How People Decide Their Fate, Boston 1970 (deutsch: Staat, Regierung, Politik, Freiburg i. B. 1976).

Deutsch, K. W. et. al. (Eds.), Problems of World Modeling. Political and Social Implications, Cambridge 1977.

Deutsch, K. W., Tides Among Nations, New York 1979.

2. Biographie

Deutsch, K. W., A Voyage of the Mind, 1930–1980, in: Government and Opposition, Bd. 15, Nr. 3/4, 1980, S. 323–345.

Merritt, R. L./Russett, B. M./Dahl, R. A., Karl Wolfgang Deutsch, 1912–1992, in: Biographical Memoirs, Bd. 80, National Academy of Sciences, Washington 2001 (mit Auswahlbibliographie).

WZB-Mitteilungen/Sonderheft zum Fest-Colloquium-Ehrenpromotion von Karl W. Deutsch, März 1983.

WZB-Mitteilungen, Nr. 37, 1987 (mit Beiträgen, die aus Anlaß der Verabschiedung von Karl W. Deutsch als Direktor am WZB im August 1967 gehalten wurden).

3. Darstellungen

Merritt, R. L./Russett, B. M. (Eds.), From National Development to Global Community. Essays in Honor of Karl W. Deutsch, London 1980 (mit vollständiger Bibliographie bis 1980).

«Politik mit wachen Sinnen betreiben». Zur Erinnerung an Karl W. Deutsch, mit Beiträgen von Volker Hauff, Dieter Senghaas und Charles L. Taylor, WZB-Vorlesungen 4, Berlin 2003.

Senghaas, D., Kybernetik und Politikwissenschaft, in: Politische Vierteljahresschrift, Bd. 7, 1966, S. 252–276.

Senghaas, D., Sozialkybernetik und Herrschaft, in: Schmidt, R. (Hg.), Methoden der Politologie, Darmstadt 1967, S. 554–576.

Anmerkungen

1 Deutsch, K. W., The Nerves of Government, New York 1963, S. 255.
2 Bundesministerium für innerdeutsche Beziehungen (Hg.), Bericht der Bundesregierung und Materialien zur Lage der Nation, Bonn 1971, 1972 und 1974.
3 Vgl. Deutsch, K. W., Die Schweiz als paradigmatischer Fall der nationalen Integration, Bern 1975. Ein größeres Projekt mit Hermann Weilenmann über die Prozesse der Nationenbildung in der Schweiz ist leider aufgrund des Todes von Weilenmann nicht veröffentlicht worden.
4 Deutsch, K. W., The Nerves of Government, S. 111.
5 Deutsch, K. W. u. a., World Handbook of Political and Social Indicators, New Haven 1964.
6 Taylor, C. L./Hudson, M. C. (Eds.), World Handbook of Political and Social Indicators, 2nd ed., New Haeven 1972; Taylor, C. L./Jodice, D. A. (Eds.), World Handbook of Political and Social Indicators, 3 revised edition New Haven 1983.
7 Zum Beispiel in Deutschland die Kriegsursachenforschung: Gantzel, K.-J./Schwinghammer, T., Die Kriege nach dem Zweiten Weltkrieg 1945 bis 1992. Daten und Tendenzen, Münster 1995.
8 Katzenstein, P., Between Power and Plenty. Foreign Economic Policies of Advanced Industrial States, Madison 1978; Katzenstein, P., Small States in World Markets, Ithaca 1985 und Katzenstein, P. (Ed.), The Culture of National Security, New York 1996.
9 Russet, B./Oneal, J., Triangulating Peace. Democracy, Interdependence, and International Organizations, New York 2001.
10 Senghaas, D., Von Europa lernen. Entwicklungsgeschichtliche Betrachtungen, Frankfurt/M. 1982 und Senghaas, D., Zum irdischen Frieden, Frankfurt/M. 2004.
11 Adler, E./Barnett, M. (Eds.), Security Communities, Cambridge 1998;
12 Zürn, M., Regieren jenseits des Nationalstaates, Frankfurt/M. 2000.
Beisheim, M. u. a., Im Zeitalter der Globalisierung? Thesen und Daten

zur gesellschaftlichen und politischen Denationalisierung, Baden-Baden 1999.

13 Zitiert aus der Bandabschrift eines Vortrages von Karl W. Deutsch im Amerika-Haus, Frankfurt am Main, referiert in einer Glosse von Dieter Senghaas, in: Atomzeitalter, Nr. 9, 1967, S. 525–527, hier S. 527.

Arno Waschkuhn

David Easton (*1917)

I. Leben

Der am 24. Juni 1917 in Toronto/Kanada geborene und dort auch aufgewachsene David Easton studierte an der University of Toronto. Sein
akademisches Wirken ist sodann mit bedeutenden US-amerikanischen
Universitäten verbunden, insbesondere mit Harvard, Chicago und der
Universität von Kalifornien.

Zu den einzelnen Stationen im Überblick: 1947 erwarb Easton seinen
Ph. D. an der Harvard University, wo er seit 1944 als Teaching Fellow
tätig war. Von 1947 bis 1984 lehrte er als Politikwissenschaftler an der
University of Chicago, 1957/58 forschte er als Fellow in Stanford am
Center for Advanced Study in the Behavioral Science, von 1971 bis 1980
war er ebenso als Sir Edward Peacock Professor of Political Science an
der Queen's University in Kingston/Canada engagiert. Seit 1981 ist er
Distinguished Professor of Political Science an der University of California in Irvine.

Easton war 1968/69 Präsident der American Political Science Association (APSA), von der 1996 ein «David Easton Award» für Politische
Theorie gestiftet wurde; dessen erster Preisträger war Jürgen Habermas.
Neben vielen anderen Positionen war Easton von 1984–89 auch Vizepräsident der American Academy of Arts and Sciences. Er erhielt mehrere Ehrendoktorwürden (McMaster University 1970, Kalamazoo College 1972); zuletzt auch im Sommer 2001 vom Fachbereich Politik- und
Sozialwissenschaften der Freien Universität Berlin.[1] In Berlin arbeitete
Easton als Humboldt-Preisträger von 1996 bis 1998 am Wissenschaftszentrum Berlin für Sozialwissenschaften (WZB); dort hatte er sich bereits
1994 als Gastforscher in der Abteilung «Institutionen und sozialer Wandel» aufgehalten. Seine Aktivitäten galten hier vornehmlich der Trans-
formationsforschung; dabei standen strukturell und prozessual die sich
neu etablierenden Demokratien im Mittelpunkt – dies sowohl handlungstheoretisch als auch einstellungsanalytisch.

David Easton ist ohne Zweifel ein Pionier der modernen Politikwissenschaft. Ihm liegt das Fach als solches am Herzen; er hat sich insbeson-

dere für den Aufbau der Sozialwissenschaften in der Volksrepublik China eingesetzt. Sein Hauptanliegen ist eine empirisch informierte Erforschung der Grundlagen politischer Systeme und ihrer Handlungsbedingungen. Auch nach seiner Emeritierung ist Easton bis heute unermüdlich tätig, die politikwissenschaftliche Disziplin in ihrer theoretischen wie auch in ihrer empirisch-analytischen Fundierung voranzubringen. Sein Horizont reicht dabei von der Verhaltens- und Sozialisationsforschung (mit der Konzentration auf heranwachsende Jugendliche[2]) bis hin zu allgemeinen Modellierungen von Strukturerfordernissen und vergleichenden Konzepten zur Allokation von Werten. Diese Arbeiten sind eingebettet in einen stets als unvollendet verstandenen wissenschaftlichen Erkenntnisprozeß und sie stellen mit ihren generalisierenden Schlußfolgerungen ein hohes Reflexions- und Anregungspotential zur Verfügung. Die geistige Frische, die hierbei von Easton und seinen Arbeiten ausgeht, ist auch eine Ausprägung jener pragmatisch-experimentellen Offenheit, die in seinen Entwürfen auch als vorzugswürdige und weiter verbesserungsfähige Eigenschaft liberaler Demokratien aufscheint. Dahinter steht als Credo allen politikwissenschaftlichen Bemühens die Überzeugung, daß vor allem eine gute Theorie geeignet ist, die kontingente Geschehenswelt zu verstehen und konkrete Problemlösungen zu entwerfen.

2. Werk

In rund einem Dutzend Büchern und etwa 70 einschlägigen Aufsätzen in internationalen Periodika ist Eastons reiches Gelehrtenleben dokumentiert. Sein allgemeiner systemtheoretischer Ansatz, für den er in der Politikwissenschaft berühmt wurde,[3] beruht auf drei Monographien, die im Zusammenhang gesehen werden müssen: *The Political System* (1953), *A Framework for Political Analysis* (1965) und *A Systems Analysis of Political Life* (1965). Die Grundzüge seines Ansatzes wurden zudem in dem mehrfach nachgedruckten Aufsatz *An Approach to the Analysis of Political Systems* (1957) dargestellt.

Für den Lebensprozeß politischer Systeme (political life) – und zwar universell gesehen, das heißt unabhängig von Raum und Zeit, von den Regierungsformen, vom wirtschaftlichen Entwicklungsstand sowie von Status und Ausprägung der politischen Kultur – ist vor allem die folgende Frage konstitutiv: «Wie erreichen es politische Systeme, sich in einer Welt, die zugleich Stabilität und Wandel aufweist, zu behaupten?»[4] Dies ist Eastons Schlüsselfrage und das Hauptproblem der von ihm formulierten politischen Theorie, weshalb man seinen Ansatz verkürzt auch als Systemüberlebensmodell bezeichnen könnte. Politische Systeme sind offene und anpassungsfähige Handlungssysteme, die binnen- wie außergesellschaftlich in bestimmte Umwelten und ihre Sphären (physikalisch, biologisch, sozial und psychologisch) eingebettet sind. Allen Systemen wird dabei prinzipiell die Fähigkeit zur kreativen und konstruktiven Regulation von Störungen (disturbances) und Spannungssituationen (stress) zugesprochen. Als politisches System bezeichnet Easton vor allem «solche Interaktionen, durch die in bindender Weise Werte für eine Gesellschaft gesetzt werden». Politische Systeme müssen insofern zwei Hauptfunktionen erfüllen: «Sie müssen die Allokation von Werten für die Gesellschaft vornehmen können; sie müssen weiterhin die meisten Gesellschaftsmitglieder dazu bringen können, diese Allokation als bindend anzuerkennen — wenigstens für längere Zeit».[5] Damit ist Politik in ihrem Kern als die Herstellung allgemein verbindlicher Entscheidungen definiert.

Der politische Bereich wird von David Easton als eine komplexe Menge von Prozessen betrachtet, durch die «Inputs» aus den jeweiligen Umwelten der Systeme (environment), aber auch aus deren Teilsystemen in das ausdifferenzierte und auf Entscheidungen ausgerichtete politische System eingegeben werden. Dort werden sie zu bestimmten «Outputs» transformiert, die wir bindende Strategien, Entscheidungen oder – handlungstheoretisch – Umsetzungen (implementierende Aktionen) nennen können. Als Input-Indikatoren kommen vor allem Forderungen (demands) sowie diffuse oder besondere Unterstützungsleistungen (supports) in Betracht. Diese werden über einen systeminternen Umsetzungsprozeß (conversion process) selektiv bearbeitet und in Entscheidungen (decisions and actions) umgesetzt; durch diesen Selektionsprozeß wird auch eine systemische Überforderung (demand input overload) vermieden. Das generelle Systemmodell Eastons sieht ferner Rückkoppelungsschleifen (feedback loop) vor, in denen den «Inputs» in das politische Entscheidungssystem gefilterte Ausstöße (outputs) des politischen Systems entsprechen, die wiederum zu neuen «Inputs» führen. Die von den politischen Amtsinhabern und Entscheidungsträgern (authorities) für die Gesamtgesellschaft getroffenen Maßnahmen sind tatsächlich und normativ bindend. Den gesellschaftlichen Forderungen (demands) sind latent Wünsche der Bürger (wants) zugeordnet. Zu diesen treten zusätzliche «withinputs» hinzu, das heißt «Inputs», die von den Entscheidungsträgern (authorities) selbst ausgehen. Des weiteren wird von Easton in seinem environment-input-output-feedback-Modell angenommen, daß die eigentlichen Ereignis- und Prozeßverläufe im Inneren des Gouvernementalen, also dem auf die Regierung bezogenen Entscheidungsbereich, weitgehend undurchschaubar sind. Mit anderen Worten, der Umsetzungsprozeß von «Inputs» in «Outputs» ist kybernetisch als black box anzusehen: als ein schwarzer Kasten, in den wir nicht hineinsehen können. Im wesentlichen sind in politischen Systemen deshalb nach Easton nur die Entscheidungen über spezifische policies, nicht aber ihr Zustandekommen interpretierbar und evaluationsfähig. Diese Intransparenz des politischen Entscheidungssystems stößt immer wieder auf Unbehagen und Kritik von seiten einer strikten Demokratiekonzeption und ist Anlaß für die Bemühungen eines investigativen Journalismus, der an Aufklärung und an Skandalaufdeckung interessiert ist. Doch aus systemtheoretischer Sicht entspricht die Annahme dieser Intransparenz nicht nur der politischen Wirklichkeit, sondern ist auch der entscheidungstheoretische Normalfall, wenn es um Verhandlungslösungen oder gar um die Bewältigung existentieller Bestandsprobleme geht.

Konstitutionsmerkmal des politischen Systems ist für Easton mithin die autoritative und gesamtgesellschaftlich verbindliche Allokation von Werten und Gütern sowie die Mobilisierung von Ressourcen seitens politisch-administrativer Entscheidungsträger (decision makers). Forderungen (auch Erwartungen und Wünsche, Bedürfnisse und Interessen) an das politische Entscheidungssystem versteht er als Störungs- oder Streßfaktoren, falls sie die Überlebensfähigkeit und Grenzerhaltung des Systems gefährden. Ihnen muß daher eine wirksame Systemantwort (als stimulus-system-response-outcome) gegeben werden. Die vorhandene Arbeitsteilung und Kooperation einer politischen Gemeinschaft im Unterstützungsbereich ist demgegenüber eine Vertrauens- und Legitimationsressource des Systems, die sowohl politische Apathie als auch eine systemische Entfremdung zu verhindern oder auszugleichen vermag. Andererseits führt ausbleibender oder erodierender Support zu einem Vertrauensverlust, der das System unter besonderen Druck setzt. Hierbei kommen Grenzwerte (critical range) in Betracht, bei deren Überschreiten das System kollabieren kann.

Bei all dem richtet sich die Unterstützung des Systems durch den spezifischen Support auf die spezifischen Politikinhalte bzw. -ergebnisse und auf die mit ihnen verbundenen Entscheidungsträger. Sie findet ihren Ausdruck im persönlichen Engagement oder in Form materieller Zuwendungen (Steuern, Spenden, Stiftungen). Der diffuse oder generalisierte Support hingegen ist im Kern ein erfahrungsbasiertes System- und Institutionenvertrauen und in dieser staatsbürgerlich wohlwollenden Hinsicht von den tagtäglichen konkreten «Outputs» relativ unabhängig; gleichwohl erleichtert dieses generalisierte Systemvertrauen die soziale

Ab- und Annahme der «Outputs» ungemein, was gerade für mehr oder minder radikale Kurskorrekturen in Krisenzeiten von Vorteil ist. Allgemeine Systemzuwendung und -akzeptanz beruht vor allem auf Wertbindungen, die sich vor allem gelungenen Sozialisations- und Enkulturationsprozessen verdanken. Dieses generalisierte Systemvertrauen gewährleistet systemische Kontinuität auch bei Regierungs- und Politikwechseln, da sich in ihm ein fortwirkendes Gemeinschaftsgefühl (we-feeling), das die wichtigsten gesellschaftlichen Sphären umgreift, ausdrückt.

Easton neigt allerdings in seiner allgemeinen Darstellung dazu, den soziopolitischen Interessenvermittlungsprozeß zu sehr auf Fragen der Herrschaftssicherung und der Regierbarkeit zu beziehen. Die Entscheidungsträger (authorities) müssen seiner Meinung nach vor allem in der Mobilisierung von Unterstützung (support) erfolgreich sein, wenngleich er von ihnen auch einen hohen Grad an Sensibilität für die Hoffnungen, Wünsche, Interessen und Sorgen der Entscheidungsbetroffenen (responsiveness) erwartet. Insofern ist auch die gelegentliche Behauptung, Easton sei ein betont nicht-normativer Behavioralist, im Ganzen unzutreffend.[6]

Darüber hinaus ist nicht zu übersehen, daß die politische Entscheidungsfindung als «feedback response» auch von den politisch einflußreichen Systemmitgliedern in den gesellschaftlichen, wirtschaftlichen und politischen Interessengruppen oder Parteien abhängt. Ebenso sind die unterschiedlichen Möglichkeiten positiver oder negativer Sanktion von Bedeutung. Hierbei werden die Inputs großer Gruppen mit starker Organisations- und Konfliktfähigkeit am wahrscheinlichsten befriedigt bzw. am ehesten behandelt oder berücksichtigt.

Eastons allgemeines Modell ist darüber hinaus ziemlich vage im Hinblick auf die Systemziele. Statt dessen setzt es lern- und handlungsfähige Eliten entweder als gegeben oder als Notwendigkeit voraus. In einem solchen Gleichgewichtsmodell des politischen Systems stellt sich so wenig die Frage nach Entscheidungshierarchien wie nach der Legitimation der Verfahren und Politikinhalte. Wird doch von allen Systembeteiligten angenommen, daß sie sich in dieser harmonistischen Weise interdependent und stabilisierend verhalten:

«They form a continous flow of action and reaction, from production of outputs as stimuli to feedback response, to information feedback about the response, and to output reactions on the part of the authorities in a truly seamless web of activities».[7]

Der Input-Aspekt der unterschiedlichen Forderungen, der den Konfliktcharakter von Politik im wesentlichen ausmacht, bleibt bei Easton deutlich unterbelichtet. Außerdem betrachtet er die politischen Rück-koppelungs- und Entscheidungsschleifen überwiegend aus der Handlungs- und Selektionsperspektive der Entscheidungsträger; auch die Problematik des Entscheidungscharakters eines Entscheidungsverzichtes (non-decision-Problematik) bleibt weitgehend ausgespart. Erfolgreicher Interessensausgleich (in bargaining-Prozessen) wird funktional vorausgesetzt. So sind die Grundlagen des Politikverständnisses von David Easton übermäßig affirmativ und tragen sozial-technokratische Züge; Partizipation wird vorzugsweise unter instrumentellen bzw. systemfunktionalen Aspekten betrachtet. Daher kommt es nicht von ungefähr, daß nicht nur David Easton, sondern auch anderen Systemtheoretikern wie z. B. Talcott Parsons oder Niklas Luhmann immer wieder eine Fixierung auf den Status quo und ein latenter Konservatismus vorgeworfen wird – was sich allerdings meist als ein unangemessener Generalverdacht erweist, wenn man ihre Texte etwas genauer liest.

Eastons Ansatz ist insgesamt keine elaborierte Systemanalyse, sondern – ähnlich wie bei Karl W. Deutsch – ein eher illustrativer und generalisierter Systemansatz, der indes zur Analyse konkreter Systeme und ihres Vergleichs durchaus genutzt werden kann. Die Modellierung ist so generell und bewußt als Rahmenkonzept angelegt, daß einzelne Kontextualisierungen, einige analytische Verbesserungen, inhaltliche Ergänzungen und auf den Einzelfall bezogene Ausfüllungen und Feindifferenzierungen im Hinblick auf empirisch erschlossene und gewichtete Interaktionsmuster möglich sind. Auf der anderen Seite liegt gerade in dem hohen Abstraktionsgrad und in der Metaphorik der besondere Charme der Darlegungen Eastons; dabei kommt er freilich über Plausibilitätsbegründungen nicht weit hinaus. Sein starker Elitenbezug würde heute relativiert und durch eine deutlichere zivilgesellschaftliche Komponente (z. B. im Hinblick auf neue soziale Bewegungen und Nicht-Regierungsorganisationen) ergänzt werden. Die Auswirkungen des digitalisierten Informationszeitalters, der spezifischen transnationalen Netzwerk- und Regimestrukturen sowie die neuen Verkehrs- und Verhandlungsformen im Gefolge der spätmodernen Denationalisierungs- und Globalisierungsprozesse konnten von Easton noch nicht einbezogen werden.

In *The Analysis of Political Structure* (1990) behandelt David Easton den Systemcharakter politischer Strukturen. Sie werden durch Interessengruppen, Regierungshandeln, multiple politische Rollen und ihre Interrelationen in Austauschprozessen geformt. Dabei erwachsen sie aus den konfligierenden Interessen, den differenten Kosten/Nutzen-Analysen, aus unterschiedlichen Intentionen und Kräftekonstellationen, aus

Erfolg und Niederlage in Anerkennungskämpfen und schließlich aus Kompromissen. Sie formen und beeinflussen in ihrer Eigenschaft als Tiefenstrukturen einen Großteil der systemischen und politischen Prozesse.

Diese umfassenderen Tiefenstrukturen sind für Easton genuine Systembildungen und erfassen als Infrastruktur das gesamte politische System; sie erstrecken sich jedoch nicht auf die übrigen sozialen Handlungsmodalitäten. Auch hier wird deutlich, daß Eastons Konzeptionen wenig operationalisierbar ist. Sie sind begriffslogisch wenig trennscharf, wegen des hohen Allgemeinheitscharakters auch qualitativ häufig unklar und entziehen sich damit der quantifizierenden Überprüfung. Sie wollen allerdings auch vornehmlich nur heuristische Hilfen und keine ausgefeilten Realanalysen sein.

Von besonderem Interesse sind natürlich auch Eastons Ausführungen und Analysen zur Entwicklung und zur Zukunft der Politikwissenschaft. Hier liegt der Schwerpunkt seiner Arbeit der letzten Jahre. Erneut erweist er sich hierbei als ein Generalist, der eher die großen Linien als die feinen Details herausarbeitet. Im Überblick über die nordamerikanische Politikwissenschaft werden von Easton (unter Vernachlässigung der vorgelagerten Ideengeschichte, die wesentlich reicher wäre) verschiedene signifikante Forschungsphasen herausgestellt: Während gegen Ende des 19. Jahrhunderts in Anlehnung an das deutsche Vorbild eine formal-legalistische Tendenz vorherrschte, die sich auf Verfassung und Gesetze bezog, wurden danach unter dem Einfluß des britischen Verfassungsdenkers Walter Bagehot[8] und des Amerikaners Woodrow Wilson, so Easton, informelle Verhaltensweisen «entdeckt». In einer sogenannten «traditionellen Periode» (1920–1940) wurden vor allem Parteien und Interessengruppen in überwiegend deskriptiver Weise behandelt; im Mittelpunkt stand hierbei die Beschreibung von Entscheidungsprozessen ohne größeren theoretischen Hintergrund. In den 40er und 50er Jahren beherrschen behavioristische Verfahren die amerikanische Politikwissenschaft, die dann ab 1960 erneut in Frage gestellt, ergänzt und abgelöst wurden. Seit den siebziger Jahren läßt sich eine Vielfalt von unterschiedlichen Forschungsansätzen beobachten: gegenkulturell verursachter struktureller Marxismus, diverse rational-choice-Ansätze, Formalisierungsversuche sowie eine insbesondere von John Rawls und seiner Gerechtigkeitskonzeption inspirierte Strömung normativer politischer Philosophie.

Easton selbst plädiert in seinen Beiträgen zur Entwicklung der Politikwissenschaft für eine Wiederbelebung der verstehenden Methode von Max Weber. Er sieht die Politikwissenschaft wieder deutlicher als eine umfassende und integrative sozialwissenschaftliche Disziplin mit soziokulturellen Bezügen, die sich gleichermaßen als diversifiziert und als interdisziplinär anschlußfähig erweist.

Heute müssen bei der Beurteilung seiner Systemtheorie auch für Easton die kreativen Handlungskapazitäten des Einzelnen und der Zusammenhang bürgerschaftlicher Umwelt- und Gelegenheitsstrukturen höher veranschlagt werden. Auch hat der postmoderne Konstruktivismus für neue Perspektiven unserer Weltsicht gesorgt. Die Vielfalt der politik- und sozialwissenschaftlichen Zugänge und Positionen führt indes zu einer gewissen Inkohärenz, ohne daß sich ein neues Paradigma abzeichnete. Auch die Systemtheorie in ihren unterschiedlichen Ausprägungen hat sich hierbei nicht als der allein überzeugende Ansatz durchsetzen können. In dieser unübersichtlichen Gemengelage der gegenwärtigen politikwissenschaftlichen Realität verlieren die von Easton eingezogenen Stützpfeiler zusehends ihren Halt. Gerade die sogenannte «Perestroika»-Bewegung in der amerikanischen Politikwissenschaft negiere jeden Anspruch auf (vermeintliche) Exaktheit und unterminiere — deutlich erkennbar zum Leidwesen von Easton — jedes rationale Theoretisieren, indem sie im Grunde fast alles zulasse.[9] Die qualitativ-interpretative Wende und die neue Frontstellung gegen eine unter den Positivismusverdacht genommene Empirie bzw. die Ablehnung bindungsloser Denk- und Formalmodelle gehen Easton viel zu weit. Auch wenn jede Wissenschaftlergeneration ihre eigenen Markierungen setze und neue Kriterien entwickele, sei es mit dem Einreißen von Mauern allein nicht getan. Auch seien die Folgen dieser politisch-analytischen Dekonstruktionen noch weitgehend unabsehbar.[10] Einen kumulativen Fortschritt scheint der frühere Erneuerer Easton von der neuen, eher beliebigen Entwicklung und Wissensakkumulation jedenfalls nicht mehr uneingeschränkt zu erwarten.

3. Wirkung

David Easton hat mit seinem politikwissenschaftlichen Lebenswerk trotz einiger Schwächen und chronischer Vorläufigkeiten konzeptionell in erheblicher Weise ausgestrahlt. Er hat vielfältige weitere Forschungen angeregt, wie z. B. die systemvergleichenden Ansätze von Gabriel A. Almond, S. Bingham Powell, Lucian W. Pye und Sidney Verba sowie die damit verbundenen Studien zum Analysekonzept der politischen Kultur. Die ideologiekritischen und zeitgebundenen Anwürfe haben das Ansehen seines konzeptionellen Entwurfs kaum mindern können. Vielmehr ist seine Reputation unbestritten und mittlerweile auch in Europa unangefochten. Es ist daher bedauerlich, daß (abgesehen von kleineren

Textauszügen in Sammelbänden) kaum deutsche Übersetzungen seiner Schriften vorliegen, die ansonsten in zahlreichen Sprachen (chinesisch, französisch, griechisch, italienisch, koreanisch, japanisch, portugiesisch, rumänisch, spanisch) verbreitet sind.

In der Transitionsforschung wird seit dem «Ereigniswunder» der Jahre 1989/1990 das Vokabular David Eastons erneut adaptiert und fruchtbar gemacht; dies vor allem im Hinblick auf die Kategorie des political support.[11] Besonders an den Universitäten Mittel- und Osteuropas sind seit dem Ende des Kalten Krieges systemtheoretische Ansätze nachgefragt. Die wesentlichen Entwürfe und kategorialen Vorschläge Eastons inspirieren das politikwissenschaftliche Verständnis des soziopolitischen Wandlungsprozesses. Transformation und Konsolidierung waren schließlich immer schon die zentralen Themen seiner Forschung. Nach Easton sind Wandel und Persistenz gerade nicht unvereinbar (persistence through change[12]). Auch beruht Systemerhaltung auf Responsivität und innovativ-schöpferischer Anpassungsleistung. Und das politische System bekommt sowohl seine Stabilität wie seine dynamische Perspektive erst dadurch, daß es sich durch Sinnzusammenhänge und vertrauensbildende Maßnahmen beständig neu arrangiert, konstituiert und reproduziert. So haben der reale Zusammenbruch geschlossener Systeme, die postsozialistischen Probleme und das vermehrte Auftreten defekter Demokratien die Aufmerksamkeit für Eastons Grundannahmen neuerlich verstärkt.

Wie so oft, verschwinden die Wegbereiter, Pfadfinder und Pioniere aus dem wissenschaftlichen und vor allem studentischen Bewußtsein, wenn die Erfindungen erst einmal in längerem Gebrauch und zu gängigen Instrumentarien geworden sind. Sie werden dann als eingängig empfunden und für geradezu selbstverständlich gehalten. Dieses Schicksal war auch der Theorie David Eastons beschieden. Gleichwohl kann Easton in seiner politikwissenschaftlichen Wirkung und seinem politikwissenschaftlichen Bekanntheitsgrad als ein moderner Klassiker des Faches begriffen werden. Seine Systemtheorie wird auch weiterhin zur Geltung kommen, wenn es darum geht, politische Prozesse und ihre Verlaufsstrukturen in grundsätzlicher Hinsicht darzustellen.

Literatur

1. Werke

Easton, D., The Decline of Modern Political Theory, in: Journal of Politics 13 (1951), S. 36–58.

Easton, D., The Political System. An Inquiry into the State of Political Science, New York 1953 (Neuausg. 1981).

Easton, D., An Approach to the Analysis of Political Systems, in: World Politics 9 (1957), S. 384–400.

Easton, D., A Framework for Political Analysis, Englewood Cliffs 1965 (Neuausg. Chicago 1979).

Easton, D., A Systems Analysis of Political Life, New York 1965 (Neuausg. Chicago 1979).

Easton, D. (Ed.), Varieties of Political Theory, Englewood Cliffs 1966.

Easton, D. (mit Dennis, J. und der Assistenz von Sylvia Easton), Children in the Political System. Origins of Political Legitimacy, New York 1969 (Neuausg. Chicago 1980).

Easton, D., The New Revolution in Political Science, in: American Political Science Review 63 (1969), S. 1051–1061.

Easton, D., A Re-Assessment of the Concept of Political Support, in: British Journal of Political Science 5 (1975), S. 435–457.

Easton, D., Theoretical Approaches to Political Support, in: Canadian Journal of Political Science 9 (1976), S. 431–448.

Easton, D., The Political System Besieged by the State, in: Political Theory, 9 (1981), S. 303–326.

Easton, D., The Analysis of Political Structure, New York 1990.

Easton, D./Schelling, C. (Eds.), Divided Knowledge. Across Disciplines, Across Cultures, Newbury Park 1991. Hierin: Easton, D., The Division, Integration and Specialization of Knowledge, S. 7–36.

Easton, D./Gunnell, J./Graziano, L. (Eds.), The Development of Political Science, London 1991 (Neuausg. 1996). Hierin: Easton, D., Political science in the United States: past and present, S. 275–291.

Easton, D., The Political System under Stress, in: Cool, D. C., Public Policy Theories, Models, and Concepts, Upper Saddle River ²1995, S. 111–125.

Easton, D./Gunnell, J./Stein, M. (Eds.), Regime and Discipline. Democracy and the Development of Political Science, Ann Arbor 1995 (Neuausg. 1998).

2. Biographie

Wissenschaftszentrum Berlin für Sozialforschung (WZB) (Hg.), Ehrenpromotion David Easton. Freie Universität Berlin, Fachbereich Politik- und Sozialwissenschaften, Berlin 2002, S. 59–65.

3. Darstellungen

Almond, G. A., The Political System and Comparative Politics. The Contribution of David Easton, in: Monroe, K. R. (Ed.), Contemporary Empirical Political Theory, Berkeley 1997, S. 219–230.

Buczylowski, U., Das «politische System» David Eastons, in: Röhrich, W. (Hg.), Neue politische Theorie, Darmstadt 1975, S. 110–124.

Czerwick, E., Politik als System: Zum Politikverständnis in Systemtheorien, in: Lietzmann, H. J. (Hg.), Moderne Politik. Politikverständnisse im 20. Jahrhundert, Opladen 2001, S. 287–310.

Fuchs, D., Die politische Theorie der Systemanalyse: David Easton, in: Brodocz, A./Schaal, Gary S. (Hg.), Politische Theorien der Gegenwart I, Opladen 2002, S. 345–369.

Greven, M.Th., Systemtheorie und Gesellschaftsanalyse, Darmstadt 1974.

Kriek, D.J., David Easton and the Analysis of Political Structure, in: Journal of Theoretical Politics 7 (1995), S. 29–39.

Miller, E. F., David Easton's Political Theory, in: The Political Science Review 1 (1971), S. 184–235.

Narr, W.-D., David Eastons Systemanalyse. Ein Königs- oder Holzweg einer allgemeinen Theorie des politischen Verhaltens, in: Politische Vierteljahresschrift 8 (1967), S. 424–444.

Schreyer, B./Schwarzmeier, M., Grundkurs Politikwissenschaft: Studium der politischen Systeme, Wiesbaden 2000.

Waschkuhn, A., Politische Systemtheorie. Entwicklung, Modelle, Kritik. Eine Einführung, Opladen 1987.

Anmerkungen

1 Die Festreden hielten Jürgen W. Falter (Contribution to Behavioralism and International Political Science) und Hans-Dieter Klingemann (David Easton's Contribution to the Empirical Study of Politics). David Easton sprach über «Political Science Today». Die Broschüre zur Ehrenpromotion (28. Juni 2001) an der FU Berlin enthält darüber hinaus einen Beitrag von Dieter Fuchs, ferner die wichtigsten biographischen und bibliographischen Daten.

2 Vgl. Easton, D./Dennis, J., Children in the Political System, New York 1969, Neuausg. Chicago 1980. Im Vorwort (S. viii) heben die Autoren Easton und Dennis hervor: «This book is one effort to bring theory and research into closer accord. We seek to stretch a slender footbridge between systems (or persistence) theory, as it has been developing within the terms of its own logic, and behaviour in the political systems». Es wurden fünftausend Schulkinder systematisch befragt mit dem Resultat, daß beim Verlassen der Elementarschule bereits relativ feste politische Grundorientierungen bestehen.

3 Dies gilt insbesondere für das aus anderen Disziplinen geborgte Input-Output-Schema und Kreislaufmodell, das von Easton auf das politische System appliziert wurde. Vgl. hierzu Easton, D., A Systems Analysis of Political Life, 3. edition Chicago 1979, S. 30 (Diagram 1: A Dynamic Response Model of a Political System). Dieses eigentlich relativ einfach gehaltene Schema kann als Matrix oder «Schaltplan» politisch-prozessualer Grundelemente angesehen werden. Es nimmt in der modernen Politikwissenschaft fast einen ähnlichen politisch-didaktischen Rang ein wie die sogenannte erste Staatsformenlehre des Aristoteles in der griechischen Antike. Vgl. hierzu Waschkuhn, A., Demokratietheorien. Politiktheoretische und ideengeschichtliche Grundzüge, München 1998, S. 13 u. 186.

4 Easton, D., Grundkategorien zur Analyse des politischen Systems, in: Türk, K. (Hg.), Handlungssysteme, Opladen 1978, S. 258–272, hier: S. 258.

5 Ebd., S. 263.

6 Zwar wird von Easton «political life as a system of behaviour» eingefangen, aber politische Systeme enthalten nicht nur «sets of behaviour», sondern auch «attitudes and ideas».

7 Easton, D., A Systems Analysis of Political Life, 3. edition Chicago 1979, S. 478.

8 Siehe auch den ersten Artikel von David Easton: Walter Bagehot and Liberal Realism, in: American Political Science Review 43 (1949), S. 17–37.

9 Besorgniserregend ist dieser Trend, den schon Paul K. Feyerabend in der Philosophie und Wissenschaftstheorie proponierte, allerdings nicht unbedingt.

10 Siehe Easton, D., Political Science Today, in: Wissenschaftszentrum Berlin für Sozialforschung (Hg.), Ehrenpromotion David Easton. Freie Universität Berlin, Fachbereich Politik- und Sozialwissenschaften, Berlin 2002, S. 27–33.

11 Vgl. Klingemann, H.-D., Mapping Political Support in the 1990s: A Global Analysis, in: Norris, P. (Ed.), Critical Citizens: Global Support for Democratic Government, Oxford 1999, S. 31–56.

12 Easton, D., A Systems Analysis of Political Life, 3. edition Chicago 1979, S. 475.

Jürgen R. Winkler

Stein Rokkan (1921–1979)

I. Leben

Stein Rokkan kann am treffendsten als Kosmopolit von der Peripherie bezeichnet werden.[1] Dieser Norweger ist der international renommierteste Vertreter der historisch-soziologisch orientierten vergleichenden Politikwissenschaft. Von der im angloamerikanischen Raum etablierten analytischen Philosophie geprägt, wandte er sich nach dem Zweiten Weltkrieg der modernen international vergleichenden Sozialwissenschaft zu, reiste von Konferenz zu Konferenz und verbrachte einen beträchtlichen Teil seiner aktiven Zeit als Wissenschaftler an ausländischen Universitäten. Seine kommunikative Kompetenz, sprachliche Begabung und Neugier erleichterten ihm den Aufbau eines gewaltigen Netzwerkes mit Kollegen aus allen Teilen der Welt, wodurch er stets über die neuesten Entwicklungen in seiner Profession informiert war. Wie kaum ein anderer seiner Generation trieb er die Institutionalisierung der Politikwissenschaft in Europa voran.

Stein Rokkan wurde am 4. Juli 1921 in Vaagan auf den norwegischen Lafoten geboren, die mit ihrer herrlichen Landschaft ein beliebtes Reiseziel im Norden Europas sind. In der von ihm selbst geprägten Terminologie war er damit der Herkunft nach ein Mann der europäischen Peripherie. Die meiste Zeit seiner Kindheit und frühen Jugend verbrachte er im nahe gelegenen Verwaltungszentrum Narvik, wo sein Vater zunächst als Lehrer, später als Herausgeber einer Lokalzeitung beruflich tätig war. Seine Eltern wurden von Zeitgenossen als besonders intelligente Bürger beschrieben, die sich aktiv in kommunale Angelegenheiten einmischten. Bereits als Kind erwachte Stein Rokkans Interesse an intellektuellen Aufgaben; er verschlang Bücher und Zeitschriften und machte durch eindrucksvolle Gedächtnisleistungen auf sich aufmerksam. Solche früh erworbenen Fähigkeiten bildeten das Grundkapital für eine herausragende wissenschaftliche Karriere.

Zwei Jahre früher als die meisten Angehörigen seiner Alterskohorte erwarb Stein Rokkan 1939 die Befähigung zum Hochschulstudium. Er schrieb sich zunächst an der Universität von Oslo ein, um Sprachen zu studieren. Arne Naess, ein junger Professor für Philosophie, überzeugte ihn jedoch schon bald zu einem Wechsel zur politischen Philosophie, wo er ebenso ausgezeichnete Leistungen erbrachte wie in seinem Sprachenstudium. Als Student arbeitete Stein Rokkan mehrere Jahre in der Universitätsbibliothek. Während dieser Zeit wuchs sein Verständnis für akkurates und detailgenaues biographisches Arbeiten, das seine späteren Veröffentlichungen prägte und sein Engagement in der Wissenschaftsorganisation anregte. 1948 schloß er sein Studium mit dem Magister Artium ab. Wissensdurst und Sprachkenntnisse führten ihn schon kurz nach dem Abschluß des Studiums über die Grenzen seines Landes hinaus.

1947 rief die UNESCO, die 1945 als Organisation der Vereinten Nationen für Bildung, Wissenschaft und Kultur gegründet worden war, ein internationales Forschungsprojekt über das Konzept der Demokratie ins Leben, dessen Leitung Rokkans akademischem Lehrer Arne Naess übertragen wurde. Naess holte Rokkan in das Demokratieprojekt, welches eines der größten sozialwissenschaftlichen Projekte der unmittelbaren Nachkriegszeit werden sollte. Das UNESCO-Projekt förderte international vergleichende Studien und die Bildung eines Netzwerkes junger Sozialwissenschaftler. Gleich mehrere Mitglieder dieses Netzwerkes machten eine eindrucksvolle wissenschaftliche Karriere und trieben in der Folgezeit die Institutionalisierung der Politikwissenschaft stark voran. Durch die Tätigkeit am UNESCO-Projekt lernte Rokkan Soziologen und Politikwissenschaftler aus vielen Ländern der Welt kennen. Mit einigen davon blieb er bis zu seinem Tod freundschaftlich verbunden. Um seine relativ geringen sozialwissenschaftlichen Kenntnisse zu kompensieren, schrieb er sich 1949 zunächst an der Columbia University in New York ein, der damaligen Hochburg der empirischen Sozialforschung, studierte danach an der University of Chicago und ab 1950 schließlich an der London School of Economics. Sein Interesse verlagerte sich von der politischen Philosophie zusehends zur empirischen Politikforschung. 1951 ging er schließlich an das neugegründete Institut für Sozialforschung in Oslo, an dem Arne Naess mit jungen, international und interdisziplinär orientierten Sozialwissenschaftlern unter Beteiligung US-amerikanischer Kollegen empirische Forschungsprojekte anregte.

In den frühen 1950er Jahren arbeitete Rokkan an zwei großen Forschungsprojekten. Sein erstes Projekt beschäftigte sich mit den Einstellungen von Lehrern zur Bildung sowie sozialen und politischen Fragen in sieben europäischen Ländern.[2] Die Erwartungen, die er an dieses Vorhaben gestellt hatte, konnten allerdings nicht erfüllt werden. Zusammen mit Henry Valen entwickelte er ab 1956 ein zweites, viel beachtetes Projekt: In Kooperation mit Kollegen des Survey Research Centers an der Universität von Ann Arbor begann er mit dem Aufbau der empirischen Wahlforschung in Norwegen. Daniel Katz und Angus Campbell, einer der einflußreichsten Pioniere der empirischen Wahlforschung, arbeiteten an der Konzeptionalisierung der ersten Wahlstudien mit und standen beim Aufbau der Infrastruktur mit Rat zur Seite. Viel stärker als seine US-amerikanischen Kollegen legte Rokkan dabei von Beginn an einen besonderen Wert auf einen Mehrebenenansatz. So wurden aus Anlaß der nationalen Wahlen im Jahr 1957 nicht nur repräsentative Umfragen durchgeführt, sondern auch die für die einzelnen Kommunen vorliegenden Wahldaten der Nachkriegszeit aufbereitet. Ergänzt wurden die Individual- und Aggregatdatenanalysen durch Lokalstudien, in deren Rahmen Wähler und Gewählte zu ausgewählten Aspekten der Wahl befragt wurden. 1958 erhielt Rokkan am Christian Michelsen Institut in Bergen eine Forschungsprofessur; 1966 wurde er Professor für Soziologie und Vergleichende Politikwissenschaft an der Universität Bergen. An deren Abteilung für Sozialwissenschaften bestand seine Hauptaufgabe im Aufbau eines Instituts für Vergleichende Politik.

Das in den 1950er Jahren angelegte Programm prägte für den Rest seines Lebens die wissenschaftliche Arbeit Rokkans. Dem ungeachtet wandte er sich seit der zweiten Hälfte der 1960er Jahre noch stärker der Aggregatdatenanalyse zu. Dank seiner Bemühungen wurde die Universität in Bergen zu einer Hochburg des auf Aggregatdaten gestützten Zweigs der empirischen Wahlforschung. Schon früh hatte er die Bedeutung moderner Infrastrukturen für die Sozialwissenschaften erkannt, für deren Ausbau er sich mit ganzer Kraft einsetzte.[3] Sein Ziel war es, die institutionellen Grundlagen einer modernen vergleichenden Politikforschung zu stärken. In Bergen begann er damit, ein Aggregatdatenarchiv aufzubauen, das zunächst Wahl- und Sozialdatensätze zu den Wahlen nach dem Zweiten Weltkrieg archivierte. Das Interesse an der Modellierung geopolitischer und geoökonomischer Prozesse förderte sodann die systematische Sammlung von Wahl- und Sozialdaten der Vorkriegszeit, die bis auf das Jahr 1837 zurückgingen. Nicht nur seine US-amerikanischen Kollegen vom Social Research Center in Ann Arbor, Michigan, regte er an, dem Vorbild Bergens nachzueifern.

Rokkans Arbeit in Bergen wurde durch zahlreiche Aufenthalte an ausländischen Universitäten unterbrochen, die ihn zu einem Weltbürger machten. Er war 1956 Gastprofessor an der London School of Economics, 1959/1960 Fellow am Center for Advanced Study in Stanford; es folgten die Stationen Yale (1963 und 1969/70), Manchester (1964), erneut Stanford (1967) sowie die London School of Economics, Genf und das Institut d'Etudes Politiques, Paris (1976/77). Seine internationale Ausrichtung und seine Reisefreudigkeit haben Weggefährten und Schüler inspiriert, in ihm einen «Kosmopoliten von der Peripherie» zu sehen. Am 22. Juli 1979 starb Stein Rokkan nach langer Krankheit.

2. Werk

Wie erwähnt, betätigte sich Stein Rokkan zunächst auf dem Gebiet der politischen Philosophie. Er übersetzte Werke Bertrand Russels ins Norwegische, schrieb seine Magisterarbeit über David Hume und studierte den Einfluß historischer Gelegenheitsstrukturen auf die Artikulation und Verbreitung philosophischer Ideenhaushalte. Erst nach Beendigung seines Studiums in Norwegen wandte er sich der politischen Soziologie und der historisch vergleichenden Makroforschung zu. Sein im Philosophiestudium erwachtes Interesse an der Herausbildung von politischen Ideen führte ihn zur Umfrageforschung und zu ersten komparativen empirischen Studien über die Einstellungen von Lehrern und die politische Beteiligung von Bürgern in Demokratien. Rokkans vergleichende Studien zeigten, daß die politischen Orientierungen nicht allein auf individuelle Merkmale wie etwa den sozialen Status zurückgeführt werden können. Er demonstrierte diesen Sachverhalt unter anderem am Beispiel von Arbeitern in Norwegen und den USA, die unterschiedlich hohe Beteiligungsraten aufwiesen.

Stein Rokkans in den frühen 1950er Jahren gewonnenen Erkenntnisse prägten auch sein weiteres Werk. Während der frühen Arbeiten im Rahmen des UNESCO-Projekts reifte in ihm die Vorstellung heran, daß zur Erklärung der Struktur und Entwicklung politischer Orientierungen auch Unterschiede der politischen Systeme bzw. Nationen herangezogen werden müßten. Rokkan war davon überzeugt, daß die individuellen Orientierungen von historischen und strukturellen Bedingungen beeinflußt werden. Deshalb plädierte er fortan dafür, deren Entwicklungen im historischen Vergleich zu studieren.

Angestoßen durch diese frühen Einsichten arbeitete Rokkan in den 1960er und 1970er Jahren an einem ambitionierten Programm einer historisch-vergleichenden Makrosoziologie. Im Mittelpunkt seines Programms steht die Entwicklung eines Makromodells der politischen Entwicklung Europas. Es ist dies der bislang einzige Versuch, die unterschiedlichen Kontexte der europäischen Gesellschaften systematisch zu erfassen und die mannigfachen politischen Strukturen im Europa des frühen 20. Jahrhunderts auf die unterschiedlichen Prozesse der Staaten- und Nationenbildung zurückzuführen. Abgesehen von seinem Modell Europas, seinem Modell der Spaltungsstrukturen (cleavages) und seiner Theorie der Herausbildung der westeuropäischen Parteiensysteme ist sein Programm jedoch weitgehend unbekannt geblieben. Peter Flora führt dies vor allem auf die Aufspaltung seiner Perspektive auf viele Einzelaspekte zurück:[4] «Daß seine verschiedenen Arbeiten [...] in systematischer Weise zusammenhängen und ein konsistentes Ganzes ergeben, blieb weitgehend unbeachtet».[5]

Ein Vierteljahrhundert lang hat sich Rokkan mit der politischen Entwicklung Europas beschäftigt und ein «gigantisches Forschungsprogramm» vorgelegt, das allerdings nur zum Teil umgesetzt werden konnte.[6] Im Mittelpunkt seiner Arbeiten stand die Demokratisierung der sich über Jahrhunderte zuerst in Europa herausbildenden Nationalstaaten. Fasziniert von der Vielgestaltigkeit Europas galt sein Hauptinteresse den Strukturmerkmalen und Entwicklungspfaden der Nationalstaaten. Er griff Fragestellungen der klassischen historischen Makrosoziologie auf und führte diese einer bis dahin nicht gekannten theoretischen Systematisierung zu.[7] Seine Vorliebe galt komplexen Modellen, die er im Laufe eines Vierteljahrhunderts ständig überprüfte und verfeinerte. Da er als Erfahrungswissenschaftler stark an der empirischen Überprüfung theoretischer Gebäude über die politische Entwicklung Europas interessiert war, verband er die klassischen politikwissenschaftlichen Fragestellungen wie kein anderer mit den Methoden der sich schnell entwickelnden empirischen Sozialforschung, insbesondere den Techniken der Datenerhebung und -analyse. Sein Werk überbrückte somit unfruchtbare Grenzziehungen zwischen den Teilgebieten der Sozialwissenschaften, wie sie zu seiner Zeit häufig anzutreffen waren. Es führte Ideengeschichte, moderne soziologische Theorie, politische Geschichte und empirische Sozialforschung zusammen.

Ein zentrales Anliegen Rokkans war es, Unterschiede in der Struktur der politischen Systeme Europas zu beschreiben und zu erklären. Seine diesbezüglichen Arbeiten zählen heute zu den Klassikern der Vergleichenden Politikwissenschaft. So war Rokkan zunächst daran interessiert, die verschiedenartige Strukturierung der politischen Systeme Europas darzustellen. Später aber wollte er mehr und mehr auch die Ursachen verstehen, warum in Europa unterschiedliche Strukturen anzutreffen sind. Aus diesem Grund ging er immer weiter in die Geschichte zurück, und er begann, die frühen Prozesse der Staaten- und Nationenbildung zu studieren.

Von Talcott Parsons übernimmt Stein Rokkan im Prinzip die Unterscheidung von vier Prozessen funktionaler Differenzierung (ökonomisch-technische, militärisch-administrative, judikativ-legislative und religiös-symbolische Dimension); wegen seiner Bündelung der militärisch-administrativen und der judikativ-legislativen Dimensionen spricht er dann jedoch nur noch von drei Dimensionen der funktionalen Differenzierung. Über Parsons hinausgehend unterscheidet er zudem eine zur funktionalen Differenzierung quer liegende territoriale Differenzierung. In diesem durch die funktionale und die territoriale Dimension geschaffenen Raum verortet er die politischen Institutionen. Dieses Grundmodell der Strukturierung politischer Prozesse diente Rokkan nach eigenen Worten dazu, Fragen über die Entwicklung der politischen Systeme Europas aufzuwerfen und Daten zu lokalisieren, um Ähnlichkeiten und Unterschiede zwischen ihnen herauszufinden.[8] Flora hat zu recht darauf hingewiesen, daß «hier ein unerschöpfliches, potentiell grenzloses Programm des Strukturvergleichs angelegt ist».[9] Er selbst konzentrierte sich einerseits auf den Vergleich von Wahl- und Parteiensystemen und andererseits auf Spaltungsstrukturen (auch Konfliktlinien oder Cleavagestrukturen genannt), die sich auf spezifischere Dimensionen des Grundmodells beziehen.

In zahlreichen Studien beschreibt Rokkan die Unterschiede in den Zentrumsstrukturen der politischen Systeme Europas, wie sie sich als Folge der territorialen Expansion und politischen Zentralisierung im Zuge der Nationalstaatsbildung und der Bevölkerungskonzentration im Laufe der ökonomisch-technischen Modernisierung herausbildeten. Er zeigt, daß die Peripherien in den Ländern Europas in kultureller, wirtschaftlicher und politischer Hinsicht nicht gleichermaßen abhängig sind von den Zentren. Er nahm aber an, daß die einmal herausgebildeten Zentrum-Peripherie-Strukturen stabil seien und die relativ stabilen institutionell-organisatorischen Strukturen politischer Systeme erklären ließen.

Rokkans Ruhm in der Fachwelt gründet vor allem auf seinen Arbeiten über die Strukturierung der Massenpolitik in Westeuropa bis zum Zweiten Weltkrieg, die in den 1960er Jahren entstanden. Er untersuchte die langfristige Entwicklung der politischen Partizipation im internationalen Vergleich, legte einflußreiche Studien über die historischen Spaltungsstrukturen und ihre Transformation in Parteiensysteme vor und thematisierte die Herausbildung der Wahlsysteme.[10] Zwar erkannte er bereits Ende der 1960er Jahre, daß politische Veränderungen eine Reihe neuer Herausforderungen mit sich brächten, doch wandte er sich diesen selbst nicht mehr zu. Im Mittelpunkt seiner Studien über die Strukturierung der Massenpolitik in Westeuropa stehen zwei Modelle: das Modell der vier Schwellen und das Modell der Spaltungsstrukturen und Parteiensysteme.

Bereits in den Studien über die Strukturierung der Parteiensysteme unterschied Rokkan vier Schwellen im Demokratisierungsprozeß: die Legitimierung der Opposition, die Inkorporation breiter Bevölkerungsgruppen durch die Ausweitung des Wahlrechts, den Zugang zur Repräsentation im Parlament und den Zugang zur Entscheidungsmacht (Regierung).[11] Diese vier Schwellen (thresholds) stellen in seinem Modell die Hürden dar, die die politischen Bewegungen auf dem Weg in das politische Entscheidungszentrum überwinden müssen. Sie bilden zugleich den Kern seiner Demokratisierungstheorie. Denn unter Demokratisierung versteht er «eine institutionelle Verbesserung der politischen Beteiligungs- und Einflußchancen der Bevölkerung eines territorialen Systems durch den [...] Abbau der vier Hindernisse».[12] In seinen empirischen Studien vergleicht und schematisiert Rokkan denn auch zunächst die Konfrontation politischer Bewegungen mit derartigen Hürden in Europa und verdichtet sodann beobachtbare Zusammenhänge zu Erklärungshypothesen. So bedeutet für Rokkan der Übergang vom Mehrheits- zum Verhältniswahlsystem die Überwindung der Schwelle der Repräsentation, die umso leichter überwunden werde, je heterogener eine Nation in ethnischer und/oder religiöser Hinsicht ist. Kleinere Länder neigten unter anderem wegen der größeren Interaktionsdichte zwischen den Mitgliedern der politischen Elite stärker zur Verhältniswahl als größere.

Rokkans Theorie der Herausbildung und Stabilisierung der Parteiensysteme baut auf den Gedanken der Spaltungsstrukturen auf. Seine mit Verve vorgetragene These lautet, daß die Parteiensysteme diese Spaltungsstrukturen (cleavages) lediglich reflektieren.[13] Diese Cleavages sind – für Rokkan wie für die gesamte moderne Wahl-, Parteien- und Parteiensystemforschung – grundlegende territoriale und in der Sozialstruktur verankerte Gegensätze, die sich von der Vielzahl der Konflikte zwischen Gruppen durch die Dauerhaftigkeit ihrer Handlungsstrukturierung abheben. Rokkan selbst sieht sie als Resultat der Nationalstaatsbildung: Dadurch, daß in diesem Prozeß latente Gegensätze zwischen gesellschaftlichen Großgruppen in kritischen Phasen aufbrächen, werde ein Prozeß der Politisierung der Sozialstruktur eingeleitet, in dessen Verlauf die Konfliktparteien jeweils eigene, sie repräsentierende Organisationen herausbildeten. Bekannt geworden ist vor allem seine Unterscheidung mehrerer Typen von Spaltungen. Rokkan zeigt, daß Spaltungen von Land zu Land variieren und in unterschiedlichen Kombinationen (Rokkan nennt sie Spaltungsstrukturen) anzutreffen sind. Die in einem Land in einer Phase beobachtbare Struktur von Spaltungen ist nach Rokkan das Ergebnis zweier Prozesse: der Strukturierung und Entstrukturierung. Strukturen können sich in bestimmten Perioden herausbilden und schließlich einfrieren (freezing). Sie können aber auch in kritischen Phasen (critical junctures) aufbrechen. Am bekanntesten ist seine These, daß die westeuropäischen Parteiensysteme mit der Einführung des allgemeinen Wahlrechts und dem Übergang von der Mehrheits- zur Verhältniswahl in den 1920er Jahren eingefroren seien.

Rokkan geht davon aus, daß alle gesellschaftlichen Großgruppen spezifische Interessen verfolgen, die unter bestimmten Bedingungen Konflikte zwischen ihnen hervorrufen können. Einige dieser in der Sozialstruktur verankerten Konflikte bewirkten im 19. Jahrhundert, daß diese Gruppen Koalitionen mit politischen Eliten bzw. Parteien eingingen. Die Größe dieser Gruppen habe schließlich die Stärke der Parteien bestimmt. Konsequenterweise interpretiert Rokkan Parteien als Repräsentanten sozialer Gruppen, die zugleich die Segmente eines Wählermarktes bilden; so habe sich der Wählermarkt parallel zur Demokratisierung und Industrialisierung der Gesellschaften in verschiedene Wählersegmente aufgeteilt. Rokkan postuliert, daß die Spaltungen in kritischen Phasen entstünden und dann eingefroren würden. Solche kritischen Phasen ergäben sich in Perioden radikaler Veränderungen. In ihnen stellten die sich neu herausbildenden Großgruppen die Ansprüche der nationalen Führungsgruppen in Frage und forderten an deren Stelle eigene, gleichberechtigte Teilhabe an den politischen Entscheidungsprozessen.

Rokkan konzentriert sich vor allem auf vier Typen von Spaltungen, die er als spezifische Produkte sowohl der nationalen als auch der industriellen Revolution begreift. Denn beide revolutionären Umbrüche riefen nach seiner Auffassung Kontroversen über moralische und religiöse Fragen sowie über Interessen am Arbeitsmarkt hervor, die Allianzen zwischen Gruppen und Individuen in ähnlichen Positionen und mit ähnlichen Wertorientierungen bewirkten. Als Folge der Säkularisierung und kultureller Konflikte bildete sich zunächst eine Koalition zwischen der katholischen Bevölkerung und sie repräsentierenden Parteien heraus. Der konfessionell-religiöse Konflikt führte zum Beispiel im Deutschen Reich zu einem bipolaren Parteiensystem. Darüber hinaus spalteten «Konflikte über ökonomische Interessen der agrarischen Bevölkerung und des immer mächtiger werdenden Bürgertums» die Protestanten.[14] Das «spektakuläre Wachstum des Welthandels und der industriellen Produktion erzeugte zwischen den Produzenten von Primärgütern auf dem Land und den Kaufleuten und Unternehmern in den kleineren und größeren Städten zunehmend Spannungen».[15] Diese verstärkten die seit dem Mittelalter bestehenden widerstreitenden Interessen von ländlichen und städtischen Gebieten in den Versammlungen der Stände, in denen der Adel und zum Teil die freien Bauern für das Land und die Bürger für die Städte sprachen. Die alten Trennungslinien zwischen den Ständen übertrugen sich nun in die Parlamente, wo sie sich in den Gegensätzen zwischen konservativ-agrarischen und liberal-städtischen Parteien artikulierten. Protestanten in den Städten bildeten nun die Kernklientel der liberalen, Protestanten auf dem Land die Kernklientel der konservativen Parteien. Die industrielle Revolution und das dadurch bedingte Anwachsen der Arbeiterschaft zur zahlenmäßig größten sozialen Gruppe führten schließlich zu einer Spaltung des liberalen und des konservativen Wählersegments im protestantischen Elektorat. Die Arbeiterschaft, deren Ansprüche zunächst kaum Gehör fanden, schloß eine auf Dauer angelegte Koalition mit sozialistischen Parteien, was das Wählerpotential der konservativen und liberalen Parteien drastisch dezimierte.

Mit seinem Modell der Strukturierung der westeuropäischen Parteiensysteme grenzt sich Rokkan von der institutionalistischen Analyse von Parteiensystemen ab, wie sie von den älteren Vertretern der Vergleichenden Regierungslehre propagiert wurde.[16] Er liefert in seinem Werk aber nicht nur einen Alternativentwurf zur Analyse von Parteiensystemen, sondern entwirft mit seinem Modell der Spaltungsstrukturen zugleich eine makrosoziologische Theorie des Wählerverhaltens als einer historischen Unterfütterung der damals bereits vorliegenden soziologischen und sozialpsychologischen Theorien.[17]

3. Wirkung

Stein Rokkan ist der wohl bedeutendste Sozialwissenschaftler Norwegens und einer der einflußreichsten in den 1960er und 1970er Jahren weltweit. Er begründete die international vergleichende politische Soziologie in Norwegen und beeinflußte durch seine Tätigkeiten in der Wissenschaftsorganisation wie kaum ein anderer die Institutionalisierung der Sozialwissenschaften nach dem Zweiten Weltkrieg. Seine kommunikativen Fähigkeiten, seine Kooperationsbereitschaft und sein Organisationstalent wurden schnell erkannt. Er förderte die Ausrichtung und Institutionalisierung der Sozialwissenschaften in zahlreichen Funktionen: Stein Rokkan war Sekretär des einflußreichen IPSA/ISA Committee on Political Sociology (1960–1970), er war Vorsitzender des wegweisenden ISSC Committee on Comparative Research sowie Präsident der International Political Science Association (1970–73), Vizepräsident der International Sociological Association (1966–70), Mitbegründer und erster Vorsitzender des European Consortiums for Political Research (1970–76), Präsident des International Social Science Council (1973–77), Chairman des Nordisk Forbund for Statskundskab (1975–76) und erster wissenschaftlicher Leiter der Norwegian Social Science Data Services (1975–79). Seine Hauptarbeiten über die Strukturierung der Massenpolitik entstanden in enger Kooperation mit Kollegen des Commitee on Political Sociology, das während seiner Zeit als dessen Sekretär seine Blütezeit erlebte.

Mit seinen Arbeiten über die Strukturierung der Massenpolitik gab er der empirischen Demokratie- und Wahlforschung sowie der Analyse von Parteiensystemen einen kräftigen Schub. Seine Kerngedanken über die Struktur und Herausbildung der Parteiensysteme gehören zu den am meisten zitierten der sozialwissenschaftlichen Literatur. Auch seine Thesen wie etwa die These von den eingefrorenen Parteiensystemen zählen zum festen Zitatenschatz der Politikwissenschaft. In Seminaren über Parteiensysteme und über empirische Wahlforschung sind seine Texte Pflichtlektüre. Und auch seine systematischen Vergleiche gehören zum Standardrepertoire der international vergleichenden Methodenlehre. Sowohl von der quantitativen Verbreitung wie von seinem inhaltlichen Einfluß her stellt Stein Rokkan einen der weltweit einflußreichsten Politikwissenschaftler dar.

Seine historisch-vergleichenden Studien über die Herausbildung und Entwicklung von Parteiensystemen haben die Diskussion über die Strukturveränderungen in den nationalen Parteiensystemen und die Transformation der großen Parteien nicht nur in der Politikwissenschaft maßgeblich beeinflußt. Die vorgelegten Modelle sind in zahlreichen Arbeiten als theoretischer Bezugsrahmen zur Beschreibung von Parteiensystemen und zur Erklärung des Wahlverhaltens im historisch-politischen Kontext herangezogen worden.[18] Dabei wurden zwar im Laufe der Jahre viele Modifikationen in Detailfragen vorgenommen, der analytische Rahmen aber nicht in Frage gestellt.

Die in den letzten drei Jahrzehnten vorgelegten Arbeiten über den Wandel der Parteiensysteme können mehr oder weniger als Fußnoten zu Rokkans Studien gelesen werden.[19] Wie Flora zu Recht anmerkt, stellen die meisten Analysen Rokkans «lediglich historische Skizzen und Erklärungsentwürfe dar».[20] Viele Phänomene werden grob klassifiziert und die gesetzesartigen Aussagen nur illustrativ belegt. Die angebotenen Erklärungen sind auch bisweilen unvollständig. Sie beschränken sich häufig auf die Angabe einzelner Variablen und Zusammenhänge. Angesichts fehlender Alternativentwürfe verlangen gerade diese Mängel nach Präzisierungen und Erweiterungen in vergleichend angelegten empirischen Analysen. Auch wenn bereits einige dieser Präzisierungen von seinen Schülern geleistet wurden, bietet das Programm doch zahlreiche Anregungen und Ansatzpunkte für weitere Studien. Die Präsenz und die Relevanz der von Stein Rokkan aufgeworfenen Fragestellungen belegen seine Bedeutung als Klassiker der Politikwissenschaft.

Stein Rokkans[21] Wirkung zeigt sich auch in der fortwährenden Würdigung seiner Leistungen als Pionier der Vergleichenden Politikwissenschaft und als großer Wissenschaftsmanager. In Anerkennung seiner Pionierarbeiten auf dem Gebiet der international vergleichenden Sozialforschung vergibt das European Consortium for Political Research seit 1981 den Stein Rokkan Preis für International vergleichende Sozialforschung. In Erinnerung an ihn wird zudem alle drei Jahre auf dem Weltkongreß der IPSA der Stein Rokkan Award an einen Kongreßteilnehmer vergeben. Ihm zu Ehren wurde schließlich zu Beginn des Jahres 2002 in Bergen das Stein Rokkan Centre for Social Studies gegründet, das sich als ein interdisziplinäres Zentrum der Sozialforschung versteht. An dem hauptsächlich von der norwegischen Forschungsgemeinschaft finanzierten Institut sind rund 40 Sozialwissenschaftler tätig, weit mehr als an den meisten Instituten für Politikwissenschaft in der Bundesrepublik Deutschland.

Literatur

1. Werke

Rokkan, St./Campbell, A., Citizen Partizipation in Political Life: Norway and the United States of America, in: International Social Science Journal 12 (1969), S. 69–99.

Rokkan, St., Mass Suffrage, Secret Voting and Political Partizipation, in: European Journal of Sociology 2 (1961), S. 132–152.

Rokkan, St., Zur entwicklungssoziologischen Analyse von Parteiensystemen. Anmerkungen zu einem hypothetischen Modell, in: Kölner Zeitschrift für Soziologie und Sozialpsychologie 17 (1965), S. 675–702.

Rokkan, St./Valen, H., Regional Contrasts in Norwegian Politics, in: Allardt, E./Littunen, Y. (Eds.), Cleavages, Ideologies and Party Systems, Helsinki 1966, S. 162–238.

Merritt, R. L./Rokkan, St. (Eds.), Comparing Nations. The Use of Quantitative Data in Cross-national Research, New Haven 1966.

Rokkan, St./Meyriat, J., International Guide to Electoral Statistics, The Hague 1969.

Rokkan, St./Merritt, R. (Eds.), Data Archives for the Social Sciences, Paris 1966.

Lipset, S. M./Rokkan, St. (Eds.), Party Systems and Voter Alignments: Cross-national Perspectives, New York 1967.

Rokkan, St. (Ed.), Comparative Research across Cultures and Nations, Paris 1968.

Dogan, M./Rokkan, St. (Eds.), Quantitative Ecological Analysis in the Social Sciences, Cambridge 1969.

Eisenstadt, S. N./Rokkan, St. (Eds.), Building States and Nations, Beverly Hills 1973.

Rokkan, St., Comparative Survey Analysis, The Hague 1969.

Rokkan, St., Citizens, Elections, Parties. Approaches to the Comparative Study of the Processes of Development, New York 1970.

Allardt, E./Rokkan, St. (Eds.), Mass Politics: Studies in Political Sociology, New York 1970.

Rokkan, St., Vergleichende Sozialwissenschaft: Die Entwicklung der inter-kulturellen, inter-gesellschaftlichen und inter-nationalen Forschung. Hauptströmungen der sozialwissenschaftlichen Forschung, Frankfurt/M. 1972.

Rokkan, St., Organization for Comparative Social Research: Seven Nation Study, Ann Arbor 1976.

Rokkan, St. (Ed.), The Politics of Territorial Identity: Studies in European Regionalism, London u. a. 1982.

Rokkan, St., Staat, Nation und Demokratie in Europa: Die Theorie Stein Rokkans; aus seinen gesammelten Werken rekonstruiert und eingeleitet von Peter Flora, Frankfurt/M. 2000.

2. Biographie

Allardt, E./Valen, H., Stein Rokkan: An intellectual Profile, in: Torsvik, P. (Ed.), Mobilization, Center-periphery Structures and Nation-building: a Volume in Commemoration of Stein Rokkan, Bergen 1981, S. 11–38.

Daalder, H., Stein Rokkan 1921–1979: A Memoir. in: European Journal of Political Research 7 (1979), S. 337–355.

3. Bibliographie

Sælen, K., Stein Rokkan: A Bibliography, in: Torsvik, P. (Ed.), Mobilization, Center-periphery Structures and Nation-building: a Volume in Commemoration of Stein Rokkan, Bergen 1981, S. 525–553.

3. Darstellungen

Flora, P., Einführung und Interpretationen, in: Rokkan, St., Staat, Nation und Demokratie, Frankfurt/M. 2000, S. 14–119.

Flora, P., Stein Rokkans Makro-Modell der politischen Entwicklung Europas. Ein Rekonstruktionsversuch, in: Kölner Zeitschrift für Soziologie und Sozialpsychologie 33 (1981), S. 397–436.

Immerfall, St., Territorium und Wahlverhalten. Zur Modellierung geopolitischer und geoökonomischer Prozesse, Opladen 1992.

Torsvik, P. (Ed.), Mobilization, Center-periphery Structures and Nation-building: a Volume in Commemoration of Stein Rokkan, Bergen 1981.

Anmerkungen

1 Diese Charakterisierung haben kurz nach dem Tod Stein Rokkans seine beiden engen Mitstreiter Erik Allardt und Henry Valen vorgenommen. Sie trifft wie wohl keine andere sein Leben und Werk. Vgl. Allardt, E./ Valen, H., Stein Rokkan: An Intellectual Profile in: Torsvik, P. (Ed.), Mobilization, Center-Periphery Structures and Nation-Building, Bergen 1981, S. 11–38. Vgl. auch Immerfall, St., Territorium und Wahlverhalten. Zur Modellierung geopolitischer und geoökologischer Prozesse, Opladen 1992, Kp. 3.

2 Vgl. Rokkan, St., Citizens, Elections, Parties. Approaches to the Comparative Study of the Processes of Development, New York 1970, S. 235–251.

3 Vgl. hierzu u. a. Rokkan, St., Comparative Cross-national Research: the Case of Current Efforts, in: Merritt, R. L./Rokkan, St. (Eds.), Comparing Nations. The Use of Quantitative Data in Cross-national Research, New Haven – London 1966, S. 3–25; Rokkan, St. (Ed.), Comparative Research across Cultures and Nations, Paris – The Hagues 1968.

4 Vgl. Peter Floras Vorwort zu Stein Rokkan, Staat, Nation und Demokratie in Europa, Frankfurt/M. 2000, S. 9.

5 Ebda., S. 9.

6 Flora, P., Einführung und Interpretationen zu Stein Rokkan, Staat, Nation und Demokratie, Frankfurt/M. 2000, S. 17.

7 Vgl. hierzu und zum folgenden Flora, a. a. O., S. 17 ff.

8 Siehe Rokkan, St., Dimensions of State Formation and Nation-building: A Possible Paradigm for Research on Variations within Europe, in: Tilly, Ch. (Ed.), The Formation of National States in Western Europe, Princeton 1975, S. 562–600.

9 Flora, Einführung, S. 19.

10 Vgl. hierzu insbesondere seine Aufsatzsammlung Citizens, Elections, Parties. Approaches to the Comparative Study of the Processes of Development, New York 1970.

11 Vgl. hierzu insbesondere Rokkan, St., The Structuring of Mass Politics in the smaller European Democracies: A Developmental Typology, in: Stammer, O. (Ed.), Party Systems, Party Organizations and the Politics of New Masses, Berlin 1968, S. 26–65; und Rokkan, St., Nations-building, Cleavage Formation and the Structuring of Mass Politics, in: Rokkan, St., Citizen, Elections, Parties, Oslo 1970, S. 72–144.

12 Flora, Einführung, a. a. O., S. 42.

13 Vgl. insbesondere Lipset, S. M./Rokkan, St., Cleavage Structures, Party Systems, and Voter Alignments: An Introduction, in: dies. (Eds.), Party Systems and Voter Alignments, New York 1967, S. 1–64.

14 Rokkan, St., Staat, Nation und Demokratie, Frankfurt/M. 2000, S. 347.

15 Ebda., S. 347 f.
16 Vgl. stellvertretend hierfür etwa Duverger, M., Die politischen Parteien, Tübingen 1959.
17 Vgl. hierzu insbesondere Bürklin, W./Klein, M., Wahlen und Wählerverhalten, Opladen 1998.
18 Als Beispiele seien Hänisch, D., Sozialstrukturelle Bestimmungsgründe des Wahlverhaltens in der Weimarer Republik. Eine Aggregatdatenanalyse der Ergebnisse der Reichstagswahlen 1924 bis 1933, Duisburg 1983, und Winkler, J. R., Sozialstruktur, politische Traditionen und Liberalismus. Eine empirische Längsschnittstudie zur Wahlentwicklung in Deutschland 1871–1933, Opladen 1995, genannt.
19 Vgl. etwa Dalton, R. J./Beck, P. E./Flanagan, S. C., Electoral Change in Advanced Industrial Democracies, in: Dalton, R. J./Flanigan, S. C./Beck, P. E. (Eds.), Electoral Change in Advanced Industrial Democracies. Realignment or Dealignment?, Princeton 1984, S. 3–22; Franklin, M. N., The Decline of Cleavage Politics, in: Franklin, M. N./Mackie/Valen, H. u. a., Electoral Change. Responses to Evolving Social and Attidudinal Structures in Western Countries, Cambridge 1992, S. 383–405; Bartolini, St./Mair, P., Identity, Competition and Electoral Availability: The Study of European Electorates 1885–1985, Cambridge 1990; und Mair, P., Party System Change. Approaches and Interpretations, Oxford 1997.
20 Flora, Einführung, a. a. O., S. 42.
21 Flora, Einführung, a. a. O., S. 42.

Stefan A. Schirm

Susan Strange (1923–1998)

I. Leben

Susan Strange ist eine der wichtigsten Autorinnen und Begründerin des politikwissenschaftlichen Teilgebietes der Internationalen Politischen Ökonomie (IPÖ). Mit ihren zahlreichen Werken hat sie maßgeblich die Interpretation der grenzüberschreitenden Wechselwirkung von Wirtschaft und Politik im wissenschaftlichen Diskurs geprägt. Der Gegenstand der IPÖ reicht weit über die Analyse internationaler Wirtschaftsbeziehungen hinaus; im Mittelpunkt der Untersuchung steht die Frage nach der konkurrierenden Gestaltungsfähigkeit und Funktionslogik von «Politik» und «Markt». Im Fokus der Analyse bleiben darüber hinaus die Ursachen und Auswirkungen grenzüberschreitender ökonomischer Entwicklungen, durch welche die Unterscheidung zwischen «intern» und «extern» möglicherweise immer weniger wichtig für die Politik wird. Gerade in den letzten Jahrzehnten beschleunigter Globalisierung gewann die IPÖ nicht nur an empirischer Relevanz, sondern auch an analytischer Statur. Die Forschungsdisziplin der IPÖ gehört heute im anglo-amerikanischen Raum und zunehmend auch in Deutschland zum Kern des politikwissenschaftlichen Curriculums. Wie kaum ein anderer Autor trug Susan Strange zur Entwicklung der politikwissenschaftlichen Erforschung der «International Political Economy» in den 1970er bis 1990er Jahren bei.

Susan Strange wurde 1923 im südenglischen Dorset als Tochter eines legendären Fliegerasses aus dem Ersten Weltkrieg, Colonel Louis Strange, geboren und studierte an der Royal School sowie an der London School of Economics. Nach dem Studium zog es sie zunächst in den Journalismus. Sie arbeitete für den «Economist» und ging anschließend für den «Observer» nach Washington, wo sie als damals jüngste Korrespondentin im Weißen Haus akkreditiert war. Anschließend berichtete sie von der Weltpolitik als Korrespondentin bei den Vereinten Nationen in New York.

Als Strange 1949 nach Großbritannien zurückkehrte, schrieb sie weiterhin für den «Observer», nahm aber eine erste wissenschaftliche Position am University College in London an, wo sie bis 1964 Internationale Beziehungen unterrichtete. Parallel zu ihrer beruflichen Karriere hatte Strange in erster Ehe bereits zwei Kinder geboren, denen vier weitere in ihrer zweiten Ehe folgten, die sie 1955 einging. 1965 wechselte Strange an das Royal Institute for International Affairs (Chatham House), wo sie zunächst als wissenschaftliche Mitarbeiterin und später als Direktorin des «Transnational Relations Project» tätig war. Bereits in dieser Zeit beeinflußte Strange durch ihre Veröffentlichungen die internationale Debatte maßgeblich. Neben der Erforschung konkreter Fragestellungen – etwa der Währungspolitik – überwand sie vor allem die akademische Trennung zwischen Politik und Wirtschaft als Gegenständen der Erforschung der internationalen Beziehungen. Ein erstes nachhaltiges Zeichen in dieser Hinsicht setzte sie mit ihrem Aufsatz über «International Politics and International Economics: A Case of Mutual Neglect» (International Affairs, 1970). Mit ihren Publikationen legte sie die inhaltliche Grundlage für die Erforschung der «International Political Economy» (IPE) und beeinflußte eine ganze Wissenschaftlergeneration. Zur organisatorischen Basis für die Forschungsrichtung «IPE» trug Strange 1974 vor allem mit der Gründung der British International Studies Association (BISA) bei, die heute weltweit über 700 Mitglieder zählt.

1978 übernahm Susan Strange den Lehrstuhl für Internationale Beziehungen der London School of Economics (LSE). Strange war ein streitbarer Geist und lieferte sich intensive Debatten mit Kollegen und Kolleginnen. Ihre Zielsetzung blieb dabei nicht nur die Analyse, sondern erstreckte sich durchaus auch aufklärend auf die Beeinflussung bzw. Beratung praktischer Politik (vgl. 3. Wirkung). Ihre Stärken in der Lehre lagen weniger im Unterrichten von Studierenden im Grundstudium als vielmehr bei der Betreuung von «Graduates» und vor allem in der Förderung von Promotionsstudierenden. In ihrer Zeit an der LSE führte Strange einen erfolgreichen Kampf für die Etablierung der Internationalen Politischen Ökonomie als einem Lehr- und Forschungsfeld. Zunehmend engagierte sich Strange auch in der Auseinandersetzung mit US-amerikanischen Werken zur IPE, die sie – wie die Aspekte der Regime-Forschung und Elemente quantitativer Methoden – kritisch über den Atlantik begleitete. Während ihrer Zeit an der LSE nahm Strange Gastprofessuren an den Universitäten Minnesota, California, Columbia und Johns Hopkins (Bologna Center) sowie an der Brookings Institution (Washington D. C.) wahr.

Als Strange 1988 mit 65 Jahren emeritiert wurde, stand sie intellektuell in voller Blüte und hatte neben *Casino Capitalism* (1986) gerade den

Bestseller über *States and Markets* (1988) veröffentlicht. Insofern überraschte es nicht, daß sie 1989 eine weitere berufliche Herausforderung einging und den Gründungslehrstuhl für Internationale Politische Ökonomie am Europäischen Universitätsinstitut (EUI) in Florenz übernahm. Dort veröffentlichte sie mit John Stopford *Rival States, Rival Firms: Competition for World Market Shares* (1991). Die endgültige Emeritierung kam Strange auch nach fünf Jahren am EUI in Florenz nicht in den Sinn; 1994 ging sie auf eine «post-retirement professorship»[1] an die University of Warwick, wo sie Mitbegründerin des «Centre for the Study of Globalisation and Regionalisation» (CSGR) wurde. Das CSGR wurde Ende der 1990er mit einem zweistelligen Millionenbetrag aus öffentlichen Geldern zu einem führenden Zentrum der Regionalismus- und Globalisierungsforschung aufgebaut. Strange beteiligte sich hier auch an der Schaffung eines der größten Lehrprogramme im Bereich der IPE in Großbritannien. Noch während ihrer Zeit am CSGR erschien 1996 *The Retreat of the State* bei Cambridge University Press.

1995 erhielt Susan Strange eine außergewöhnliche internationale Auszeichnung: Sie wurde zur Präsidentin der American International Studies Association gewählt. Damit war sie die erst zweite Nicht-Amerikanerin, die im fast fünfzigjährigen Bestehen der Vereinigung in dieses Amt gewählt worden war. Ihre Wahl zur ISA-Präsidentin dokumentierte nicht nur die Anerkennung ihrer Lebensleistung durch Schüler wie Kritiker, sondern ebenfalls die Internationalität ihrer Bedeutung. Ihre Schaffenskraft blieb Strange bis ins hohe Alter erhalten. Kurz vor ihrem Tod 1998 erschien mit *Mad Money* noch Susan Stranges letztes Buch. Ihr Lebenswerk provozierte zwar Kritik, nötigte aber auch denjenigen, die ihr inhaltlich nicht folgen mochten, großen Respekt ab. In einem Nachruf schreiben Roger Tooze und CSGR-Direktor Richard Higgott: «[...] even those who did not, and would not, accept her reading of the way the modern global economic order might work, would concede the originality of her thinking».[2]

2. Werk

Im Mittelpunkt des Werkes von Susan Strange stehen zwei Aspekte: zum einen ihre Überlegungen zur strukturellen Macht der USA (structural power) und andererseits ihre Thesen zum Rückzug des Staates gegenüber dem Markt im Zeitalter weltwirtschaftlicher Globalisierung (retreat of the state).

Mit ihren Veröffentlichungen zur strukturellen Macht der USA in der heutigen Weltwirtschaft antwortete Strange auf die verbreitete These von der «declining hegemony» der Vereinigten Staaten.[3] Dieses Argument vom Niedergang US-amerikanischer Macht stützt sich vor allem auf den Verlust der wirtschaftlichen Vorherrschaft der USA seit den 1970er Jahren: Infolge des Wiedererstarkens der im Zweiten Weltkrieg zerstörten Länder Europas sowie Japans war der Anteil der USA am Welthandel ebenso zurückgegangen wie ihr Anteil an globalen Investitionen und Krediten. Dieser Prozeß der Verringerung ökonomischer Vorherrschaft der USA setzte sich mit der aktiven gemeinsamen Außenwirtschaftspolitik der Europäischen Union und der Konkurrenz des Euros zum Dollar fort. Dieser Beobachtung einer «verlorenen Hegemonie» der USA trat Strange in einer Reihe von Veröffentlichungen mit der Formulierung eines innovativen Konzepts der «structural power» entgegen.[4] Strange betonte, daß die Verringerung von Ressourcen wie der Rückgang des Anteils am Welthandel oder am weltweiten Bruttosozialprodukt nicht zwangsläufig mit der Verringerung von Macht – definiert als Fähigkeit, eigene Interessen durchzusetzen – einhergehe. Es müsse vielmehr zwischen «power over resources» und «power over outcomes» unterschieden werden. Die USA hätten nach wie vor – und möglicherweise sogar in größerem Ausmaß – die Fähigkeit, durch ihre Position im Weltwirtschaftssystem die Handlungen anderer zu beeinflussen: «In every important respect the United States still has the predominant power to shape frameworks and thus to influence outcomes. This implies that it can draw the limits within which others can choose from a restricted list of options, the restrictions being large part a result of U. S. decisions».[5]

Im Gegensatz zur «relational power», die durch Zwang oder Überredung ausgeübt wird, manifestiere sich «structural power» in der Kontrolle über bzw. im Einfluß auf Strukturen, in denen andere Akteure Entscheidungen fällen. Strange unterscheidet vier Felder struktureller Macht: Sicherheit, Wirtschaft (Produktion und Finanzen), Kultur und Wissen.[6] Sie selbst konzentriert sich auf den Bereich der Wirtschaft, den sie als komplexes System staatlicher und gesellschaftlicher Akteure und Strukturen konzipiert. Dabei sei entscheidend, daß Macht nicht (wie klassischer Weise bei Max Weber) als Handlung eines spezifischen Akteurs zur Durchsetzung seines Willens gegen das Widerstreben eines anderen spezifischen Akteurs definiert wird. Mit ihrer Konzeption «struktureller Macht» war Strange gleich auf drei Ebenen innovativ für die politikwissenschaftliche Erforschung der Internationalen Politischen Ökonomie: Erstens erweiterte sie den Blickwinkel der Forschung, indem sie die Dimensionen Wirtschaft, Kultur und Wissen neben den bis dato in der Theorie der Internationalen Beziehungen dominierenden Bereich der

Sicherheit stellte. Zweitens lenkte Strange den Fokus der Analyse auf nicht-staatliche, gesellschaftliche Akteure und befreite die Disziplin aus dem engen Korsett der Fokussierung auf Beziehungen zwischen Staaten, d. h. auf Regierungen. Drittens öffnete Strange den Begriff der Macht und ermöglichte die Untersuchung von Einfluß durch Strukturen jenseits der Beschäftigung mit Macht als direktem Zwang gegen Widerstreben.

Für Strange ist «structural power» weder zwangsläufig beabsichtigt noch wird sie unbedingt von einem spezifischen Akteur ausgeübt und vor allem erfolgt sie nicht gegen Widerstreben anderer. Vielmehr sind es beispielsweise die Struktur weltweiter Arbeitsteilung bei der Produktion von Gütern oder die Struktur des Weltfinanzsystems, welche die darin handelnden Akteure mit bestimmten «Restriktionen», also Kosten- und Nutzen-Erwägungen, konfrontieren. Somit ist auch kein gezieltes Handeln der US-Regierung in Washington nötig, um Macht auszuüben. Die USA können – als Gesamtheit staatlicher wie privater Akteure – durch ihre Position in internationalen Organisationen wie dem Internationalen Währungsfonds (IWF) und der Weltbank durch ihre Bedeutung als Vermittler von Wissen mit weltweit führenden Medien und Universitäten oder auch durch die Kredite von US-Banken und die langfristigen Investitionen US-amerikanischer Transnationaler Unternehmen eine Entscheidungsstruktur für andere Akteure vorgeben. Diese vielfältigen Kanäle struktureller Macht bedeuten aber nicht, daß damit zwangsläufig die Politik der US-Regierung dominiert, vielmehr sind es die USA als Ganzes, also als Wirtschafts-, Wissens- und Politikfaktor. Dabei verschiebe sich in den letzten Jahrzehnten das Gewicht zu Gunsten der Ökonomie und zu Lasten der Politik:

«The United States, using its structural power to lock European, Latin American and now Asian and African economies into an open world market economy, certainly intended to reap benefits and new opportunities for American business. What its policymakers did not fully intend [...] was the enhanced power that this would give to markets over governments, including their own. This result may make social scientists uncomfortable. They are accustomed to think power as pertaining to someone, or some social or economic institution. But markets do not fit this conception. They are impersonal, intangible, not even necessarily to be found in any one place».[7]

Dieses Zitat macht deutlich, welche Intensität und Form von Macht Susan Strange den USA zumißt, auch wenn sich deren quantitative Ressourcen relativ zu anderen Staaten verringert haben mögen.[8] Es verweist allerdings auch klar auf die zweite Dimension von Stranges Ansatz zur

Internationalen Politischen Ökonomie: Neben der Hervorhebung des wachsenden Einflusses von Märkten auf Staaten untersucht sie das Verhalten von Regierungen gegenüber transnationalen Unternehmen und die zunehmende Setzung von Regeln und Verhaltensmustern in der politischen Ökonomie durch transnationale Akteure.

Die zweite zentrale Hypothese von Susan Strange bezieht sich auf das Verhältnis von Märkten und Staaten zueinander. Sie konstatiert, daß Staaten die Kontrolle über wichtige «Autoritätsfunktionen» verloren haben und diese nunmehr mit anderen Staaten oder nicht-staatlichen Akteuren teilen. Dabei folgt Strange keineswegs einer neo-marxistischen Argumentation, die den Staat als bloßen Reflex bzw. Überbau der kapitalistischen Produktionsstruktur ansieht. Vielmehr argumentiert Strange, daß Staaten und Märkte sich gegenseitig bedingen, aber sich durchaus im Wettstreit um die Setzung von Spielregeln befinden würden. Es sei allerdings sehr schwer, in der Internationalen Politischen Ökonomie eine klare Unterscheidung zwischen politischer und wirtschaftlicher Macht zu treffen. Politische Macht sei schwer vorstellbar ohne wirtschaftliche Macht, d. h. ohne Einfluß auf Nachfrage, auf Produktion und auf Kapital. Andererseits sei wirtschaftliche Macht schwer vorstellbar ohne Rechtssicherheit und physische Sicherheit, die wiederum nur eine politische Autorität gewährleisten könne.[9]

Transnationale Unternehmen (TNU) spielen bei Strange eine zentrale empirische wie konzeptionelle Rolle, da sie ihnen infolge des Prozesses der Transnationalisierung einen Machtzuwachs im Vergleich zu nationalstaatlichen Regierungen zumißt. TNU hätten durch die Globalisierung der Ökonomie an Einfluß auf den Einsatz von Ressourcen und damit auch auf das Steueraufkommen und die Arbeitsbeziehungen in einzelnen Gesellschaften gewonnen: «They [the transnational corporations] are increasingly exercising a parallel authority alongside governments in matters of economic management affecting the location of industry and investment, the direction of technological innovation, the management of labour relations and the fiscal extraction of surplus value».[10]

Dabei sind transnationale Unternehmen durchaus bestimmten Ländern und bestimmten «Strukturen» zuzuordnen, aber nicht unbedingt der Politik des Landes und seiner territorialen Legitimität sowie seinen «nationalen» Interessen. Strange formuliert die These, daß die Transnationalisierung von Produktion, Kredit, Sicherheit und Ideen die nationalstaatlich-territorialen Grenzen durchlässig gemacht und zum Entstehen eines «nonterritorial empire with the imperial capital in Washington, D. C». geführt habe.[11] Unklar bleibt, warum Strange hierbei die US-

Hauptstadt und nicht etwa New York als weltweit bedeutendsten Finanz-platz benennt. Ein wichtiges Argument in Stranges Ansatz ist auch, daß die transnationalen Unternehmen nicht nur zunehmend eine «parallele Autorität» bei der Regelung und Beeinflussung von ökonomischen Pro-zessen besitzen, sondern daß dadurch die demokratische Legitimität wirtschaftlicher Entwicklung verringert werde. Da Märkte nicht in dem Maße rechenschaftspflichtig («accountable») seien wie (demokra-tisch gewählte) Regierungen, sei durch die gestiegene Rolle der privaten Akteure gegenüber den staatlichen Akteuren bei der transnationalen Festsetzung von Regeln deren Legitimität verringert: «Firms – the new players in transnational economic diplomacy – are hierarchies, not democracies».[12]

Die Transnationalisierung der Ökonomie, den Rückzug des Staates so-wie die «parallele Autorität» privater Akteure sieht Strange am stärksten bei den Finanzmärkten gegeben, denen sie sowohl konzeptionell wie in empirischen Beispielen die größte «strukturelle Macht» gegenüber der politischen Setzung von Regeln zumisst. Diese «strukturelle Macht» der Finanzmärkte ist Strange zufolge erratisch, unvorhersehbar und gefähr-det nicht nur die Beteiligten, sondern auch andere Akteure sowie die Gütermärkte. Diese Definition von spekulativen Finanzmärkten als *Mad Money*[13] folgert Strange aus der empirischen Beobachtung der Finanz-krisen der 1980er und 1990er Jahre beispielsweise in Lateinamerika und Asien. Dort hätten die Finanzmärkte jenseits realwirtschaftlicher Pro-zesse, von Wachstum und Produktion aus rein spekulativen Erwägungen Wirtschaftskrisen verursacht. Sie schließt daraus, daß die liberale Wirt-schaftstheorie bezüglich einer Effizienz steigernden Wirkung von Markt-liberalisierung hinsichtlich der Finanzmärkte falsch liege.[14] Dies wiede-rum bedeutet für Strange, daß die Politik die Finanzmärkte wieder disziplinieren müsse, nicht aber den Welthandel und die Auslandsinvesti-tionen. Die «strukturelle Macht» der Finanzmärkte, durch Kosten (Wechselkursschwächung, ausbleibende Kapitalzuflüsse etc.) und An-reize (Zustrom an Börsenkapital etc.) weitere Liberalisierungen in immer mehr Ländern zu bewirken, müsse politisch eingeschränkt werden, ähn-lich wie dies während des Bretton-Woods-Systems beispielsweise durch feste Wechselkurse und Kapitalverkehrskontrollen der Fall gewesen sei.

3. Wirkung

Susan Stranges methodische und thematische Offenheit, ihr pragmati-scher Zugang zur Wissenschaft und ihr vorrangiges Ziel, auf innovative Weise die Funktion empirisch relevanter Phänomene wie die der Finanzmärkte und der Transnationalen Unternehmen zu erklären, bilden die Grundlagen für ihren Einfluß auf die Interpretation der Internationalen Politischen Ökonomie. Neben großer Anerkennung und Wirkung ist Strange aber auch dafür kritisiert worden, daß sie keine geschlossene Theorie formuliert habe. Tatsächlich ist Stranges Ansatz weder ein monolithisches Hypothesengebäude noch zieht sich in jedem Aspekt eine klare Benennung von Kausalwirkungen durch ihre Veröffentlichungen. Vielmehr liefert Strange durch eine offene «heuristische Interpretationsfolie und die historische Rekonstruktion zentraler Transformationsprozesse unzählige Anregungen, die innerhalb der heterodoxen Diskussion der Internationalen Politischen Ökonomie von vielen Wissenschaftlern produktiv aufgenommen und weitergedacht wurden».[15] Aufgrund der teilweise unvollständigen Formulierung von Kausalwirkungen ist es bisweilen nicht möglich gewesen, Stranges' Thesen zu falsifizieren, was die Überprüfbarkeit ihrer Argumentation beeinträchtigt, aber auch Felder für weitere Forschungen eröffnet. Insgesamt folgt Strange einer Mischung aus (1) der deduktiven Prüfung von Hypothesen, (2) historisch-induktivem Vorgehen, d.h. der Ableitung von allgemeingütigen Aussagen aus der Beobachtung einzelner Ereignisse und (3) Elementen normativer Postulate. Somit steht Strange für einen Methodenpluralismus, der ihr sehr viel Zustimmung brachte, da er sowohl hinsichtlich der Themen wie auch der Zugänge zur IPÖ innovatives Querdenken und das Verbinden verschiedener Disziplinen ermöglichte.

Der in den USA vorgebrachten Kritik an ihrem Werk entgegnete Strange 1998: «In the United States especially, researchers are told that you must find an hypothesis and proceed to test it against the available data [...]. This imperative derives from Karl Popper who defined a theory as a proposition that could be falsified [...]. The alternative approach to research [is] [...] that all you need for research was a good question».[16]

Dieser Kommentar zeigt Stranges kritisches Verhältnis gegenüber manchen Ausprägungen des akademischen «Mainstreams»; es zeigt aber auch ihre Lust an der pointierten Formulierung: denn selbstverständlich argumentiert auch sie selber thesenhaft und ist um empirische Belege bemüht. Allerdings waren manche ihrer Thesen eben nicht in klare Kausalvermutungen eingebettet und ihre Belege nicht immer systematisch angelegt. Dies lag am großteils historisch-induktiven Vorgehen Susan Stranges und an ihrem Mißtrauen gegenüber geschlossenen Theorien und quantitativen Beweisführungen: Nach ihrer Auffassung führen das alleinige Vertrauen auf traditionelle Theorie und quantitative Empiriegläubigkeit nicht nur oft zu «falschen» wissenschaftlichen Ergebnissen («complete rubbish»),[17] sondern auch zu «falscher» Politik («bad theory misleads policy»).[18] Als Beispiel für letzteres sieht Strange die Öffnung der Finanzmärkte, die keineswegs immer zu einer effizienteren Allokation von Ressourcen geführt habe, sondern vielmehr durch Spekulation zu Währungs- und Wirtschaftskrisen – von der Sterling-Krise 1976 in Großbritannien bis zur Asien-Krise 1997/98. Aber nicht nur den traditionellen Theorien Internationaler Politischer Ökonomie stand Strange skeptisch gegenüber, sondern auch denjenigen der Internationalen Beziehungen (IB). IB-Theorien warf sie insbesondere vor, sich zu sehr mit zwischenstaatlichen Beziehungen zu befassen und daher den zunehmend transnationalen, nicht-staatlichen Teil grenzüberschreitender Beziehungen ebenso zu vernachlässigen wie den Einfluß privater Akteure.[19]

Eine sinnvolle Weiterentwicklung des Werkes von Susan Strange könnte in der Ausdifferenzierung einiger der analysierten Einheiten bestehen: Beispielsweise konzipiert sie den Staat auf eine Weise, nach der er als «geschwächt» gelten muß, wenn er weniger Regeln setzt bzw. wenn private Akteure zunehmend «Autorität» über den Markt ausüben. Hier scheint Strange einem eher statischen (keynesianischen) Staatsverständnis anzuhängen und berücksichtigt womöglich zu wenig, daß der Staat sich auch wandeln kann (soll) und daß er mit anderen (weniger) Regeln seine grundlegenden Funktionen (etwa Wohlfahrt) eventuell sogar besser erreichen könnte. Auch kann kritisch hinterfragt werden, ob Macht ohne Absicht überhaupt noch Macht ist oder vielmehr ein nicht zielgerichtetes, zufälliges Nebenprodukt? Schließlich erscheint es teilweise widersprüchlich, den Einfluß von in den USA ansässigen transnationalen Unternehmen «den USA» zuzuschreiben, gleichzeitig aber einen «retreat of the state» festzustellen.

Insgesamt zeigt sich, daß Stranges Ansatz neben den Stärken außergewöhnlicher Innovation und überzeugender Argumentation eben auch einige Schwächen aufweist, etwa indem er sich nicht durchgehend um Nachvollziehbarkeit und Überprüfbarkeit von Kausalwirkungen bemüht. Gleichzeitig wird aber auch klar, daß hierin nicht das einzige oder vorrangige Ziel von Susan Strange bestand. Vielmehr liegt ihrem Werk eine aufklärerische Zielsetzung zugrunde: Sie wollte konventionelles Wissen hinterfragen, vor quantitativer Theorie-Gläubigkeit warnen (vor allem vor den verkürzten, «falschen» Prämissen der «rational choice»-Ansätze[20]) und historische Beobachtung fördern: «If liberal theory has misled policymakers, what is to be done to save the international financial system from the consequences? It is a question neither economists nor other social scientists should ignore. They have a social responsibility – the price of academic freedom – to enlighten, to explain and to prescribe if they can».[21] Diese aufklärerische Grundhaltung trug Strange viele Sympathien ein und erklärt einen Teil ihres intellektuellen Einflusses auf Wissenschaft und Politik.

Zu den großen Verdiensten von Susan Strange gehört darüber hinaus, daß es ihr gelungen ist, die lange voneinander abgegrenzten Forschungsfelder der «Internationalen Politik» und der «Internationalen Ökonomie» unter der Fragestellung der wechselseitigen Beeinflussung von Politik und Ökonomie zusammenzuführen. Dabei ist Strange im Gegensatz zu vielen anderen Autoren der Politikwissenschaft in den 70er Jahren keinem dogmatischen Ansatz gefolgt. Vielmehr gelang es ihr, sich kritisch-beobachtend der Funktionslogik sowohl des Staates wie auch des Marktes anzunähern und traditionelle Erklärungsmuster originell zu hinterfragen. Innovativ war Strange bei der Erweiterung traditioneller Konzepte etwa zur «Macht» durch ihren Ansatz der «structural power», der ein besseres Verständnis und eine bessere Erklärung der Internationalen Politischen Ökonomie und insbesondere des Einflusses der Finanzmärkte und der Rolle der USA ermöglicht als dies bis dato möglich war. Da Susan Strange dabei weder dogmatisch noch ideologisch vorging, haben viele Wissenschaftler/innen ihre Thesen produktiv für eigene Forschungen nutzen und viele Politik-Praktiker ihren Rat annehmen können.

Literatur

1. Werke

Strange, S., International Politics and International Economics: A Case of Mutual Neglect, in: International Affairs 46 (1970) 2, S. 304–315.

Strange, S., Casino Capitalism, Manchester 1986; 2. edition 1997.

Strange, S., The Persistent Myth of Lost Hegemony, in: International Organization 41 (1987), S. 551–574.

Strange, S., Toward a Theory of Transnational Empire, in: Väth, W. (Ed.): Political Regulation in the ‹Great Crisis›», Berlin 1989, S. 25–42.

Stopford, John/Strange, S., Rival States and Rival Firms. Competition for World Market Shares, Cambridge 1991.

Strange, S., States and Markets, London 1988, 2. edition 1994.

Strange, S., The Retreat of the State. The Diffusion of Power in the World Economy, Cambridge 1996.

Strange, S., The Future of Global Capitalism, or Will Divergence Persist Forever?, in: Crouch, C./Streeck, W. (Eds.), The Political Economy of Modern Capitalism, London 1997, S. 182–191.

Strange, S., Mad Money. When Markets Outgrow Governments, Manchester 1998.

Strange, S., What Theory? The Theory in Mad Money, Centre for the Study of Globalisation and Regionalisation (CSGR) Working Paper No. 18/98, Warwick 1998.

Strange, S., World Order, Non-State Actors, and the Global Casino: The Retreat of the State?, in: Stubbs, R./Underhill, G. R. D. (Eds.), Political Economy and the Changing Global Order, Oxford 2000, S. 82–90.

2. Bibliographie

May, Ch., An Annotated Bibliography of Susan Strange's Academic Publications 1949–1999, 3. edition (e-version), University of Bristol, Bristol 2002 (auch erschienen in Lawton et. al. 2000, S. 421–443).

3. Darstellungen

Bieling, H.-J., Internationale Politische Ökonomie, in: Schieder, S./Spindler, M. (Hg.), Theorien der Internationalen Beziehungen, Opladen 2003, S. 363–389.

Higgott, R./Tooze, R., Orbituary: Susan Strange (1923–1998), Centre for the Study of Globalisation and Regionalisation (CSGR), University of Warwick, abgefragt am 10. 11. 2003, in: http://www.warwick.ac.uk/fac/soc/CSGR/Orbituary.html.

Kennedy, P., Aufstieg und Fall der großen Mächte. Ökonomischer Wandel und militärischer Konflikt 1500 bis 2000, Frankfurt/M. 1989.

Lawton, Th. C./Rosenau, J. N./Verdun, A. C. (Hg.), Strange Power. Shaping the Parameters of International Relations and International Political Economy, Aldershot 2000.

Nye, J. S., Bound to Lead. The Changing Nature of American Power, New York 1990.

Schirm, S. A., Indirekte Macht. Zum Einfluss der USA auf den wirtschaftspolitischen Paradigmenwechsel in Mexiko, in: Fischer, Th. (Hg.), Ausländische Unternehmen und einheimische Eliten in Lateinamerika, Frankfurt/M. 2001, S. 231–249.

Schirm, S. A., Internationale Politische Ökonomie. Eine Einführung, Baden-Baden 2004.

Tooze, R., Susan Strange, Academic International Relations and the Study of International Political Economy, in: New Political Economy 5 (2000), S. 280–289.

Anmerkungen

1 Higgott, R./Tooze, R., Orbituary, S. 2.
2 Higgott, R./Tooze, R., Orbituary, S. 1.
3 So u. a. Kennedy, P., Aufstieg und Fall, S. 758–787.
4 u. a. Strange, S., The Persistent Myth of Lost Hegemony; Toward a Theory of Transnational Empire; What Theory? The Theory in Mad Money.
5 Strange, S., Toward a Theory of Transnational Empire, S. 34.

6 Joseph Nye entwickelte eine ähnliche Erweiterung des Konzepts von «Macht», vgl. Nye, J., Bound to Lead. Zu einer Einordnung von Strange und Nye in die IPÖ-Debatte vgl. Schirm, S. A., Internationale Politische Ökonomie, Kapitel 2.3.

7 Strange, S., Retreat of the State, S. 29–30.

8 Zu einer Erweiterung und Anwendung des Konzepts der «Structural Power» vgl. Schirm, S. A., Indirekte Macht.

9 Strange, S., States and Markets, S. 25–27.

10 Strange, S., Retreat of the State, S. 65.

11 Strange, S., Toward a Theory of Transnational Empire, S. 35.

12 Strange, S., Retreat of the State, S. 197.

13 Strange, S., What Theory? The Theory in Mad Money.

14 In Strange, S., World Order, S. 83 schreibt sie: «Liberal economists stubbornly held to a belief in the benefits of competition for consumers; the more competition, the lower the prices and the higher the quality of goods or services. In financial services, this did not happen. Increased competition among banks and non-banks never led to lower prices. It led to the competitors taking bigger risks with other people's money and now, dangerously, sometimes with their own».

15 Bieling, H.-J., Internationale Politische Ökonomie, S. 381.

16 Strange, S., What Theory? The Theory in Mad Money, S. 22.

17 Strange, S., What Theory? The Theory in Mad Money, S. 10.

18 Strange, S., What Theory? The Theory in Mad Money, S. 22.

19 In Strange, S., World Order, S. 83 schreibt sie pointiert: «But during 1998 I was buying and reading recent books on IR theory. I found them not only dull reading for the most part, but also largely irrelevant to the dominant political issues of the day. They are irrelevant because they take as the central problematic of the world system the resolution of conflict between states».

20 Strange, S., World Order, S. 86.

21 Strange, S., What Theory? The Theory in Mad Money, S. 25.

Hajo Schmidt

Johan Vincent Galtung (* 1930)

I. Leben

Der in der norwegischen Hauptstadt Oslo aufgewachsene Johan Vincent
Galtung verlebt, gemeinsam mit seinen zwei Schwestern, eine herausfor-
dernde, glückliche Jugendzeit. Als dauerhaft prägend erscheint das enge
Verhältnis zum Vater, einem Arzt und Ökonom, christlich-konservati-
vem Politiker und Offizier, der seinem Sohn zu früher Selbständigkeit
verhilft. Mit seiner lebenslangen Kritik an herrschenden Vorstellungen
über Politik und Militär, am Zustand der Wirtschafts- und Sozialwissenschaften, mit seiner Zuneigung schließlich zu buddhistischen Weltauffas-
sungen distanziert Galtung sich von den Grundlagen der väterlichen
Herkunftswelt, ohne allerdings den Leitbildcharakter von Medizin und
ärztlicher Kunst für Friedenswissenschaft und Friedensarbeit in Frage zu
stellen.

Der Rückblick auf Galtungs reichhaltiges Lebenswerk vermittelt den
Eindruck ungewöhnlicher Kontinuität. Läßt sich die aktuelle Grund-
lagenschrift von 1998 problemlos zurückbeziehen auf die Theoriearbeit
der 60er und 70er Jahre, bieten sich Galtungs *Neue Wege zum Frieden*
dar als ein Dokument akkumulierten Konfliktwissens und optimierter
Konfliktlösungs-Kompetenzen. Beides aber verdankt sich biographischen
Brüchen und Einschnitten, die Galtung als Herausforderungen zu gestalten wußte.

So erlebt Galtung als Kind die Besetzung Norwegens durch die Deutschen, die Emigration der Schwestern nach Schweden und das Verschwinden des geliebten Vaters in einem Konzentrationslager bei Oslo.
Der Terror gebiert Hoffnungslosigkeit und Angst, aber auch die entscheidenden Fragen: «Wie vermeidet man Krieg und Besatzung? Und wie
kämpft man am besten, wenn die Besatzung trotzdem kommt?»[1] Bald
schon sollte sich zeigen, daß Galtung bei der Beantwortung dieser ihm
aufgezwungenen Fragen nicht auf die Karte militärischer Strategien
setzt. Seine Grundsatzkritik an Erscheinungsweise und Theorie der Internationalen Beziehungen unterfüttert Galtung seit Studienzeiten systematisch durch die Auseinandersetzung mit dem Prinzip der Gewaltfreiheit

bei Gandhi. Für ein Kind aus Oberschichtkreisen eher ungewöhnlich, lernt Galtung als Kriegsdienstverweigerer aus Gewissensgründen die norwegische Gesellschaft und Staatsmacht aus dem Gefängnis heraus kennen und zu beurteilen.

Dem in Mathematik und Soziologie Promovierten[2] verschaffen die bekannten amerikanischen Soziologen Robert K. Merton und Paul F. Lazarsfeld Ende der 50er Jahre eine Dozentur für Mathematische Soziologie und Allgemeine Sozialtheorie an der Columbia University in New York. Die Anerkennung in den USA zahlt sich in der Heimat aus, können Galtung und einige Kollegen doch 1959 das International Peace Research Institute Oslo (PRIO) eröffnen und – über die Gründung des renommierten *Journal of Peace Research* (1964) und die Besetzung des weltweit ersten Lehrstuhls für Friedensforschung mit Galtung (1969) – Norwegen für ein Jahrzehnt zum Zentrum der internationalen Friedensforschung machen.

Der Gefahr einer eurozentrischen Beschränkung steht dabei seit 1962 Galtungs parallele Tätigkeit als UNESCO-Professor für sozialwissenschaftliche Methodologie in Santiago/Chile entgegen: «Meine Studenten erhielten Chi-Quadrat. Ich erhielt etwas Kenntnis darüber, wie die Welt funktioniert».[3] Wie sehr dieser neue Blick von unten, diesmal auf die Verlierer und Gewinner der Weltgesellschaft, Galtung beeindruckt, zeigt 1965 die Camelot-Affäre: Dieses vom US-Verteidigungsministerium finanzierte Forschungsunternehmen verspricht der Crème der amerikanischen Sozialwissenschaftler und auch Galtung gutes Geld; es hat allerdings den Hautgout eines Counter Insurgency Program der CIA zur Destabilisierung der Freiheits- und Demokratisierungsbewegungen der Dritten Welt.[4] Galtung bekniet die Fachkollegen und informiert den chilenischen Präsidenten – Aktivitäten, die US-Präsident Johnson das Projekt streichen lassen und Galtung bleibend Glaubwürdigkeit und Ansehen in der Dritten Welt verschaffen.

Einen weiteren Einschnitt bringt das Jahr 1968. Als UNESCO-Berater in Japan trifft er seine zweite Frau, die japanische Sozialwissenschaftlerin Fumiko Nishimura. Die mittlerweile 35 Jahre dauernde glückliche Verbindung hat Galtung zwei weitere Kinder, intensive gemeinsame Arbeit und einen neuen Blick auf seine Kultur und Herkunftswelt beschert: «Ich hatte die Gesellschaft von unten aus der Gefängniszelle, die Welt von unten in den lateinamerikanischen Slums gesehen. Nun begann ich, die gesamte okzidentale Erfahrung von außen zu sehen».[5] Die Begegnung mit Fumiko und Japan provoziert das, was Galtung mittlerweile als wichtigster Forschungszweig seiner Arbeit gilt: die Untersuchung der Tiefenkul-

tur der großen Zivilisationen, zumal in ihren friedens- und entwicklungs-
politischen Dimensionen. Hierfür hat Galtung bis zum heutigen Tag ein
bewegtes, dabei äußerst diszipliniertes Leben geführt, in verschiedenen
Ländern (Norwegen, Frankreich, Hawaii, Spanien, Japan) festen Wohn-
sitz genommen und auf allen Kontinenten gearbeitet.

Galtungs Anerkennung als akademischer Lehrer und Mitglied der
scientific community bestätigen etwa 50 Gastprofessuren, zahlreiche
Ehrendoktorate und Honorarprofessuren, Akademiemitgliedschaften
und fellowships; die Verleihung des Alternativen Nobelpreises (Right
Livelihood Award 1987) belegt, daß es bei akademischen Würdigungen
nicht geblieben ist. Galtungs literarische Produktivität – an die 100 Monographien und Herausgeberschaften, mehr als 1300 Aufsätze und Artikel – ist sprichwörtlich; die Länge der Liste seiner Beratertätigkeiten
reicht von der OECD bis zu Europarat und EU, unter Einschluß der
großen UN-Unterorganisationen wie UNESCO, UNDP, UNEP und UNI-
CEF, WHO, ILO und FAO.[6] Als Konfliktlöser betätigte er sich in insgesamt 45 Konflikten jeder Größenordnung.[7]

2. Werk

Galtungs grundlegender Beitrag zur Politik und Theorie der Internationalen Beziehungen findet bisweilen nicht die angemessene Würdigung:
Das ist eine Folge seines anspruchsvollen, disziplinübergreifenden Ansatzes und der überwältigenden Vielfalt seiner Veröffentlichungen. Durchgängig erkennbar bleiben allerdings bestimmte begriffliche und inhaltliche Orientierungen.

Das Fundamentalproblem des jungen Galtung prägt auch schon die
bereits nach dem Ersten Weltkrieg institutionalisierte Lehre von den
Internationalen Beziehungen: die Abschaffung der Geißel des Krieges.[8]
Dem Friedensforscher Galtung erscheint allerdings dieser disziplinäre
Focus der Betrachtung der Internationalen Beziehungen zu eng, um einen
gehaltvollen Friedensbegriff und eine entsprechende politische Praxis
tragen zu können. Galtung will das Fundament durch die Unterscheidung und Entgegensetzung von Frieden und Gewalt tiefer legen. Möglicherweise liefert die alte Formel vom Frieden als Abwesenheit von
Krieg den meisten Spezialisten für die Internationalen Beziehungen weiterhin die angemessene Zielbestimmung des internationalen Systems.
Aber schon in Hinsicht auf die reale Häufigkeit von Massakern und Ge-
noziden im 20. Jahrhundert muß nach seiner Auffassung diese Formel
erweitert werden: Friede als Abwesenheit direkter Gewalt. Doch selbst
gegen diese begriffliche Erweiterung läßt sich einwenden: Herrscht etwa

Frieden, wenn neunzig Prozent einer Gesellschaft nicht genügend zu essen haben und auch keine politische Möglichkeit, das zu ändern?

Hier greift Galtungs Unterscheidung zwischen direkter und struktureller Gewalt. Seine Erfahrungen in der Dritten Welt haben ihn erkennen lassen, daß nicht nur sozialen Akteuren zurechenbare Handlungen, sondern auch soziale Strukturen als solche Gewalt ausüben und töten können. Für die Opfer von Gewalt ist es letztlich unerheblich, ob sie in Folge schneller (direkter) oder mittelbar wirkender (struktureller) Gewalteinwirkung sterben.

Gewalt hat also unterschiedliche Träger, Handlungen und Strukturen; in ihrer Unterschiedlichkeit offenbart sie eine gemeinsame Konsequenz: die Förderung oder Behinderung der Entwicklungsmöglichkeiten einzelner Menschen. Friede oder Unfriede lassen sich nach Galtungs Auffassung am deutlichsten auf individueller Ebene feststellen und messen! Auf der Grundlage aufwendiger empirischer Untersuchungen in aller Welt hat er vier Klassen von Grundbedürfnissen ausgemacht; sie bestimmen für ihn die Basisdimension menschlicher Selbstverwirklichung: das Grundbedürfnis des Überlebens, des Wohlbefindens, der Freiheit und der Identität. Diese Grundbedürfnisse in ihren jeweiligen kulturspezifischen Ausprägungen bilden die Kriterien, nach denen sich die Lähmung oder Förderung menschlicher Entwicklungspotentiale bestimmt.

Aus diesen Begriffsbestimmungen leitet Johan Galtung wichtige Konsequenzen für das Forschungsprogramm und die Bewertungsmaßstäbe der Friedensforschung ab. Indem sie auf die Friedensbereitschaft und Friedensfähigkeit sozialer Systeme abstellen, betreffen sie nicht allein die politisch-militärische Sphäre, sondern alle Dimensionen der sozialen Reproduktion (Politik, Ökonomie, Kultur). Ein besonders enges Band stiftet der Begriff der «strukturellen Gewalt» zwischen der Friedens- und der Entwicklungsforschung; auf diese Weise überwindet Galtung die Fixierung der damaligen Friedensforschung auf den Kalten Krieg und die Probleme symmetrischer Konflikte. Sein Begriff und Konzept der «strukturellen Gewalt» stellt darüber hinaus das Selbstbildnis ‹entwickelter› Gesellschaften nachdrücklich in Frage – müssen diese doch hinsichtlich ihrer Außenwirkungen wie ihrer Binnenverfassung als strukturell unfriedlich gelten.

Von daher wird verständlich, daß Galtungs Friedensforschung bis heute in den westlichen Ländern neben viel Zustimmung auch entschiedenen Widerspruch gefunden hat. Dieser richtet sich auch gegen eine weitere zentrale Annahme: die Unterscheidung zwischen «negativem» und «positivem Frieden». An dieser Unterscheidung Galtungs wird kritisiert, daß die Klassifizierung der von Krieg und massiver Destruktion freien Zustände als «negativem Frieden» dessen fundamentale Bedeutung für das Überleben und die Entwicklung des Menschengeschlechts unterschätze. Aber auch in diesem Streit muß der Sinn dieser begrifflichen Unterscheidung hervorgehoben werden: «Negativ» ist ein (Friedens-) Zustand deshalb, weil er durch eine Abwesenheit, durch das Fehlen von Krieg oder Gewalt gekennzeichnet ist. Als «positiv» kann ein Zustand dann gelten, wenn in ihm die wechselseitige Bedrohung beseitigt ist. Diese kann aufgehoben werden durch Macht- und Kommunikationsverhältnisse, die sich an der wechselseitigen Befriedigung von Anerkennungsbedürfnissen sowie grundlegenden Sicherheits- und Reproduktionsinteressen orientieren.

Mit diesen begrifflichen Festlegungen Johan Galtungs ist eine spezifische wissenschaftstheoretische Grundlegung seines Werkes verbunden: Wenn Frieden «mehr» ist als die Abwesenheit direkter Gewalt, dann stellt sich die Frage, was Wissenschaft leisten kann zur Bestimmung dieses «Mehr». Galtungs anspruchsvolle Antwort auf diese Frage bestand in der Konzeptionierung einer neuen, dreigeteilten Sozialwissenschaft als Friedenswissenschaft.

Zunächst hatte sich Galtung besonders für eine empirische Politikforschung stark gemacht. Da Daten prinzipiell nur Vergangenes widerspiegeln, erschien ihm dieser Empirismus als ein «Gefängnis der Vergangenheit».[9] Bei aller Unverzichtbarkeit empirischer Anteile an der neuen Friedensforschung: Einer besseren Welt diene diese erst dann, wenn sie um kritische, die bestehenden Verhältnisse an Werten messende, Studien ergänzt sowie um konstruktive Friedensentwürfe erweitert werde.

Die Kritik an seiner sehr eigenwilligen Auffassung von Sozialwissenschaft als Friedenswissenschaft hat Galtung zurückgewiesen: Für ihn ist die Vorstellung einer alle Zeiten und Kulturen übergreifenden, verbindlichen Form von Sozialwissenschaft ein Mythos. Es lasse sich zeigen, daß sozialwissenschaftliche Methodik Erkenntnisse produziere, die der jeweiligen Struktur des wissenschaftlichen Produktionsprozesses entspreche; diese Struktur ihrerseits spiegele die ihr zugrundeliegende Gesellschaftsstruktur wider. Diese Tatsache aber binde den Wissenschaftler keineswegs an den wissenschaftlichen und gesellschaftlichen Status quo: Die Wahl einer bestimmten Methodologie sei vielmehr «eine politische Handlung», die implizit die Entscheidung für eine bestimmte Politik und Gesellschaft beinhalte.[10]

Daß sich sowohl über Wissenschaft wie über gesellschaftliche Entwicklung anders als gemeinhin üblich denken lasse, belegen Galtungs

Untersuchungen zur «Tiefenkultur» der großen Zivilisationen eindrucksvoll. In bezug auf mittlerweile sechs große Zivilisationen bzw. Kulturkreise – die Okzidentalen der Gegenwart wie des Mittelalters, die Indische und die Buddhische (Buddhistische), die Sinische und Nipponische – hat Galtung erforscht, was ihren Angehörigen als «normal und natürlich» gilt[11] und deshalb in aller Regel unthematisiert ihr Denken und Handeln bestimmt. Jeder dieser Kulturkreise gibt Antworten auf spezifische Fragen, die Galtung in sieben Dimensionen aufteilt: das Naturverständnis, das Selbstverständnis der Menschen, ihr Verhältnis zur Wissenschaft, zur Geschichte und zur Gesellschaft sowie ihre Wahrnehmung der Welt wie ihr Bezug zur Transzendenz.

Es versteht sich von selbst, daß diese «Expedition(en) in das ... kollektive Unterbewußte»[12] der Zivilisationen insbesondere deren Bezüge zu Gewalt und Konflikt, zu Frieden und Entwicklung entdecken wollen. Das jeweils ermittelte Repertoire fundamentaler Überzeugungen und Einstellungen gewährt tiefe Einblicke in Grad und Spezifik der Gewaltträchtigkeit einer Kultur. Werden die (tiefen-) kulturellen Einstellungen und Überzeugungen einer Zivilisation offensiv gegen diejenigen anderer Zivilisationen oder minoritärer Teilkulturen der eigenen Zivilisation und Gesellschaft in Anschlag gebracht, dann erfüllen sie die Zentralfunktion «kultureller Gewalt», die in der Legitimation direkter und struktureller Gewalt besteht.

Als kulturelle Gewalt wirkt nach Galtung auch ein westliches Wissenschaftsverständnis, das den Atomismus der analysierten Elemente wie eine deduktive Theorieanlage als wissenschaftlich verbindlich betrachtet. Eine vergleichbare Selbstzurücknahme verlangt Galtungs Entwicklungstheorie, wenn sie die im westlichen Denken tief verwurzelte Gleichsetzung von Entwicklung und (wirtschaftlichem) Wachstum oder die Überordnung des Individuums über die Gesellschaft grundsätzlich relativiert. Hierüber sich auseinanderzusetzen scheint um so dringlicher, als der kritisierte Individualismus wie der Avantgarde-Anspruch sich auch in anderen gewaltsensiblen Bereichen eines westlichen Politikverständnisses in Gewalt treibender Weise ausmachen lassen – man denke nur an Demokratie und Menschenrechte.

Empirische, kritische und konstruktive Momente kennzeichnen Galtungs Eingriff in die Debatte um einen «demokratischen Frieden».[13] Das westliche Selbstverständnis, daß Demokratien prinzipiell friedlich seien, könnte in dieser Diskussion durch den empirischen Nachweis des Gewaltverzichts im Verkehr der Demokratien bestätigt werden; irritieren muß aber der statistische Befund, daß Demokratien zwar untereinander wenige Kriege führen, aber um so lieber gegen Nicht-Demokratien zu Felde ziehen, und damit unter dem Strich vergleichbar gewaltbereit sind. Galtung entdeckt die Gründe dieses nachweisbaren Bellizismus demokratischer Systeme gerade in deren positiven Errungenschaften: der Verwirklichung der Menschenrechte und des internen Friedensüberschusses, der Gewaltenteilung und der institutionalisierten Machtkonkurrenz. Eben diese schwer erkämpften demokratischen Tugenden verbinden sich leicht zu einem demokratischen Missionarismus, der tiefenkulturell begründete Überlegenheitsansprüche in allfällige Aggressivität übersetzt.

Konstruktiv wendet Galtung diese empirisch belegte Kritik dadurch, daß er Voraussetzungen nennt, die der demokratischen Friedenskompetenz ihre Doppeldeutigkeit nehmen könnten. Neben dem Abbau demokratischer Selbstgefälligkeit verlangt er den Ausbau von Demokratie nach innen (durch die Mischung abstimmungs- und konsensorientierter demokratischer Verfahren und die demokratische Kontrolle der Außenpolitik) wie nach außen (globale Demokratie durch Entfeudalisierung, Föderalisierung und quantitativen Ausbau des Staatensystems) sowie dessen Relativierung durch eine die Völker und Kulturen stärkende Reform der Vereinten Nationen.

Auch die Menschenrechte stellen einen wertvollen Beitrag des Westens zur Menschheitsgeschichte dar, der aber durch eine einseitige Interpretation derselben leicht zum Danaergeschenk werden kann. Zahlreiche Studien belegen, daß die zunächst in Europa entwickelten politischen und zivilen Menschenrechte in anderen Kulturen oft als fremd oder interpretationsbedürftig empfunden werden. Wenn sich auch der Geltungsanspruch der Menschenrechte nicht durch den Verweis auf ihre geographische Herkunft erledigt, so läßt sich doch schwer bestreiten, daß sowohl die Menschenrechte der ersten Generation, die von 1776 und 1789, wie auch die gesamte okzidentale Demokratie auf einem kulturspezifischen starken Individualismus beruhen. Hierin scheinen auch die Schwierigkeiten begründet, die westliche Demokratien mit den Menschenrechten der sogenannten «zweiten»[14] und den Kollektivrechten der sogenannten «dritten Generation» haben, derer aber die überwiegende Mehrheit der Weltbevölkerung dringend bedarf, um irgendwann auch die politischen Freiheits- und Teilhaberechte der «ersten Generation» in Anspruch nehmen zu können.

Galtung fordert, nicht Unverzichtbares gegeneinander ausspielen, und plädiert für eine stärkere Berücksichtigung der Gruppen- und der Gemeinschaftsrechte auf Entwicklung und Frieden. Dabei weist er auf den Artikel 28 der «Allgemeinen Erklärung der Menschenrechte» von 1948 hin: «Jeder Mensch hat Anspruch auf eine soziale und internationale Ordnung, in welcher die in der vorliegenden Erklärung angeführten Rechte und Freiheiten voll verwirklicht werden können».

Im Mittelpunkt von Galtungs Politikverständnis steht der angemessene Umgang mit Konflikten. Konflikte entstehen überall; ohne sie können wir nicht leben, an ihren gewaltsamen Folgen allerdings zugrunde gehen. Nicht Konfliktprävention, sondern Gewaltprävention und der deeskalierende Umgang mit gewalttätig entgleisenden Konflikten sind das Gebot der Stunde.

Auf der Suche nach institutionellen Absagen an die gewaltsame Durchsetzung von Werten und Interessen knüpft Galtung an Bewährtes an, jedoch mit bedenkenswerten eigenen Akzenten. So, wenn er sich für die gewaltmindernden Möglichkeiten des (Völker)Rechts ausspricht; dabei aber unterschiedliche Rechtsvorstellungen der Kulturen zusammenführt; wenn er die Friedensmacht internationaler Organisationen und Institutionen durch konföderale statt zentralistische Elemente zu stabilisieren vorschlägt; wenn er die Demokratisierung des UN-Weltfriedenssystems durch die stärkere Berücksichtigung kommunaler und nichtstaatlicher Kräfte stärken will. Dem Abschreckungssystem von einst und jetzt setzt er ein umfassendes Konzept alternativer Verteidigung, d. h. eine Mischung aus defensiver Militärverteidigung, Miliz und nichtmilitärischer Verteidigung entgegen.

Galtungs frühe Unterscheidung und Ausarbeitung assoziativer (auf die Zusammenführung der Konfliktteilnehmer drängender) und dissoziativer (auf deren Trennung abstellender) Friedensstrategien hat der Friedens- und Konfliktforschung den Zugang zu asymmetrischen Konfliktkonstellationen eröffnet; sie hat zugleich den Umgang mit den Problemen massiver struktureller Gewalt ermöglicht. So basiert Galtungs «Politik der self reliance»[15] auf dissoziativen Strategien, die erst nach der Verringerung der strukturellen Gewalt in den Nord-Süd-Beziehungen ersetzt werden sollen: durch sowohl assoziative wie auch durch einen Mix aus assoziativen und dissoziativen Strategien. Daneben fanden auch seine seit den 60er Jahren ausgearbeiteten Konzeptionen zur Friedensbewahrung, Friedensschaffung und Friedenssicherung eine breite Rezeption bis in die Vereinten Nationen hinein.

Im Zusammenhang mit der Gründung des Friedens- und Entwicklungs-Netzwerks «TRANSCEND» und der Ausweitung seiner tiefenkulturellen Studien auch auf den Konfliktbereich hat Galtung den Grundriß und die Prinzipien einer systematisch angelegten Konflikttheorie vorgelegt.[16] Mit dieser «kommunikativen Konflikttheorie» verschaffen sich

Galtung und seine «Konfliktarbeiter» ein Instrument, das die Konflikte von der Mikro- bis zur Makro- und zur Mega-Ebene zu bearbeiten erlaubt und dabei sowohl die zivilgesellschaftliche wie die staatliche Ebene anspricht.

Die Etablierung und die Bewahrung des Weltfriedens stellen auch ein wichtiges Ziel der Großtheorien auf dem Feld der politikwissenschaftlichen Analyse der Internationalen Beziehungen dar.[17] Beschränkt man sich insofern aber auf die klassischen Theorien des Realismus und des Idealismus, so wirkt Galtungs Friedenswissenschaft ihnen gegenüber als eine dreifache Herausforderung: erstens durch ihre Vervielfältigung der gewaltträchtigen Konfliktlinien, zweitens durch die Vervielfältigung der Friedensakteure und drittens durch die Vervielfältigung der Bestimmungen des angestrebten Friedenszustandes.

Was die politische Bearbeitung zugänglicher Konfliktlinien betrifft, so verlaufen sie für den Realismus im wesentlichen zwischen den Einzelstaaten als Basiselementen des anarchischen globalen Staatssystems und kristallisieren sich im sogenannten Sicherheitsdilemma. Der Idealismus zeichnet die Konfliktlinien meist nicht viel anders, insofern die von ihm fokussierte Weltgesellschaft sich erst allmählich den Vorgaben des Staatensystems entwindet, und die für den (un)friedlichen Zustand des Gesamtsystems entscheidenden binnengesellschaftlichen Verfassungen auf ihre Vermittlung durch die staatliche Außen- und Sicherheitspolitik angewiesen bleiben. Bei aller Anerkennung der Bedeutung des gegenwärtigen Territorialsystems für Fragen von Krieg und Frieden verweist Galtung demgegenüber auf die viel größere Zahl fundamentaler Konfliktlinien, die allesamt der politischen Beachtung und Pflege bedürfen. Über die genaue Anzahl schwanken Galtungs Angaben, aber in einem klassisch gewordenen Zitat nennt er «zehn Bruchlinien der conditio humana»: zwischen «Menschen/Nicht-Menschen; Geschlecht (Mann/Frau); Generation (alt/jung); Rasse (weiß/farbig); Klasse (hoch/niedrig); Nation (hoch/niedrig); Länder (Zentrum/Peripherie); und die drei Ecken des Staat-Zivilgesellschaft-Kapital-Dreiecks, auf gesellschaftlicher wie auf Weltebene».[18] In jedem Fall verweist die aktuelle Weltpolitik auch auf gewaltträchtige Konflikte zwischen den Zivilisationen (z. B. zwischen Christen und Muslimen).

Die Vervielfältigung der Konfliktlinien geht einher mit einer Ausweitung der Akteurstypen. Setzt der Realismus vor allem auf Staaten und internationale Regierungsorganisationen, so setzt der Idealismus vor allem auf Individuen und deren internationale Zusammenschlüsse. Galtung akzeptiert zwar die genannte Akteurspalette, schränkt deren Handlungs-

und Entscheidungsräume aber durch die Erweiterung der Liste ein. Im demokratisierten System der Vereinten Nationen soll die Macht der Generalversammlung der Regierungen deshalb allmählich auf eine Generalversammlung der Völker übergehen; letztere könnte beratende Versammlungen der Kommunen und der Transnationalen Konzerne als Unterstützung nutzen. Die Stichworte der «Volksdiplomatie» und der «zivilen Konfliktbearbeitung» verweisen darüber hinaus auf Bürgerinitiativen und Volksbewegungen einerseits, auf professionalisierte Arbeiter und Arbeiterinnen am Frieden andererseits.

Für die Anreicherung der teleologischen Perspektiven der Internationalen Beziehungen ist der Versuch entscheidend, den «negativen» in einen «positiven Frieden» zu überführen; das heißt die lediglich von Krieg und Gewalt freie, aber weiterhin bedrohte Welt so zu gestalten, daß grenzüberschreitende und die Kontrahenten verbindende Aktivitäten oder Strukturen politischer, militärischer, ökonomischer und kultureller Art Gewaltausbrüche unwahrscheinlich machen.[19]

Die Sicherungen eines vorwiegend «negativen Friedens» beschränken sich vornehmlich auf eine einzelstaatliche Perspektive. Schon sie umfassen für Galtung die vertiefte Demokratisierung der Staaten auf der Grundlage «entwestlichter» Menschenrechte, die Implementierung defensiver Verteidigungsstrategien sowie den intrakulturellen Dialog zwischen «harten» und «weichen» Fraktionen der jeweiligen Religionen und politischen Leitideologien.

Vorkehrungen des «positiven Friedens» hingegen nehmen zusätzlich die zwischenstaatliche und supranationale Ebene in den Blick. Hier geht es dann um eine umfassende Reform des Systems der Vereinten Nationen sowie dessen militärischen Aus- und Umbau durch Friedenstruppen und die Stärkung von Polizeifunktionen. Ökonomisch verlangt Galtung die eklektische Kombination verschiedener leistungsfähiger Wirtschaftssysteme sowie eine wirksame Beachtung der Entwicklungsdisparitäten im Nord-Süd-Verhältnis. Kulturell sollen eine Selbstkritik der Zivilisationen und großen Mächte an ihrem eigenen tiefenkulturellen Gewaltpotential sowie der interkulturelle Dialog Entspannung schaffen. Insgesamt hat sich Galtung damit einen eigenen Platz im Konzert der Großtheorien gesichert.

3. Wirkung

Galtung hat die Einheit von Wissenschaft und politischer Praxis selbst gelebt. Das hat ihm Bedeutung und Einfluß weit über die politikwissenschaftliche Zunft hinaus gesichert. Ein Zeichen hierfür sind die beeindruckende Höhe der Auflagen und Zahl der Übersetzungen seiner Publikationen. Seine außergewöhnliche Wirkung auf Wissenschaft und Politik hängt nicht zuletzt daran, daß er bis heute seine Wirkungsstätte immer wieder gewechselt und dadurch weltweit die unterschiedlichsten Institutionen und Personengruppen erreicht hat.

Schwerer einzuschätzen ist die konkrete Wirksamkeit seiner praktischen Einflußnahmen: Die positiven Folgen politischer Beratertätigkeit wie auch der Konfliktarbeit entziehen sich aufgrund sachlicher Komplexität und zeitlicher Streckung einer eindeutigen Beurteilung, obwohl Galtung beeindruckende Erfolge bei der Deeskalierung von Konflikten vorweisen kann. Erfolgreich ist besonders das von ihm gegründete Transcend-Netzwerk: Zweihundert Experten und Praktiker aus mehr als fünfzig Ländern arbeiten an einer Vielzahl von Friedens- und Entwicklungsforschungsprogrammen; sie bemühen sich um Konfliktbewältigung und um die Vermittlung von Handlungskompetenz an Diplomaten und Professoren, NGO-Personal und Studierende, an Journalisten, Politiker und internationale Beamte. Darüber hinaus ist Galtung schon seit Jahrzehnten der meistgefragte internationale Redner und Berater für die deutsche Friedens- und Entwicklungsbewegung sowie neuerdings für das globalisierungskritische Aufbegehren.

In der deutschsprachigen Friedensforschung hat Galtung seit Ende der 6oer bis Mitte der 8oer Jahre die größte Resonanz gefunden. Seine Arbeiten und Anregungen machten ihn rasch zur Gründungsfigur einer sich institutionalisierenden Friedensforschung und besonders ihres «kritischen» Zweiges. Im gleichen Zeitraum allerdings sorgte sein Werk für Kritik und Polarisierung in der Friedensforschung und in der einschlägigen Politikwissenschaft sowie bei den politischen Akteuren.

Von Anfang an irritierte Galtungs vorgebliche «Entgrenzung» des Gewaltbegriffs sowohl die Wissenschaft als auch die Politik. Im Zeichen der neokonservativen «Tendenzwende» unter der christlich-liberalen Koalition unterstellte man Galtungs umfassendem Gewaltverständnis ein Konzept von (staatsgefährdender) Gegengewalt und versuchte so die gesamte Friedensforschung zu diskreditieren. Die wissenschaftliche Debatte verlief demgegenüber zwar disziplinierter; aber es wirkte nicht unbedingt überzeugend, wenn als Hauptvorwurf gegen Galtung die mangelnde Operationalisierungsfähigkeit seiner Grundbegriffe geltend gemacht oder eine allzu große Ausweitung des Gegenstandsbereichs der Friedensforschung behauptet wurde. Denn daß die Fokussierung struktureller Gewaltverhältnisse den Zuständigkeitsbereich der Friedensforschung beängstigend ausweitet, widerlegt nicht die Berechtigung dieses Versuchs, der Gewaltförmigkeit von Strukturen Rechnung zu tragen, die möglicherweise mehr Tote fordern als große Kriege.

Der weitere Einfluß Galtungs wird nicht zuletzt davon abhängen, ob der friedens- und politikwissenschaftliche Impuls seiner neuen Arbeiten als wissenschaftlich bedenkenswert und politisch konstruktiv bei der Ausgestaltung des oft als leer oder abstrakt gescholtenen Konzepts des «positiven Friedens» anerkannt wird.

Literatur

1. Werke

Galtung, J., Strukturelle Gewalt. Beiträge zur Friedens- und Konfliktforschung, Reinbek 1975.

Galtung, J., Methodologie und Ideologie. Aufsätze zur Methodologie, Bd. I, Frankfurt/M. 1978.

Galtung, J., Menschenrechte – anders betrachtet, Frankfurt/M. 1994.

Galtung, J., Frieden mit friedlichen Mitteln. Friede und Konflikt, Entwicklung und Kultur, Opladen 1998.

Galtung, J./Jacobsen, C. G./Brand-Jacobsen, K. F., Neue Wege zum Frieden. Konflikte aus 45 Jahren: Diagnose, Prognose, Therapie, Minden 2003.

2. Biographie

Galtung, J., Nach dem Kalten Krieg. Gespräch mit Erwin Koller, Zürich 1993.

Galtung, J., Wie Zukunft Gestalt annimmt, in: Galtung, J., Die andere Globalisierung. Perspektiven für eine zivilisierte Weltgesellschaft im 21. Jahrhundert, Münster 1998, S. 234–252.

3. Darstellungen

Schmidt, H., Krieg, Frieden und Gewalt im Denken Johan Galtungs, in: Leviathan. Zeitschrift für Sozialwissenschaft 29/2001 (4), S. 507–525.

Schmidt, H./Trittmann, U. (Hg.), Kultur und Konflikt. Dialog mit Johan Galtung, Münster 2002.

Wasmuht, U. C., Geschichte der deutschen Friedensforschung. Entwicklung – Selbstverständnis – Politischer Kontext, Münster 1998.

Anmerkungen

1 Galtung, Die andere Globalisierung, S. 242.

2 Statistik Hypotesepröving, Oslo 1953; Fengselssamfunnet: Et forsök på analyse, Oslo 1959.

3 Galtung, Die andere Globalisierung, S. 247.

4 Vgl. György Széll: Laudatio, in: G. Széll/D. Kinkelbur (Hg.), Johan Vincent Galtung. Forschung, Erziehung und Arbeit für den Frieden, Osnabrück 1996, S. 22.

5 Galtung, Die andere Globalisierung, S. 250.

6 Galtung, Johan uten land. På fredsveien gjennom verden, Oslo 2000, S. 422–425.

7 Galtung et al., Neue Wege zum Frieden, S. 238–364.

8 Meyers, R., Die Lehre von den Internationalen Beziehungen. Ein entwicklungsgeschichtlicher Überblick, Königstein/Ts. – Düsseldorf 1981, S. 15 ff.

9 Galtung, Strukturelle Gewalt, Hamburg 1975, S. 52.

10 Galtung, Methodologie und Ideologie, S. 50.

11 Galtung, Frieden mit friedlichen Mitteln, S. 362.

12 Ebda., S. 367.

13 Kritisch zu letzterem jüngst Schweitzer, C. u. a. (Hg.), Demokratien im Krieg, Baden-Baden 2004; Galtung, Frieden mit friedlichen Mitteln, S. 97–114.

14 Diese sind niedergelegt im Internationalen Pakt über wirtschaftliche, soziale und kulturelle Rechte vom 19. Dezember 1966.

15 Dabei handelt es sich (1.) um ein selbstbewußtes Sichverlassen auf die eigenen Kräfte und Ressourcen sowie (2.) um einen entsprechenden horizontalen Austausch der armen Länder untereinander.

16 Galtung, Frieden mit friedlichen Mitteln, S. 131–225; ders., Transcend and transform: an introduction to conflict work, London 2004.

17 Vgl. die Zusammenfassungen bei R. Meyers, Begriff und Probleme des Friedens, Opladen 1994, S. 124–147.

18 Galtung, Frieden mit friedlichen Mitteln, S. 115.

19 Eine hilfreiche Übersicht ebda., S. 20.

Ursula Lehmkuhl

Robert O. Keohane (*1941)/Joseph S. Nye, Jr. (*1937)

I. Leben

Robert O. Keohane und Joseph S. Nye, Jr. sind zwei amerikanische Politikwissenschaftler, die seit den 1970er Jahren durch gemeinsam publizierte Forschungsbeiträge sowie durch ihre Lehrtätigkeit insbesondere an der Harvard University die Theoriedebatte und das Curriculum der politikwissenschaftlichen Teildisziplin der Internationalen Beziehungen[1] maßgeblich beeinflußt haben. Beide genossen ihre Ausbildung in den frühen 1960er Jahren zu einer Zeit, in der die Internationalen Beziehungen im Hinblick auf ihre theoretischen Grundannahmen und Forschungsprämissen noch maßgeblich vom klassischen Realismus geprägt waren.[2] Politikwissenschaft wurde primär als Wissenschaft von der Macht betrachtet.[3] Die wissenschaftliche Leistung von Keohane und Nye bestand vor allem darin, diesem realistischen Paradigma eine liberal institutionalistisch geprägte, empirisch-analytisch fundierte Deutungsalternative gegenüberzustellen.

Der Lebensweg von Robert O. Keohane (geb. 1941) und Joseph Nye (geb. 1937) traf sich in Harvard, wo beide ihre Graduiertenausbildung genossen und später als Hochschullehrer unterrichteten. Nye war nach seinem BA-Abschluß in Princeton 1958 und einem Studienaufenthalt an der Oxford University an die Harvard University gegangen, wo er 1964 promovierte. Keohane kam vom Shimer College, Illinois, und promovierte zwei Jahre später. Beide teilten ein ausgeprägtes Interesse an Fragen der politischen Ökonomie. Im Falle von Joseph Nye resultierte dieses Interesse nicht zuletzt aus der Auseinandersetzung mit Joseph Schumpeters Werk *Kapitalismus, Sozialismus und Demokratie,*[4] mit dem er während seines Bachelorstudiums in Princeton in Berührung gekommen war. In einem besonderen Maße hat er sich von Schumpeters eher pessimistischen Thesen inspirieren lassen, daß der Kapitalismus an seinen eigenen Erfolgen zugrunde gehen werde und daß Kapitalismus und Demokratie nicht nebeneinander existieren könnten. Nye stimmte diesen Thesen nicht unbedingt zu. Aber die von Schumpeter vorgetragenen Argumente veranlaßten Nye, sich intensiv mit der Frage zu beschäftigen, wie Politik und Ökonomie miteinander oder auch gegeneinander arbeiteten.[5]

Das persönliche Interesse am Zusammenspiel von Politik und Ökonomie zusammen mit dem sich seit dem Ende der 1960er Jahre abzeichnenden Strukturwandel des internationalen Systems, der mit dem Zusammenbruch des Währungssystems von Bretton Woods und der Ölpreiskrise 1973 einen ersten Höhepunkt erlebte, stellt den Hintergrund für den erfolgreichsten und in theoretischer Hinsicht ohne Zweifel bahnbrechenden Forschungsbeitrag von Robert Keohane und Joseph S. Nye dar. Mit der Publikation des mittlerweile in dritter Auflage erschienenen Werks *Power and Interdependence* (1977) wiesen Keohane und Nye Ende der 1970er Jahre auf zwei zentrale Elemente der internationalen Wirtschaftsordnung hin: die «komplexe Interdependenz» und die daraus resultierende «Verletzlichkeit» der OECD-Welt.[6] Die währungs- und wirtschaftspolitische Doppelkrise des Jahres 1973 schien Schumpeters These von der Selbstzerstörungskraft des Kapitalismus zu bestätigen und bekräftigte die beiden Wissenschaftler in ihren theoretischen Positionen.[7]

Trotz der sehr ähnlichen Interessenlage und der vergleichbaren soziopolitischen Prägung stellen beide Wissenschaftler je sehr eigene Persönlichkeiten dar, deren wissenschaftliche Karrieren durch unterschiedliche externe Bedingungen geprägt sind. Ihre theoretischen Brückenkonzepte, die die liberale und die realistische Position zusammenbrachten, sind nicht zuletzt auf die gemeinsame wissenschaftliche Verarbeitung ihrer unterschiedlichen biographischen Erfahrungen zurückzuführen.

Joseph Nye, heute Dekan der John F. Kennedy School of Government und Sultan of Oman Professor of International Relations sowie Don K. Price Professor of Public Policy an der Harvard University, hatte ursprünglich gar nicht vor, eine akademische Laufbahn einzuschlagen. Sein Berufsziel war die Politik. Politisch praktisch tätig wurde Nye jedoch erst Ende der 1970er Jahre, nachdem er 13 Jahre lang in Harvard unterrichtet hatte. 1977 verließ er Harvard zunächst für zwei Jahre, um in einer wichtigen Phase der Entspannungspolitik in der Carter Administration als Deputy to the Under Secretary of State for Security Assistance, Science and Technology und als Vorsitzender der Arbeitsgruppe Nonproliferation of Nuclear Weapons des National Security Council mitzuwirken. Zwei Erfahrungen mit der praktischen Politik prägten Nyes wissenschaftliche Schwerpunkte in den 1980er Jahren: Zum einen lernte Joseph Nye im Kontext seiner Bemühungen um die Begrenzung der Verbreitung von Nuklearwaffen die negativen politischen Effekte transnationaler Allianzen kennen; zum zweiten unterstrich die politische Erfahrung mit der Implementation entspannungspolitischer Initiativen die enorme Bedeutung von internationalen Institutionen.[8] Während der Regierung von Präsident Clinton war Nye schließlich unter völlig veränderten weltpolitischen Rahmenbedingungen als Assistant Secretary of Defense tätig. Als solcher war er zuständig für den Bereich der strategischen Planung, sein Hauptarbeitsgebiet war Ostasien. Hierbei konnte er seine wissenschaftlichen Erkenntnisse aus dem Bereich der internationalen politischen Ökonomie praktisch umsetzen. In der Zeit der ersten Clinton-Administration bestimmte nicht nur der Handelskrieg mit Japan, sondern auch die drohende Erosion des japanisch-amerikanischen Sicherheitsbündnisses die amerikanische Ostasienpolitik. Die auf Grund der sich abzeichnenden Neustrukturierung des ökonomischen und militärischen Kräfteverhältnisses in Ostasien notwendig werdende strategische Planung mußte beide Perspektiven – Wirtschaft und Politik – zusammendenken. Nye kehrte in die Wissenschaft zurück, als ihm im April 1995 das Amt des Dekans der Kennedy School an der Harvard University angeboten wurde.

Robert O. Keohane, heute J. B. Duke Professor of Political Science an der Duke University und von 1999 bis 2001 Vorsitzender der American Political Science Association, kann zwar nicht als Wanderer zwischen der «world of ideas» und der «world of policy» bezeichnet werden.[9] Doch ist auch seine akademische Karriere charakterisiert durch ein hohes Maß an Mobilität, nicht zuletzt aufgrund Keohanes ausgeprägten Bemühungen, die Karriere seiner Frau – selbst Politikwissenschaftlerin – zu unterstützen. Bereits vor Abschluß seiner Promotion an der Harvard University ging Robert Keohane als Lecturer ans Swathmore College. 1973 wechselte er, den Karrierestationen seiner Frau Nannerl Keohane folgend, zunächst an die Stanford University und dann 1981 an die Brandeis University; er kehrte 1985 als Stanfield Professor of International Peace an die Harvard University zurück, von wo aus er schließlich 1996 an die Duke University ging, an der seine Frau bis 2002 als Universitätspräsidentin tätig war.[10]

2. Werk

Keohane and Nyes theoretische Beiträge sind durch eine produktiv-kritische Auseinandersetzung mit den Grundannahmen und Prämissen des realistischen Ansatzes gekennzeichnet. Der wichtigste Kritikpunkt bezog sich auf die vom Realismus vertretene Annahme, daß der Staat als einheitlicher Akteur, als «unitary actor», zu verstehen sei. Dieser Annahme wurde die wachsende Bedeutung innenpolitischer Prozesse gegenübergestellt: Parteien, Interessengruppen, intermediäre Organisationen beeinflußten maßgeblich staatliches Verhalten. Aber auch die internationale Umwelt hatte sich verändert. Netzwerke von transnationalen Akteuren agierten über die Grenzen des territorial definierten neuzeitlichen Nationalstaates hinweg und stellten damit den territorial definierten politischen Handlungsraum des «Staates» in Frage bzw. bauten parallele Handlungsräume auf. Ein zweiter Diskussionspunkt griff die zunehmende Institutionalisierung der internationalen Beziehungen und ihre Auswirkung auf die Kooperationsbereitschaft der Staaten auf und kritisierte das Konfliktparadigma der realistischen Schule. Ausgehend von einem liberal institutionalistischen Verständnis der Funktionsweise internationaler Politik stellten Keohane und Nye die These der realistischen Theorie, daß Anarchie und das Sicherheitsdilemma die Staaten notwendigerweise in Konflikte untereinander führen werden, in Frage. Sie argumentierten, daß selbst wenn man den Staat als «unitary actor» akzeptiere, Institutionen die Widerstände gegen zwischenstaatliche Kooperation, die aus dem Zustand der Anarchie resultierten, überwinden helfen.

Keohane und Nyes Beiträge zur Institutionenanalyse, zum Problem der zwischenstaatlichen Kooperation im Schatten des anarchisch strukturierten internationalen Systems, zu transnationalen Beziehungen, zur komplexen Interdependenz und zur Bedeutung des Zusammenspiels von Innen- und Außenpolitik, stellen zentrale Referenzpunkte in der gegenwärtigen Theoriedebatte in den Internationalen Beziehungen dar. Drei Theoreme, die als weichenstellende Ergänzung und Erweiterung des realistischen Modells bzw. als besonders herauszustellender Vermittlungsversuch zwischen realistischen und liberalen Ansätzen charakterisiert werden müssen, sollen im folgenden näher beleuchtet werden: das Modell der transnationalen Beziehungen (Keohane/Nye 1972), der Ansatz der komplexen Interdependenz (Keohane/Nye 1977; 3rd ed. 2001) und das Theorem «cooperation under anarchy» (Keohane 1984), welche sich in den 1980er Jahren entwickelnde Regimeforschung maßgeblich prägten und den Weg zu einem empirisch informierten, liberal-institutionalistisch fundierten Erklärungsansatz für das Ende der bipolaren Weltordnung und den Zusammenbruch der Sowjetunion bereiteten (Keohane/Nye 1993).

Transnationale Beziehungen. Obwohl Geschäfte schon im Frühkapitalismus «transnational» betrieben wurden und auch viele der heutigen transnationalen Konzerne bereits zu Beginn des 20. Jahrhunderts als internationale Firmen angesehen wurden, sind transnationale Konzerne erst seit den 1960er Jahren, während einer Welle amerikanischer Auslandsinvestitionen, zu einem Phänomen geworden, das wirtschaftliche, politische und wissenschaftliche Beachtung gefunden hat. Das in den 1960er Jahren von Karl Kaiser vorgestellte, dann von Robert Keohane und Joseph Nye in den frühen 1970er Jahren um politikökonomische Fragestellungen ergänzte und von Thomas Risse in den 1990er Jahren um die institutionalistische Perspektive erweiterte Modell der transnationalen Politik[11] versucht, dem Aufkommen nichtstaatlicher Akteure (Gewerkschaften, Geschäftsleute und deren Organisationen, große Unternehmen mit Produktionsstätten und Filialen in verschiedenen Ländern [Multis], kulturelle und religiöse Organisationen) und ihrer Einflußnahme auf die klassischen Bereiche außenpolitischen Staatshandelns Rechnung zu tragen.[12]

Das Konzept stellt das Souveränitätsprinzip und die Vorstellung, daß Staaten als geschlossene Einheiten als Hauptakteure der Weltpolitik zu begreifen seien, in Frage. Internationale Beziehungen seien vielmehr Resultat und Ausdruck der grenzüberschreitenden Interaktion einer Vielfalt gesellschaftlicher Akteure neben den in sich differenzierten staatlichen Akteuren. Aus diesen grenzüberschreitenden Interaktionen ergebe sich ein dichtes Geflecht inter- bzw. transnationaler Interaktionsbeziehungen. Internationale Beziehungen sind damit nicht allein als zwischenstaatliche Beziehungen zu verstehen. Transnationale Akteure wie etwa Ölfirmen, Kaffeeplantagenbesitzer, Fluglinien und Banken üben einen massiven Einfluß auf jene politischen Sachbereiche aus, in deren Wirkungskreis sie tätig sind. Das Modell der transnationalen Beziehungen geht davon aus, daß die von den relativ autonomen gesellschaftlichen Akteuren in verschiedenen miteinander kommunizierenden Gesellschaften getroffenen Entscheidungen weitgehende Konsequenzen für eine nationale Gesellschaft haben können. Veränderungen in einer nationalen Gesellschaft können durch Veränderungen, die außerhalb des nationalen Systems stattfinden, ausgelöst werden. Dies hat zur Folge, daß Entscheidungen einer Regierung immer auch – und mit zunehmender Interdependenz immer häufiger – von äußeren Faktoren beeinflußt werden. Umgekehrt haben aber auch alle Regierungsmaßnahmen wegen der zwischengesellschaftlichen Verflechtung Auswirkungen nicht nur auf die eigene Gesellschaft, sondern immer auch auf andere Gesellschaften. So können etwa Preise und Marktanteile durch Kräfte gestaltet werden, auf die Regierungen wenig Einfluß haben, und umgekehrt kann die Preispolitik großer Unternehmen oder gar von Kartellen – dies hatte die OPEC Anfang der 1970er Jahre gezeigt – ganz massiv in die Politik einzelner Länder eingreifen.

Komplexe Interdependenz. Ebenfalls als Reaktion auf die kritische Reflexion des «unitary actor»-Modells und als Versuch, ein idealtypisches Gegenbild zum realistischen Modell der Staatenwelt zu entwerfen, entwickelten Keohane und Nye das Konzept der «komplexen Interdependenz». Dieses Modell geht von der Beobachtung aus, daß die Agenda auswärtiger Angelegenheiten von Staaten nicht allein von Problemen militärischer Sicherheit dominiert wird. Staaten und deren Regierungen seien vielmehr mit einer ganzen Reihe von Problembereichen gleichzeitig konfrontiert (multiple issue areas). Wirtschaftsprobleme, Umwelt, Migration, die Nutzung der Meere und des Weltraums nehmen einen ständig steigenden Stellenwert auf der außenpolitischen Agenda ein. Transnationale Akteure verfolgen in den genannten Problemkontexten ihre Ziele unabhängig von nationalstaatlichen Akteuren. Jeder dieser Problembereiche sei deshalb durch das Zusammenwirken recht unterschiedlicher Kräfte gekennzeichnet, die wiederum mit je spezifischer Macht und Einfluß ausgestattet seien. Dabei stellt sich die Verfügungsmöglichkeit etwa über Rohstoffe als neuer und wichtiger Machtfaktor heraus. Von besonderer Bedeutung sei darüber hinaus die Fähigkeit, sich auf supra- und internationaler Ebene eine Verhandlungsplattform zu schaffen und dort seine Interessen auf dem Verhandlungswege durchzusetzen. In *Power and Interdependence* (1977) präsentieren Keohane und Nye eine Antwort auf die Frage, wie unter den beschriebenen Bedingungen «komplexer Interdependenz» Macht ausgeübt werden kann. Damit greifen sie zentrale Kritikpunkte an den in den 1960er Jahren vorgestellten Interdependenzansätzen auf: Interdependenzkonzepte seien harmonistisch, vernachlässigten die Bedeutung von Macht in der internationalen Politik und ihre Begrifflichkeit verschleiere einseitige Machtverhältnisse. Während die realistische Schule davon ausgeht, daß derjenige, der wirtschaftlich stark ist, auch militärisch stark ist und infolgedessen einen hohen politischen Rang einnimmt, argumentieren Keohane und Nye funktionalistisch, daß Macht nicht über alle Politikfelder nach dem gleichen Muster verteilt sei. Angesichts der Ineffizienz militärischer Gewaltanwendung hätten auch starke Staaten Schwierigkeiten, unterschiedliche Handlungsfelder zu verknüpfen. So sei z. B. der Einsatz militärischer Macht gegen Ölpreiserhöhungen unwirksam. Saudi-Arabien sei deshalb mächtig in den Politikfeldern Öl und Finanzen, jedoch ohnmächtig in den Politikfeldern Sicherheit und Technologietransfer. Asymmetrische Interdependenz sei deshalb als Quelle von Macht insofern zu verstehen, als Interdependenz in asymmetrischen Beziehungen auch dazu führen könne, daß Abhängigkeiten für machtpolitische Ziele funktionalisiert werden.[13]

Zur Erfassung des jeweiligen Entwicklungszustands des internationalen Systems und zur Beschreibung der jeweils existierenden Machtverhältnisse entwickelten Keohane und Nye schließlich ein Analyseinstrumentarium, mit dem die unterschiedliche Betroffenheit von Staaten bei Veränderungen im internationalen System erfaßt werden soll. Das Analyseinstrumentarium unterscheidet zwischen «sensitivity» (Interdependenz-Empfindlichkeit) und «vulnerability» (Interdependenz-Verwundbarkeit): «Mit dem Begriff der Empfindlichkeit wird die Empfänglichkeit eines Systems für externe Veränderungen erfaßt, wobei der Grad an Betroffenheit anhand der Höhe und des Umfangs der intern entstandenen Kosten gemessen wird. Der Begriff der Interdependenz-Verwundbarkeit wurde eingeführt, um Unterschiede in der Situation von Ländern zu erfassen, die im gleichen Maße von den Folgewirkungen externer Prozesse betroffen sind, jedoch über unterschiedliche Möglichkeiten verfügen, die dadurch entstandenen Kosten zu verarbeiten».[14] Staaten, die der internationalen Interdependenz weniger ausgesetzt sind, können aus der Position relativer Unverwundbarkeit heraus das internationale System zum eigenen Nutzen manipulieren.[15]

Cooperation under Anarchy. Die Beschäftigung mit der Frage, wie in einem als anarchisch zu charakterisierenden internationalen System Kooperation möglich sei, muß als dritter zentraler Theoriebeitrag von Keohane und Nye herausgestellt werden. Auch dieser Beitrag stellt eine der zentralen Prämissen des realistischen Ansatzes in Frage, nämlich daß Staaten strukturell kooperationsunfähig seien, weil sie stets eigene Interessen gegen andere Staaten durchzusetzen versuchten. Das Streben der Staaten, durch Stärkung der eigenen Macht gegenüber anderen Wettbewerbern einen Zugewinn an Sicherheit zu erhalten, führe – so das realistische Argument – nicht nur zu einem ständigen latenten Unsicherheitsbewußtsein, sondern auch zu einer immer tieferen Verstrickung in ein Sicherheitsdilemma: Das ständige Ansammeln von Machtmitteln zum Erhalt und zur Erweiterung der eigenen Sicherheit bedinge schließlich das Gegenteil des ursprünglichen Ziels, nämlich gesteigerte Unsicherheit, weil diese Politik von anderen Akteuren als Bedrohung empfunden wird und sie ihrerseits zum Aufrüsten veranlaßt, um den vormaligen Machtvorsprung wieder zu erlangen und noch auszubauen.

Keohane und Nye stellten diesem Modell und dem Verständnis von internationaler Politik als einem norm- und regellosen Geschehen mit dem empirischen Verweis auf die regulierende Wirkung und die kooperationsfördernde Funktion von Institutionen und Organisationen das liberal-institutionalistische Modell von der Kooperation unter den Bedingungen der Anarchie gegenüber. Das von Keohane und Nye präsentierte Modell negiert dabei keineswegs die Existenz von zwischenstaatlichen Konflikten. Konflikte, die aus unterschiedlichen Interessen resultieren, werde es immer geben, aber nicht jede zwischenstaatliche Interaktion ende notwendigerweise im Konflikt, da internationale Institutionen rational handelnden Akteuren einen Rahmen für eine kooperative und damit kostengünstigere Konfliktbewältigung böten. Regime verringerten Transaktionskosten insbesondere dadurch, daß sie den Regierungen Entscheidungsregeln für ein Politikfeld vorgeben, dauerhafte Kommunikationskanäle eröffnen und damit die Aushandlungsprozesse für Ad-hoc-Abmachungen im entsprechenden Politikfeld verkürzen. Regime besäßen darüber hinaus Regelungen für den Informationsaustausch im jeweiligen Politikfeld.

Das Theorem der «cooperation under anarchy» stellt eine Erweiterung der interdependenztheoretischen Konzepte um den Faktor «internationale Institutionen» dar. Bereits in *Power and Interdependence* präsentieren Keohane und Nye Internationale Regime als institutionelle Antwort auf die durch die Interdependenz gestellten Probleme und machen auf eine auf Kooperation ausgerichtete Dynamik im internationalen System aufmerksam. Die soziopolitischen Folgen dieser Dynamik seien in der Zunahme und Verdichtung transnationaler Beziehungen erkennbar, die sich institutionell nicht zuletzt auch in Gestalt international ausgerichteter Bürokratien, internationaler Regime und internationaler Organisationen wiederfindet. Die Entdeckung der internationalen Institution als eine Zwischenstufe zwischen ungeregelter Anarchie und unaufhaltsamem Trend zum Weltstaat stellte damit eine konsequente Weiterentwicklung der Interdependenzdiskussion dar. Theoretisch aufgearbeitet wurde diese Beobachtung in *After Hegemony* (Keohane 1984).[16]

Anfang der 1980er Jahre stellten Keohane und Nye die Regimeanalyse unter Rückgriff auf theoretische Elemente der neo-realistischen Debatte in den allgemeineren Problemzusammenhang der Möglichkeiten und Grenzen internationaler Kooperation. Sie zeigen, wie Kooperation auch dann zustandekommen kann, wenn die Akteure konfligierende Interessen verfolgen und ihre eigene Interessenverwirklichung optimieren wollen. Die Rolle der Institution «Regime» bei der Verstetigung solcher Beziehungen erkläre, warum der Rückfall in die «Anarchie» auch ohne Hegemon unter bestimmten Umständen verzögert, gebremst oder sogar verhindert werden könne.[17]

Keohane und Nye waren nicht die ersten, die mit dem Regimekonzept zu arbeiten begannen. Bereits John Ruggie (für den Bereich der Wirtschaft) und Oran Young (für Umwelt und Ressourcenpolitik) spürten in den 1980er Jahren der Wirkungsweise von Kooperationen im Gefolge internationaler Verträge und Organisationen nach.[18] Das Verdienst von Keohane und Nye muß insbesondere darin gesehen werden, daß sie in ihren Beiträgen eine Verknüpfung und produktive Verbindung funktionalistischer und realistischer Analyseelemente in die Diskussion einführten und dies zu einer Zeit, als unter dem Eindruck der weltpolitischen Ereignisse Anfang der 1980er Jahre der orthodoxe Realismus eine ungeahnte Renaissance erlebte. So untersuchte etwa Keohane, wie die «Nachfrage» nach Regimen zu erklären sei, und spürte die Situationstypen und Interessenkonstellationen auf, die auch in Konkurrenz- und Konfliktlagen zwischen Staaten Kooperation hervorbringen könnten. Dabei griff er – wie oben ausgeführt – auf Modelle aus der Mikroökonomie und der Spieltheorie zurück, die bis dahin überwiegend von der «realistischen» Strategieanalyse genutzt worden waren. Damit konnte gezeigt werden, daß Annahmen des realistischen Paradigmas in den Regimeansatz zu integrieren waren. Zugleich gelang es den beiden Autoren, theoretisch zu rechtfertigen, warum die Regimeanalyse nicht nur im Bereich weltwirtschaftliche Kooperation, sondern auch in der Sicherheitspolitik angewandt werden konnte.[19]

Der gerade in Europa zu beobachtende hohe Institutionalisierungsgrad und die Rückwirkungen von Institutionen auf staatliches Handeln und Verhalten dienten Keohane und Nye schließlich in der jüngsten gemeinsamen Publikation *After the Cold War* (1993) als Erklärung für das Ende der bipolaren Weltordnung und die Neuordnung Europas nach dem Zusammenbruch der Sowjetunion im Rahmen der bestehenden Institutionen: NATO, EU, OSZE etc.[20]

Keohane und Nye sind vor allem von Vertretern des konstruktivistischen Paradigmas dafür kritisiert worden, daß sie wie Kenneth Waltz die nicht-rationalen und nicht-materiellen Aspekte politischen Handels vernachlässigten. Keiner der beiden schenke Faktoren wie Kultur, Ideen, Werten, Normen, den konstitutiven Elementen von Identität oder individuellen Konstitutionsbedingungen Aufmerksamkeit, die menschliches Handeln und Verhalten und damit auch die Interaktion zwischen politischen Akteuren beeinflußten und strukturierten. Beide würden letztlich die realistische Annahme teilen, daß Staaten Nutzenmaximierer seien und sich entsprechend verhielten. Was Keohane und Nye hingegen in Frage stellten, war die realistische Annahme, daß Nutzenmaximierung unter den Strukturbedingungen der Anarchie notwendigerweise zum Konflikt führen müsse.[21]

3. Wirkung

Die Lehre von den Internationalen Beziehungen hat sich seit den frühen 1960er Jahren, als Keohane und Nye dieses akademische Feld betraten, deutlich verändert. Die theoretischen Konzepte beider Autoren haben sich – wenn man sich den gegenwärtigen Stand der Debatte anschaut – letztlich durchgesetzt. Ausschlaggebend waren dafür vor allem zwei Punkte: zum einen ihr universitäres Wirken in Harvard und an anderen großen amerikanischen Forschungsuniversitäten wie Stanford und Duke, deren Curriculum deutlich von ihrer empirisch-analytischen Ausrichtung geprägt wurde. Daneben hat die Gründung der Kennedy School of Government, die seit 1995 von Joseph S. Nye geleitet wird und die sich zu einer Art Kaderschmiede für den politikwissenschaftlichen Nachwuchs auch in der politischen Praxis entwickelt hat, maßgeblich zur Institutionalisierung insbesondere des liberal-institutionalistischen Paradigmas und der Internationalen Politischen Ökonomie beigetragen. Robert Keohane hat seinerseits durch sein Engagement in der Nachwuchsförderung zur Etablierung und Weiterentwicklung des institutionalistischen Paradigmas beigetragen. Durch zahlreiche, gemeinsam mit seinen Schülern vorbereitete Publikationen hat er nicht nur deren universitäre Karriere gefördert, sondern indirekt dazu beigetragen, daß sich das empirisch-analytische Modell des liberalen Institutionalismus auch in seiner Weiterentwicklung in Richtung des konstruktivistischen Institutionalismus gleichsam in einem Schneeballeffekt an amerikanischen Universitäten etabliert hat.[22]

Neben der akademischen Wirkung ist auf die politisch praktische Wirkung hinzuweisen, die von Joseph S. Nye ausging. Die skizzierten Kontroversen zwischen dem realistischen und dem liberalen Paradigma wurden in den 1970er Jahren nicht nur auf akademischer Ebene ausgetragen; sie fanden ihr Pendant in einem politikpraktischen Disput zwischen einer liberal-universalistischen und einer konservativ-machtpolitischen Orientierung in der amerikanischen Außenpolitik. Dieser Disput prägte ganz nachhaltig den Wahlkampf Carters gegen Reagan.[23] Joseph Nye stand als politischer Berater im Außenministerium im Zentrum dieser Kontroversen und versuchte zusammen mit anderen liberalen Wissenschaftlern gegen die konservative These zu argumentieren, daß der Verlust amerikanischer Dominanz gleichbedeutend sei mit der Zerstörung der internationalen Ordnung. In der Carter-Administration gehörte Nye als Deputy

Under Secretary of State for Security Assistance, Science and Technology und als Vorsitzender der Arbeitsgruppe Nonproliferation of Nuclear Weapons zu den Protagonisten multilateraler Lösungen vor allem im Bereich neuer Politikfelder wie der Umweltpolitik, der Energiepolitik, der Politik der Eindämmung atomarer Rüstung, der Entwicklungspolitik und der Menschenrechte.[24]

Fünfzehn Jahre später, während seiner Tätigkeit für die Clinton-Administration, war es das alte Schumpeter-Thema, das Nyes politikpraktischen Input beeinflußte. Nach dem Zusammenbruch der bipolaren Weltordnung stand zunächst die Regierung von Präsident George Bush und dann aber auch die erste Clinton-Administration vor der Frage, wie auf die neuen gesellschaftlichen, wirtschaftlichen und politischen Konflikte, die die multipolare Welt kennzeichnen, zu reagieren sei. Die «Neue Weltordnung», von der Präsident Bush zunächst sprach, sollte politisch und wirtschaftlich, nicht militärisch gestaltet werden. Mit dem offiziellen Ende der Sowjetunion am 21. Dezember 1991, der am gleichen Tag vollzogenen Gründung der Gemeinschaft Unabhängiger Staaten (GUS) durch 11 der 15 ehemaligen Sowjetrepubliken und durch den vier Tage später erfolgenden Rücktritt Präsident Gorbatschows hatten sich die internationalen Rahmenbedingungen für die amerikanische Außenpolitik fundamental verändert. Nach der Selbstauflösung des Warschauer Paktes und der Sowjetunion entwickelten sich die USA zu einer «Weltmacht ohne Gegner».[25]

Gleichzeitig waren mit der beschleunigten Globalisierung und Regionalisierung neue ökonomische Herausforderungen und Verwundbarkeiten entstanden, die nicht nur vermehrte Kooperationschancen, sondern auch neue Konfliktpotentiale in sich bargen. So trat Präsident Clinton 1993 sein Amt mit einem «Erneuerungsprogramm» an. Die amerikanische Wirtschaft sollte wiederbelebt, der Bundeshaushalt saniert und das Sozial- und Gesundheitssystem reformiert werden. Auch in der Außenpolitik sind Rückgriffe auf das liberal institutionalistische Paradigma deutlich erkennbar. Clinton versuchte die amerikanische Außenpolitik im Sinne eines multilateral orientierten liberalen Internationalismus auszurichten, scheiterte damit dann allerdings am Erdrutschsieg der Republikaner im Kongreß 1994. Wie kaum eine andere Präsidentschaft seit dem Ende des Zweiten Weltkriegs war diese Periode charakterisiert durch die von Nye und Keohane in den 1970er Jahren theoretisch aufgearbeitete Verzahnung von Innen- und Außenpolitik. Das Außenverhalten der USA war maßgeblich geprägt durch gesellschaftliche Präferenzbildungsprozesse und deren institutioneller Vermittlung. Dies schränkte den außenpolitischen Handlungsspielraum des Präsidenten beträchtlich ein und bereitete damit letztlich den Weg für den die amerikanische Außenpolitik heute prägenden «globalen Unilateralismus».[26]

Joseph Nye beschäftigte sich während der ersten Clinton-Administration als stellvertretender Verteidigungsminister mit der Frage des Aufstiegs Japans, der neuen Rolle Chinas und des machtpolitischen Gleichgewichts in Ostasien. Seine Bemühungen, den Handelskrieg mit Japan beizulegen und das amerikanisch-japanische Sicherheitsbündnis zu erneuern, prägten nachhaltig die amerikanischen Beziehungen zum asiatisch-pazifischen Raum. Gegenwärtig gehört Joseph S. Nye zu den zentralen Figuren in der Debatte um die Frage, ob sich die Welt seit den Terroranschlägen des 11. September 2001 verändert habe. Die neuen transnationalen Akteure – der internationale Terrorismus – haben die Macht- und Sicherheitsfrage und ihre Bearbeitung in multilateralen Kontexten erneut zu einem zentralen Theorieproblem für die Internationalen Beziehungen gemacht. In zahlreichen Buchbeiträgen hat sich Joseph S. Nye mit diesem Problem beschäftigt und dabei theoretisch fundierte Analysen und Lösungsvorschläge vorgestellt.[27]

Die von Keohane und Nye in die Forschung und Lehre von den Internationalen Beziehungen eingebrachte polit-ökonomische Perspektive leitete einen Wendepunkt in deren Analyse ein. Die Beschäftigung mit Wirtschaftpolitik öffnete den Blick für Interaktionsbereiche, die durch den Austausch zwischen staatlichen und privaten Akteuren gekennzeichnet waren und die die Durchlässigkeit der harten Schale des Nationalstaats deutlich machten. Ihre Ansätze ermöglichen es, den veränderten Bedingungen der Weltpolitik auf absehbare Zeit gerecht zu werden.

Literatur

1. Werke

Keohane, R. O./J. S. Nye, Jr.,. Transnational Relations and World Politics, Cambridge, Mass. 1972.

Keohane, R. O./J. S. Nye, Jr., Power and Interdependence: World Politics in Transition, Boston 1977.

Keohane, R. O./J. S. Nye, Jr., «Two Cheers for Multilateralism», Foreign Policy 60 (September 1985), S. 148–167.

Keohane, R. O./J. S. Nye, Jr., «Power and Interdependence Revisited», International Organization 41 (Fall 1987), S. 726–753.

Keohane, R. O./J. S. Nye, Jr., «Power and Interdependence in the Information Age», Foreign Affairs 77 (September October 1998), S. 81–95.

Keohane, R. O./J. S. Nye, Jr./Hoffman, St., After the Cold War: State Strategies and International Institutions in Europe. 1989–1991, Cambridge, Mass. 1993.

Keohane, R. O./J. S. Nye, Jr., «Realism and complex interdependence». In International political economy: state-market relations in the changing global order. ed. by C. Roe Goddard, John T. Passé-Smith and John G. Conklin, Boulder 1996, S. 53–63.

Keohane, R. O., After Hegemony: Cooperation and Discord in the World Political Economy. Princeton 1984.

Keohane, R. O., International Institutions and State Power: Essays in International Relations Theory. Boulder 1989.

Keohane, R. O., Imperfect Unions: Security Institutions Across Time and Space, ed. with Helga Haftendorn, Celeste A. Wallander, Oxford 1999.

Keohane, R. O., Institutions, Law and Governance in a Partially Globalized World, London 2002.

Nye, J. S., Jr., Peace in Parts. Integration and Conflict in Regional Organization. Boston 1971.

Nye, J. S., Jr., Conflict Management by International Organizations. Co-authored with Ernst B. Haas and Robert L. Butterworth-Morristown, N.J. 1972.

Nye, J. S., Jr., Nuclear Ethics, New York 1986.

Nye, J. S., Jr., Bound to Lead: The Changing Nature of American Power. New York 1990.

Nye, J. S., Jr., Understanding International Conflicts: An Introduction to Theory and History. 2. edition New York 1993 (5. edition 2004).

Nye, J. S., Jr., The Paradox of American Power: Why the world's only superpower can't go it alone, Oxford u. a. 2002.

Nye, J. S., Power in the Global Information Age: From Realism to Globalization, London – New York 2004.

Nye, J. S., Soft Power: the means to success in world politics, New York 2004.

2. Darstellungen

Krasner, St. D. (Ed.), «International Regimes», Sonderheft International Organization, Ithaca NY 1983.

Lexikon der Politik, Bd. 5: Internationale Beziehungen, München 1994.

Müller, H., Die Chance der Kooperation. Regime in den internationalen Beziehungen, Darmstadt 1993.

Oye, K. A. (Ed.), Cooperation under anarchy, Princeton/N. J. 1986.

Young, O. R., Compliance and Public Authority: A Theory with International Applications, Baltimore 1979.

Anmerkungen

1 Internationale Beziehungen mit großem «I» meint im folgenden immer die politikwissenschaftliche Teildisziplin, das Fach oder die Wissenschaft von den internationalen Beziehungen.

2 Zum realistischen Ansatz vgl. den Beitrag von Gustav Schmidt in diesem Band.

3 Waltz, K. N., Man, the State, and War: A Theoretical Analysis, New York 1959; sowie die Weiterentwicklung seines Ansatzes in: Waltz, K. N., Theory of International Politics, Reading/MA 1979.

4 Schumpeter, J. A., Kapitalismus, Sozialismus und Demokratie (Original: Capitalism, socialism and democracy, 1942), deutsche Erstausgabe 1946.

5 «Theory and Practice in International Relations, Conversation with Joseph S. Nye, Jr»., Interview by Harry Kreisler, April 8, 1998 (http://globetrotter.berkeley.edu/conversation/Nye/; 21.6.04).

6 Vgl. hierzu: Keohane, R. O./Nye, J. S., Power and Interdependence: World Politics in Transition, Boston 1977; zweite Auflage 1989; dritte Auflage mit zwei neuen Kapiteln, 2001.

7 Für einen Überblick über die amerikanische Außen- und Außenwirtschaftspolitik in den 1960er und 1970er Jahren und die Hintergründe der Doppelkrise vom März und Oktober 1973 (Aufhebung der festen Wechselkurse und Ölpreiskrise) vgl. Czempiel, E.-O. /Witzel, R., Grundzüge der amerikanischen Außenpolitik nach 1945, in: Jäger, W. /Welz, W. (Hg.), Regierungssystem der USA. Lehr- und Handbuch, München – Wien 1998, S. 370–373.

8 Nye selbst beschreibt seine Erfahrungen folgendermaßen: «I think that the design, but even more the implementation, of Carter's non-proliferation policy rested very heavily on some of the theories that I'd worked out about transnational alliances and also about the role of international institutions – of how we could use the International Atomic Energy Agency and how we could develop a new study group, which we called the International nuclear Fuel Cycle Evaluation, as a way to buy time to get people to rethink how they approach this problem. Also, the establishment of the Nuclear Suppliers Group, which controlled the exports. Those things, I think, rested very heavily on work that I had done on transnational coalitions and on institutions before going into government.» Vgl. «Theory and Practice in International Relations, Conversation with Joseph S. Nye, Jr.», Interview by Harry Kreisler, April 8, 1998 (http://globetrotter.berkeley.edu/conversation/Nye/; 21.6.04).

9 So Joseph S. Nye über sich selbst in dem Interview «Theory and Practice in International Relations, Conversation with Joseph S. Nye, Jr.», Interview by Harry Kreisler, April 8, 1998. (http://globetrotter.berkeley.edu/conversation/Nye/; 21.6.04).

10 «Married to a very prominent professional woman, Nannerl Keohane, the current president of Duke University, the former president of Wellesley College, a past professor at Stanford and Swarthmore, and a specialist in political theory, Robert has sought to encourage the advancement of women in the field. He has moved several times to assist his wife's career: from Stanford to Brandeis, then from Harvard to Duke. [...] In 1997, he received the first Mentorship Award from the Society for Women in International Political Economy». Gourevitch, P. A./Robert O. Keohane, The Study of International Relations, in: PS online, September 1999.

11 Risse-Kappen, Th. (Ed.), Bringing transnational relations back in: nonstate actors, domestic structures, and international institutions, Cam-

bridge u. a. 1995. Kaiser, K., Transnationale Politik. Zu einer Theorie der multinationalen Politik, in: Czempiel (Hg.), Die anachronistische Souveränität. Zum Verhältnis von Innen- und Außenpolitik, PVS Sonderheft 1, Opladen 1969, S. 80–109.

12 Vgl. hierzu die Artikel «Transnationale Konzerne» und «Transnationale Politik» im Lexikon der Politik, Bd. 5: Internationale Beziehungen, München 1994, S. 539–546; sowie einführend Lehmkuhl, U., Theorien Internationaler Politik, München u. a. 1997, S. 223–254.

13 Müller, H., Die Chance der Kooperation. Regime in den internationalen Beziehungen, Darmstadt 1993, S. 14.

14 Kohler-Koch, B., Interdependenz-Ansatz, in: Lexikon der Politik, Bd. 5: Internationale Beziehungen, München 1994, S. 223.

15 Weitere Ausführungen zum Interdependenzansatz in Lexikon der Politik, Bd. 5: Internationale Beziehungen, München 1994, S. 221–224; sowie einführend Lehmkuhl, U., Theorien Internationaler Politik, München u. a. 1997, S. 193–222.

16 Keohane, R., After Hegemony, Princeton 1984; vgl. darüber hinaus Oye, K. A. (Ed.), Cooperation under anarchy, Princeton/N.J. 1986. Empirisch flankiert wurden diese Analysen durch Publikationen u.a. von Nye, J. S. The international Nonproliferation Regime, Muscatine, Iowa 1980; Nye, J. S./Deese, D. A., (Eds.), Energy and Security, Cambridge/MA 1981.

17 Müller, H., Die Chance der Kooperation, S. 21.

18 Young, O. R., Compliance and Public Authority: A Theory with International Applications, Baltimore 1979; Young, O. R., International Cooperation, Building Regimes for Natural Resources and the Environment, Ithaca/NY 1989; Ruggie, J. (Ed.), The Antinomies of Interdependence: National Welfare and the International Division of Labor, New York 1983.

19 Vgl. hierzu das Sonderheft von International Organization «International Regimes», hg. von St. D. Krasner, 1983 mit Beiträgen von Keohane, Krasner und Stein.

20 Vgl. auch Nye, J. S., American Strategy after the Cold War, Seoul 1990; ders., Bound to lead: the Changing Nature of American Power, New York 1990; ders., Understanding international conflicts: an introduction to theory and history, New York 1993.

21 Vgl. Keohane, R. O./Nye, J. S., Power and Interdependence Revisited, in: International Organization 41/4 (1987), S. 726–753; sowie Nye, J. S., Nuclear Ethics, New York 1986; Keohane, R. O. /Haftendorn, H./Wallander, C.A., Imperfect Unions: Security Institutions Across Time and Space, Oxford 1999; Keohane, R. O., Institutions, law and governance in a partially globalized world, London 2002.

22 Keohane, R. O./Goldstein, J. (Eds.), Ideas and Foreign Policy, Cornell University Press 1993; Keohane, R. O. /Holzgrefe, J. L., Humanitarian

Intervention: Ethical, Legal and Political Dilemmas, Cambridge 2003.

23 Müller, H., Die Chance der Kooperation, S. 19.

24 «Theory and Practice in International Relations, Conversation with Joseph S. Nye, Jr.», Interview by Harry Kreisler, April 8, 1998 (http://globetrotter.berkeley.edu/conversation/Nye/; 21.6.04).

25 Rudolf, P./Wilzewski, J. (Hg.), Weltmacht ohne Gegner. Amerikanische Außenpolitik zu Beginn des 21. Jahrhunderts, Baden-Baden 2000.

26 Huntington, S. P., The Lonely Superpower, in: Foreign Affairs 78 (März/April 1992), S. 35–49.

27 Nye, J. S., Soft Power: The means to success in world politics, New York 2004; Nye, J. S./Satoh, Y./Wilkinson, P., Addressing the New International terrorism: Prevention, Intervention and Multilateral Cooperation, Washington D. C. 2003; Nye, J. S., The paradox of American Power: Why the world's only superpower can't go it alone, Oxford u. a. 2002.

Über die Autoren und Autorinnen

Andreas Anter, geb. 1960, Wissenschaftlicher Mitarbeiter und Privatdozent für Politikwissenschaft an der Universität Leipzig, *Veröffentlichungen* u. a.: Max Webers Theorie des modernen Staates, 2. Aufl. 1996; (Hg.) Die normative Kraft des Faktischen. Das Staatsverständnis Georg Jellineks, 2004; Die Macht der Ordnung. Aspekte einer Grundkategorie des Politischen, 2004.

Dirk Berg-Schlosser, geb. 1943, Professor für Politikwissenschaft an der Philipps-Universität Marburg, *Veröffentlichungen* u.a: Empirische Demokratieforschung, 1999; Einführung in die Politikwissenschaft (mit Theo Stammen), 7. Auflage 2003; Vergleichende Politikwissenschaft (Hrsg. mit Ferdinand Müller-Rommel), 4. Auflage, 2003; Democratization: The State of the Art (Hg.), 2004.

Wilhelm Bleek, geb. 1940, Professor für Politikwissenschaft an der Ruhr-Universität Bochum; *Veröffentlichungen* u. a.: (Hg.) Friedrich Christoph Dahlmann: Die Politik, 1996; Geschichte der Politikwissenschaft in Deutschland, 2001; Grundzüge des politischen Systems Deutschlands (mit Kurt Sontheimer), 11. Auflage 2004.

Harald Bluhm, geb. 1957, Privatdozent an der Humboldt-Universität zu Berlin, *Veröffentlichungen* u. a.: Die Ordnung der Ordnung. Das politische Philosophieren von Leo Strauss, 2002: Herr und Knecht – Transformationen einer Denkfigur, in: Hegels ›Phänomenologie des Geistes‹ heute, Sonderband 6 der Deutschen Zeitschrift für Philosophie, Berlin, S. 61–82.

Hubertus Buchstein, geb. 1959, Professor für Politische Theorie und Ideengeschichte an der Universität Greifswald; *Veröffentlichungen* u. a.: Vom Sozialismus zum Pluralismus. Beiträge zum Werk und Leben Ernst Fraenkels (hg. mit G. Göhler), 2000; Öffentliches und geheimes Stimmrecht, 2000; Online Wahlen (hg. mit Harald Neymanns), 2002.

Antonia Grunenberg, geb. 1944, Professorin für Politikwissenschaft an der Carl von Ossietzky Universität Oldenburg und Leiterin des dortigen Hannah Arendt-Zentrums; *Veröffentlichungen* u. a.: Der Schlaf der Freiheit. Von der Entgrenzung der Politik und der Bedrohung des Gemeinsinns 1997; Die Lust an der Schuld. Von der Macht der Vergangenheit über die Gegenwart, 2001; Arendt, erschienen in der Reihe Meisterdenker, 2003.

Thomas O. Hüglin, geb. 1946, Professor für Political Science an der Wilfrid Laurier University in Waterloo/Kanada; *Veröffentlichungen* u. a.: Tyrannei der Mehrheit, 1977; Sozietaler Föderalismus. Die Politische Theorie des Johannes Althusius, 1991; Early Modern Concepts for a Late Modern World: Althusius on Community and Federalism, 1999.

Ursula Lehmkuhl, geb. 1962, Professorin für Neuere Geschichte unter besonderer Berücksichtigung der Geschichte Nordamerikas, John F. Kennedy-Institut, FU Berlin; *Veröffentlichungen:* u. a.: Pax Anglo-Americana: Machtstrukturelle Grundlagen anglo-amerikanischer Asien- und Fernostpolitik in den 1950er Jahren, 1999; Theorien Internationaler Politik, 3. Aufl. 2000.

Wolfgang Leidhold, geb. 1950, Professor für Politische Wissenschaft an der Universität zu Köln; *Veröffentlichungen* u. a.: Politik und Politeìa. Festgabe für Jürgen Gebhardt zum 65. Geburtstag (Hg.), 2000; Politische Philosophie, 2. Aufl. 2003; Francis Hutcheson, An Inquiry into the Original of Our Ideas of Beauty and Virtue (Ed.), 2004.

Hans J. Lietzmann, geb. 1952, Professor für Politikwissenschaft an der Bergischen Universität Wuppertal; *Veröffentlichungen* u. a.: Politikwissenschaft im »Zeitalter der Diktaturen«. Die Entwicklung der Totalitarismustheorie Carl Joachim Friedrichs, 1999; Moderne Politik (Hg.), 1999; Klassische Politik (hg.mit Peter Nitschke), 2000.

Jürgen Miethke, geb. 1938; Professor (em.) für Mittelalterliche Geschichte der Universität Heidelberg; *Veröffentlichungen* u. a.: Ockhams Weg zur Sozialphilosophie, 1969; »De potestate papae«: Die päpstliche Amtskompetenz im Widerstreit, 2000; Politische Schriften des Lupold von Bebenburg (hg. zusammen mit Christoph Flüeler), 2004.

Herfried Münkler, geb. 1951, Professor für Politikwissenschaft an der Humboldt-Universität zu Berlin; *Veröffentlichungen* u. a.: Machiavelli, 1982 u. ö. zuletzt 2004; Lexikon der Renaissance (mit Marina Münkler, 2000; Über den Krieg. Stationen der Kriegsgeschichte im Spiegel ihrer theoretischen Reflexion, 2002 u. ö.; Die neuen Kriege, 2002 u. ö.; Imperien. Die Logik der Weltherrschaft vom antiken Rom bis zu den USA, i. E.

Eckart Pankoke, geb. 1939, Professor (em.) für Soziologie an der Universität Duisburg-Essen; *Veröffentlichungen* u.a: Sociale Frage – Sociale Bewegung – Sociale Politik, 1971; Lorenz von Stein (mit D. Blasius) 1976; Verwaltungssoziologie (hg.mit H. Nokielski), 1977; Die Arbeitsfrage), 1990; Gesellschaftslehre, 1991; Aufstieg für alle? Zum sozialen und politischen Wandel in Ostdeutschland (hg. mit S. Hradil), 1997.

Stefan A. Schirm, geb. 1963, Professor für Politikwissenschaft (Internationale Politik) an der Ruhr-Universität Bochum; *Veröffentlichungen* u. a.: Globalization and the New Regionalism, 2002; New Rules for Global Marktes (Ed.), 2004; Internationale Politische Ökonomie, 2004.

Gustav Schmidt, geb. 1938, Professor (em.) für Internationale Politik an der Ruhr-Universität Bochum; *Veröffentlichungen* u. a.: Der europäische Imperialismus, 1985; Geschichte der USA, 2004; Strukturen des Kalten Krieges im Wandel (1946–1956), 2003; A History of NATO: The First Fifty Years (Hg.), 3 Bde., 2001.

Hajo Schmidt, geb. 1947, Professor der Philosophie an der FernUniversität in Hagen und Leiter des dortigen Instituts Frieden und Demokratie; einschlägige *Veröffentlichungen:* Sozialphilosophie des Krieges, 1990; Friedenfähigkeit – Über ein Basistheorem der Friedenswissenschaft, in: Dem Frieden dienen. Gedenkschrift D. S. Lutz, 2004.

Manfred G. Schmidt, geb. 1948, Professor für Politische Wissenschaft an der Ruprecht-Karls-Universität Heidelberg; *Veröffentlichungen* u. a.: Wohlfahrtsstaatliche Politik unter bürgerlichen und sozialdemokratischen Regierungen, 1982; Sozialpolitik in Deutschland. Historische Entwicklung und internationaler Vergleich, 1998; Demokratietheorien, 3. Auflage 2000; Wörterbuch zur Politik, 2. Auflage 2004.

Dieter Senghaas, geb. 1940; Professor für internationale Politik und internationale Gesellschaft, insbesondere Friedens-, Konflikt- und Entwicklungsforschung an der Universität Bremen. *Veröffentlichungen* u. a.: Zivilisierung wider Willen. Der Konflikt der Kulturen mit sich selbst,1998; Klänge des Friedens. Ein Hörbericht, 2001; Zum irdischen Frieden. Erkenntnisse und Vermutungen, 2004.

Arno Waschkuhn, geb. 1946, Professor für Politikwissenschaft an der Universität Erfurt; *Veröffentlichungen* u. a.: Demokratietheorien, 1998; Kritischer Rationalismus, 1999; Kritische Theorie, 2000; Pragmatismus, 2001; Grundlegung der Politikwissenschaft, 2002; Politische Utopien, 2003.

Ulrich Widmaier, geb. 1944, Professor für Politikwissenschaft an der Ruhr-Universität Bochum; *Veröffentlichungen* u.a.: Endogene Grenzen des Wachstums, 1989; Regierungssysteme Zentral- und Osteuropas (mit Andrea Gawrich, Ute Becker), 1999; Vergleichende Regierungslehre (mit Franz Lehner), 4. Aufl. 2002.

Jürgen R. Winkler, geb. 1955, Akademischer Oberrat am Institut für Politikwissenschaft der Johannes Gutenberg-Universität Mainz; *Veröffentlichungen* u.a: Sozialstruktur, politische Traditionen und Liberalismus, 1995; Rechtsextremismus (hg. mit Jürgen Falter und Hans-Gerd Jaschke), 1996; Ursachen fremdenfeindlicher Einstellungen in 15 Ländern Europas, in: Frank Esser u. a.: Fremdenfeindlichkeit als Medienthema und Medienwirkung, 2002.